早稲田の国語

［第9版］

早稲田予備校講師　笹岡信裕　編著

教学社

はじめに

本書は、早稲田大学を志望している受験生に早稲田大学の国語の入試問題のおおまかな傾向を知ってもらい、さらに、各設問の解き方を身につけてもらうためのものである。

受験生のなかにはいきなり早稲田大学の過去問を解くことに躊躇《ちゅうちょ》する人もいるだろう。一見、とても難しそうで、どこから手をつけたらよいか分からないと。そういう人こそ本書に取り組んでほしい。本書は早稲田大学の典型的な問題を厳選し、難度順に配列しているので、無理なく学習を進めることができる。本書はいわば赤本への導入書だ。

早稲田大学ときくと、難問・奇問の類が多く出題されると思うかもしれないが、そんなことはない。たしかに早稲田大学の国語の入試問題は他の私立大学の入試問題と比べて難しい設問が多く、なかには受験参考書の間でも解答が分かれる難問も出題されている。だが、そのような専門家の間で解答が分かれるような難問はほんの一部なので解けなくても合否には影響しないし、一見難しい設問も基礎をきちんと積み重ねていけば確実に解くことができる。応用問題も結局は基本の組み合わせだということを忘れてはならない。

そして、早稲田大学の国語の入試問題は、学部ごとに分量・形式の差があるものの、基礎を積み重ねていくなかで土台がかたまってくれば、学部に関係なく一定以上の点数をとることができる。

要は、いかに基本を確実に身につけ、運用できるようになるか、である。ふだんの高校での授業を大切にし、そのうえで本書で学び、赤本での問題演習をこなしていってほしい。

地道な努力が栄光につながる。

本書が諸君の夢をかなえるための一助になることをねがっている。

笹岡　信裕

目次

第3章　漢文

第4章　近代文語文／複数文章の問題／現古（漢）融合文

巻末付録

（編集部注）本書に掲載されている入試問題の解答・解説は、出題校が公表したものではありません。

本書の利用法

本書は、現代文、古文、漢文、近代文語文／複数文章の問題／現古（漢）融合文の四章に分かれている。各章の最初にそれぞれの分野の学習法を示しているので、それを熟読のうえ、問題に取り組んでほしい。学習の過程でいきづまったときも、もう一度、学習法の部分に目を通し、自分に足りないものは何なのかを確認してほしい。

各分野に共通の特徴として次の二点が挙げられる。

一、難度順の配列

原則として難度順に問題を配列した。最初の問題が最も簡単で徐々に難しくなっていく。本書での学習を通して無理なく段階を経ながら学力を高めてほしい。

二、設問のレベル分け

設問ごとにA～Cのレベルを付した。レベルAは早稲田の受験生なら解けねばならない問題、レベルBは差のつく問題、レベルCが難問、である。最終的には、レベルAを8割以上、レベルBを6割以上正解できるようになるのが望ましい。

第1章　現代文

■現代文の学習法■

あたりまえのことがあたりまえにできればいい

現代文の読解ときくと、高校で教わらないような何か特別な方法を身につけないといけないと思っている人が多いのではないだろうか。何色ものペンで色分けをしたり、段落の冒頭文をつないで読んでみたり、本文を読む前に内容一致問題の選択肢を読んでみたり……。たしかに、そのような方法が有効な場合があるかもしれない。だが、考えてみてほしい。入試問題を作成する大学側が果たしてそのようなことを求めているだろうか。大学入試は一種の採用試験だ。採用試験である以上、採用する大学側が求めていることに素直に応えるのが合格への一番の近道である。

では、大学側が受験生に求めていることとは何か。

それはほかでもない、「ふつうに文章が読めること」である。大学に入学してからは色々な専門書を読まなければならない。自分勝手な解釈をするのではなく書かれていることをありのままに読むことが必要だ。そのための前提ができているかを入試で問うているのだ。きちんと内容をおさえて自然な形で読めばいい。諸君が、小学校、中学校、高校の国語の授業で教科書を使って培ってきたことをさらに確実にできるようにすればいい。あたりまえのことをあたりまえにできるようになればいいだけなのだ。では、その「あたりまえのこと」とは何か。具体的にみてみよう。

▼「読み」の留意点――知識を身につけ、六つの原則を意識してみる

諸君のなかには「難しい文章が読めないのは、思考力が足りないからだ」と思っている人が多いのではなかろうか。たしかに、思考力も大切だ。しかし、実際は、文章が読めない原因のほとんどは語彙力の不足や頻出テーマの理解の欠如によるのである。たとえば、「ものごとを帰納的に考えてみる」という文があった場合、「帰納」という語句の意味を知らなければ文の意味は分からないし、「人間は言語によって混沌の世界を秩序化し認識する」という文は「言語の分節性」という入試頻出のテーマについてある程度の理解がないと読みにくい。知識と思考力は切り離せないものだ。磐

石の知識の上に思考力が成り立つし、その知識を生かすのが思考力である。よって、学校の授業や市販の用語集などを利用して語彙力やテーマの知識を身につけていくこと。そして同時並行で問題集などで読解問題をこなして思考のトレーニングをしていけばよい。揺るぎない知識にもとづいた思考力を身につけよう。評論文を読む際は次の六つの原則を意識してみるとよい。

読みの原則　1　**指示語と接続語**に敏感になる

評論文を読むときには、文と文のつながりをおさえていかねばならない。そのキーとなるのが、指示語と接続語だ。本文中の指示語と接続語には敏感に反応し、

①　**指示語が出てきたら、指示内容をおさえて、それを指示語に代入して読む。**

②　**接続語が出てきたら、何と何をつないでいるのか、話がどう展開しているのかを意識する。**

この二点をしっかりとしよう。指示語と接続語は読解の要である。なお、指示語と接続語について次の二点も覚えておこう。

①　**段落の冒頭文中の指示語は前段落全体を指す場合がある。この場合、その段落の主旨をおさえる。**

②　**段落頭の接続語は段落同士をつなぐ場合がある。**

読みの原則　2　**緩急**をつけて読む

評論文を読む際には、**大事な部分はじっくり読み、それほど大事でない部分はさっと目を通す**という**緩急をつけた読みをする**ことが大切だ。緩急をつけて能率よく読まないと制限時間内に終わらなくなってしまうからである。では、文章のどの部分が大事なのか。慣れるまでは次の七種類の文を目安にして意識してみるとよい。

①　具体例ではない**冒頭部分**（論の起点として話題を示すことが多い）

②　**具体例で説明されている文**（大切な内容だから例を挙げて説明されている。ほとんどが具体例の前か後の文である）

③ まとめ・逆接の信号語で始まる文　例 したがって…。／しかし…。
※信号語＝❶指示語　❷接続語　❸指示語・接続語と同じ働きをする語
④ 筆者の主張を示す文末表現の文　例 …だろう。／…と思う。／…ねばならない。
⑤ 大事な事柄の内容を詳しく説明する文（語の定義をする文や列挙の文）　例 …とは…だ。／第一に…、第二に…。
⑥ 強調の働きをする語を含む文　例 …こそ…だ。（「こそ」が強調の働きをする）
⑦ 筆者が読者に問いかける文とその答え

読みの原則 3　**具体と抽象を意識する**

評論文の論の流れには、次の二パターンがあることを意識すると読みやすくなる。

① **具体→抽象**　具体的なことを述べてから、それを一般化する
② **抽象→具体**　抽象的な事柄を、続く部分で具体的に説明する

たとえば、エピソードなど**具体的な話で文章が始まった場合**は**「このエピソードがこの先のどこかで一般化されるはずだ」**と意識して読み進めることで筆者の主張を明確にとらえることができるし、抽象的な事柄が述べられた後に**具体例などが書かれている場合**は**「この具体例の部分と重ね合わせればこの抽象的な事柄の内容が分かるはず」**と意識すれば落ち着いて抽象的な事柄の内容をおさえられる。

読みの原則 4　**「繰り返し」「因果」「対比」「発展」**を意識する

筆者は自らの主張に説得力をもたせるために、大事なことを表現を変えて繰り返し述べたり（＝繰り返し）、その原因や結果を述べたり（＝因果）、他のものごとと比べたり（＝対比）する。そして、ある程度、言いたいことがまとまったら話を先に進める（＝発展）。よって、本文を読むときは、**何が繰り返されているのか、何が原因で何が結果か、何と何が比べられているのか、話がどこで先に進んでいるのか、を意識するようにしよう。**

そして、早稲田の現代文を読むうえで、とくに意識しなければならないのが「発展」。早稲田の現代文は他の大学と比べて長い文章が多く、そのぶん話が先に進むことが多い。また、この「繰り返し」「因果」「対比」「発展」に関わる部分は設問にもなりやすいので、必ず強く意識すること。

読みの原則 5　意味段落を意識する——アリの目とトリの目・木も見て森も見る

先述の「発展」の話と重なるが、評論文を読む際に**意味のまとまり**（＝意味段落）を意識することはかなり有効である。「傍線部はどういうことか」と問うてくる傍線部説明問題も、結局は**傍線部を含む意味段落の主旨を問うている場合が多い**。とくに法学部では一〇〇字以上の**要約・内容説明問題**が頻出で、これを解くうえでも意味段落の主旨をおさえることが不可欠だ。文章を**意味段落**に分けるためには、次の二点が目安になる。

①　**段落頭の転換の表現**　例　さて・では・ところで

②　**新しいキーワード**

段落頭に転換の表現や新しいキーワードが出てきたら、「ああ、新しい意味段落だな」と意識して見る癖をつけよう。**そして、意味段落の主旨を意識するようにしよう。**

文章を読むことは、森の中を歩くことに似ている。森を歩くとき、我々はつまずかないように地面を見るし、周りの木にぶつからないように注意を払う。と同時に、迷わないように「自分が今歩いているところは森の全体の中のどこなのか」を常に意識する。前者は**アリの目**（＝細部をとらえる目）、後者は**トリの目**（＝全体をとらえる目）といえるだろう。文章を読むときもこれと同じ。**まずは、主述関係や指示語、接続語に注意しつつ、一つ一つの文の内容をしっかりつかむ。と同時に、「自分が今読んでいる部分は文章全体の中で何の話をしている部分なのか」を常に意識する必要がある。**そのためにも意味段落の主旨を意識することは有効である。「木も見て森も見る」姿勢が大切だ。アリの目とトリの目の両方を身につけよう。

読みの原則 6　精読が速読につながる

よく受験生から「先生、速読の方法はありませんか」と聞かれる。制限時間のある入試に挑む受験生の心理として速読の方法を求めるのは分かるが、少なくとも入試問題に対して万能な速読の方法などない。考えてもみてほしい。じっくり時間をかけても内容をつかめない人がどうして短時間で内容をつかめるようになるのか。歩けない赤ん坊が走れないのと同様、精読できない人が速読などできるはずがない。まずは、きちんと語彙力を身につけ、主述関係や指示語・接続語を意識し、一つ一つの文を確実に読めるようにすること。そして、きちんと緩急をつけつつ文章を精読する、その姿勢が速読につながるということを自覚してほしい。精読ができるようになるために頻出テーマの知識もきちんと身につけていくこと。焦らずにじっくりと文章を精読する練習を積み重ねた者が勝者になれるのである。

読みの原則 のまとめ

1　指示語と接続語に敏感になる
2　緩急をつけて読む → 慣れるまでは七種類の文を目安にする
3　具体と抽象を意識する
4　「繰り返し」「因果」「対比」「発展」を意識する
5　意味段落を意識する → 転換の表現と新しいキーワードに注意
6　精読が速読につながる

▼「解き」の留意点――自分勝手な解釈をせずに文法的に「見る」

現代文の設問の答えの根拠（＝解答根拠）は必ず本文にある、ということはいうまでもないだろう。そして、設問を解くうえでの大原則は、自分勝手な解釈をせずに、まずは日本語のルール（＝文法）にしたがって答えの根拠の位置を

はっきりさせることである。

受験生のなかにはよく「ここはこういうことを言っているから、こうにちがいない。で、これはあの話をふまえてるっぽいから、こうだろう……」のように、文章をこねくり返して必要以上に複雑に考えたり、本文には書かれていないことをベースにして自分勝手な解釈をして設問を解こうとする人がいる。だが、それではいけない。読むときと同じく解くときもできるだけ客観的にならなくてはならない。そのためのツールとして有効なのが**文法的な考え方**である。すべての現代文の文章は日本語で書かれている。そして、日本語で書かれている以上、日本語のルール（＝文法）にしたがって書かれているのだ。よって、**まず、傍線部や空欄の近辺を文法的に分析してみよう**。そして、その結果、答えの根拠の位置が明確になれば、**「読み」の段階でおさえた内容と重ね合わせてその部分の内容を把握することで確実に問題が解ける**のである。具体的にどのように文法を使うかは、各問題の解説の部分で述べる。

では次に設問を解くうえでの着眼点を示そう。

解きの原則　1　傍線部や空欄が何の説明部分なのかを意識する

現代文の解答根拠は必ず本文にある。だからといって、ただやみくもに解答根拠を探しても時間を浪費するだけだ。そこで、設問を解くときは、まず傍線部や空欄が何の説明部分なのかを意識しよう。たとえば「早稲田大学は□だ」とあれば、「空欄は早稲田大学の説明部分だ。ということは、本文の早稲田大学について書かれているところをおさえよう」と意識してみる。つまり、**傍線部や空欄が何の説明部分なのかを意識することで、解答根拠を探す基準を明確化する**わけだ。これはあたりまえのことだが、意外にできていない受験生が多い。要注意だ。

解きの原則　2　いきなり選択肢をみない

現代文が苦手な受験生ほど問いを読んだらすぐに選択肢に目を通す。だが、早稲田レベルの入試問題ともなるとヒッカケの選択肢が巧妙につくられているので、先に選択肢をみてしまうと誤った情報に左右されやすい。

そこで、問いを読んだら、**まず、文法的に分析するなどして答えの根拠の位置をはっきりさせる**。そして、**その部**

分の内容を把握してから、その内容を含んでいる選択肢を探す、という手順をふむとよい。答えの根拠の内容を含む選択肢が複数残った場合は、選択肢の違いを把握したうえで本文と照合する。まとめると次のような手順になる。

①　問いを読む
②　文法的に分析するなどして答えの根拠をおさえる
③　答えの根拠の内容が含まれている選択肢を探す　→　一つしかなければそれが正解
④　選択肢が複数残った場合は、選択肢の違いを明確にしたうえで本文の内容と照らし合わせる

まずはすべての問いが記述問題のつもりでアプローチしてみよう（もちろん、実際の記述問題のように答えを書き出す必要はない。選択肢を読む前に、頭の中で解答根拠の内容をしっかり整理するということだ）。一見、時間がかかって大変そうだが、最終的にはこの方が早く解けるし、正答率もぐっと上がるはずだ。

解きの原則 3　**答えの根拠**の探し方――まずは**細部の分析**から始める

大学入試の現代文の設問は、文章の全体構造をふまえて解かせるものよりも、**傍線部の近辺や、傍線部を含む意味段落の主旨をおさえて解かせるもの**が圧倒的に多い。よって、まずは、傍線部を含む一文とその近くをしっかり分析することが大切だ。細部を分析する際にはとくに次の五点を意識するとよい。

①　**信号語**があればおさえる
　※信号語＝❶指示語　❷接続語　❸指示語・接続語と同じ働きをする語
②　**同意文・関係文**があればおさえる
　※同意文＝同じような内容の文　※関係文＝❶形が似ている文　❷内容的に深い関係のある文　例　対比関係・因果関係
③　**具体例・具体的説明**があればおさえる
　＊具体例は筆者が自分の言いたいことに説得力をもたせるために書くものだから、**筆者の主張と同内容になる。**
　例「日本人には有名な作家がたくさんいる。たとえば、夏目漱石・森鷗外たちだ」の場合、「有名な作家」＝「夏目漱石・森鷗外たち」である。

④　**のだ構文**などの**補足説明**の機能をはたす文があればおさえる

＊「…のだ・…のである・…のです・…のだろう・…のでしょう」のように文末表現のすぐ前に「の」がある文を**のだ構文**という。**のだ構文**は原則として**直前文を補足説明する**ので、**直前文と同じニュアンスになる**ことが多い。

⑤　傍線部を含む**意味段落の主旨**を意識する

＊意味段落の主旨を意識すれば、傍線部やその近辺の内容がくっきり見えてくることが多い。

解きの原則　4　細部の分析だけでは解けない場合――**全体を意識**する

前項で大学入試の現代文の設問では細部の分析が重要だと述べたが、もちろん、すべての設問が細部の分析だけで解けるわけではない。**細部の分析で解けない場合は全体をふまえて解かねばならない**。その際には、次の三点を意識するとよい。

①　**筆者の一番言いたいこと**（＝本文全体の**主旨**）と重ねる

②　遠くにある**同意文・関係文**をおさえる

③　全体の**構造**を意識する　例　話題と結論／主張と具体例

解きの原則　のまとめ

1　**傍線部や空欄が何の説明部分なのかを意識する**

2　**いきなり選択肢をみない**

3　まずは**細部の分析**から始める（その際、**意味段落の主旨**を意識する）

4　細部の分析だけでは解けない場合は**全体を意識する**

というわけで、現代文の読解の観点について説明してきたが、いずれもあたりまえのことばかりだ。だが、そのあたりまえのことが意外とできていないのが実情ではなかろうか。これらの観点をふまえて**演習1**から順にやっていってほしい。そして、一度やり終えても、日をおいてからもう一度チャレンジしてもらいたい。本書の目的は早稲田の入試のおおまかな傾向をつかんでもらうのと同時に、あたりまえのことをあたりまえにできるようになってもらうことにある。変な癖がついてしまっている人は慣れるまで大変かもしれないが、慣れて変な癖がとれてしまえば面白いように文章が読めて設問が解けるようになってくる。

学習の基本は「型」を身につけることだ。本書を繰り返し演習することで、その「型」を身につけていってほしい。

I

人間科学部　二〇一四年度　〔一〕

青木淳『原っぱと遊園地2』

人間科学部の評論文は長いものの標準レベルの設問がほとんど。文章の長さに惑わされずに意味段落ごとに設問を解いていこう。

次の文章を読んで、あとの問いに答えよ。

どんな建物をつくりたいか、それを言葉にするのは、難しい。それでもそれを無理やりにいえば、「眼の前にある世界は、実はそう見えている世界ではなく、別の世界なんだ」というような感覚をもった物理的環境、ということになるだろうか。

もちろん、現実世界の、そのずっと向こうに別の理想世界がある、というのではない。そうではなく、眼の前にある現実世界そのもののなかに、あるいはそのすぐ裏側に、別の世界がある、という感覚のことだ。もっとも、ある特定の世界に辿《たど》り着くこと自体が目的なのかといえば、そうでもない。もうひとつの世界は、極端にいえば、どんな世界であってもいい。大切なのは、[1]一見、梃子《てこ》でも動かないようなこの現実世界が、実は、そう見えるほどには盤石ではないんだ、と感じられるその瞬間である。現実の［甲］、押しつぶされそうになっているなかで、「なんだ、そのすぐ裏には別の世界があるんじゃないか」と救われる瞬間、いわば現実世界が相対化される瞬間を持つこと。

ぼくにそういう建築がつくれるかどうかは措《お》くとして、少なくともぼくにとって、すばらしい建築とは、そんな瞬間が持続して感じられる場のことだ。千利休の「待庵」、リュベトキンのロンドン動物園「ペンギンプール」、ル・コルビュジエの「ラ・トゥーレット修道院」などなど。世界には、[2]そんな建築が、いっぱいある。

こういう建築観を持っているせいだと思うのだけれど、建物ができあがって困ることのひとつは写真の撮影だ。うまく写らない。最初は、写真家の腕を訝《いぶか》っていた。でもそれが度重なるにつれ、どうもそういうことではないことがわかってきた。そもそも、建築写真が想定している「建築」が、ぼくのそれとはかなり違う。そこに原因があることがわかってきた。

建築には、A大雑パにいって、人間の視点と神の視点がある。建築を訪ね、その空間を経験するときに見たり感じたりする、その視点が人間の視点だ。人間はしかし、それ以上に、見えたものを頭のなかで総合して、実際には見えていないものを「見る」ことができる。たとえば、建築全体の組織構成は、（鳥のように空を飛べるとそれに近いものは見ることができるけれど）実際には見えない。でも、ある程度の建築的トレーニングを積めば、それを頭のなかで組み立て、理解できるようになる。こういう建築全体の組織構成とか平面図を見る視点が、神の視点だ。構造システムも、神の視点に立ってはじめて見えるもののひとつである。すべての構造体が露出しているわけでないから人間の視点では見えない、ということだけではない。構造システムも、建築全体の組織構成と同じように、一望に見渡すことができないのに、そこにあると感得されるものだ。だから、それを「見る」には、神の視点に立つことが必要になる。

別の言い方をすれば、人間の視点とはほぼ「具体」であり、神の視点は、つまり「抽象」である。どんな事物にも、その大きさとか、そのかたちとか、その色とか、いろいろな相がある。それらの相が分かちがたく重なっている。具体とは、そういう相の重なりを省略しないでそのまま捉えることだ。それに対して、抽象とは、その重なりのなかから「この相こそがその事物の本質である」として、ある特定の相だけをとりだすことである。［①］、抽象は現実ではない。眼には見えない。頭のなかにしかない。

どんな事物についてもいえることだけれど、建築はきわだって、こういう［乙］にある。そして、3モダニズムの建築には、このふたつを徹底的に接近させようとする強い意思があった。訪ねていって、すぐにその組織構成や構造システムがわかる建築がある。その一方で、それら抽象がよくわからない建築がある。モダニズム的な考え方では、すぐにわかる建築を傑作といい、よくわからない建築を駄作という。つまり、見てすぐにその建築の本質が理解できなくてはいけない。逆にいえば、その本質がすぐに見てとれるように建築はつくられなければならない。つまり、4本来は神の視点ではじめて見えるものが、人間の視点から見えなければならない。

そのために、モダニズムの建築は、具体を抽象に接近させようとし、それがほとんど自己目的になって進化し洗練されてきた、とぼくは訝っている。表向きには、たとえば機能性向上のために、ある組織構成が選択されたことになっている。あるいは、構造力学的合理性に基づいて、ある構造システムが採用されたことになっている。たしかに、それは嘘ではない。［②］、もしそれらが見る人にその建築の本質として感得されなければ、それらはきっと採用されなかったということも、同じくらいにたしかなことなのだ。

こういうなかで、建築と写真は協力しあって、具体を抽象に接近させようとしてきたといえよう。写真は、基本的には、人間の視点で撮られる。だから、写真は本来的には具体に向かいあっている。しかし、5建築写真は、具体としてではなく、抽象として建築を写そうと努めてきた。建築写真は、眼の前で繰り広げられている、かたちの世界、色の世界、テクスチュアの世界、光と影の世界が重なり合う情景ではなく、その裏側に存在しているはずの本質をなんとかえぐりだそうとしてきたのだ。

建築でしっかりと具体を抽象に接近させてあれば、写真でその抽象をうまく撮ることができる。その建築の本質を、たった一枚の写真に定着した、つまり決定的なショットを撮ることができる。モダニズムの建築においては、そんな決定的な写真が撮れる建築が、つまりは、すぐれた建築なのである。

6ぼくのところでつくる建築には、本質というものがない。組織構成や構造システムがないというのではない。それらはもちろん存在しているし、それらのあり方にとても気をつかう。でも、それらが感得されようとは、していない。見えなくていいし、わからなくていい。というのも、いま眼に見えている情景そのもの、あるいはそれが堅固なものではなく、いつでもBコワれてしまうような相対的なものであるということが主題だからだ。眼の前にある世界がひとつの固定化された意味に収斂《しゅうれん》していくのをとめたいと思う。意味を流動化させる、［丙］させる、脱臼させる。眼の前の情景のずっと奥に、本質が控えているのではない。

ぼくのところで、今までのところ、そういう主題が一番発キCされたのが「青森県立美術館」だ。

（青木淳の文章による）

（注）リュベトキン……主にイギリスで活躍した建築家
ル・コルビュジエ……主にフランスで活躍した建築家

問一　傍線部A〜Cにあたる漢字を含むものを、それぞれイ〜ホの中から選び、その解答欄にマークせよ。

傍線部A　イ　ハ握　ロ　ハ閥　ハ　寒パ　ニ　制ハ　ホ　論パ

傍線部B　イ　ホウ御　ロ　転トウ　ハ　カツ愛　ニ　カイ滅　ホ　故ショウ

傍線部C　イ　キ然　ロ　キ概　ハ　禁キ　ニ　分キ点　ホ　キ発油

問二　空欄 ① ・ ② に入る語句の組み合わせとして最も適切なものを、次のイ〜への中から選び、その解答欄にマークせよ。

イ　①　しかし　②　つまり

ロ　①　ゆえに　②　すなわち

ハ　①　だから　②　しかし

ニ　①　ところで　②　だが

ホ　①　そのうえ　②　とりもなおさず

へ　①　したがって　②　ところで

問三　傍線部1「一見、梃子でも動かないようなこの現実世界が、実は、そう見えるほどには盤石ではないんだ」とあるが、どういうことか。それを説明している最も適切なものを、次のイ〜ホの中から選び、その解答欄にマークせよ。

イ　現実世界は人間によって認識される客観的事実の集合体であると考えられがちであるが、実際には固定的なものではなく、絶対的な存在ではない、ということ。

ロ　現実世界は誰の眼にも明らかな事実の複合体であって、変更しがたいものだと考えられがちであるが、実際には人間によって解体と再構築が繰り返されている、ということ。

ハ　現実世界は動かしがたい事実の積み重ねであって、制約が多いと考えられがちであるが、実際には建築家が自由に活動することを許す柔軟な構造をもっている、ということ。

ニ　現実世界は眼に見える物体の連続からなると考えられがちであるが、実際には人間には見えない世界と表裏一体の関係にあり、不可思議でとらえどころがない、ということ。

ホ　現実世界は個々人のイメージの最大公約数であって、窮屈だと考えられがちであるが、実際には発展的であり、昔の人間には想像不能な建築様式も許容している、ということ。

問四　空欄 甲 に入る最も適切な語句を、次のイ～への中から選び、その解答欄にマークせよ。

イ　表裏にはさまれ

ロ　堅固さに窒息し

ハ　不確かさに幻滅し

ニ　自然さにだまされ

ホ　流動化に巻き込まれ

ヘ　特異性に寄り切られ

問五　傍線部2「そんな建築」とは、どのような建築のことか。それを説明している最も適切なものを、次のイ～ホの中から選び、その解答欄にマークせよ。

イ　現実世界を越えて、ある特定の世界に辿り着くことができると、見る人に信じさせるような建築。

ロ　現実世界の向こう側に別の理想世界があるという感覚を喚起する、物理的環境を整えたような建築。

ハ　眼の前にある世界がそう見えている世界ではなく、別の世界だということを感得させるような建築。

ニ　眼の前にある世界とは別の世界があると実感できる瞬間を、絶え間なく感じさせてくれるような建築。

ホ　眼の前にある世界が建築家の想像を超えたものであることを、救いとして提示してくれるような建築。

問六　空欄 乙 に入る最も適切な語句を、次のイ～への中から選び、その解答欄にマークせよ。

イ　現実と本質の抽出

ロ　現実と本質の差分

ハ　現実と本質の境界条件

ニ　具体と抽象の交点

ホ　具体と抽象の定量化
ヘ　具体と抽象の延長線上

問七　傍線部3「モダニズムの建築」とあるが、その特徴はどのようなことにあると筆者は考えているのか。それを説明している最も適切なものを、次のイ～ホの中から選び、その解答欄にマークせよ。
イ　神の視点に立って人間の視点では見えない全体が構成されていること。
ロ　構造力学的な合理性に基づいて個々の組織構成が選択されていること。
ハ　見てすぐにその建築の本質が理解できるように進化し発展してきたこと。
ニ　全体の組織構成と構造システムが読み取るべき謎として提示されていること。
ホ　いろいろな相の重なりを省略せずに捉えなければ本質の理解が困難であること。

問八　傍線部4「本来は神の視点ではじめて見えるものが、人間の視点から見えなければならない」とあるが、どういうことか。それを説明している最も適切なものを、次のイ～ホの中から選び、その解答欄にマークせよ。
イ　抽象的な建築の意味を、建築的トレーニングを受けた人間が理解できるように作られるということ。
ロ　元来肉眼では見えない建築の組織構成や構造が、人間の眼にもよくわかるように作られるということ。
ハ　神の眼からみえる建築の本質を、モダニズムを志向する建築家が理解できるように作られるということ。
ニ　頭のなかで想像するしかない建築の構造などを、神業的に人間が再構築できるように作られるということ。
ホ　鳥瞰的な視点からでもみることができない建築の理想世界が、人間も簡単に想像できるように作られるということ。

問九　傍線部5「建築写真は、具体としてではなく、抽象として建築を写そうと努めてきた」とあるが、どういうことか。それを説明している最も適切なものを、次のイ～ホの中から選び、その解答欄にマークせよ。
イ　建築写真は人間の眼で見ることができる建築の表面を写すのみにとどまらず、肉眼では見ることのできないすぐ裏側に存在する本質を的確に捉えるために努力してきた、ということ。
ロ　建築写真は比較的簡単に写し取ることができる建築の意匠に焦点を当てるだけにとどまらず、見えにくい建築物の根底に流れる特異性を確実に写し取ろうと努力してきた、ということ。

ハ　建築写真は人間が直感的に理解できるデザインを忠実に写し取るだけにとどまらず、建築家の複雑な設計意図を簡略化することによってわかりやすく写し取る努力をしてきた、ということ。

ニ　建築写真は建築の見た目の色や形、光と影のコントラストなどの美しさを的確に捉えるのみにとどまらず、建築が本来的にもっている機能美に迫ることを主目的に努力してきた、ということ。

ホ　建築写真は人間のありふれた視点から建築構造物を撮影するのみにとどまらず、人間の眼による認識漏れが生じやすい建築構造物の柔軟性と堅牢性を撮り逃すまいと努力してきた、ということ。

問十　傍線部6「ぼくのところでつくる建築には、本質というものがない」とあるが、それはどうしてか。それを説明している最も適切なものを、次のイ～ホの中から選び、その解答欄にマークせよ。

イ　建築の表層としてのいろいろな相を個々に捉えることは可能であるとしても、建築の本質に迫ることは困難であると考えているから。

ロ　客観的現実の存在が疑われる状況においては、現実から抽象されることでしか知られ得ない本質の存在もまた疑われざるを得ないから。

ハ　現実のすぐ裏側に存在する理想世界にこそ本質があるとすれば、建築を作る現実世界のなかには本質として捉えられるものはあり得ないから。

ニ　眼に見える情景は一つの意味に限定可能なものではなく、現実世界の奥に本質があるわけではないという考えに基づいて建築を捉えているから。

ホ　組織構成や構造システムのあり方に気をつかいながらも、常に本質を見失うことがないように配慮することは逆説的に本質がないといえるから。

問十一　空欄 丙 に入る語句として最も適切なものを、次のイ～への中から選び、その解答欄にマークせよ。

イ　モダン化　　ロ　システム化　　ハ　グローバル化

ニ　固定化　　ホ　相対化　　へ　抽象化

問十二　この文章における筆者の考え方に合致するもの二つを、次のイ〜ヘの中から選び、その解答欄にマークせよ。

イ　自分の理想とする建築はモダニズムの建築とは異なって、写真には撮りにくいものにならざるを得ない。

ロ　具体を抽象に接近させるのを自己目的として洗練された建築は、かえって見る人にその建築の本質が感得されにくい。

ハ　眼の前にある現実とは別の可能性を感得させることを通して、訪れる人が救いを感じるような場をつくり出すことを模索したい。

ニ　建築全体の組織構成や構造システムを見る視点を、建築を訪ねたときに見たり感じたりする視点よりも重視しなければならない。

ホ　世界の意味が流動化する瞬間に建築の課題は現れており、揺らぎを定着する写真との協力関係を築くことに新しい建築の可能性がある。

ヘ　現実にいながらそのすぐ裏に別の世界を感じて救われるような感覚の提示を、モダニズム的な理想として受け継ぎつつ追究すべきである。

解説

出典 青木淳『原っぱと遊園地2』（王国社）

重要語句

（第二段落）**相対**―他との関係において成り立っていること。

（第七段落）**モダニズム**―近代主義。

（第八段落）**自己目的**―本来は目的のための手段であるはずのものが目的になったもの。

（第十一段落）**収斂**《しゅうれん》―多くの要素が一つのところに集まること。

■本文を理解しよう

1 筆者の建築観（第一〜四段落）→問三・問四・問五

まず、冒頭部分に着目。**冒頭部分は論の起点なので必ず精読すること。**

どんな建物をつくりたいか、それを言葉にするのは、難しい。それでもそれを無理やりにいえば、「眼の前にある世界は、実はそう見えている世界ではなく、別の世界なんだ」というような感覚をもった物理的環境、ということになるだろうか。

本文は建築についての文章だ。そして、筆者は**「眼の前にある世界は、実はそう見えている世界ではなく、別の世界なんだ」というような感覚をもった建築をつくりたい**と述べている。そして、この「『眼の前にある世界は、実はそう見えている世界ではなく、別の世界なんだ』というような感覚」が、続く第二段落で、

- 眼の前にある現実世界そのもののなかに、あるいはそのすぐ裏側に、別の世界がある、という感覚
- 一見、挺子でも動かないようなこの現実世界が、実は、そう見えるほどには盤石ではないんだ、と感じられるその瞬間

・「なんだ、そのすぐ裏には別の世界があるんじゃないか」と救われる瞬間、いわば現実世界が相対化される瞬間

と繰り返し述べられている。**評論文では大切な内容は表現を変えて繰り返されることが多い。逆に言うと、表現を変えて繰り返されている内容は大切な内容だ。**この意味段落では、現実世界が相対化される瞬間を持てるような建築をつくりたいと筆者が考えていることを読みとれていれば大丈夫。

> 筆者のつくりたい建築＝現実世界が相対化される瞬間を持てるような建築

2 建築の二つの視点（第五・六段落）　↓問二①

まず、第五段落の冒頭文、

> 建築には、大雑パにいって、人間の視点と神の視点がある。

に着目しよう。「人間の視点」と「神の視点」とある。これは筆者が造った言葉、すなわち、造語である。**評論文を読んでいて造語が出てきたら、必ずチェックし、その意味をおさえるようにしよう。**造語は丸で囲み、意味に波線を引くようにするとよい。大切な内容だから造語にするわけなので、造語とその意味は本文読解のキーになる。

では、「人間の視点」と「神の視点」とは何か。第五段落の二文目と六文目に、

> 建築を訪ね、その空間を経験するときに見たり感じたりする、その視点が人間の視点だ。

> こういう建築全体の組織構成とか平面図を見る視点が、神の視点だ。

とある。そして、第六段落の冒頭文で、

> 別の言い方をすれば、人間の視点とはほぼ「具体」であり、神の視点は、つまり「抽象」である。

とまとめられている。つまり、「人間の視点」＝建築の空間を見たり感じたりする視点＝具体、「神の視点」＝建築全体の組織構成や平面図を見る視点＝抽象、である。

この意味段落では「人間の視点」と「神の視点」の内容をしっかりつかめたかがポイントだ。

建築の二つの視点
①**人間の視点**――建築の空間を見たり感じたりする視点＝具体
②**神の視点**――建築全体の組織構成や平面図を見る視点＝抽象

※造語は丸で囲んで、意味に波線を引く！

3 **モダニズムの建築**（第七・八段落）→問二②・問六・問七・問八

さて、第七段落と第八段落ではモダニズムの建築の特徴について述べられる。第七段落に、

> モダニズム的な考え方では、すぐにわかる建築を傑作といい、よくわからない建築を駄作という。つまり、見てすぐにその建築の本質が理解できなくてはいけない。逆にいえば、その本質がすぐに見てとれるように建築はつくられなければならない。つまり、本来は神の視点ではじめて見えるものが、人間の視点から見えなければならない。

とある。つまり、**モダニズムの建築は、本来は神の視点で見える本質を人間の視点で見えるように作られる**のだ。そのために、モダニズムの建築は**具体を抽象に接近させようとする**のである。

モダニズムの建築の特徴
本来は神の視点で見える本質を人間の視点で見えるように作られる
具体を抽象に接近させようとする

4 **モダニズムの建築と写真**（第九・十段落）→問九

第九段落と第十段落ではモダニズムの建築と写真について述べられる。建築と写真は協力しあって、具体を抽象に接近させようとしてきたのだ。第九段落の四文目に、

> しかし、建築写真は、具体としてではなく、抽象として建築を写そうと努めてきた。

とある。**建築写真は抽象として建築を写そうとした、そして、モダニズムの建築において、抽象をうまく撮ること**

のできる建築がすぐれた建築なのである。

建築写真――抽象として建築を写そうとする
↓
モダニズムの建築においては、抽象をうまく撮ることのできる建築がすぐれた建築とされる

5 筆者の主張（第十一・最終段落）→問十・問十一・問十二

最後に筆者の主張が述べられている。一つ目の意味段落1で述べられた筆者の建築観と重なる内容だ。というのも、いま眼に見えている情景そのもの、あるいはそれが堅固なものではなく、いつでもコワれてしまうような相対的なものであるということが主題だからだ。眼の前にある世界がひとつの固定化された意味に収斂《しゅうれん》していくのをとめたいと思う。

筆者は、**眼の前にある世界がひとつの固定化された意味に収斂していくのをとめたい**と考えている。

筆者の主張――眼の前にある世界がひとつの固定化された意味に収斂していくのをとめたい

■設問解説

問一　漢字の問題　レベルA

いずれも早稲田受験生なら全問正解したいレベルだ。

A＝「大雑把」　イ＝把握　ロ＝派閥　ハ＝寒波　ニ＝制覇　ホ＝論破　正解はイ。
B＝「壊れて」　イ＝崩御　ロ＝転倒　ハ＝割愛　ニ＝壊滅　ホ＝故障　正解はニ。
C＝「発揮」　イ＝毅然　ロ＝気概　ハ＝禁忌　ニ＝分岐点　ホ＝揮発油　正解はホ。

問二　空欄補充問題　レベルA

正解は**ハ**。

①＝前の「抽象とは、その重なりのなかから『この相こそがその事物の本質である』として、ある特定の相だけをとりだすことである」と後の「抽象は現実ではない。眼には見えない。頭のなかにしかない」は**因果関係**。抽象とはある特定の相を本質と考えとりだすことだから、眼には見えず頭の中にしかないことだといえるのである。選択肢の中で①が因果関係を示す接続語になっているのは、**ロ**・**ハ**・**ヘ**。**イ**の「しかし」は逆接、**ニ**の「ところで」は転換、**ホ**の「そのうえ」は添加なので不適。

②＝前に「たしかに、それは嘘ではない」と「たしかに」があるので、**譲歩構文**である。譲歩構文は〈たしかに～（逆接）…〉の形になるので、**ロ**・**ハ**・**ヘ**のうち②が逆接の接続語である**ハ**が正解。**ロ**の「すなわち」は換言、**ヘ**の「ところで」は転換である。なお、譲歩構文は入試頻出。しっかり理解しておこう。

ポイント　**譲歩構文**

譲歩構文—相手の意見や一般論など（筆者が否定的にとらえている内容・重点をおいていない内容）をいったん認めておいてから、自分が強調したい内容を述べる構文。

たしかに
もちろん
もっとも
むろん
なるほど
｝A（筆者が否定的にとらえている内容を認める）（筆者が重点をおいていない内容を認める）＋逆接＋B（筆者の主張）（筆者が重点をおく内容）

例　もちろん、君の言うことは正しい。しかし、私は反対だ。

問三　傍線部説明問題　レベルA

正解は**イ**。まずは、傍線部を含む一文とその近くをしっかり分析しよう。傍線部を含む一文が次の文で言い換えられていることに着目する。

大切なのは、1一見、梃子《てこ》でも動かないようなこの現実世界が、実は、そう見えるほどには盤石ではないんだ、と感じられるその瞬間である。

＝

現実の［甲］、押しつぶされそうになっているなかで、「なんだ、そのすぐ裏には別の世界があるんじゃないか」と救われる瞬間、いわば現実世界が相対化される瞬間を持つこと。

「現実世界が相対化される瞬間」をおさえれば、「現実世界は……絶対的な存在ではない」とあるイが正解だと容易に分かるだろう。〈相対＝絶対的な存在ではない〉である。なお、「相対」と「絶対」は入試頻出の対義語だ。

ポイント　**相対と絶対**

相　対＝他との関係において成り立っていること

⇔

絶　対＝他から独立した唯一の存在であること

ロ「解体と再構築が繰り返されている」、**ハ**「建築家が自由に活動することを許す柔軟な構造」、**ニ**「不可思議でとらえどころがない」、**ホ**「昔の人間には想像不能な建築様式も許容している」は「相対」の説明として不適切。

問四　空欄補充問題　レベルA

正解は**ロ**。まずは、空欄を含む一文とその近くをしっかり分析しよう。

「現実の［甲］」とあるのだから、空欄には「現実」の説明が入ると分かる。よって、現実がどのようなものなのかを本文からおさえればよい。**問三**の解説で説明したとおり、空欄を含む一文は前文（傍線部1を含む文）と同内容である。よって、傍線部1の「一見、梃子《てこ》でも動かないようなこの現実世界」に着目して**ロ**を選べばよい。梃子でも動かないということは「堅固」であるということ。

イは「表裏にはさまれ」と「裏」に言及している点が不適。第二段落の二文目に「眼の前にある現実世界そのもののなかに、あるいはそのすぐ裏側に、別の世界がある」とあるように、現実世界の裏にあるのは筆者が肯定している別の世界である。他の選択肢は本文で述べられていない内容ばかりなので論外。

問五　傍線部説明問題　レベルB

正解はニ。まずは、傍線部を含む一文とその近くをしっかり分析しよう。

　現実の［甲］、押しつぶされそうになっているなかで、「なんだ、そのすぐ裏には別の世界があるんじゃないか」と救われる瞬間、いわば現実世界が相対化される瞬間を持つこと。
　ぼくにそういう建築がつくれるかどうかは措《お》くとして、少なくともぼくにとって、すばらしい建築とは、そんな瞬間が持続して感じられる場のことだ。千利休の「待庵」、リュベトキンのロンドン動物園「ペンギンプール」、ル・コルビュジエの「ラ・トゥーレット修道院」などなど。世界には、[2]そんな建築が、いっぱいある。

傍線部の指示語「そんな」に着目しよう。「そんな建築」とあるのだから、この「そんな」は何らかの建築を指すはず。よって、建築について書かれた部分を探すと、直前で千利休の待庵などが紹介されていて、その前に「すばらしい建築とは、そんな瞬間が持続して感じられる場のことだ」とある。この「そんな瞬間」とは前の「『なんだ、そのすぐ裏には別の世界があるんじゃないか』と救われる瞬間、いわば現実世界が相対化される瞬間」のこと。すなわち、「そんな瞬間が持続して感じられる場」＝**〈別の世界があると救われる瞬間が持続して感じられる場〉**である。これに最も近いのは「別の世界があると実感できる瞬間を、絶え間なく感じさせてくれる」とあるニ。

ハが紛らわしい（「眼の前……別の世界だ」の部分は第一段落にある）が、**選択肢が複数残って迷ったら、まず、選択肢の違いを確認するようにしよう。**

ハ＝眼の前にある世界がそう見えている世界ではなく、別の世界だということを**感得させるような建築**。

ニ＝眼の前にある世界とは別の世界があると実感できる瞬間を、**絶え間なく感じさせてくれるような建築**。

ハが「感得させる」とあるのに対して、ニは「絶え間なく感じさせてくれる」とある。そこで、もう一度本文の解答根拠を読むと、傍線部の「そんな」の指示内容である第三段落の一文目に「すばらしい建築とは、そんな瞬間が持続して感じられる場のことだ」とある。解答根拠の「持続して」との対応をふまえれば、「絶え間なく」とあるニが最適だと分かるだろう。このように、選択肢が複数残って迷ったら、まず、選択肢の違いを確認し、本文の解答根拠と照合するようにしよう。

ポイント　　**選択肢の見きわめ**

選択肢が複数残って迷ったら……
→まず、選択肢の違いを確認する。次に、本文の解答根拠と照合する。

イは「ある特定の世界に辿り着くことができる」の部分が、〈別の世界があると感じられる〉の説明として不適。第二段落の三文目に「もっとも、ある特定の世界に辿《たど》り着くこと自体が目的なのかといえば、そうでもない」とあることに反する。**ロ**も「現実世界の向こう側に別の理想世界があるという感覚」の部分が、〈別の世界があると感じられる〉の説明として不適。第二段落の一文目に「もちろん、現実世界の、そのずっと向こうに別の理想世界がある、というのではない」とあることに反する。**ホ**は本文に書かれていない内容であり論外。

問六　空欄補充問題　レベルB

正解はニ。まずは、空欄を含む一文とその近くをしっかり分析しよう。

同一内容

どんな事物についてもいえることだけれど、建築はきわだって、こういう［乙］にある。そして、モダニズムの建築には、このふたつを徹底的に接近させようとする強い意思があった。訪ねていって、すぐにその組織構成や構造システムがわかる建築がある。その一方で、それら抽象がよくわからない建築がある。モダニズム的な考え方では、すぐにわかる建築を傑作といい、よくわからない建築を駄作という。つまり、見てすぐにその建築の本質が理解できなくてはいけない。逆にいえば、その本質がすぐに見てとれるように建築はつくられなければならない。つまり、本来は神の視点ではじめて見えるものが、人間の視点から見えなければならない。

そのために、モダニズムの建築は、具体を抽象に接近させようとし、それがほとんど自己目的になって

■進化し洗練されてきた、とぼくは訝っている。

空欄の直前に指示語の「こう」がある。この「こう」は前段落の内容を指している。前段落では、**神の視点（＝抽象）と人間の視点（＝具体）**について述べられていた。さらに、空欄の次の文に、空欄に入る内容を受けて「このふたつ」とある。そして、「モダニズムの建築には、このふたつを徹底的に**接近させようとする強い意思**があった」の部分と次段落の頭の「モダニズムの建築は、具体を抽象に**接近させようとし**」が同内容なので、空欄に「具体」と「抽象」が入ることは間違いない。この時点で「具体と抽象」とあるニ・ホ・へにしぼれる。

次に、**ニ**の「交点」、**ホ**の「定量化」、**へ**の「延長線上」のうち、どれが最適かを考えよう。**ホ**の「定量化」は「数値を用いてあらわすこと」の意だが、本文に具体と抽象を数値化するという話は書かれていなかったので不適。**ニ**の「具体と抽象の交点」と**へ**の「具体と抽象の延長線上」で迷った場合は選択肢の違いをおさえよう。違いを図式化すると次のようになる。

ニ　具体と抽象の交点

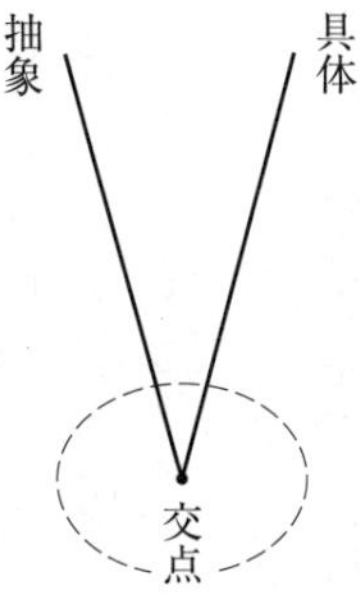

へ　具体と抽象の延長線上

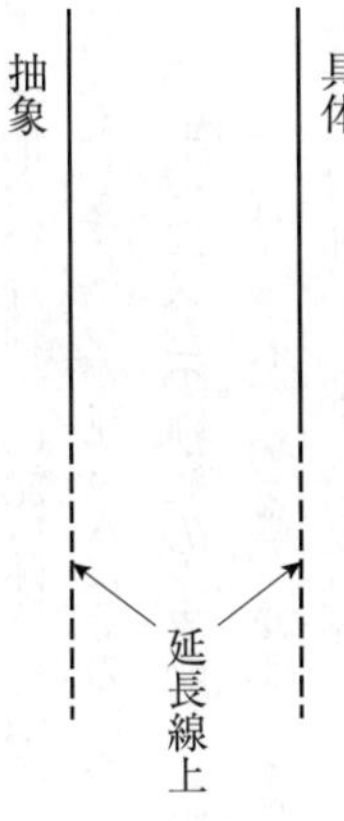

つまり、「交点」と「延長線上」の違いは、交わっているか交わっていないか、すなわち、性質を併せ持っているかいないか、である。では、建築において具体と抽象はどうだったのかというと、第五段落の冒頭に「建築には、大雑パにいって、人間の視点と神の視点がある」とあり、続く文脈で、建築には人間の視点で見える具体と神の視点で見える抽象があることが説明されている。**一つの建築は具体と抽象の両面を併せ持っている**のだから、「交点」が最適だと分かる。よって、正解は**ニ**。建築はきわだって具体と抽象を併せ持つものであり、**モダニズムの建築はこの二つを徹底的に接近させようとする**、という文脈。

問七　文脈把握問題　レベルA

正解はハ。「モダニズム」の建築の特徴は、第七段落と第八段落で述べられている。「モダニズム的な考え方では、すぐにわかる建築を傑作といい、よくわからない建築を駄作という。つまり、見てすぐにその建築の本質が理解できなくてはいけない」(第七段落)、「モダニズムの建築は、具体を抽象に接近させようとし、それがほとんど自己目的になって進化し洗練されてきた」(第八段落)に着目すれば容易にハを選べるだろう。

イは傍線部4に反する。ロの「構造力学的な合理性」の話は第八段落の三文目に書かれているが、これは直後の譲歩構文の「しかし」(空欄②)の後で「もしそれらが見る人にその建築の本質として感得されなければ、それらはきっと採用されなかった」とあるので、モダニズムの建築の表面的な特徴にすぎず、筆者の考える根本的な特徴とはいえない。ニの「読み取るべき謎として提示されている」、ホの「本質の理解が困難である」の部分は、第七段落の六文目「見てすぐにその建築の本質が理解できなくてはいけない」に反する。

問八　傍線部説明問題　レベルA

正解はロ。まずは、傍線部を含む一文とその近くをしっかり分析しよう。

> 訪ねていって、すぐにその組織構成や構造システムがわかる建築がある。その一方で、それら抽象がよくわからない建築がある。モダニズム的な考え方では、すぐにわかる建築を傑作といい、よくわからない建築を駄作という。つまり、見てすぐにその建築の本質が理解できなくてはいけない。逆にいえば、その本質がすぐに見てとれるように建築はつくられなければならない。つまり、本来は神の視点ではじめて見えるものが、人間の視点から見えなければならない。

傍線部の直前の「つまり」に着目しよう。「つまり」は、まとめ・言い換えの働きをする接続語なので、前後は同内容。よって、「つまり」の前の「その本質がすぐに見てとれるように建築はつくられなければならない」をおさえる。この部分にある「その本質」とは、四文前の、建築の「組織構成や構造システム」のことなので、「その本質がすぐに見てとれるように建築はつくられなければならない」＝**組織構成や構造システムがすぐに見てとれるように建築はつくられなければならない**。これに最も近い選択肢は**ロ**。他の選択肢はこの解答根拠に全くふれておらず論外。

問九　傍線部説明問題　レベルA

正解は**イ**。まずは、傍線部を含む一文とその近くをしっかり分析すること。傍線部の次の文の文末が「〜のだ」であることに着目しよう。**のだ構文**である。のだ構文は前文を補足説明する文なので、前文と同じニュアンスになる（15ページ・**解きの原則** 3の④を参照）。

> しかし、建築写真は、具体としてではなく、抽象として建築を写そうと努めてきた。
> ≒
> 建築写真は、眼の前で繰り広げられている、かたちの世界、色の世界、テクスチュアの世界、光と影の世界が重なり合う情景ではなく、その裏側に存在しているはずの本質をなんとかえぐりだそうとしてきたのだ。

のだ構文に「その裏側に存在しているはずの本質をなんとかえぐりだそうとしてきた」とある。この部分をふまえている選択肢は「肉眼では見ることのできないすぐ**裏側に存在する本質を的確に捉えるために努力してきた**」とある**イ**しかない。

ロの「見えにくい建築物の根底に流れる特異性」、**ハ**の「建築家の複雑な設計意図」、**ニ**の「建築が本来的にもっている機能美」、**ホ**の「人間の眼による認識漏れが生じやすい建築構造物の柔軟性と堅牢性」はそれぞれ「本質」の説明として不適。本文での建築の「本質」とは、建築の組織構成や構造システムのことである。

問十　理由説明問題　レベルA

正解は**ニ**。まずは、傍線部を含む一文とその近くをしっかり分析しよう。

6 ぼくのところでつくる建築には、本質というものがない。組織構成や構造システムがないというのではない。それらはもちろん存在しているし、それらのあり方にとても気をつかう。でも、それらが感得されようとは、していない。見えなくていいし、わからなくていい。というのも、（理由）いま眼に見えている情景そのもの、あるいはそれが堅固なものではなく、いつでもコワれてしまうような相対的なものであるということが主題だからだ。眼の前にある世界がひとつの固定化された意味に収斂《しゅうれん》していくのをとめたいと思う。意味を流動化させる、[丙]させる、脱臼させる。眼の前の情景のずっと奥に、本質が控えているのではない。

傍線部とその説明が続き、そして、五文後の「というのも」に着目しよう。**「というのも」は理由を述べるときにつかう接続語で、後で前の理由が述べられる。**よって、「というのも」の後の「いま眼に見えている情景そのもの、あるいはそれが堅固なものではなく、いつでもコワれてしまうような相対的なものであるということが主題だからだ。……本質が控えているのではない」に最も近い選択肢を選べばよい。この点にふれている選択肢はニしかない。「眼に見える情景は一つの意味に限定可能なものではなく」の部分が「いま眼に見えている情景そのもの、あるいはそれが堅固なものではなく、いつでもコワれてしまうような相対的なものである」の言い換え、「現実世界の奥に本質があるわけではない」の部分が「眼の前の情景のずっと奥に、本質が控えているのではない」の言い換えである。

イの「建築の本質に迫ることは困難」、ロの「本質の存在もまた疑われざるを得ない」、ハの「理想世界にこそ本質がある」、ホの「本質を見失うことがないように配慮する」の部分はそれぞれ本文に書かれていない内容。

問十一　空欄補充問題　レベルA

正解はホ。まずは、空欄を含む一文とその近くをしっかり分析しよう。

「意味を流動化させる、[丙]させる、脱臼させる」とあるのだから、「[丙]させる」≒「意味を流動化させる」。さらに、この部分は前の「いま眼に見えている情景そのもの、あるいはそれが堅固なものではなく、いつでもコワれてしまうような相対的なものである」「世界がひとつの固定化された意味に収斂《しゅうれん》していくのをとめたい」

をふまえた部分である。
以上から、ホの「相対化」が最適だと分かる。

問十二　内容合致問題　レベルA

正解はイとハ。

イ＝第九段落から第十一段落の内容に合致する。建築写真は建築の本質を撮ろうとするものだが、傍線部6にあるとおり筆者の建築には「本質というものがない」ので、「写真には撮りにくいもの」だといえる。

ロ＝「かえって見る人にその建築の本質が感得されにくい」の部分が第七段落の内容に反する。モダニズムの建築は見てすぐにその本質が理解できるものである。

ハ＝第二段落と第十一段落の内容に合致する。

ニ＝これだとモダニズムの建築を重視するという内容になってしまい、筆者の考え方に反する。筆者はモダニズムの建築に批判的である。

ホ＝「揺らぎを定着する写真との協力関係を築くことに新しい建築の可能性がある」の部分が本文に書かれていない内容。

ヘ＝「モダニズム的な理想として受け継ぎつつ追究すべきである」の部分が不適。別の世界を感じることは筆者が主張していることであり、モダニズムの理想なのではない。

解答

問一　A＝イ　B＝ニ　C＝ホ　問二　ハ　問三　イ　問四　ロ　問五　ニ　問六　ニ　問七　ハ
問八　ロ　問九　イ　問十　ニ　問十一　ホ　問十二　イ・ハ

2

文学部　二〇一九年度　三

松村圭一郎「『アフリカ』が私たちに問いかけるもの」

「アフリカ文化における分配の意味」についての評論文。文学部は現代文を二題出題するが、抽象度の高い評論文とそれほど高くない評論文を一題ずつ出題することが多い。本問は抽象度のそれほど高くない評論文。本文の論理展開をしっかりとおさえよう。

次の文章を読んで、あとの問いに答えよ。

エチオピアの首都アディスアベバの空港に着いて外に出ると、町には羊や山羊が群れをなして走り、立派な角をはやした牛たちが追い立てられていた。いまではもう見なくなった光景だが、当時は市場や食肉処理場へと運ばれる家畜が都会のど真ん中を悠然と歩いていた。教会の周りには、ずらりと物乞いの人が並んでいた。繁華街の道端に四肢のない人が炎天下に寝転がっていて、そばに小銭がバラバラと置かれていることもあった。日本との圧倒的な「距離」にひるんだ。

それでも、すぐに近所の子どもたちや同世代の若者と友だちになった。床屋の若主人のフセインはとても陽気で、いつも冗談を言いあいながら一緒にビールを飲み歩いた。ほとんど言葉もできなかったのに、どうコミュニケーションをとっていたのか、いまでも不思議だ。ビールをおごってもらうことも多かった。食事のときは、いつも一緒に大きな皿に盛られたインジェラ（エチオピアの主食）をつつきあった。人数が増えても、互いに少しずつ食べる量を調整すればいい。つねに近くにいる人には声をかけ、一緒に食べる。現地で話されるアムハラ語の「ブラ！（食べろ！）」や「インニブラ！（一緒に食べよう！）」は、すぐに覚えた。

アディスに着いてまだ四日目のことだ。レストランで食事をとって外に出ると、激しい雨が降っていた。傘をもっていなかったので、店の軒下で雨が上がるのを待った。と、ひとりの少年が話しかけてくる。数少ないアムハラ語の単語を並べて話す。近くにいた少年たちがどんどん会話に加わって、アムハラ語講座がはじまった。少しだけ通じる英単語を頼りに、会話練習をする。だんだん彼らも学校の先生のような口調になる。「はい、もう一度、言って！」

と、何度も繰り返し発音させられた。

なかなか雨はあがらない。しばらくすると、最初に話しかけてきた少年に「うちにおいで」と誘われた。トタン板でつくったバラックのような小さな小屋だった。少年は紅茶を入れるから飲んでいけと、お湯を沸かしはじめる。帰りには、エチオピアの伝統料理を入れる皿をプレゼントされ、彼の家にひとつしかない傘で宿まで送ってもらった。貧しいはずの彼らに優しくされ、歓待され、うれしいような申し訳ないような、複雑な心境になった。翌日、大学に出かけた帰りにフルーツを買って、彼の家に届けた。

アフリカを研究してきた人類学者たちは、多くの社会でモノを分け与えることに価値がおかれていることをあきらかにしてきた。とくに一九六〇年代以降、急速に進んだ狩猟採集民研究では、その平等主義的な社会のあり方に注目が集まった。たとえば、タンザニアのハッザの研究で知られるジェームス・ウッドバーンは、生業における労働の投入とその成果の獲得・消費とのあいだの時間差に注目して、「即時的利得システム」と「遅延的利得システム」という類型論を提示した。農耕民や牧畜民は、畑を耕したり、家畜をシヨウ[1]したりして、じっさいにその資源が利用可能になるまで時間がかかる。そのため遅延的利得システムとなる。一方、おもに熱帯の狩猟採集民は、比較的簡単な道具を使って狩猟や採集をして、ほとんどその日のうちに食物を消費する。それが労働投下から消費まで時間差のない即時的利得システムだ。複雑な保存や加工をすることもないので、食物はすぐに集団のなかで分配される。この食物をひろく分配し、特定の誰かが富を蓄積したり、独占したりすることのない狩猟採集民の生業経済が「[I]」とされてきたのだ。

この議論は、ある前提[A]を共有している。紀元前一万年ごろにはじまる新石器革命によって、人類は農耕や牧畜を開始し、人口の増大や集団の組織化、階級分化が進んだ。保存のきく穀物や頭数を増やせる家畜は、一部の階層による富の蓄積と独占を可能にした。それまでの狩猟採集に依拠した平等主義的な社会が、生業の変化によって不平等な社会へと変質したのだ、と。たとえば日本でもよく読まれているジャレド・ダイアモンドは、『昨日までの世界』で、農耕や牧畜が発達し、国家が誕生する以前の狩猟採集社会が人類の原初的な生活形態であり（それは六〇〇万年におよぶ人類史からみれば「昨日までの世界」だった）、現代の私たちが直面する問題をとらえなおす鍵も、その小規模なバンド社会にあると書いている。

人類学者のデヴィッド・グレーバーと考古学者のデヴィッド・ウェングローは、ダイアモンドなどの名前をあげながら、こうした観方を痛烈に批判した。これまでのさまざまな考古学的知見は、農耕や牧畜がはじまる以前の狩猟採集社会でも、特権的な階級が形成されていたことを示唆している（たとえば、ロシアのスンギルで発掘された約二万五〇〇〇年前の墓からは、全身をマンモスの象牙のビーズなどで装飾された人骨が発見されている）。小規模な分散した平等なバンド社会が一万年前を境に、中央集権化した社会形態に決定的に変化していったという説には根拠がない。彼らはそう指摘し、そもそも「農耕革命」のようなものはなかったと結論づけている。

では、なぜ狩猟採集社会が平等主義社会と結びつけられたのか。グレーバーらは、アフリカの熱帯地域において狩猟採集民の人類学研究が進んだ一九六〇年代以降、カラハリのブッシュマンやムブティ・ピグミーなどの離合集散的で平等的なバンド社会が原初的な人類の姿とされたことが背景にあると指摘する。それ以前の北米先住民や極北のイヌイットなどの研究からは、狩猟採集社会でも権威的な構造がつくられており、季節によってその社会形態が変動することがわかっていた（ウッドバーンも、北方の狩猟採集社会は遅延的利得システムに分類している）。

グレーバーらは、人類の社会形態は旧石器時代においても均質で変化に乏しいものではなかったと指摘する。それは、時代的にも地域的にも多様で、可変的だったはずだ、と。この指摘は、分配という現象を過度に狩猟採集などの生業形態に結びつけてきたこれまでのアフリカ研究に対しても示唆的だ。

さて、最初の私自身のエピソードに戻ろう。アフリカに赴いた人類学者の多くが、日常のなかでモノを分け与えたり、共有したりする場面を何度も目にしてきた。それでも研究のなかでは、分配という現象を新石器革命などの進化論的な枠組みでとらえ、生業形態にもとづく分析に過度にとらわれてきた。［Ⅱ］

生業形態にねざした分析の視点は、その生業が変化するにつれて、「分け与える」ことの価値が失われるという観方にもつながる。ブッシュマンが定住地に住むようになり、狩猟採集ではなく、賃金労働や配給に頼るようになると、分配にもとづく平等主義が失われていくはずだ。狩猟採集社会の急激な変容を目の当たりにすれば、こうした「喪失」の語りになってしまうのも当然かもしれない。

しかし一方で、多くのアフリカ研究は、狩猟採集とは異なる生活をしている人びとの分かち合う実践にも目を向けてきた。タンザニアの古着商人を研究する小川さやかは、商人たちのあいだで頻繁に金の貸し借りが行われ、少額であればほとんど返済の義務もなく、高額でもよっぽど困らないかぎりサイソク[2]されないような状況を描き出している（『その日暮らしの人類学』）。同じように必要なものを融通し合ったり、貸し借りし合ったりすることは、私の調査してきたエチオピアのコーヒー栽培農村でもよく見られる。ところがそうした事例は、生業ごとに細分化されたアフリカ研究のなかでは「別の話」とされてきた。狩猟採集民の分配と農耕民や都市民のそれは、まったく異質な行為なので連続的に論じるべきではない、と。

都会の商人であれ、換金作物を栽培する農民であれ、アフリカでは、モノを［Ⅲ］することが否定的にとらえられ、［Ⅳ］することに高い価値がおかれている。もちろんアフリカに格差が存在しないという意味ではまったくない。むしろ圧倒的な格差がありながらも、その分け与える価値観や規範が生業形態にかかわらず広く日常的にみられる。だとしたら、分配という実践を狩猟採集という特殊な生業形態に限定して論じ、同時に近代を分配のない不平等な社会だと一元的に考えることは、「アフリカ」が私たちに問いかける意味[B]を見誤らせてきたのではないだろうか。

（松村圭一郎「「アフリカ」が私たちに問いかけるもの」による）

注　バンド……文化人類学の用語で、狩猟採集民に多くみられる政治的・社会的組織の単純な形態を意味する。バンド社会においては、一時的に三十人から百人ほどの集団を作ることはあっても、政治的・経済的な集団組織は家族をこえて存在しない。

問一　本文冒頭の四つの段落の説明として最も適切なものを次の中から一つ選び、解答欄にマークせよ。

イ　第一段落と第二段落が日本とエチオピアの距離をあらわすのに対し、第三段落と第四段落は日本とエチオピアの近さをあらわす点から、第一段落ではかぎ括弧つきで「距離」という表記にしている。

ロ　冒頭の四つの段落では、具体的な場面でその場にいるかのような描写も取り入れ、臨場感あふれる記述となっている。

ハ　冒頭の四つの段落では、厳密に時間を追って、筆者自身が経験したことを小説のように述べている。
ニ　冒頭の四つの段落では、筆者が経験したことをもとに、エチオピアの社会のあり方を演繹的な述べ方で説明しようとしている。

問二　空欄 [Ⅰ] に入る最も適切な五字の語句を本文の中から抜き出して、記述解答用紙の所定の欄に記せ。

問三　傍線部A「ある前提」の内容として最も適切なものを次の中から一つ選び、解答欄にマークせよ。
イ　ウッドバーンの提示した「即時的利得システム」は、狩猟採集民の生業経済を安定させることとなっている。
ロ　紀元前一万年ごろにはじまる新石器革命によって「即時的利得システム」から「遅延的利得システム」へと変化し、不平等な社会へと変質した。
ハ　「遅延的利得システム」が「農耕革命」をもたらし、人口の増大や集団の組織化、階級分化へとつながった。
ニ　人口の増大があれば、狩猟採集社会においても特権的な階級が形成されることがあり、それによって一部の階層による富の蓄積や独占がおこなわれる。

問四　空欄 [Ⅱ] に入る一文として最も適切なものを次の中から一つ選び、解答欄にマークせよ。
イ　あたかもこれまでの狩猟採集民研究を歴史的に検証したかのように。
ロ　ちょうど私がエチオピアで日本との「距離」を目の当たりにしたように。
ハ　あたかも目の前で展開している分け与える実践を見なかったかのように。
ニ　ちょうどグレーバーらが狩猟採集社会と平等主義を結びつけたように。

問五　空欄 [Ⅲ] と [Ⅳ] に入る組み合わせとして最も適切なものを次の中から一つ選び、解答欄にマークせよ。
イ　Ⅲ　蓄積　Ⅳ　分配
ロ　Ⅲ　配給　Ⅳ　配分
ハ　Ⅲ　専有　Ⅳ　貸借
ニ　Ⅲ　独占　Ⅳ　共有

問六　傍線部Bの内容として最も適切なものを次の中から一つ選び、解答欄にマークせよ。

イ　アフリカ社会における古くからの平等な社会の仕組みを、可変的なものとしてとらえること。
ロ　アフリカのようなモノを分配・共有する社会のあり方が、生業形態に伴って変化すること。
ハ　アフリカのような古くから多くの人類学者が注目した土地で、その原初的な生活形態を解明すること。
ニ　アフリカのようなモノを分配・共有する社会のあり方を、生業形態などから切り離して考えること。

問七　本文冒頭の四つの段落が、全体の中でどう位置づけられるかについての説明として最も適切なものを次の中から一つ選び、解答欄にマークせよ。
イ　エチオピアと日本の距離を印象的に描き出すことで、不平等社会といえる日本のあり方を問う観点を与えてくれる。
ロ　狩猟採集社会での平等主義の例と好意的なプレゼントをすることを注意深く区別した上で、分配の人類学的あり方を検討している。
ハ　エチオピアでのモノを分け与えるという価値観が、生業形態に基づく分配の議論とは違う観点を与える実例として述べられている。
ニ　現在のエチオピアの人々と筆者との温かな交流が、モノを私物化しないという社会の成立を進化論的に主張する議論と関連付けられている。

問八　傍線部１・２の語と同じ漢字が含まれるものをそれぞれ次の中から一つ選び、解答欄にマークせよ。
１　イ　ためす　ロ　やしなう　ハ　わたくし　ニ　さまざま
２　イ　もよおし　ロ　ふまんぞく　ハ　せかす　ニ　さいだいげん

解説

出典　松村圭一郎「『アフリカ』が私たちに問いかけるもの」（『図書』二〇一八年七月号　岩波書店）

重要語句

（第五段落）**生業《なりわい》**—生活をしていくための仕事。

（第七段落）**示唆《しさ》**—それとなく教えること。ほのめかすこと。

■本文を理解しよう

1　エチオピアでの体験（第一～四段落）→問一

第一段落から第四段落にかけては、筆者のエチオピアの首都での体験談が書かれている（エチオピアの位置は、各自で地図を参照のこと）。入試では、本問のように筆者の体験談で始まる文章が出題されることがある。その場合は、**「なぜ筆者がその体験談を書いたのか」を意識する**ようにしよう。

そのためには、**筆者の主張が明らかになる箇所まで読み進めて、体験談の主旨と筆者の主張を照らし合わせれば**よい。

ポイント　**体験談で始まる文章**

体験談で始まる文章が出題されたら、「なぜ筆者がその体験談を書いたのか」を意識する

↓そのためには……

筆者の主張が明らかになる箇所まで読み進めて、体験談の主旨と筆者の主張を照らし合わせる

本問だと、体験談の主旨は、〈エチオピアの都会では、格差はあるが、日常のなかでモノを分配したり共有したりする〉ということである。第四段落まで読んだだけでは、まだ筆者の主張は分からないので、まずは、体験談の

主旨だけ整理しておこう。

【体験談の主旨】
エチオピアの都会では、格差はあるが、日常のなかでモノを分配したり共有したりする

2 人類学者たちのアフリカ研究 （第五～九段落）→問二・問三

第五段落から第九段落にかけては、人類学者たちのアフリカ研究について述べられている。この意味段落の読解で、とくに大事なポイントが二つある。

まずは、第五段落の「即時的利得システム」「遅延的利得システム」という語だ。これらは、ウッドバーンが造った語、すなわち、**造語・専門用語である。評論文を読んでいて、造語や専門用語が出てきたら丸で囲んで意味の部分に波線を引くようにしよう。**大事な内容だから造語や専門用語にするわけだ。よって、造語・専門用語とその意味は本文読解のキーになる。

ポイント　**造語・専門用語**
造語・専門用語は丸で囲んで、意味の部分に波線を引く

タンザニアのハッザの研究で知られるジェームス・ウッドバーンは、生業における労働の投入とその成果の獲得・消費とのあいだの時間差に注目して、「即時的利得システム」と「遅延的利得システム」という類型論を提示した。農耕民や牧畜民は、畑を耕したり、家畜をシヨウ[1]したりして、じっさいにその資源が利用可能になるまで時間がかかる。そのため遅延的利得システムとなる。一方、おもに熱帯の狩猟採集民は、比較的簡単な道具を使って狩猟や採集をして、ほとんどその日のうちに食物を消費する。それが労働投下から消費まで時間差のない即時的利得システムだ。

整理すると、

即時的利得システム――狩猟採集民のシステム
＝労働投下から消費まで時間差がないので、すぐに利益を得られるシステム
遅延的利得システム――農耕牧畜民のシステム
＝資源が利用可能になるまで時間がかかるので、おくれて利益を得られるシステム

となる。そして、アフリカは前者の「即時的利得システム」である。

もう一つの大事なポイントは、第七段落の冒頭文の、

人類学者のデヴィッド・グレーバーと考古学者のデヴィッド・ウェングローは、ダイアモンドなどの名前をあげながら、こうした観方を痛烈に批判した。

である。「こうした観方を痛烈に批判した」とあるのだから、第五段落と第六段落で説明されているウッドバーンとダイアモンドの考えと、グレーバーとウェングローの考えが対比になるわけだ。**この対比関係を意識し、内容を整理できたかどうか。**整理すると次のようになる。

〈ウッドバーン・ダイアモンドの考え〉（第五・六段落）
アフリカは、狩猟採集社会なので、平等主義的な社会である
モノを分配し、富の蓄積や独占のない社会である
↕
【前提】狩猟採集社会は平等な社会だが、農耕牧畜社会になると不平等な社会に変質する
〈グレーバー・ウェングローの考え〉（第七〜九段落）
狩猟採集社会でも特権的な階級が形成されていたことがある
（＝狩猟採集社会でも、不平等な社会は存在する）

「繰り返し」「因果」「対比」「発展」を意識しながら、本文を読み進めることはとても大切である（■現代文の学習法■**読みの原則**4を参照）。この意味段落では、対比をしっかりとおさえよう。

3 **筆者の主張**（第十〜最終段落）→問四・問五・問六・問七

第十段落の冒頭の接続語「さて」に着目しよう。転換の接続語なので、話が先に進む。第十段落以降では、いよいよ筆者の主張が述べられる。さらに、第十段落の冒頭文に、

さて、最初の私自身のエピソードに戻ろう。

とあるので、一つ目の意味段落（第一〜四段落）の筆者の体験談がなぜ書かれたのかもここで分かるはずだ。

さて、二つ目の意味段落（第五〜九段落）で明らかになったことは、一九六〇年代以降の人類学の研究では、

狩猟採集社会＝平等な社会＝モノを分配する社会

農耕牧畜社会＝不平等な社会＝モノを蓄積・独占する社会

とされてきたが、グレーバーやウェングローによれば、

狩猟採集社会でも、不平等な社会が存在する

ということだった。

そして、一つ目の意味段落（第一〜四段落）の筆者の体験談では、

エチオピアの都会では、格差はあるが、日常のなかでモノを分配したり共有したりする

ことが述べられていた。もちろん、第一段落に「都会」とあるし、第二段落に床屋の若主人が登場したり、第三段落にレストランが出てきたりすることから明らかなように、**筆者が体験したエチオピアは狩猟採集社会ではない。**

ということは、一九六〇年代以降の人類学の研究の、

狩猟採集社会＝平等な社会＝モノを分配する社会

という考え方はおかしいことになる。なぜならば、狩猟採集社会は、必ずしも平等な社会ではない。そして、不平等な社会でも、モノの分配は行われているのだから。

そして、最終段落の、

もちろんアフリカに格差が存在しないという意味ではまったくない。むしろ圧倒的な格差がありながらも、その分け与える価値観や規範が生業形態にかかわらず広く日常的にみられる。だとしたら、分配という実践を狩猟採集という特殊な生業形態に限定して論じ、同時に近代を分配のない不平等な社会だと一元的に考えること

■は、Bの「アフリカ」が私たちに問いかける意味を見誤らせてきたのではないだろうか。に着目しよう。アフリカ社会には格差がある。そして、モノの分配は、狩猟採集や農耕牧畜といった生業形態とは関係なく行われている。ということは、分配という実践を狩猟採集という特殊な生業形態に限定して論じ、同時に近代を分配のない不平等な社会だと一元的に考えることは誤りだということになる。

【筆者の主張】
・現在のアフリカ社会は、狩猟採集社会ではない
・現在のアフリカ社会には、格差がある
・現在のアフリカ社会では、分配が行われている
↓ということは……
モノの分配は、狩猟採集や農耕牧畜といった生業形態とは関係なく行われているといえる
近代を分配のない不平等な社会だと一元的に考えることは誤りである

では、最後に、一つ目の意味段落（第一～四段落）の筆者の体験談がなぜ書かれたのかを考えよう。そのためには、**体験談の主旨と筆者の主張を照らし合わせ**ればよい。

【体験談の主旨】
エチオピアの都会では、格差はあるが、日常のなかでモノを分配したり共有したりする

この体験談の主旨から分かることは、狩猟採集社会でなくても、モノの分配が行われているということである。これを主張と照らし合わせると、この体験談は、〈モノの分配が、狩猟採集や農耕牧畜といった生業形態とは関係なく行われている〉ことを示すために書かれたものだと分かる。

■設問解説

問一　文脈把握問題 レベルA

正解は**ロ**。本文冒頭の四つの段落の内容が正確につかめたか、が問われている。順に選択肢を検討しよう。

イ＝まず、「第二段落が日本とエチオピアの距離をあらわす」が不適。**第二段落の冒頭に逆接の接続語「それでも」があることに注意しよう。**エチオピアに着いた筆者は日本との圧倒的な「距離」にひるんだが、それでも、すぐにエチオピアの人たちと仲良くなったという文脈なのだから、第二段落は「日本とエチオピアの距離をあらわす」ための段落ではない。また、「第三段落と第四段落は日本とエチオピアの近さをあらわす」も不適。第二段落から第四段落にかけては、筆者がエチオピアの人々の暮らしに馴染んでいったという内容であり、日本とエチオピアの近さをあらわしているわけではない。日本とエチオピアの「距離」が近いとすると、日本の人々とエチオピアの人々の暮らしが近いという内容になってしまう。

ロ＝第一段落から第四段落にかけては、筆者がエチオピアで見た光景や筆者とエチオピアの人々との交流が具体的に書かれているので、合致する。

ハ＝「厳密に時間を追って」が不適。第三段落の冒頭文「アディスに着いてまだ四日目のことだ」に着目しよう。第二段落より以前の内容が書かれており、時間的に前に戻っている。

ニ＝「演繹的な述べ方」が不適。**「演繹」とは、一般的な法則から個々の事例を説明する推理法のこと**である。たとえば、算数の授業で、三角形の面積の公式を教わったとき、それを使って一つ一つの問題を解いたという経験があるだろう。公式を用いて個々の問題を解いているわけだから「演繹」である。第一段落から第四段落の体験談が、そのような一般的な法則から個々の事例を説明しようとして書かれたものではないことは明らかである。

問二　空欄補充問題 レベルA

正解は、**平等主義的**。第五段落の構造をつかめたか、が問われている。

第五段落の三文目の接続語「たとえば」に着目しよう。三文目以降は一・二文目の具体例である。具体例は、筆

者が言いたいことに説得力をもたせるために書いたものなのだから、言いたいことと具体例は対応するはずだ。図示すると、

> アフリカを研究してきた人類学者たちは、多くの社会でモノを分け与えることに価値がおかれていることをあきらかにしてきた。とくに一九六〇年代以降、急速に進んだ狩猟採集民研究では、その平等主義的な社会のあり方に注目が集まった。（言いたいこと）〔たとえば、（具体例）タンザニアのハッザの研究で知られるジェームス・ウッドバーンは、生業における労働の投入とその成果の獲得・消費とのあいだの時間差に注目して、「即時的利得システム」と「遅延的利得システム」という類型論を提示した。農耕民や牧畜民は、畑を耕したり、家畜をシヨウ[1]したりして、じっさいにその資源が利用可能になるまで時間がかかる。そのため遅延的利得システムとなる。一方、おもに熱帯の狩猟採集民は、比較的簡単な道具を使って狩猟や採集をして、ほとんどその日のうちに食物を消費する。それが労働投下から消費まで時間差のない即時的利得システムだ。複雑な保存や加工をすることもないので、食物はすぐに集団のなかで分配される。この食物をひろく分配し、特定の誰かが富を蓄積したり、独占したりすることのない狩猟採集民の生業経済が「Ⅰ」とされてきたのだ。〕

となる。このように、**評論文を読んでいて、具体例が出てきたら、必ず、言いたいことと重ね合わせて理解するようにしよう。**ここでは、「アフリカを研究してきた人類学者たちは、多くの社会でモノを分け与えることに価値がおかれていることをあきらかにしてきた。とくに一九六〇年代以降、急速に進んだ狩猟採集民研究では、その平等主義的な社会のあり方に注目が集まった」の例として、ウッドバーンの考えが紹介されているわけである。このことを意識すれば、「五字の語句」という条件からも、「平等主義的」を容易におさえられるだろう。

ポイント　**具体例**

具体例と言いたいことは、重ね合わせて理解する

問三　文脈把握問題　レベルA

正解はロ。第六段落の構造をつかめたか、が問われている。

傍線部の「ある前提」の内容は、第六段落の二文目以降に述べられている。さらに、五文目に接続語「たとえば」があるので、五文目は二～四文目の具体例である。

> この議論は、A ある前提を共有している。［紀元前一万年ごろにはじまる新石器革命によって、人類は農耕や牧畜を開始し、人口の増大や集団の組織化、階級分化が進んだ。保存のきく穀物や頭数を増やせる家畜は、一部の階層による富の蓄積と独占を可能にした。それまでの狩猟採集に依拠した平等主義的な社会が、生業の変化によって不平等な社会へと変質したのだ、と。］（傍線部の具体的説明／言いたいこと）〔たとえば日本でもよく読まれているジャレド・ダイアモンドは、『昨日までの世界』で、農耕や牧畜が発達し、国家が誕生する以前の狩猟採集社会が人類の原初的な生活形態であり（それは六〇〇万年におよぶ人類史からみれば「昨日までの世界」だった）、現代の私たちが直面する問題をとらえなおす鍵も、その小規模なバンド社会にあると書いている。〕（具体例）

すなわち、第六段落では、二文目から四文目にかけて、〈狩猟採集に依拠した平等主義的な社会が、農耕や牧畜へと生業が変わったことによって、不平等な社会になった〉という考え（＝「ある前提」）が述べられ、五文目に、その例としてダイアモンドの著作の内容が紹介されている、という構造である。

以上の点をふまえて、選択肢を検討する。

イ＝「『即時的利得システム』は、狩猟採集民の生業経済を安定させる」が、「ある前提」とは無関係な内容であり不適。

ロ＝「『即時的利得システム』から『遅延的利得システム』へと変化し、不平等な社会へと変質した」が「ある前提」の内容を的確にとらえている。〔■本文を理解しよう〕で説明したとおり、「即時的利得システム」は狩猟採集民のシステムであり、「遅延的利得システム」は農耕牧畜民のシステムである。よって、「『即時的利得システム』から『遅延的利得システム』へと変化し、不平等な社会へと変質した」＝〈狩猟採集民のシステムから農耕牧畜民のシステムへと変化し、不平等な社会へと変質した〉となり、「ある前提」の内容と合致する。

ハ＝「『遅延的利得システム』が『農耕革命』をもたらし」が不適。「AがBをもたらした」だと、Aが原因・理由、Bが結果・結論、の因果関係になる。たとえば、「努力が合格をもたらした」だと、「努力」が原因・理由で、「合格」が結果・結論だ。本文には、農耕牧畜民の社会が「遅延的利得システム」だった、と書かれているだけで、「『遅延的利得システム』が『農耕革命』をもたらし」た、という因果関係は書かれていない。選択肢に因果関係が書かれている場合は、このようなヒッカケのことがある。本文としっかり照合するようにしよう。

ポイント　因果の選択肢

因果関係の書かれている選択肢に要注意！

ニ＝「狩猟採集社会においても特権的な階級が形成されることがあり」以下が不適。これは、第七段落から第九段落にかけて書かれているグレーバーとウェングローの考えである。

問四　空欄補充問題　レベルB

正解はハ。空欄までの内容、および、第十段落の構造をつかめたか、が問われている。

三文目の頭の接続語「それでも」に着目しよう。アフリカの日常とアフリカ研究が対比になっていることが分かるはずだ。

さて、最初の私自身のエピソードに戻ろう。アフリカに赴いた人類学者の多くが、日常のなかでモノを分け与えたり、共有したりする場面を何度も目にしてきた。それでも研究のなかでは、分配という現象を新石器革命などの進化論的な枠組みでとらえ、生業形態にもとづく分析に過度にとらわれてきた。Ⅱ

この対比内容を整理すると、

〈アフリカの日常〉モノを分配したり、共有したりする
⟷

〈アフリカの研究〉分配という現象を新石器革命などの進化論的な枠組みでとらえ、生業形態にもとづく分析に過度にとらわれてきた

となる。

ここでの、アフリカの日常とは、筆者自身のエピソード（体験談）の内容もふまえられているわけだから、第一段落の「都会」、第二段落の床屋の若主人、第三段落のレストランなどから明らかなように、現在は狩猟採集社会ではないということでもある。

次に、アフリカ研究の説明の「分配という現象を新石器革命などの進化論的な枠組みでとらえ、生業形態にもとづく分析に過度にとらわれてきた」とはどういうことか。「新石器革命」や「生業」については、第六段落に書かれている。ここは、〈狩猟採集から農耕牧畜へと生業形態が変わったことで、分配ではなく富の蓄積や独占を行う不平等な社会に変質した〉という内容が書かれている段落だ。ということは、「分配という現象を新石器革命などの進化論的な枠組みでとらえ、生業形態にもとづく分析に過度にとらわれてきた」＝〈分配は、狩猟採集という生業形態では行われ、農耕牧畜という生業形態では行われない、と考えられてきた〉ということだ。これを整理すると、

〈アフリカの日常〉狩猟採集社会ではないが、モノを分配したり、共有したりする

⟷

〈アフリカの研究〉分配は、狩猟採集という生業形態では行われ、農耕牧畜という生業形態では行われない、と考えられてきた

となる。

ということは、アフリカ研究は、アフリカの日常をとらえていない、すなわち、アフリカの現実を見ていないことになる。アフリカ研究では狩猟採集社会で分配が行われるとされているが、アフリカの日常では狩猟採集社会でないにもかかわらず分配が行われているのだから。

以上の点をふまえて、選択肢を検討すると、イは「歴史的に検証した」が論外。アフリカ研究はアフリカの現実をとらえていないのだから「検証した」とはいえない。ロは第一段落に書かれているカルチャーショックの話なので解答根拠とは無関係。ニは、グレーバーの話をしているが、彼は、狩猟採集社会にも不平等な社会があることを指摘した学者（第七段落）なので、「グレーバーらが狩猟採集社会と平等主義を結びつけた」が逆の内容である。よって、正解はハ。アフリカ研究は「目の前で展開している分け与える実践」（＝アフリカの日常）を見ていないといえる。

問五　空欄補充問題　レベルB

正解はニ。

「アフリカでは、モノを［Ⅲ］することが否定的にとらえられ、［Ⅳ］することに高い価値がおかれている」とあるのだから、「モノを［Ⅲ］すること」はアフリカで否定的にとらえられていること、モノを「［Ⅳ］すること」はアフリカで肯定的にとらえられていることだと分かる。

二文後に「その分け与える価値観や規範が生業形態にかかわらず広く日常的にみられる」とあるのだから、空欄Ⅳには「分配」または、その類義語が入ると分かる。この時点で、ハの「貸借」が外れる。なお、ニの「共有」は第十段落の二文目で、「モノを分け与えたり、共有したりする」と、分配と並列で述べられているので問題ない。

次に、空欄Ⅲだが、「モノを［Ⅲ］すること」はアフリカで否定的にとらえられていることなので、空欄Ⅲには空欄Ⅳと対比関係になる語が入る。第五段落の最終文「富を蓄積したり、独占したりする」、第六段落の三文目「富の蓄積と独占」に着目すれば、ロの「配給」は外せる。この時点で正解はイかニ。

最後に、前段落の二文目「商人たちのあいだで頻繁に金の貸し借りが行われ」、三文目「同じように必要なものを融通し合ったり、貸し借りし合ったりすることは、私の調査してきたエチオピアのコーヒー栽培農村でもよく見られる」に着目しよう。みんなで貸し借りし合ったり、融通し合ったりする、という内容であり、これはアフリカで肯定的にとらえられていることである。これの逆として最適なのは、イの「蓄積」ではなく、ニの「独占」であろう。単にためる、ではなく、独り占めの方が、みんなで貸し借りし合ったり、融通し合ったりすることの逆の二ュアンスが出る。

問六　傍線部説明問題 レベルB

正解は**ニ**。三つ目の意味段落（第十～最終段落）の主旨をつかめたか、が問われている。

傍線部は、筆者の主張が述べられている箇所にある。〔■本文を理解しよう〕で説明したとおり、筆者の主張は、

【筆者の主張】

- 現在のアフリカ社会は、狩猟採集社会ではない
- 現在のアフリカ社会には、格差がある
- 現在のアフリカ社会では、分配が行われている

　←ということは……

モノの分配は、狩猟採集や農耕牧畜といった生業形態とは関係なく行われているといえる

近代を分配のない不平等な社会だと二元的に考えることは誤りである

である。これをふまえて選択肢を検討する。

イ＝「アフリカ社会における古くからの平等な社会の仕組み」が不適。第七段落のグレーバーとウェングローの考えに反する。狩猟採集社会にも不平等な社会は存在したのである。

ロ＝「生業形態に伴って変化する」が筆者の主張とは逆の内容。傍線部の直前文に「その分け与える価値観や規範が生業形態にかかわらず広く日常的にみられる」とある。

ハ＝「原初的な生活形態を解明する」が本文には書かれていない内容。

ニ＝直前文の「その分け与える価値観や規範が生業形態にかかわらず広く日常的にみられる」と合致する。分配は生業形態に関係なく行われているのだから、生業形態から切り離して考えるべきものである。

問七　文脈把握問題 レベルA

正解は**ハ**。

〔■本文を理解しよう〕で説明したとおり、本文冒頭の四つの段落に書かれている筆者の体験談は、〈モノの分配が、狩猟採集や農耕牧畜といった生業形態とは関係なく行われている〉ことを示すために書かれたものである。

イは「不平等社会といえる日本のあり方を問う観点」が論外。日本の不平等社会については本文に全く書かれていない。ロも「狩猟採集社会での平等主義の例と好意的なプレゼントをすることを注意深く区別し」が本文に全く書かれていない。ニは「進化論的」が不適。「進化論的」の語は第十段落にあるが、ここは筆者が否定的にとらえているアフリカ研究の説明箇所である。

問八　漢字の問題　レベルA

1＝「飼養」　イ＝試す　ロ＝養う　ハ＝私　ニ＝様々　正解はロ。
2＝「催促」　イ＝催し　ロ＝不満足　ハ＝急かす　ニ＝最大限　正解はイ。

解答

問一　ロ　問二　平等主義的　問三　ロ　問四　ハ　問五　ニ　問六　ニ　問七　ハ
問八　1＝ロ　2＝イ

3

教育（文系）学部　二〇二二年度　一

河野哲也『意識は実在しない―心・知覚・自由』

「近代科学の自然観・人間観」についての評論文。近代の二元論的な思考法が生態系の無視につながると述べられている。「話題の提示→近代科学の自然観→近代の人間観→まとめ」という論の展開についていけたかどうかが合否の分かれ目。

次の文を読んで、あとの問いに答えよ。

人類が全体として取り組まなければならない大問題はいくつもある。戦争、宗教と文化の対立、貧困。そして、環境問題もそのひとつである。

二〇一一年三月に起きた東北関東地方での大地震で私たちは、地震と津波に打ちのめされると同時に、原子力発電の危険性をあまりに強烈な形で思い知らされた。この大災害には、人災の要素がもちろん存在し、長期的に私たちが環境とどのようにつきあっていくべきなのか、エネルギー問題のみならず、自然と社会のあり方が抜本的に問われている。私たちは、環境問題に関する後戻りできない地点として、この度の大地震の記憶を深く心に刻むであろう。

環境問題は、汚染による生態系の劣悪化、生物種の［A］、資源の［B］、廃棄物の［C］などの形であらわれている。その原因は、自然の回復力と維持力を超えた人間による自然資源の搾取にある。環境問題の改善には、思想的・イデオロギー的な対立と国益の衝突を超えて、国際的な政治合意を形成して問題に対処していく必要がある。

しかしながら、環境問題をより深いレベルで捉え、私たちの現在の自然観・世界観を見直す必要性もある。というのも、自然の搾取を推進したその理論的・思想的背景は近代科学の自然観にあると考えられるからだ。もちろん、自然の搾取は人間社会のトータルな活動から生まれたものであり、環境問題の原因のすべてを近代科学に押しつけることはできない。

しかしながら、近代科学が、自然を使用するに当たって強力な推進力を私たちに与えてきたことは間違いない。その推進力とは、ただ単に近代科学がテクノロジーを発展させ、人間の欲求を追求するための効果的な手段と道具を与えたというだけではない（テクノロジーとは、科学的知識に支えられた技術のことを言う）。それだけではなく、近代科学の自然観そのものの中に、生態系の維持と保護に相反する発想が含まれていたと考えられるのである。

　近代科学とは、一七世紀にガリレオやデカルトたちによって開始され、次いでニュートンをもって確立された科学を指している。近代科学が現代科学の基礎となっていることは言うまでもない。近代科学の自然観には、中世までの自然観と比較して、いくつかの重要な特徴がある。

　第一の特徴は、機械論的自然観である。中世までは自然の中には、ある種の目的や意志が宿っていると考えられていたが、近代科学は、自然からそれら精神性を剝奪し、ア定められた法則どおりに動くだけの死せる機械とみなすようになった。

　第二に、原子論的な還元主義である。自然はすべて微小な粒子とそれに外から課される自然法則からできており、それら原子と法則だけが自然の真の姿であると考えられるようになった。

　ここから第三の特徴として、1物心二元論が生じてくる。二元論によれば、身体器官によって捉えられる知覚の世界は、主観の世界である。自然に本来、実在しているのは、イ色も味も臭いもない原子以下の微粒子だけである。知覚において光が瞬間に到達するように見えたり、地球が不動に思えたりするのは、主観的に見られているからである。自然の感性的な性格は、自然本来の内在的な性質ではなく、自然をそのように感受し認識する主体の側にある。つまり、心あるいは脳が生み出した性質なのだ。

　真に実在するのは物理学が描き出す世界であり、そこからの物理的な刺激作用は、脳内の推論、記憶、連合、類推などの働きによって、ウ秩序ある経験へと構成される。つまり、知覚世界は心ないし脳の中に生じた一種のイメージや表象にすぎない。物理学的世界は、人間的な意味に欠けた無情の世界である。

　それに対して、知覚世界は、「使いやすい机」「嫌いな犬」「美しい樹木」「愛すべき人間」などの意味や価値のある日常物に満ちている。しかしこれは、主観が対象にそのように意味づけたからである。こうして、物理学が記述する自然の客観的な真の姿と、私たちの主観的表象とは、質的にも、存在の身分としても、まったく異質のものとみなされる。

これが二元論的な認識論である。そこでは、感性によって捉えられる自然の意味や価値は主体によって与えられるとされる。いわば、自然賛美の叙情詩を作る詩人は、いまや人間の精神の素晴らしさを讃える自己賛美を口にしなければならなくなったのである。こうした物心二元論は、物理と心理、身体と心、客観と主観、自然と人間、野生と文化、事実と規範といった言葉の対によって表現されながら、私たちの生活に深く広く浸透している。日本における理系と文系といった学問の区別もそのひとつである。二元論は、2没価値の存在と非存在の価値を作り出してしまう。

二元論によれば、自然は、エ何の個性もない粒子が反復的に法則に従っているだけの存在となる。オ時間的にも空間的にも極微にまで切り詰められた自然は、場所と歴史としての特殊性を奪われる。近代的自然科学に含まれる自然観は、自然を分解して利用する道をこれまでないほどに推進した。最終的に原子の構造を砕いて核分裂のエネルギーを取り出すようになる。自然を分解して（知的に言えば、分析をして）、材料として他の場所で利用する。近代科学の自然に対する知的・実践的態度は、自然をかみ砕いて栄養として摂取することに比較できる。

近代科学が明らかにしていった自然法則は、自然を改変し操作する強力なテクノロジーとして応用されていった。しかも自然が機械にすぎず、その意味や価値はすべて人間が与えるものにすぎないのならば、自然を徹底的に利用することに躊躇を覚える必要はない。本当に大切なのは、ただ D だけだからだ。こうした態度の積み重ねが現在の環境問題を生んだ。

だが実は、この自然に対するスタンスは、人間にもあてはめられてきた。むしろその逆に、歴史的に見れば、人間に対する態度が自然に対するスタンスに反映したのかもしれない。3近代の人間観は原子論的であり、近代的な自然観と同型である。近代社会は、個人を伝統的共同体の桎梏《しっこく》から脱出させ、それまでの地域性や歴史性から自由な主体として約束した。つまり、人間個人から特殊な諸特徴を取り除き、原子のように単独の存在として遊離させ、規則や法に従ってはたらく存在として捉えるのだ。こうした個人概念は、たしかに近代的な個人の自由をもたらし、人権の概念を準備した。

しかし、近代社会に出現した自由で解放された個人は、同時に、ある意味でアイデンティティを失った根無し草であり、誰とも区別のつかない個性を喪失しがちな存在である。そうした誰とも交換可能な、個性のない個人（政治哲学の文脈では「負荷なき個人」と呼ばれる）を基礎として形成された政治理論についても、現在、さまざまな立場から批判が集まっている。物理学の素粒子のように相互に区別できない個人観は、その人のもつ具体的な特徴、歴史的背景、文化的・社会的アイデンティティ、特殊な諸条件を排除することでなりたっている。

だが、そのようなものとして人間を扱うことは、本当に公平で平等なことなのだろうか。いや、それ以前に、近代社会が想定する誰でもない個人は、本当は誰でもないのではなく、どこかで標準的な人間像を規定してはいないだろうか。そこでは、標準的でない人々のニーズは、社会の基本的制度から密かに排除され、不利な立場に追い込まれていないだろうか。実際、マイノリティに属する市民、例えば、女性、少数民族、同性愛者、障害者、少数派の宗教を信仰する人たちのアイデンティティやニーズは、周辺化されて、軽視されてきた。個々人の個性と歴史性を無視した考え方は、ある人が自分の潜在能力を十全に発揮して生きるために要する個別のニーズに応えられない。

4 近代科学が自然環境にもたらす問題と、これらの従来の原子論的な個人概念から生じる政治的・社会的問題とは同型であり、並行していることを確認してほしい。

自然の話に戻れば、分解して個性をなくして利用するという近代科学の方式によって破壊されるのは、［E］であることは見やすい話である。自然を分解不可能な粒子と自然法則の観点のみで捉えるならば、自然は利用可能なエネルギー以上のものではないことになる。そうであれば、自然を破壊することなど原理的にありえないことになってしまうはずだ。

しかし、そのようにして分解的に捉えられた自然は、生物の住める世界ではない。自然を原子のような部分に還元しようとする思考法は、さまざまな生物が住んでおり、生物の存在が欠かせない自然の一部ともなっている生態系を無視してきた。

生態系は、そうした自然観によっては捉えられない全体論的存在である。生態系の内部の無機・有機の構成体は、循環的に相互作用しながら、長い時間をかけて個性ある生態系を形成する。エコロジーは博物学を前身としているが、博物学とはまさしく「自然史（ナチュラル・ヒストリー）」である。ひとつの生態系は独特の時間性と個性を形成する。そして、そこに棲息する動植物はそれぞれの仕方で適応し、まわりの環境を改造しながら、個性的な生態を営んでいる。自然に対してつねに分解的・分析的な態度をとれば、生態系の個性、歴史性、場所性は見逃されてしまうだろう。これが、環境問題の根底にある近代の二元論的自然観（かつ二元論的人間観・社会観）の弊害なのである。自然破壊によって人間も動物も住めなくなった場所は、そのような考え方がもたらした悲劇的帰結である。

（河野哲也『意識は実在しない』による）

問一　空欄 A ・ B ・ C に入る組み合わせとして、最も適切なものを次の**ア**〜**オ**の中から一つ選べ。

ア　A　滅亡　B　稀少　C　腐敗
イ　A　絶滅　B　荒廃　C　処理
ウ　A　稀少　B　減少　C　増加
エ　A　減少　B　枯渇　C　累積
オ　A　消失　B　濫用　C　汚染

問二　傍線部1「物心二元論が生じてくる」とあるが、それはなぜか。その説明として最も適切なものを、次の**ア**〜**オ**の中から一つ選べ。

ア　近代の科学技術によって自然がその姿を大きく変化させて、私たちにはもはやもともとの自然の姿を感じとることができなくなってしまったため。
イ　自然は目に見えない粒子と一定の法則によって成り立っており、私たちが実際に知覚する世界とは異なるものだという見方が広がっていったため。
ウ　独自の意識や目的をもったものとして自然をとらえる見方と、自然が意思をもたずにただ存在している見方と、二つの立場が近代に生まれたため。
エ　自然は、それを見る人の立場によってそれぞれ異なった見え方をするものであり、見る人の数だけの自然が存在するという考え方が普及したため。
オ　自然の中に存在する事物のうちには、私たち人間にはとらえることのできない目的や意思が含まれていることが意識されるようになったため。

問三　傍線部2「没価値の存在と非存在の価値」とあるが、本文の波線部ア〜オのうち、著者が「非存在の価値」としてとりあげているものはどれか。最も適切なものを一つ選べ。

ア　定められた法則どおりに動くだけの死せる機械
イ　色も味も臭いもない原子以下の微粒子
ウ　秩序ある経験
エ　何の個性もない粒子
オ　時間的にも空間的にも極微にまで切り詰められた自然

問四　空欄 D に入る語句として、最も適切なものを、次のア〜オの中から一つ選べ。

ア　客観性、実在
イ　まわりの環境、自然
ウ　自然の法則、人間
エ　テクノロジー、機械
オ　人間の主観、心

問五　傍線部3「近代の人間観」とあるが、筆者はそれがどのような事態を引き起こしたと述べているか。その説明として**適切でないもの**を、次のア〜オの中から一つ選べ。

ア　人々が各自の欲求にしたがって生きるようになり、共通の法や秩序を各自の都合のよいように解釈するようになった。
イ　人々がそれぞれにもっている特性を、大多数の人がもっている考え方や生き方に合わせるようになった。
ウ　人々が、自分の属する集団や地域にとってどのような役割を果たしていくべきかを見出しにくくなった。
エ　人々がそれぞれにもっている多様な個性を、標準的なものとそうでないものとにわける見方を生み出した。
オ　人々を集団の中の伝統的な役割から解き放ち、仕事や生き方を各自が自由に選ぶことができるようになった。

問六　傍線部4「近代科学が…同型であり、並行している」とあるが、どういうことか。その説明として最も適切なものを、次のア〜オの中から一つ選べ。

ア　原子論的な自然観が、生物同士の細かい特徴や個別性を意識するような態度を生んだように、原子論的な人間観は、自分が他者と異なることに絶えず不安を感じるような社会を生み出した。

イ　原子論的な自然観が、自然を分解したり改変したりする態度を生み出したように、原子論的な人間観は、人間の身体や器官を人工的に直したり、交換したりするような社会を生み出した。

ウ　原子論的な自然観が、目的や意思をもたないものとして自然を扱う態度を生んだように、原子論的な人間観は、人間が共通してもっている思想や意思を抑圧する社会を生み出した。

エ　原子論的な自然観が、自然の予測や計算が可能であるという態度を生んだように、原子論的な人間観は、人間の行動を予測し、ごく少数の人の欲求にまで対応する社会を生み出した。

オ　原子論的な自然観が、生物の固有性や生物同士の関係を軽視する態度を生んだように、原子論的な人間観は、人々の個別の経験や欲求を軽視するような社会を生み出した。

問七　空欄［E］に入る三文字の言葉を本文中より抜き出し、記述解答用紙の所定の欄に記せ。

問八　本文全体の趣旨に合致するものを、次のア〜オの中から一つ選べ。

ア　環境問題の改善には、それぞれの国が文化的・社会的アイデンティティや国益などにこだわることなく、国際的な政治合意を形成しなくてはならない。

イ　近代科学は、自然を利用し、環境を変えていく強力なテクノロジーを私たちにもたらしてきたのであり、それをより強力に推し進めることが、環境問題を解決することになる。

ウ　環境の問題には、国境を越えた合意形成が必要であり、地球規模で取り組まなければならない問題であるが、まずその根底にある近代の自然に対する見方、考え方を問い直す必要がある。

エ　私たちが自然に対して抱いている美しさや心地よさといったものは、それを感じている人間が主観的に生み出したものにすぎず、現代の環境問題に正面から取り組むために重要なのはむしろ、そうした主観を排した客観的で科学的なアプローチである。

オ　博物学には、自然を分解し、原子としてとらえる近代の自然観が含まれており、博物学を前身として生まれたエコロジーも、生物の多様性や歴史性を考えるに充分な考え方とは言えない。

解説

出典 河野哲也『意識は実在しない─心・知覚・自由』（講談社）

重要語句

（第三段落）**イデオロギー**─思想。主義。

（第九段落）**物心二元論《ぶっしんにげんろん》**─心（精神）と身体（物体）を異質な二実体として切り離してとらえ、精神を物体の上位と考えるデカルトの説。デカルトの二元論が近代の出発点である。

（第十段落）**表象《ひょうしょう》**─❶象徴。❷イメージ。

（第十五段落）**桎梏《しっこく》**─行動の自由を束縛するもの。（「桎」は足かせ、「梏」は手かせ、の意。）

（第十六段落）**アイデンティティ**─❶自分らしさ。❷帰属意識。

（第十七段落）**マイノリティ**─少数派。▼**対義語** **マジョリティ**─多数派。

■本文を理解しよう

❶ **話題の提示**（第一〜五段落）↓問一

まず、冒頭部分に着目。**論の起点である冒頭部分の精読は怠ってはいけない。**

> 人類が全体として取り組まなければならない大問題はいくつもある。戦争、宗教と文化の対立、貧困。そして、環境問題もそのひとつである。

「そして、環境問題もそのひとつである」と「環境問題」が強調して挙げられていることから、本文が「環境問題」についての文章だと分かるだろう。そして、筆者は、第四段落で、

> しかしながら、環境問題をより深いレベルで捉え、私たちの現在の自然観・世界観を見直す必要性もある。というのも、自然の搾取を推進したその理論的・思想的背景は近代科学の自然観にあると考えられるからだ。

と述べる。**環境問題の原因である「自然の搾取」を推進したのが「近代科学の自然観」であるというのだ**。さらに、

第五段落、

それだけではなく、近代科学の自然観そのものの中に、生態系の維持と保護に相反する発想が含まれていたと考えられるのである。

に着目。**近代科学の自然観自体が生態系の維持と保護に反するというのである。**

> 話題＝環境問題について
> ↓
> 私たちの現在の自然観・世界観（＝近代科学の自然観）を見直す必要性がある
> ↓
> 近代科学の自然観そのものの中に、生態系の維持と保護に相反する発想が含まれていた

2 近代科学の自然観（第六〜十四段落）→問二・問三・問四

第六段落から第十四段落にかけては、近代科学の自然観の特徴が述べられている。

第一の特徴は、**機械論的自然観**である。（第七段落）

第二に、**原子論的な還元主義**である。（第八段落）

ここから第三の特徴として、**物心二元論**が生じてくる。（第九段落）

近代科学の自然観の大きな特徴は「機械論的自然観」「原子論的な還元主義」「物心二元論」の三つであるというのだ。とくに、三つ目の「物心二元論」について詳しい説明がなされている。そして、第十四段落で、

しかも自然が機械にすぎず、その意味や価値はすべて人間が与えるものにすぎないのならば、自然を徹底的に利用することに躊躇を覚える必要はない。本当に大切なのは、ただ D だけだからだ。**こうした態度の積み重ねが現在の環境問題を生んだ。**

と述べ、**近代科学の自然観が現在の環境問題の原因だとまとめている。**

▼近代科学の自然観の特徴
①機械論的自然観……自然を定められた法則どおりに動く死せる機械とみなす
②原子論的な還元主義……自然は原子と自然法則からできており、それら原子と法則だけを自然の真の姿とみなす
③物心二元論……自然の客観的な真の姿と人間の主観的表象を全く異質のものとみなす
↓
現在の環境問題へ

３　近代の人間観（第十五〜十八段落）→問五・問六

さて、第十五段落から第十七段落にかけては、**自然を死物的原子とみる近代科学の自然観が人間にもあてはめられてきたことが説明されている。**

近代の人間観は原子論的であり、近代的な自然観と同型である。（第十五段落）

では、近代の原子論的な人間観とはどのようなものか？

人間個人から特殊な諸特徴を取り除き、原子のように単独の存在として遊離させ、規則や法に従ってはたらく存在として捉えるのだ。（第十五段落）

に着目。**近代の原子論的な人間観とは、「人間個人から特殊な諸特徴を取り除き、原子のように単独の存在として遊離させ、規則や法に従ってはたらく存在として捉える」ことである。**そして、それは、

近代社会に出現した自由で解放された個人は、同時に、ある意味でアイデンティティを失った根無し草であり、誰とも区別のつかない個性を喪失しがちな存在である。（第十六段落）

とあるように、**個人が誰とも区別のつかない個性を喪失しがちな存在になる**ということだ。

そして、筆者は第十七段落で、

いや、それ以前に、近代社会が想定する誰でもない個人は、本当は誰でもないのではなく、どこかで標準的な人間像を規定してはいないだろうか。そこでは、標準的でない人々のニーズは、社会の基本的制度から密

かに排除され、不利な立場に追い込まれていないだろうか。と述べる。個性を喪失しがちな個人は標準的な人間像を規定しており、標準的でない人々が不利な立場に追い込まれている、というのだ。

近代の人間観＝原子論的
↓
個人は個性を喪失しがちな存在に
↓
個性を喪失しがちな個人によって、標準的な人間像が規定される
↓
標準的でない人々が不利な立場に

そして、第十八段落の、近代科学が自然環境にもたらす問題と、これらの従来の原子論的な個人概念から生じる政治的・社会的問題とは同型であり、並行していることを確認してほしい。

に着目。「近代科学が自然環境にもたらす問題」とは二つ目の意味段落（第六〜十四段落）で述べられていた〈自然を死物的原子とみなす近代科学の自然観が現在の環境問題を生んだ〉という内容を指し、「これらの従来の原子論的な個人概念から生じる政治的・社会的問題」とは、第十五段落から第十七段落にかけて述べられてきた〈近代の人間観が原因で標準的な人間像が規定され、それに当てはまらない人々が不利な立場に追い込まれた〉という内容を指す。つまり、これはここまでの内容のまとめの文である。

4 **まとめ**（第十九〜最終段落）→問七・問八

第十九段落の冒頭、

自然の話に戻れば、分解して個性をなくして利用するという近代科学の方式によって破壊されるのは、

[E]であることは見やすい話である。

に着目。「自然の話に戻れば、」とあるので、「ここから再び自然の話になるわけだ。そして、**自然を原子のような部分に還元しようとする思考法は、**さまざまな生物が住んでおり、生物の存在が欠かせない自然の一部ともなっている**生態系を無視してきた。**（第二十段落）

自然に対してつねに分解的・分析的な態度をとれば、生態系の個性、歴史性、場所性は見逃されてしまうだろう。これが、環境問題の根底にある近代の二元論的自然観（かつ二元論的人間観・社会観）の弊害なのである。自然破壊によって人間も動物も住めなくなった場所は、そのような考え方がもたらした悲劇的帰結である。（最終段落）

近代の二元論的自然観・人間観・社会観が生態系の無視につながると述べて、本文がしめくくられている。

■設問解説

問一　空欄補充問題　レベルA

正解は**エ**。空欄を含む一文が「環境問題は、……などの形であらわれている」とあるのだから、空欄部分が**環境問題の現象面の説明部分**であること、および、各空欄の前後で、

> 生態系の劣悪化、（並列）生物種の[A]、（並列）資源の[B]、（並列）廃棄物の[C]

と、「生態系の劣悪化」「生物種の[A]」「資源の[B]」「廃棄物の[C]」が**並列関係**になっていることに着目する。まず、空欄**A**だが、「生物種の稀少」（「稀少」は「少なくて珍しい」の意）は環境問題の現象面の説明としては明らかにおかしいので**ウ**は外れる。次に、空欄**B**では、「資源の稀少」「資源の荒廃」とは言わないので、**ア**・**イ**が外せる。最後に、空欄**C**だが、「廃棄物の汚染」は環境問題の現象面の説明として明らかにおかしい（「廃

棄物による汚染」なら分かるが……）ので、**オ**が外せる。よって、正解は**エ**。

問二　理由説明問題　レベルA

正解は**イ**。傍線部の直前の指示語「ここ」に着目する。「ここから……物心二元論が生じてくる」[1]とあるのだから、「ここ」の指示内容が物心二元論が生じた理由のはず。この「ここ」が、**段落の冒頭文中の指示語**である点に注意。**段落の冒頭文中の指示語は、前段落全体を指す場合がある**。ここでは、前の第七・八段落（第一の特徴は、……）を指している。第七段落の「機械論的自然観」の内容（自然を定められた法則どおりに動く死せる機械とみなす）と、第八段落の「原子論的な還元主義」（自然は原子と自然法則からできており、それら原子と法則だけを自然の真の姿とみなす）の内容をふまえている選択肢は、「自然は目に見えない粒子と一定の法則によって成り立っており」と述べられている**イ**しかない。

アと**エ**は全く本文に書かれておらず論外。**ウ**の「独自の意識や目的をもったものとして自然をとらえる見方」、**オ**の「自然の中に存在する事物のうちには、……目的や意思が含まれている」は、第七段落に書かれているとおり、いずれも中世までの考え方なので不適。傍線部は近代の話である。

> **ポイント**　**段落の冒頭文中の指示語**
>
> 段落の冒頭文中の指示語は、前段落全体を指す場合がある。

問三　文脈把握問題　レベルA

正解は**ウ**。傍線部は「物心二元論」の説明部分。傍線部の二文前の「物理と心理、身体と心、客観と主観、自然と人間、野生と文化、事実と規範」に着目すると、傍線部の「没価値の存在」＝物理、身体、客観、自然、野生、事実、であり、「非存在の価値」＝心理、心、主観、人間、文化、規範、のことだと分かる。あとは、各傍線部がどちらに属するかを考えればよい。**ア・イ・エ・オ**は「自然」の説明なので明らかに前者である。**ウ**は、**ウ**を含む部分が直後の「つまり」で「知覚世界……イメージや表象にすぎない」と言い換えられているので後者。

問四　空欄補充問題　レベルB

正解は**オ**。直前に「本当に大切なのは」とあるので、空欄には**二元論的な認識論において大切だと考えられているもの**が入るはず。二元論の説明は第九段落（ここから第三の特徴として、……）以降に展開されているので、〈二元論的な認識論において大切だと考えられているものは何か？〉と意識してもう一度目を通すと、第十二段落（これが二元論的な……）の二・三文目と、空欄を含む一文とその前の文との対応がおさえられるはず。

> そこでは、感性によって捉えられる自然の意味や価値は主体によって与えられるとされる。いわば、自然賛美の叙情詩を作る詩人は、いまや人間の精神の素晴らしさを讃える自己賛美を口にしなければならなくなったのである。
>
> ≒
>
> しかも自然が機械にすぎず、その意味や価値はすべて人間が与えるものにすぎないのならば、自然を徹底的に利用することに躊躇を覚える必要はない。本当に大切なのは、ただ D だけだからだ。

したがって、二元論的認識において大切だと考えられているのは「人間の精神」つまり、「心」である。よって、**オ**が正解。

問五　文脈把握問題　レベルA

正解は**ア**。「近代の人間観」が引き起こした事態については、第十五段落（だが実は、……）から第十八段落（近代科学が……）にかけて述べられているので、この部分に一致しないものを選ぶ。**ア**は「共通の法や秩序を各自の都合のよいように解釈するようになった」の部分が、第十五段落の五文目「規則や法に従ってはたらく」に反する。法や秩序を都合のよいように解釈するのではなく、それらに従ってはたらくのである。**イ**は第十六段落の最終文から第十七段落の冒頭の二文（物理学の素粒子のように……）に一致。**ウ**は第十六段落の一文目（しかし、近代社会に……）に一致。**エ**は第十七段落の二文目（いや、それ以前に、……）に一致。**オ**は第十五段落の四文目

（近代社会は、……）に一致。

問六　傍線部説明問題　レベルB

正解は**オ**。〔■本文を理解しよう〕でも説明したとおり、傍線部の「近代科学が自然環境にもたらす問題」とは二つ目の意味段落（第六〜十四段落）で述べられていた〈自然を死物的原子とみなす近代科学の自然観が現在の環境問題を生んだ〉という内容を指し、傍線部の「これらの従来の原子論的な個人概念から生じる政治的・社会的問題」とは、第十五段落から第十七段落にかけて述べられてきた〈近代の人間観が原因で標準的な人間像が規定され、それに当てはまらない人々が不利な立場に追い込まれた〉という内容を指す。

①　**自然を死物的原子とみなす近代科学の自然観が現在の環境問題を生んだ**

②　**近代の人間観が原因で標準的な人間像が規定され、それに当てはまらない人々が不利な立場に追い込まれた**

この二点が同型・並行であると説明している選択肢は**オ**。「生物の固有性や生物同士の関係を軽視する態度を生んだ」の部分が①の言い換えで、「人々の個別の経験や欲求を軽視するような社会を生み出した」の部分が②の言い換え。標準的な人間像に当てはまらない人々が不利な立場に追い込まれるということは、個別の欲求や経験が軽視されてしまうということ。

アは「生物同士の細かい特徴や個別性を意識するような態度を生んだ」の部分が①の言い換えにはならないし、「自分が他者と異なることに絶えず不安を感じるような社会を生み出した」の部分も②の言い換えにはならない。**イ**は「人間の身体や器官を人工的に直したり、交換したりするような社会を生み出した」の部分が②の言い換えにはならない。**ウ**は「人間が共通してもっている思想や意思を抑圧する社会を生み出した」の部分が②と逆の内容。第十六段落（しかし、近代社会に……）の最終文に述べられているように、特殊性が抑圧されるのである。**エ**は「自然の予測や計算が可能であるという態度を生んだ」の部分が①の言い換えにはならないし、「人間の行動を予測し、ごく少数の人の欲求にまで対応する社会を生み出した」の部分が②と逆の内容。

問七　空欄補充問題　レベルA

正解は、**生態系**。「分解して個性をなくして利用するという近代科学の方式によって破壊されるのは、[E]である」とあるので、空欄には、〈**近代科学の方式によって破壊されるもの**〉が入るはず。次段落の二文目「**自然を原子のような部分に還元しようとする思考法は**、さまざまな生物が住んでおり、生物の存在が欠かせない自然の一部ともなっている**生態系を無視してきた**」に着目すれば、容易に「**生態系**」を抜き出せるだろう。第五段落（しかしながら、近代科学が、……）の最終文「それだけではなく、**近代科学の自然観そのものの中に、生態系の維持と保護に相反する発想が含まれていた**と考えられるのである」もヒントになる。

問八　趣旨合致問題 レベルB

正解は**ウ**。

ア＝第三段落（環境問題は、……）の最終文の「環境問題の改善には、思想的・イデオロギー的な対立と国益の衝突を超えて、国際的な政治合意を形成して問題に対処していく必要がある」に合致するが、この部分は次段落の頭に「しかしながら」があり、次段落以降に書かれている内容が強調されていることから、設問で問われている「本文全体の趣旨（＝中心内容）」とは言いがたい。本文の趣旨は〈生態系の無視につながる近代の二元論的な思考法を見直す必要がある〉という内容。

イ＝「それ（＝近代科学）をより強力に推し進めることが、環境問題を解決することになる」の部分が明らかに本文とは逆の内容なので論外。

ウ＝第三・四段落（環境問題は、……）の内容に合致するし、「まずその根底にある近代の自然に対する見方、考え方を問い直す必要がある」の部分が本文全体の趣旨をふまえている。

エ・オ＝本文に書かれておらず、趣旨とも無関係な内容なので論外。

解答

問一　エ　問二　イ　問三　ウ　問四　オ　問五　ア　問六　オ　問七　生態系　問八　ウ

4 商学部 二〇二一年度 一

伊藤邦武『経済学の哲学―19世紀経済思想とラスキン』

「エコノミーの思想とエコロジーの思想との関係」についての評論文。それほど難しくはないが、新傾向の設問が出題されている。

次の文章は、エコノミー（経済）の思想とエコロジー（環境への配慮）の思想との関係について論じられた文章から、一部を抜粋したものである。以下の文章を読んで、あとの問いに答えよ。

① いわゆる西洋近代の正統的なヒューマニズムの立場

よく知られているように、西洋近代の哲学の誕生を告げた一七世紀の(注1)ベイコンと(注2)デカルトとは、科学を手にした人間こそが「自然の所有者にして支配者」であることを、ほぼ同時期に宣言した。近代の機械論的自然観によれば、自然はあくまでも自然法則に支配された価値中立的で機械的な世界であり、人間による技術的な活用の材料を提供するものである。自然が価値的な視点から評価されるとすれば、それは私たちの使用と支配の対象としてであるにすぎない。もちろん、自然環境がもつさまざまな条件は人間の生存にとって決定的に重要であるゆえに、私たちのよりよい生活の必要条件を保つという意味では、自然を守ろうとすることはきわめて合理的な行為である。自然破壊は自己の生存の条件の破壊という意味で、自己否定的、自己矛盾的不合理であり、それに反対するのは当然である――。これは正統的な近代的自然像から帰結する人間中心的で理性中心的な観点からする自然尊重のスタンスである。

② 二〇世紀の中葉以降顕著になった、動物の権利の尊重という考え方

私たちは一九世紀の(注3)ベンサムや(注4)ミルの「功利主義」の延長線上に、[1]人間中心主義を克服した倫理観を確立することができる。もしも道徳的価値判断の基準が「快という意味での幸福を増大し、苦という意味での不幸を縮減すること」であるとするならば、自然界の動物たちは人間と同じように「快苦」を感じることのできる生物であるから、人間のみに価値の基準を限定して考えるのは不合理である。

ベンサムやミルが強調したように、道徳的善悪の判定基準は人間の理性がいかなる動機に導かれているかではなく、

行為によっていかなる帰結がもたらされるかにあるのであるから、道徳的配慮の対象は理性的存在者としての人間に限定される必要はなく、社会は余裕のあるかぎり人間以外にも幸福のキョウジュ(a)者を認めるのは当然のことであろう。この立場によれば、動物の無意味な殺戮や虐待を禁じる「動物の解放」はきわめて重要な課題となるであろうし、動物の食用を禁じて、人間の食材を植物のみに限定するヴェジタリアンの思想も支持することができるようになる――。これは西洋近代の正統的な理性的人間中心主義とは異なって、知性や理性よりも快苦や感情を基礎において、人間と生命とのゆるやかな連続性を認めようという思想のパターンである。

③ [Ｉ] という考え方

自然のもっている価値の意味を、もっぱら人間的視点での利用可能性から捉える①の立場は、そのあまりにも単純な自然理解からして到底受け入れられない。デカルトは心身二元論のゆえに生物を無機物と同一視する「動物機械論」を展開したが、この機械論的世界像は、数学的知性である人間精神が自然界の「所有と支配」を希望するという、奇妙にもアンバランスで不安定な世界像である。しかしながら、人間における幸福のコアを快楽に見て、その権利を生命界にまで拡張させようとする②の現代の功利主義も、依然として擬似人間中心主義的自然観を採用しているために、不十分である。

樹木や鉱物などすべての自然物は、快苦という人間と密接に結びついた価値基準に限定されることなく、それ自身の基準に即した形で、それぞれの権利要求をもつことができる。あらゆる自然の構成者はそれぞれ自分独自の権利を平等に主張できるし、その権利の範囲は生命にかぎらず一切の自然の構成者に拡張できるはずである。私たちはこれまで自由、権利、義務の観念を、人間だけに限定するか、それと類似の意識をもてるものにかぎって認めてきたが、自由や価値についてのこうした意識中心主義、精神中心主義は、その自己肯定的で自己特権的な姿勢のゆえに、歪んだ思想として拒否されなければならない――。今日、ドイツの(注5)「緑の党」などによって代表されるグリーン・ムーヴメントや強い生物中心主義、ないし強い環境中心主義などは、こうした近代主義的自然観とその改訂版である功利主義への痛烈な批判ないし否定を含んでいるといえるであろう。

④ 自然と環境の健全性や混乱は、人間社会の価値の追求姿勢の健全・異常の鏡であるという考え方

この考え方では、自然のエコノミーと精神のエコノミーとが同調しており、私たちは自然の健康を通じて自らの精神的な質的高低を読み取ることができると考える。自然のエコノミーは、さまざまな生命と環境とが互いに支えあい変化のなかでつながりあっている生存のシステムである。精神のエコノミーは、人間どうしが労働を軸に支えあい、つながりあっている人間に特有の生存のシステムである。

世界とはこれらのシステムどうしが車の両輪のように同調しあって進行する全体であり、一方の不調はすなわち他方の不調を意味している。(注6)ラスキンの自然や環境をめぐるこの主張は、何よりもまず「人間が生きる」上での条件を確保しようとする思想であり、あくまでも人間、とくに働く人間の生の喜びを中心にしたものであって、けっして反人間主義的な立場、極端に生物 Ⅱ 主義的な主張を盛り込もうとするものではない。それゆえ、それは Ⅲ の立場とは完全に一致することはできない。

しかし、それは同時に、近代の計算主義的理性のイメージ、西洋の個人主義的ヒューマニズムに対抗しながら、ヒューマニズムの別の可能性を追求しようとした思想であり、Ⅳ の理性主義にも、Ⅴ の快苦の感情主義にも反対する。それは人間中心主義の否定ではなく、Ⅳ と Ⅴ に共通の原子論的人間像を否定する発想であった。したがって、ラスキンのエコロジー思想は①とも②とも、そして③とも相容れない別の主張なのである。

＊＊＊＊＊

現代におけるラディカルなエコロジー思想を厳格に採用すると、人間が世界のなかで繰り広げているすべての経済的開発、あるいは殺戮の行為が厳しくキュウダンされることになるのは当然である。しかし、それは一方では自然と生命のあらゆる形態の「開花」を喜ぶ深い喜びの思想でありながら、他方ではあまりにも徹底した Ⅱ 主義をとるために、あらゆる生命の損壊に対する原理主義的な禁止という、それ自体抑圧的で一元的な抑止的思考に転化しかねない危険性をもっている。自然にたいする人間の驚くべきゴウマンをキュウダンすることはきわめて重要であるが、そのことが同時にさまざまな自然のなかに本来備わった生命的要請を無視するかもしれないとしたら、ディープ・エコロジーにもそれ自身の深いディレンマがつきまとっていることになるであろう。

また、自然に対するさまざまな権利要求を人間だけが完全に独占しているというこれまでの考え方や、現代においても見られるその種の偏見には、いかにも人間の自分勝手な気配が漂っているとしても、反対に自然そのものにたいして何かを要求したり訴えたりする「権利」を、比喩ではなく文字通りに認めるという発想も、けっして分かりやすい議論ではない。人間は自然を支配するべきものではないが、自然が人間を支配するべきものでもないであろう。ラスキンの思想はこの点で、ヒューマニズムに立脚しつつ、人間の精神と自然の健康とを互いに照らし出す鏡のような存在と見るゆえに、人間中心主義のcゴウマンと過激な生命［Ⅱ］主義の不条理とを、ともに回避しているように思われるのである。

　彼は労働が私たちの苦ではなく根本的権利であるという基礎に立って、［Ⅵ］社会を構想し、その社会の健全性のメルクマールあるいはバロメーターとしての自然環境ということを考えた。このような価値論が、私たちの現在の世界にしばしば蔓延しているように見える、実体経済よりも金融経済の圧倒的優先を合理性追求の当然の帰結と考えるような価値観と、決定的に対立する立場を示しているのは明らかである。近年の大規模な経済的危機に連動して、それぞれの歴史と自然環境とをもつ個々の国家そのものをも、大規模な投機的資本の論理のもとでの評価の対象として考えようとする傾向の驚くべき実態が伝えられることがあるが、とりわけ、こうした投機的金融活動の地球規模での遍在という現状にたいしては、強い異論を提出することであろう。

　というのも、彼のいう労働とはさまざまな意味での「もの作り」を軸にした労働であり、彼のいう人間にとっての生とは、このもの作りを軸にして生産と消費とが結びつきあっているような生の形式、まさしく自然のなかでの人間に特有な生の形式を意味していたからである。社会の富が名誉あるものであるべきというのは、このもの作りの精神の志向の高低にかんしていわれる事柄であって、それに鋭く対立するのが、一切の社会現象を「移転可能な負債の確認手段」を本質とする貨幣《マネー》を基準にして計測、計画するような、合理的期待（投機）の経済という思想である。

　私たちの生きる現実の社会は、計算的理性が夢想する経済的合理性のみが浸透する透明な世界よりも、もっとずっと具体的でずっと豊かな価値を具体的な環境のなかで作り出し、消費し、伝達している。それは人々がそれぞれの固有の生産作業にかんして自分自身の志向を重んじ、生産される事物の消費における意味を慮《おもんぱか》り、他人と自分の生活の質を考慮しようとする［Ⅶ］世界である。

この根本的事実を完全に忘却して、人々の労働的活動を具体的な生活の自然環境的基盤からまったく離れた新規の国家事業へと統合したり、その統合のプログラムの計画設計を巨大なグローバル金融組織にゆだねたりするような発想は、名誉ある富の追求とはまったく相容れないものであろう。したがって、私たちの日々の生活のなかで発せられるエコロジー的意識の表明は、この名誉ある富の追求の存在いかんを問題視する姿勢を堅持するという意味で、3現代社会のきわめて重要な契機となりうるのである。

（伊藤邦武『経済学の哲学』による）

（注1）フランシス・ベイコン（一五六一〜一六二六）…イギリスの哲学者・政治家。
（注2）ルネ・デカルト（一五九六〜一六五〇）…フランスの哲学者・数学者・自然学者。
（注3）ジェレミー・ベンサム（一七四八〜一八三二）…イギリスの哲学者・法学者。
（注4）ジョン・スチュアート・ミル（一八〇六〜一八七三）…イギリスの哲学者・経済学者。
（注5）一九八〇年に結成されたドイツの政党。反核・環境保護・女性解放・底辺民主主義・非暴力等を唱えて活動。
（注6）ジョン・ラスキン（一八一九〜一九〇〇）…イギリスの美術評論家。社会改良の提唱と実践活動を行なった。

問一　傍線部a〜cの片仮名を、漢字（楷書）で解答欄に記入せよ。なお、bとcはそれぞれ二箇所あるが、いずれも同じ漢字が入る。

問二　傍線部1「人間中心主義を克服した倫理観」とは、どのようなことか。最も適切なものを次の中から一つ選び、解答欄にマークせよ。

イ　道徳の判断基準を人間にとっての有用性に置くことにより、人間の生存のために役立つかぎりで価値中立的な植物や動物に対しても道徳的な価値を認めるべきだという考えに基づき、人間の生存にとって必要不可欠な植物や動物に対しても道徳的に配慮するということ。

ロ　道徳の判断基準を快苦や感情に置くことにより、同じ地球上で共存する権利をもつ植物や動物に対しても道徳的な価値を認めるべきだという考えに基づき、植物や生物学的に快苦の情動や欲求を認めることができる動物に対しても道徳的に配慮するということ。

ハ　道徳の判断基準を快苦や感情に置くことにより、快楽や苦痛の感情や欲求を感じることができると認められる動物に対しても道徳的な配慮をするべきだという考えに基づき、生物学的に快苦の情動や欲求を認めることができる動物に対しても道徳的に配慮するということ。

ニ　道徳の判断基準を人間にとっての有用性に置くことにより、人間が自然と共存しながら労働するかぎりで植物や動物に対しても道徳的な価値を認めるべきだという考えに基づき、人間が自然と共存するうえで必要不可欠な植物や動物に対しても道徳的に配慮するということ。

問三　空欄［Ｉ］に入れるのに最も適切なものを次の中から一つ選び、解答欄にマークせよ。

イ　人間と類似した快苦をもつ限りで自然の構成者はすべて自分独自の権利をもつ

ロ　自然の構成者はすべて独自の権利要求をもつ

ハ　自然の構成者はすべて無機物と同一視されて自由や権利をもつ

ニ　人間と類似した意識をもつ限りで自然の構成者はすべて自由や権利をもつ

問四　傍線部2「自然のエコノミーと精神のエコノミーとが同調しており」とは、どのようなことか。最も適切なものを次の中から一つ選び、解答欄にマークせよ。

イ　さまざまな生命と自然環境とがつながりあっている自然のエコノミーと、実体のない金融経済を優先することを合理性追求の当然の帰結として捉える精神のエコノミーとが、後者が前者を利活用することによって同調していること。

ロ　さまざまな生命と自然環境とがつながりあっている自然のエコノミーと、もの作りを核とした労働を軸にして人間どうしがつながりあっている精神のエコノミーとが、前者と後者が相互に関連しあいながら同調していること。

ハ　さまざまな生命と自然環境とがつながりあっている自然のエコノミーと、もの作りを核とした労働を軸にして人間どうしがつながりあっている精神のエコノミーとが、後者が前者を利活用することによって同調していること。

ニ　さまざまな生命と自然環境とがつながりあっている自然のエコノミーと、実体のない金融経済を優先することを合理性追求の当然の帰結として捉える精神のエコノミーとが、前者と後者が相互に関連しあいながら同調していること。

問五　空欄[Ⅱ]に入れるのに最も適切な語句（漢字二字）を、本文中③の説明箇所の中から抜き出し、解答欄に記入せよ。なお、空欄[Ⅱ]は三箇所あるが、すべてに同じ語句が入る。

問六　空欄[Ⅲ]、[Ⅳ]、[Ⅴ]には、本文中の①〜③の立場が入る。その組み合わせとして、最も適切なものを次の中から一つ選び、解答欄にマークせよ。

イ　Ⅲ…①　Ⅳ…②　Ⅴ…③　　ロ　Ⅲ…②　Ⅳ…①　Ⅴ…③

ハ　Ⅲ…③　Ⅳ…①　Ⅴ…②　　ニ　Ⅲ…①　Ⅳ…③　Ⅴ…②

ホ　Ⅲ…②　Ⅳ…③　Ⅴ…①　　ヘ　Ⅲ…③　Ⅳ…②　Ⅴ…①

問七　空欄[Ⅵ]に入る表現として最も適切なものを、「名誉」と「富」という二つの語を用いて八〜十字で解答欄に記入せよ。

問八　空欄[Ⅶ]に入る言葉として、最も適切なものを次の中から一つ選び、解答欄にマークせよ。

イ　共働の　　ロ　自主独立した　　ハ　合理的な　　ニ　透明性のある

問九　傍線部3「現代社会のきわめて重要な契機」とは、どのようなことか。最も適切なものを次の中から一つ選び、解答欄にマークせよ。

イ　自然に対するさまざまな権利要求を人間だけが独占すると考える現代社会に対して、人間の精神と自然の健康とを相互に照らし出す鏡のような存在として見ることは、自然界の生物や自然環境を最優先して富の追求をしているか否かという観点を堅持することを通じて、その現代社会のあり方に警鐘を鳴らすこと。

ロ　計算的理性が経済的合理性のみを浸透させる透明な現代社会に対して、もの作りを軸とした労働によって生み出される豊かな価値を具体的な環境の中で作り出すことは、投機的な金融活動を地球規模で遍在させてグローバルな富の増幅をはかるか否かという観点を堅持することを通じて、その現代社会のあり方に警鐘を鳴らすこと。

ハ　貨幣《マネー》を基準として投機的経済活動や経済的合理性を最優先する現代社会に対して、労働が具体的な生活の自然環境基盤に立脚する社会を提唱することは、労働を根本的権利として人間の生の喜びとする精神の高揚を伴う富の追求であるか否かという観点を堅持することを通じて、その現代社会のあり方に警鐘を鳴らすこと。

ニ　もの作りを軸とする労働による豊かな価値を具体的な環境の中で作り出す現代社会に対して、計算的理性が経済的合理性のみを浸透させる透明な社会を築くことは、一切の社会の価値を貨幣《マネー》に一律還元して富を追求しているか否かという観点を堅持することを通じて、その現代社会のあり方に警鐘を鳴らすこと。

問十　本文の内容に合致するものとして、最も**不適切なもの**を次の中から一つ選び、解答欄にマークせよ。

イ　植物や鉱物を含めたあらゆる自然物にそれ自身の基準に即した権利要求を認めるディープ・エコロジーの観点から自然を尊重することは、人間の独善的な自然支配という近代的な自然観を超克するとしても、あらゆる生命や自然が文字通りの権利を同等に有することを徹底するという点で、あらゆる生命の損壊に対する原理主義的な禁止という、きわめて抑圧的で一元的な抑止的思考を強要する。

ロ　自然の健康が人間の精神的な質的高低を鏡に映すように反映するというラスキンのエコロジー思想の観点から自然を尊重することは、人間が自然を支配するべきでも、自然が人間を支配するべきでもないという点で、西洋近代の原子論的な人間観を否定して、人間社会の有機的なつながりを重視しつつ、同時に、人間の生の健全性を映し出す鏡としての自然環境の健康をも重視する。

ハ　正統的な近代的自然像である機械論的世界観から帰結する人間中心的で理性中心的な観点から自然を尊重することは、人間が自然を所有し支配することによってはじめて、価値中立的な自然に対して、人間による技術的な活用の材料として、人間の生存のために役立つという価値が賦与されるという点で、自己肯定的で自己特権的である人間中心主義的な思想である。

二　理性と対置される快楽や苦痛を道徳的価値判断の基礎におき、動物の権利や解放を主張する現代の功利主義的な観点から自然を尊重することは、快苦を感じる動物をむやみに殺してはならないという点で、動物保護を訴えつつ、動物の幸福の本質を快楽と見なしたうえで、その権利を動物自身に認めるという点で、生命尊重主義的な枠組みを採用している。

問十一　次の会話は、大学でのある授業風景の一コマである。以下の会話文を読んで、あとの（1）〜（4）の問いに答えよ。

先生　「本日のテーマは、肉食や菜食主義（ヴェジタリアン）といった人間の食と倫理に関する諸問題です。ご自身が普段考えていることを、自由に発言してください。」

学生Aさん　「わたしは、工場畜産において飼育されている牛や豚がすごく狭い場所でぎゅうぎゅうに詰められたあげく、最後には無残に屠畜されるのを目にしました。わたしたちがスーパーで気軽にお肉を買って食べることができるのは、牛や豚のこうした大きな苦痛や犠牲のうえで成り立つことなのだという事実を考えると、とても胸が苦しくなりました。もしも自分が牛や豚だったらと思うと、とても耐えられないので、わたしは、お肉を食べるのはやめて、野菜しか食べないようにしようと思いました。」

学生Bさん　「なるほど。でも、牛や豚の苦しみまで考えてあげるならば、どうして野菜などの植物は食べてもいいのでしょうか。たしかに植物は苦しみを感じることができないかもしれませんが、折角この世界に生まれてきたわけですから、植物にもこの世界で生きていく権利はあって、人間が自分の都合で勝手に植物を刈り取って食べてしまってはいけないと思います。ですから、わたしは、樹木自体は伐採せずにすむように、例えば、リンゴのような果物だけを食べるようにしたいと思います。」

学生Cさん　「二人の意見は、なるほどと思うところもあるけれど、でも、自然界には食物連鎖があって、適度に食べたり食べられたりしながら、全体のバランスが維持されているよね。そうすると、人間だって自然界で生きる生物の一つなのだから、何かを絶対食べてはいけないというのは行きすぎた考えじゃないかな。ただ、人間があたかも食物連鎖のトップに君臨するかのように考えて、効率的に儲けを出すために多大な犠牲を動物たちに強いるような工場畜産はいただけないね。その点を考慮すれば、例えば、昔ながらの家庭内畜産のように、大事に牛や豚を育てたうえで、牛や豚に感謝をして肉をいただくのは、皆がお互いに敬意を払いながら共生するという意味で、認めてもいいと思うけど。」

学生Dさん　「いや、そもそも牛や豚は、本当に人間と同じように苦痛を感じているのかな。化学で勉強したように、人間の身体も、牛や豚のような動物も、タンポポやヒマワリのような植物も、石や水のような物質と同じで、すべては原子の集合体だよね。そう考えると、牛や豚がいくら苦しそうな動きをしていても、それは単に脳からの電気信号に従って、自動的に身体が動いているだけじゃないかな。でも、ものごとの意味や意義を理解したり、観察や実験の結果を計算して自然法則を導きだしたりできる人間の合理的な理性や精神は、そうした物体を自分の思い通りに扱えるのだから、牛や豚をどう利用するかは人間の自由なんじゃないかな。だから、わたしは、自分の食べたいものを食べたい分だけ、肉も野菜もおいしくいただこうと思う。ただ、食べ尽くさないようにしないとね。」

(1)　学生Aさんの発言は、本文中の①〜④の考え方のうちどの立場に最も近いか。最も適切なものを次の中から一つ選び、解答欄にマークせよ。

イ　①　　ロ　②　　ハ　③　　ニ　④

(2)　学生Bさんの発言は、本文中の①〜④の考え方のうちどの立場に最も近いか。最も適切なものを次の中から一つ選び、解答欄にマークせよ。

イ　①　　ロ　②　　ハ　③　　ニ　④

（3）学生Cさんの発言は、本文中の①～④の考え方のうちどの立場に最も近いか。最も適切なものを次の中から一つ選び、解答欄にマークせよ。

イ　①　　ロ　②　　ハ　③　　ニ　④

（4）学生Dさんの発言は、本文中の①～④の考え方のうちどの立場に最も近いか。最も適切なものを次の中から一つ選び、解答欄にマークせよ。

イ　①　　ロ　②　　ハ　③　　ニ　④

解説

出典　伊藤邦武『経済学の哲学―19世紀経済思想とラスキン』（中央公論新社）

重要語句

（第一段落）**機械論的自然観**―自然を機械のようなものとみなす考え方。この考え方では、自然はある種の規則に従っていて数量化できるとされた。

帰結《きけつ》―ある結果や結論に行きつくこと。

（第二段落）**功利主義**《こうり》―社会全体の幸福の総和を最大にしようとする立場。この立場の「最大多数の最大幸福」というスローガンは有名である。

（第九段落）**ラディカル**―急進的。過激なさま。極端なさま。

ディープ・エコロジー―環境保護自体を目的とする立場。この立場では、すべての生命存在は人間と同等の価値をもつとされる。一九七二年にノルウェーのアルネ・ネス（一九一二～二〇〇九）によって提唱された。なお、ネスは、人間の利益のために環境保護をしようとする立場を「シャローエコロジー」とした。deep（深い）に対して shallow（浅い）ということである。

（第十一段落）**メルクマール**―目じるし。指標。

■本文を理解しよう

1 いわゆる西洋近代の正統的なヒューマニズムの立場（第一段落）↓問十一

まず、冒頭部分、

……よく知られているように、西洋近代の哲学の誕生を告げた一七世紀の(注1)ベイコンと(注2)デカルトとは、

この部分の「一七世紀」をチェックしよう。時代をあらわす表現である。評論文を読むときに、時代をあらわす表現は要チェックだ。自分がいま読んでいるところがいつの話なのかを意識することは大切である。

ポイント　時代
時代をあらわす表現はチェックする！

さて、一七世紀では、

科学を手にした人間こそが「自然の所有者にして支配者」である

そして、

近代の機械論的自然観によれば、自然はあくまでも自然法則に支配された価値中立的で機械的な世界であり、

人間による技術的な活用の材料を提供するものである。

もちろん、自然環境がもつさまざまな条件は人間の生存にとって決定的に重要であるゆえに、私たちのよりよい生活の必要条件を保つという意味では、自然を守ろうとすることはきわめて合理的な行為である。

つまり、

これは正統的な近代的自然像から帰結する人間中心的で理性中心的な観点からする自然尊重のスタンスである。

ということだ。人間は自然の支配者であり、機械のような自然は人間の生存にとって重要なものなので、自然を守

ろうとするわけである。これは、人間中心的で理性中心的な観点からの自然尊重のスタンスといえる。整理すると

> ① いわゆる西洋近代の正統的なヒューマニズムの立場　【一七世紀　ベイコン、デカルトの哲学】
> ・人間は自然の支配者である
> ・機械のような自然は人間の生存にとって重要である
> ↓よって、
> 人間の生存のために自然を守ろう
> ＝
> 人間中心的で理性中心的な観点からの自然尊重

となる。

2 **二〇世紀の中葉以降顕著になった、動物の権利の尊重という考え方**（第二・三段落）→問二・問十一

第二段落と第三段落では、一九世紀のベンサムやミルの「功利主義」の延長線上の考え方が紹介されている。

自然界の動物たちは人間と同じように「快苦」を感じることのできる生物であるから、人間のみに価値の基準を限定して考えるのは不合理である。（第二段落）

道徳的配慮の対象は理性的存在者としての人間に限定される必要はなく、社会は余裕のあるかぎり人間以外にも幸福のキョウジュ[a]者を認めるのは当然のことであろう。（第三段落）

つまり、人間と同じように快苦を感じる動物にも道徳的配慮を行おうとする考え方である。そして、

これは西洋近代の正統的な理性的人間中心主義とは異なって、知性や理性よりも快苦や感情を基礎において、人間と生命とのゆるやかな連続性を認めようという思想のパターンである。（第三段落）

といえる。整理すると、

②二〇世紀の中葉以降顕著になった、動物の権利の尊重という考え方【一九世紀のベンサムやミルの功利主義の延長線上】
人間と同様に快苦を感じる動物にも道徳的配慮を行おう
＝
人間と生命とのゆるやかな連続性を認めようという思想

となる。

3　Ⅰ　という考え方（第四・五段落）↓問三・問十一

第五段落、

樹木や鉱物などすべての自然物は、快苦という人間と密接に結びついた価値基準に限定されることなく、それ自身の基準に即した形で、それぞれの権利要求をもつことができる。あらゆる自然の構成者はそれぞれ自分独自の権利を平等に主張できるし、その権利の範囲は生命にかぎらず一切の自然の構成者に拡張できるはずである。

に着目しよう。ここで説明されているのは、あらゆる自然の構成者を対等とみなす立場である。人間や動物に限らず、一切の自然の構成者が権利を平等に主張できると考えるわけだ。ここから、問三はロの「自然の構成者はすべて独自の権利要求をもつ」が正解だと分かる。また、この考え方は、

今日、ドイツの(注5)「緑の党」などによって代表されるグリーン・ムーヴメントや強い生物中心主義、ないし強い環境中心主義などは、こうした近代主義的自然観とその改訂版である功利主義への痛烈な批判ないし否定を含んでいるといえるであろう。

と述べられているように、強い生物中心主義や強い環境中心主義といえる。整理すると、

③自然の構成者はすべて独自の権利要求をもつという考え方　【今日の「緑の党」など】

人間や動物に限らず、一切の自然の構成者が権利を平等に主張できると考える

＝

強い生物中心主義・強い環境中心主義

となる。

4 **自然と環境の健全性や混乱は、人間社会の価値の追求姿勢の健全・異常の鏡であるという考え方**（第六〜八段落）→問四・問六・問十一

第六段落から、本文の中心内容であるラスキンの主張が述べられる。

この考え方では、[2]自然のエコノミーと精神のエコノミーとが同調しており、私たちは自然の健康を通じて自らの精神的な質的高低を読み取ることができると考える。（第六段落）

すなわち、生命と環境との相互関係によるシステムと人間同士の相互関係によるシステムが同調していると考える立場である。自然・環境と、人間社会の価値の追求姿勢が同調していると考えることだ。整理すると、

④自然と環境の健全性や混乱は、人間社会の価値の追求姿勢の健全・異常の鏡であるという考え方　【一九世紀　ラスキン】

生命と環境との相互関係によるシステムと人間同士の相互関係によるシステムが同調していると考える

＝

自然・環境と、人間社会の価値の追求姿勢が同調していると考える

となる。

5 **現代のラディカルなエコロジー思想の問題点**（第九・十段落）→問五

第九段落と第十段落は、現代のラディカルな（＝極端な）エコロジー思想の問題点が指摘されている。ラディカルなエコロジー思想なのだから③に近い立場の問題点の指摘である。

まず、第九段落に

あらゆる生命の損壊に対する原理主義的な禁止という、それ自体抑圧的で一元的な抑止的思考に転化しかねない危険性をもっている。自然にたいする人間の驚くべきゴウマンをキュウダンすることはきわめて重要であるが、そのことが同時にさまざまな自然のなかに本来備わった生命的要請を無視するかもしれないとしたら、ディープ・エコロジーにもそれ自身の深いディレンマがつきまとっていることになるであろう。

とあり、自然の生命の損壊を禁止することは自然本来の生命的要請を無視してしまうことになりかねないというディープ・エコロジーのディレンマが説明される。自然の生命を過度に守ることは自然の本来のあり方に反することでもあるということだ。また、第十段落には、

自然そのものにたいして何かを要求したり訴えたりする「権利」を、比喩ではなく文字通りに認めるという発想も、けっして分かりやすい議論ではない。人間は自然を支配するべきものではないが、自然が人間を支配するべきものでもないであろう。

とあり、自然に権利を認めるという発想が分かりにくく、自然が人間を支配するべきでもないことが指摘されている。整理すると、

【現代のラディカルなエコロジー思想の問題点】
(1) 自然の生命の損壊を禁止することは自然本来の生命的要請を無視してしまうことになりかねない
(2) 自然に権利を認めるという発想が分かりにくい
　　↓
　人間が自然を支配するべきでもないが、自然が人間を支配するべきでもない

となる。

6 ラスキンの思想（第十一～十四段落）→問七・問八・問九・問十

第十一段落以降はラスキンの思想が詳しく説明されている。すなわち、④の立場をさらに詳しく説明しているわ

けだ。

その社会の健全性のメルクマールあるいはバロメーターとしての自然環境ということを考えた。（第十一段落）

彼のいう人間にとっての生とは、このもの作りを軸にして生産と消費とが結びつきあっているような生の形式、まさしく自然のなかでの人間に特有な生の形式を意味していたからである。（第十二段落）

他人と自分の生活の質を考慮しようとする［Ⅶ］世界である。（第十三段落）

そして、このようなラスキンの思想は、エコロジー的意識として現代社会の重要な契機になりうる、と述べられ、本文が締めくくられている。整理すると、

【ラスキンの思想】
(1) 自然環境は社会の健全性のメルクマールあるいはバロメーターである
(2) 人間にとっての生とは、もの作りを軸にして生産と消費が結びつきあっているような生の形式である
(3) 私たちが生きる社会は、他人と自分の生活の質を考慮しようとする世界である
※ラスキンの思想は、エコロジー的意識として現代社会の重要な契機になりうる。

となる。なお、ラスキン（ジョン・ラスキン、一八一九〜一九〇〇）は、イギリスの美術評論家であり、社会思想家としても知られた人物である。

■設問解説

問一　漢字の問題　レベルB

a＝享受、b＝糾弾（糺弾）、c＝傲慢。aは基本レベル。bとcは難しい。bは「罪や責任を問いただし、非難すること」の意。

問二　傍線部説明問題　レベルA

正解は八。傍線部は②「二〇世紀の中葉以降顕著になった、動物の権利の尊重という考え方」のことなので、第二・三段落の内容に合致するものを選ぶ。〔■本文を理解しよう〕で説明したとおり、「二〇世紀の中葉以降顕著になった、動物の権利の尊重という考え方」とは、〈人間と同様に快苦を感じる動物にも道徳的配慮を行おうとする考え方で、人間と生命とのゆるやかな連続性を認めようという思想〉である。この点を的確にとらえている選択肢は八。

イ＝「人間にとっての有用性に置くことにより、人間の生存のために役立つかぎりで」が不適。これは、第一段落で述べられている①「いわゆる西洋近代の正統的なヒューマニズムの立場」である。また、「植物や動物に対しても」と「植物」を含んでいる点も不適。

ロ＝「植物や動物に対しても」「植物や生物学的に」と「植物」を含んでいる点が不適。

ニ＝「人間にとっての有用性に置くことにより」が不適。これは、第一段落で述べられている①「いわゆる西洋近代の正統的なヒューマニズムの立場」である。また、「植物や動物に対しても」と「植物」を含んでいる点も不適。

問三　空欄補充問題　レベルA

正解はロ。第五段落の「樹木や鉱物などすべての自然物は、快苦という人間と密接に結びついた価値基準に限定されることなく、それ自身の基準に即した形で、それぞれの権利要求をもつことができる。あらゆる自然の構成者はそれぞれ自分独自の権利を平等に主張できるし、その権利の範囲は生命にかぎらず一切の自然の構成者に拡張できるはずである」に着目すると、容易にロを選べるだろう。

イ＝「人間と類似した快苦をもつ限りで」が不適。解答根拠の「すべての自然物は」「あらゆる自然の構成者は」に反する。

ハ＝「すべて無機物と同一視されて」が不適。自然を無機物とみなすのは、第一段落で述べられている機械論的自然観である。

ニ＝「人間と類似した意識をもつ限りで」が不適。解答根拠の「すべての自然物は」「あらゆる自然の構成者は」に反する。

問四　傍線部説明問題　レベルA

正解は**ロ**。第六段落の構造をつかめたかが問われている。

傍線部の「自然のエコノミー」の説明が第六段落の二文目、「精神のエコノミー」の説明が第六段落の三文目である。

> この考え方では、[2]自然のエコノミーと精神のエコノミーとが同調しており、私たちは自然の健康を通じて自らの精神的な質的高低を読み取ることができると考える。自然のエコノミーは、さまざまな生命と環境とが互いに支えあい変化のなかでつながりあっている生存のシステムである。精神のエコノミーは、人間どうしが労働を軸に支えあい、つながりあっている人間に特有の生存のシステムである。

よって、〈自然のエコノミーと精神のエコノミーとが同調する〉とは、〈生命と環境との相互関係によるシステムと人間同士の相互関係によるシステムが同調している〉ということ。この点をふまえている選択肢は**ロ**しかない。

イ＝「実体のない金融経済を優先することを合理性追求の当然の帰結として捉える精神のエコノミー」が精神のエコノミーの説明になっておらず不適。また、「後者が前者を利活用することによって」も不適。本文に書かれていない内容である。

ハ＝「後者が前者を利活用することによって」が不適。本文に書かれていない内容である。

ニ＝「実体のない金融経済を優先することを合理性追求の当然の帰結として捉える精神のエコノミー」が精神のエコノミーの説明になっておらず不適。

問五　空欄補充問題　レベルB

正解は、**平等**。三つの空欄Ⅱのうち、最初の二つで判断できるが、難しい。

まず、一つ目の空欄Ⅱから考える。この部分はラスキンの主張が③の立場とは違うことを説明しているところ（問六を参照のこと）なので、「ラスキンの自然や環境をめぐるこの主張は、……極端に生物［Ⅱ］主義的な主張を盛り込もうとするものではない」の「極端に生物［Ⅱ］主義的な主張」とは、③の立場に近い主張ということになる。そして、③の立場の説明をしている第五段落の二文目に「あらゆる自然の構成者はそれぞれ自分独自の権利を平等に主張できる」とあり、すべての自然の構成者が平等であることが述べられている。また、同段落の最終文に「強い生物中心主義」とあるので、空欄には「平等」か「中心」が入るのではないかと見当をつける。

次に、二つ目の空欄Ⅱを考える。ここに「中心」を入れると、「あまりにも徹底した［中心］主義をとるために、あらゆる生命の損壊に対する原理主義的な禁止という、それ自体抑圧的で一元的な抑止的思考に転化しかねない危険性をもっている」となるが、単なる「中心主義」だと、第七段落の二文目に「ラスキンの自然や環境をめぐるこの主張は、……あくまでも人間、とくに働く人間の生の喜びを［中心］にしたものであって」とあるように、ラスキンの主張と区別がつかなくなってしまい曖昧になる（③の〈過度に生物を中心に考える立場〉なのか、ラスキンの〈働く人間の生の喜びを中心に考える立場〉なのか、分からない）。よって、「平等」を入れるのが最適であると判断できる。また、「平等」の方が、二つ目の空欄Ⅱの後ろの「あらゆる……」とのつながりがよい。

問六　空欄補充問題　レベルA

正解は八。

Ⅲ＝第七段落の二文目の「何よりもまず『人間が生きる』上での条件を確保しようとする思想であり、」「けっして反人間主義的な立場、極端に生物［Ⅱ］主義的な主張を盛り込もうとするものではない」に着目しよう。何よりもまず人間の生存を確保しようとするわけだから、強い生物中心主義・強い環境中心主義である③の立場とは違うということになる。

Ⅳ＝一つ目の空欄Ⅳの直後の「理性主義」から①の立場だと分かる。第一段落の最終文に「理性中心的」とある。

Ⅴ＝一つ目の空欄Ⅴの直後の「快苦の感情主義」から②の立場だと分かる。第二段落の二文目などに「快苦」とある。

問七　空欄補充問題　レベルA

正解は、**名誉ある富にもとづく**（八〜十字）。

設問文に「『名誉』と『富』という二つの語を用いて」という条件があるので、第十二段落二文目の「社会の富が名誉あるものであるべき」、最終の第十四段落の「名誉ある富の追求」を利用することの見当はつくだろう。あとは、空欄直後の「社会を構想し」とうまくつながるようにまとめればよい。原文は「名誉ある富にもとづく」だが、「名誉ある富を追求する」などの表現でもよいだろう。

問八　空欄補充問題　レベルB

正解は**イ**。空欄はラスキンの思想にもとづく世界の説明部分である。

まずは、空欄を含む一文とその近くをしっかり分析する。空欄を含む一文の頭の指示語「それ」に着目しよう。「それは……［Ⅷ］世界である」とあるのだから、「それ」の指示内容と「［Ⅷ］世界」を修飾している「……」の部分が解答根拠である。

「それ」の指示内容

私たちの生きる現実の社会は、計算的理性が夢想する経済的合理性のみが浸透する透明な世界よりも、もっとずっと具体的でずっと豊かな価値を具体的な環境のなかで作り出し、消費し、伝達している。それは

「［Ⅷ］世界」の修飾部分

人々がそれぞれの固有の生産作業にかんして自分自身の志向を重んじ、生産される事物の消費における意味を慮《おもんぱか》り、他人と自分の生活の質を考慮しようとする［Ⅷ］世界である。

これらの解答根拠をふまえて、選択肢を吟味すると、**ロ**の「自主独立」（＝他者からの助力なしに事にあたること）は、「人々がそれぞれの……他人と自分の生活の質を考慮しようとする」に反する。この部分は、第六段落の最終文の「人間どうしが労働を軸に支えあい、つながりあっている人間に特有の生存のシステム」をふまえてラスキンの思想を説明している箇所である。他人と支え合うわけだから自主独立とはいいがたい。**ハ**の「合理的な」は、「経済的合理性のみが浸透する透明な世界よりも」から不適だと分かる。経済的合理性はラスキンが否定的にとらえるであろうことである。**ニ**の「透明性のある」も「経済的合理性のみが浸透する透明な世界よりも」から不適だと分かる。透明な世界もラスキンが否定的にとらえるであろうことである。よって、正解は**イ**。「共働の」だと「人々がそれぞれの……他人と自分の生活の質を考慮しようとする」とうまくつながる。

問九　傍線部説明問題　レベルB

正解は八。傍線部を含む一文の頭に「したがって」とあることからも、この文がこれまで述べられてきたラスキンの思想の内容をふまえた文であることが分かる。よって、第十一段落以降の内容を中心にして選択肢を吟味する。

イ＝「自然界の生物や自然環境を最優先して富の追求をしているか否かという観点を堅持することを通じて」が不適。ラスキンは自然界の生物や自然環境を最優先するといった極端なエコロジー思想の立場ではない。

ロ＝「投機的な金融活動を地球規模で遍在させてグローバルな富の増幅をはかるか否かという観点を堅持することを通じて」が不適。第十一段落の最終文からラスキンは投機的な金融活動を否定的にとらえるであろうことが分かる。

ハ＝第十一段落から第十四段落をまとめた内容である。

ニ＝全体が不適。「もの作りを軸とする労働による豊かな価値を具体的な環境の中で作り出す」はラスキンの考えであって「現代社会」の現状ではない。「計算的理性が……ことを通じて」はラスキンが否定的にとらえるであろうことである。

問十　内容合致問題　レベルB

正解は二。「最も不適切なもの」を選ぶわけだから、本文で紹介されている①から④の四つの立場の内容をふまえて、明らかに方向性が違うものを選べばよい。

イ＝第九・十段落をふまえている。ラディカルなエコロジー思想の立場（③に近い立場）の説明として間違っていない。

ロ＝第六・八・十段落をふまえている。④の立場の説明として間違っていない。

ハ＝第一段落をふまえている。①の立場の説明として間違っていない。

ニ＝②の立場を説明しようとしている選択肢だが、「生命尊重主義」が不適。生命尊重は第九段落の二文目に「あらゆる生命の損壊に対する原理主義的な禁止」とあるが、これはラディカルなエコロジー思想の立場（③に近い立場）の説明である。

問十一　会話文形式の問題　レベルA

正解は（1）＝ロ、（2）＝ハ、（3）＝ニ、（4）＝イ。

大学入学共通テストでも出題される形式の設問である。早稲田としては新傾向の設問といえる。〈■本文を理解しよう〉で説明した①から④の立場の内容を整理できていれば、さほど苦労せずに解けるだろう。

（1）Aさんの発言の「わたしは、お肉を食べるのはやめて、野菜しか食べないようにしようと思いました」に着目する。第三段落の二文目に「動物の食用を禁じて、人間の食材を植物のみに限定するヴェジタリアンの思想も支持することができるようになる――」とある。

（2）Bさんの発言の「植物にもこの世界で生きていく権利はあって」に着目する。第五段落の一文目に「樹木や鉱物などすべての自然物は、快苦という人間と密接に結びついた価値基準に限定されることなく、それ自身の基準に即した形で、それぞれの権利要求をもつことができる」とある。

（3）Cさんの発言の「皆がお互いに敬意を払いながら共生する」に着目する。第十三段落の二文目に「人々がそれぞれの固有の生産作業にかんして自分自身の志向を重んじ、生産される事物の消費における意味を慮《おもんぱか》り、他人と自分の生活の質を考慮しようとする」とある。

（4）Dさんの発言の「すべては原子の集合体だよね」「そうした物体」に着目する。Dさんは自然を物体とみなしている。第一段落の2文目に「近代の機械論的自然観によれば、自然はあくまでも自然法則に支配された価値中立的で機械的な世界であり」とある。

解答

問一　a＝享受　b＝糾弾〔糺弾〕　c＝傲慢　問二　ハ　問三　ロ　問四　ロ　問五　平等

問六　ハ　問七　名誉ある富にもとづく　問八　イ　問九　ハ　問十　ニ

問十一　（1）＝ロ　（2）＝ハ　（3）＝ニ　（4）＝イ

5 文化構想学部　二〇二二年度　〔二〕

大塚英志『「暮し」のファシズム
――戦争は「新しい生活様式」の顔をしてやってきた』

「ファシズムが日常の暮しに与える影響」についての評論文。文化構想学部の大問二はクセのない出題形式なので、しっかりと得点しておきたい。

次の文章を読んで、あとの問いに答えよ。

コロナ禍の中、滔々《とう》と説かれる「新しい生活様式」なる語の響きにどうにも不快な既視感があった。「新しい日常」という言い方もあった。それは当然だが、政治が人々の「生活」や「日常」という私権に介入することの不快さとして何より、ある。その不快さは、かつての「戦時下」を想起させるからでもある。むろん、戦後生まれのぼくは満州事変から日中戦争、太平洋戦争と拡大した十五年戦争（この期間を本書では戦時下と呼ぶ）を生きてはいない。歴史の中の時間に過ぎない。しかし、その現実の戦争を当事者として経験し得なかった者の目から戦時資料を読んでいくと、それはそれでいくつかの発見がある。

その一つが、今のＳＮＳで弄ばれる勇ましい戦時下の語彙とは違う戦時下のことばがある、ということだ。

Ｉ

その過程を少し、具体的に確認しておこう。

戦時下の日本で、近衛文麿《このえふみまろ》が第二次世界大戦への日本の参画を睨《にら》みその準備のため、大政翼賛会を発足させたのが一九四〇（昭和一五）年である。それを「新体制運動」ともいい、その実現のために発足した大政翼賛会が主導したので「翼賛体制」ともいう。

そして、第二次近衛内閣が「新体制運動」を開始した際、その「新体制」は経済、産業のみならず、教育、文化、そして何より「日常」「生活」に及んだのである。その事実は大政翼賛会の理論的基礎を作った昭和研究会の示した新体制建設綱領には「新生活体制」の項があり、こう説かれることでも明らかだ。

内外の非常時局を突破し、日本の歴史的使命たる東亜自立体制建設のため、全体的協同的原理の上に国民生活を一新し、国民に犠牲と忍耐と共に新たなる希望と向上とを齎《もたら》すべき新生活体制の確立を期すること。

（下中彌三郎編『翼賛国民運動史』一九五四年、翼賛運動史刊行会）

何故、「国民生活」を一新しなくてはいけないのかといえば、それは大政翼賛運動の「実践場」が「日常生活」（「大政翼賛会会報」第二号）であるからだ。つまり国を挙げて「国民」たちに「日常生活」を「一新せよ」と迫ったのがかつての戦時下における翼賛体制だったのである。

第二次近衛内閣は、一九四〇年七月二二日、大東亜新秩序建設を掲げ、発足した。前内閣を率いた海軍出身の米内《よない》光政《みつまさ》の総辞職を受けてである。

発足直後、まず閣議決定された「基本国策要綱」は、「日満支の強固なる結合を根幹とする大東亜の新秩序建設」、いわゆる大東亜共栄圏として、東アジア世界の社会システムの書き換えを目論《もくろ》むものとしてあった。「新」という語は、まず東アジア全体の作りかえを意味する語であったことは忘れてはいけない。

この時点では「生活」の位置付けは小さかった。「要綱」に示された、五項目からなる「国家態勢の刷新」を確認すると、一つめの国民道徳の確立と科学的精神の[1]シンコウ（「科学」も戦時下国策用語であることに注意を促しておく）という精神面、二つめの国政の統合的統一という大政翼賛会発足を想定した政治システム更新の次に来る、三つめの、経済の統制、自給・合理化を説く国防経済の確立の項で「生活」に言及される。この項は、さらに小項目九つからなり、その五番めにようやく「国民生活必需物特に主要食糧の自給方策の確立」とある。「生活」はこの時点では、食糧自給の文脈で言及されるに過ぎなかった。

しかしそれが近衛首相の声明（八月二八日）では大きく変わる。

高度国防国家の体制を整へねばならぬ、而して高度国防国家の基礎は強力なる国内体制にあるのであって、ここに政治、経済、教育、文化等あらゆる国家国民生活の領域に於《お》ける新体制確立の要請があるのである。

（『東京朝日新聞』夕刊一九四〇年八月二九日）

改めて「新体制」という文脈で「生活」という語が位置付けられたのである。

ここから「新体制」とは「高度国防国家」、つまり全面戦争に対応しうる国家体制構築のための、「国民生活」の全面的な更新を目論むものだとわかる。文字通り「新体制」は、「国家国民生活の領域」全てに及ぶのである。また、「政治、経済、教育、文化」も全て「国民生活の領域」に[2]ホウセツされていることに注意したい。つまり、近衛新体制とは「生活の更新」という具体的手段による「国家体制の更新」なのだと説明されるのだ。

第二の「国民生活」への言及は、大政翼賛会を意味する「国民組織」とは「国民が日常生活に於いて国家に奉公する」もので、その組織は文化・経済などの「各領域」に広く樹立されるべきだと説くくだりでなされる。それは具体的には、別の章で検証する住民組織「隣組」に加え、この先推進される文化芸術などの分野ごとの統一団体や産業報国会など、「職域」ごとの組織化を想定している。その各領域の組織と「国民生活」の関わりをこう説く。

国民をして国家の経済及文化政策の樹立に内面より参与せしむるものであり、同時にその樹立されたる政策をあらゆる国民生活の末梢《まっしょう》に至るまで行亙《わた》らせるものなのである、かかる組織の下に於いて初めて、下意上達、上意下達、国民の総力が政治の上に集結される。(同)

「内面の参与」というのは、つまり「新体制」の究極の目的が、[B]国民の内面の動員にある、ということだ。ここは重要である。そして職場・職業ごと・地域ごとの組織化が必要を介してなされるのが、「上意下達」と併記される「下意上達」という、下からの参与である。この「下意上達」という Ⅱ もまた新体制用語としてよく用いられるものだ。ここから、近衛新体制が制度上は「参加型ファシズム」を目論むものであることがうかがえる。

これを受けて、新体制準備会が作成した新体制綱領では「国内新体制」として「新経済体制」「新産業労働体制」「新共時体制」「新文化体制」「新生活体制」「婦人並に青少年問題に於ける新体制」が改めて項目立てられる。一見「新生活体制」の位置付けは後退したかに見えるが、「声明」で「国民生活」と国家運営の双方向性が唱われたように、新体制の肝は「新生活体制」にある。しかも「国民」は「新体制」組織の最末端に配置された「隣組」と、これと同義の「隣保班」によって統治される仕組みである。「隣組」は、当時の文献では「細胞」とも表現される翼賛会という政治組織の最小単位で、決して牧歌的な隣近所ではないのである。

このように、新体制下では、国民は「国家」だけではなく、ナチスやファシスト党に模した一党独裁組織・翼賛会の下に位置付けられているのが特徴だ。しかも、それはすでに見たように、「下」つまり「国民」は「末梢」として「上」にただ従うのでなく、フィードバック可能な参加型の組織であり、翼賛会は目論み通りに必ずしも機能しなかったとはいえ、この組織形態は、「国民生活」を更新するために、相応に機能していくのである。

（大塚英志『「暮し」のファシズム』より）

注　肝……物事の要点。

問一　傍線部Ａ「どうにも不快な既視感があった」とあるが、その理由の説明として最も適切なものを次の中から一つ選び、解答欄にマークせよ。

イ　新型コロナウィルスに対する防御姿勢が、戦時下での国防体制の構築方法に似ているから。

ロ　現在のコロナ禍で提唱される方針が、戦時下で国民に対して推奨された標語と似ているから。

ハ　新型コロナウィルスに対する不安や心配が、戦時下での生活の不安や日常の不快さを連想させるから。

ニ　現在のコロナ禍で提唱される標語は「生活」や「日常」に制限を加えるのに、そのように響かないから。

問二　空欄 Ｉ の段落は次の①から④の文章から構成されるが、その並べる順序として最も適切なものを次の中から一つ選び、解答欄にマークせよ。

①　つまり「新しい日常」や「新しい生活」はかつてこの国が戦争に向かい、行う中で推進された国策だったということだ。

②　その様はより具体的に言えば、近衛新体制で提唱された「新生活体制」を想起させる。

③　それだけではない。「新しい生活様式」や「新しい日常」などと、日々の暮らしのあり方について為政者が「新しさ」を求め、社会全体がそれに積極的に従う様が、かつての戦時下を彷彿《ほうふつ》とさせるのだ。

④　ぼくは以前から「日常」とか「生活」という全く政治的に見えないことばが一番、政治的に厄介だよという話をよくしてきた。何故なら、それらの語は近衛新体制の時代、「戦時下」用語として機能した歴史があるからだ。

イ　①→④→②→③
ロ　②→③→①→④
ハ　③→④→①→②
ニ　④→③→②→①

問三　傍線部B「内面の動員」の説明として最も適切なものを次の中から一つ選び、解答欄にマークせよ。
イ　文化芸術や科学技術の発展を掲げ、国民に生活の向上を期待させることで労働力を獲得する。
ロ　日々の暮らしのすみずみまで監視と密告の制度を行きわたらせ、国民の抵抗の芽を摘み取る。
ハ　新しい生活様式への関心を高め、国民におのおのが生活を刷新しようとする自覚を持たせる。
ニ　国民の暮らしに禁止や抑圧を加え、生活から夢や希望を奪い去って強制的に政策に従わせる。

問四　空欄 Ⅱ に入る語句として最も適切なものを次の中から一つ選び、解答欄にマークせよ。
イ　反転した造語
ロ　迎合した造語
ハ　混乱した造語
ニ　矛盾した造語

問五　傍線部C「フィードバック可能な参加型の組織」の本文における説明として、最も適切なものを次の中から一つ選び、解答欄にマークせよ。
イ　国民が積極的に政策を提言し、社会体制に反映することが可能な組織
ロ　国民が上からの政策に対し、協力的に実践で応じることが可能な組織
ハ　国民が政策を自由に検討し、批判や要望を提出することが可能な組織
ニ　国民が任意に加入し、行政と対等に政策を実践することが可能な組織

問六　本文の趣旨と合致するものとして、最も適切なものを次の中から一つ選び、解答欄にマークせよ。
イ　筆者は第二次近衛内閣の政策を検討し、国民の積極的な参加を受け入れる当時の翼賛的な組織化に柔軟な双

方向的な意志の伝達形式があったことを肯定している。

ロ　筆者は「新しい日常」や「新しい生活」という語で強調される先進性が戦時中にもあり、コロナ禍での使い方は戦時の翼賛体制の二番煎じにすぎないことを批判している。

ハ　筆者はファシズムというものの本当の恐ろしさが、強権的な国民の抑圧ではなく、一見我々に身近な日常の暮らしの中から国民を自発的に誘導するものであると指摘している。

ニ　筆者はコロナ禍で提唱された言葉に不快感を覚えているが、それは戦時下と同じく、牧歌的な生活共同体が余りにも政治的に洗脳されやすい危険性があるためだと不安視している。

ホ　筆者は戦時中のスローガンのうちにコロナ禍で提唱された標語に繋がるものを認め、当時の勇ましい戦争賛美の語彙は現代社会でも若者にファシズムを刷り込む力があると警戒している。

問七　傍線部1・2のカタカナの部分を漢字に直し、記述解答用紙の所定の欄に記せ（楷書で丁寧に書くこと）。

解説

出典　大塚英志『「暮し」のファシズム―戦争は「新しい生活様式」の顔をしてやってきた』（筑摩書房）

重要語句

（第一段落）**滔々と《とうとう》**―❶次から次へとよどみなく話すさま。❷水が盛んに流れるさま。

既視感―一度も経験していないのに既に経験したと感じる錯覚。デジャ・ビュ。

（第十四段落）**隣組《となりぐみ》**―一九四〇年に国民統制のためにつくられた地域住民組織。常会を開き、回覧板をまわして、各戸を戦争協力へ動員した。

（第十五段落）**ファシズム**―第一次世界大戦後にあらわれた一党独裁による全体主義的・国家主義的な政治体制。

（第十七段落）**フィードバック**―あるやり方を修正・改善するために、得られた結果を原因に反映させること。

【用例】消費者の声を生産者にフィードバックする。

■本文を理解しよう

❶ 戦時下を想起させるコロナ禍　（第一〜四段落）→問一・問二・問六

まず、冒頭部分、

> コロナ禍の中、滔《とう》々と説かれる「新しい生活様式」なる語の響きにAどうにも不快な既視感があった。

に着目しよう。筆者は、コロナ禍で説かれていた「新しい生活様式」という語の響きに不快な既視感を覚えている。なぜか？　二・三文後に

> 政治が人々の「生活」や「日常」という私権に介入することの不快さとして何より、ある。その不快さは、かつての「戦時下」を想起させるからでもある。

とある。つまり、筆者は、政治が私権に介入するという不快さを感じており、その不快さが戦時下を想起させるの

で不快な既視感を覚えているのである。そこから、第二段落、

今のＳＮＳで弄ばれる勇ましい戦時下の語彙とは違う戦時下のことばがある

と述べられ、第三段落（＝ Ｉ ）につながっていく。「『新しい生活様式』なる語」の話から、第二段落、第三段落へとつながっていくのだから、第一・二段落の話の焦点は「ことば」の話だと分かる。

まとめると、この意味段落では、

コロナ禍で説かれていた「新しい生活様式」という語の響きに不快な既視感があった。

・「不快さ」の内容　＝　政治が私権に介入するという不快さ

・「不快な既視感」の原因　＝　不快さが、かつての戦時下を想起させるから

という内容、および、第一・二段落では、

「ことば」が話の焦点になっている

ことがつかめていれば問題ない。評論文を読解する際に、話の焦点を意識することは大切である。

ポイント　**話の焦点**

話の焦点を意識する！

2　**第二次近衛内閣による翼賛体制**（第五〜最終段落）→問三・問四・問五・問六

さて、第五段落からは、近衛内閣における翼賛体制の説明がされる。歴史的事実の説明がされているだけなのでさほど難しくはないだろう。

ただ、この部分を読む際に意識してほしいことは、随所に出てくる**時代をあらわす表現**である。**評論文を読むときに、時代をあらわす表現は要チェックだ。自分がいま読んでいるところがいつの話なのかを意識することは大切である。**とくに、第八段落の「一九四〇年七月二二日」、第九段落の「発足直後」、第十一段落の「八月二八日」に要注意。第二次近衛内閣は、一九四〇年七月二二日に発足し、発足直後の「基本国策要綱」では、「生活」は食糧自給の文脈で言及されるに過ぎなかった（第十段落）が、約一カ月後の八月二八日の声明において「新体制」とい

う文脈で「生活」という語が位置付けられ、「国民生活」の全面的な更新を意図するものとなったのである（第十一〜十三段落）。そして、第十三段落の最終文で、

■つまり、近衛新体制とは「生活の更新」という具体的手段による「国家体制の更新」なのだと説明されるのだ。

とまとめられている（まとめの働きをする接続語「つまり」に着目しよう）。そして、第十四段落以降は、この『生活の更新』という具体的手段による『国家体制の更新』の具体的内容（「参加型ファシズム」の話）が歴史的事実を挙げながら説明されている。

まとめると、

第二次近衛内閣
発足直後――「生活」は食糧自給の文脈で言及されるに過ぎない
↔
約一カ月後――「新体制」という文脈で「生活」という語が位置付けられる
↓
「新体制」によって「国民生活」の全面的な更新が意図される
↓
近衛新体制とは「生活の更新」という具体的手段による「国家体制の更新」である

となる。時代をあらわす表現を意識して、第二次近衛内閣下において、「生活」の位置付けがどのように変化したのかをつかみ、論の展開をおさえることが大切だ。

ポイント　時代
時代をあらわす表現はチェックする！

なお、この二つ目の意味段落は、細かく見ると、次のように、さらに三つに分けることができる。

・第五～七段落――第二次近衛内閣の概説
・第八～十三段落――第二次近衛内閣の発足直後と約一カ月後の説明
・第十四～最終段落――第二次近衛内閣の目指した国家体制の更新（「参加型ファシズム」）の説明

このように、評論文の読解では、文章を意味のまとまりでとらえていくようにしよう。

■設問解説

問一　理由説明問題　レベルB

正解は**ロ**。第一・二段落を正確に読めたかが問われている。

まず、筆者が何に対して「不快な既視感」を覚えているのかをおさえよう。傍線部の直前に「コロナ禍の中、滔《とう》々と説かれる『新しい生活様式』なる語の響きに」とある。筆者は「『新しい生活様式』なる語の響きに」不快な既視感を覚えているのである。なお、〔■本文を理解しよう〕で説明したが、第一・二段落の話の焦点は「ことば」である。このことからも、筆者が「語の響き」に不快な既視感を覚えているということは大事なポイントだと分かる。この時点で、「ことば」にふれていない**イ**と**ハ**は外せる。**イ**の「防御姿勢」や「構築方法」だと、ことば以外のものも含まれるので曖昧である。第一・二段落の話の焦点が「ことば」であり、傍線部はそのことばに対する不快な既視感の話なのだから、「ことば」にはふれておきたい。**ロ**と**ニ**は、「ことば」を「標語」と言い換えている。

次に、なぜ「不快な既視感」なのかをおさえよう。二・三文後に「政治が人々の『生活』や『日常』という私権に介入することの不快さとして何より、ある。その不快さは、かつての『戦時下』を想起させるからでもある」とある。つまり、政治が私権に介入しているという不快さが、戦時下を想起させるから不快な既視感を覚えるのである。この点をふまえて、**ロ**と**ニ**を検討すると、**ニ**は、「戦時下」に全くふれていないので、これでは既視感を覚えた理由にはならない。**ロ**は、「戦時下」にふれており、「戦時下で国民に対して推奨された標語と似ている」の「似ている」が「（政治が私権に介入するという点で）似ている」ととれるので最適である。

まとめると、

コロナ禍の中、滔々と説かれる「新しい生活様式」（「不快な既視感」の対象）なる語の響きにどうにも不快な既視感があった。（A）「新しい日常」という言い方もあった。それは当然だが、政治が人々の「生活」や「日常」という私権に介入することの不快さ（「不快さ」の内容）として何より、ある。その不快さは、かつての「戦時下」を想起させる（「不快な既視感」の原因）からでもある。

となる。繰り返しになるが、**話の焦点を意識して、傍線部の直前の「語の響き」に着目できたかが大きなポイントである。**

問二　文整序問題　レベルB

正解は二。**文を並べかえる問題では、並べかえる文のなかの指示語・接続語に着目する、ということは言うまでもないだろう。**今回だと、①の「つまり」、②の「その様」の「その」、③の「それだけではない」である。

ただ、早稲田レベルになると、これだけだと苦戦することが多々ある。その場合、**選択肢だけでなく、空欄の前後とのつながりを意識するとよい。その際に、空欄前後の話の焦点を意識してみよう。**

今回であれば、（■本文を理解しよう）や問一の解説でも述べたが、空欄の前の第一・二段落の話の焦点は「ことば」である。一方で、空欄の直後（第四段落）に「その過程を少し、具体的に確認しておこう」とあり、第五段落以降の第二次近衛内閣による翼賛体制の話へとつながっていく。つまり、**空欄のある第三段落は、ことばの話と第二次近衛内閣による翼賛体制の話との橋渡しをしている段落だと理解できる。**この点をふまえて並べかえる文を検討すると、

④　ぼくは以前から「日常」とか「生活」という全く政治的に見えないことばが一番、政治的に厄介だよという話をよくしてきた。何故なら、それらの語は近衛新体制の時代、「戦時下」用語として機能した歴史があるからだ。

と、④が最も「ことば」に焦点が置かれている選択肢だと分かる（「全く政治的に見えないことば」「それらの語」「『戦時下』用語」に着目しよう）。空欄は、「ことば」の話が焦点の第一・二段落につながるのだから、最初に④が

くるのではないか、と見当をつけて選択肢を見ると、④が最初の選択肢は二しかない。そこで、④→③→②→①の順で並べかえてみると、

> ぼくは以前から「日常」とか「生活」という全く政治的に見えないことばが一番、政治的に厄介だよという話をよくしてきた。何故なら、それらの語は近衛新体制の時代、「戦時下」用語として機能した歴史があるからだ。それだけではない。「新しい生活様式」や「新しい日常」などと、日々の暮らしのあり方について為政者が「新しさ」を求め、社会全体がそれに積極的に従う様が、かつての戦時下を彷彿《ほうふつ》とさせるのだ。その様はより具体的に言えば、近衛新体制で提唱された「新生活体制」を想起させる。つまり「新しい日常」や「新しい生活」はかつてこの国が戦争に向かい、行う中で推進された国策だったということだ。

となり、各文の指示語・接続語のつながりもよく、②→①で近衛内閣の話がされ、第五段落以降の内容ともうまくつながる。よって、二が最適だと分かる。

なお、今回は空欄の前とのつながりで最初にくる文の見当をつけて解いたが、**早稲田の過去問では、空欄の後ろとのつながりで、最後にくる文の見当をつけて解く設問が多い。前だけでなく後ろとのつながりもしっかり意識するようにしよう。**

ポイント　文整序問題

❶ 並べかえる文のなかの指示語・接続語に着目する。

❷ 空欄の前後とのつながりを意識する。

＊その際に、空欄前後の話の焦点を意識するようにしよう。

＊早稲田の過去問では、空欄の後ろとのつながりに着目すると解きやすい設問が多い。たとえば、〈空欄の後ろのキーワードが、並べかえて最後にくる文にもある〉などのパターンがある。

問三　傍線部説明問題　レベルA

正解は**八**。まず、傍線部が何の説明部分なのかを意識しよう（13ページ・**解きの原則**1を参照）。

「『新体制』の究極の目的が、[B]国民の内面の動員にある、ということだ」とあるのだから、傍線部は「『新体制』の究極の目的」の説明部分である。

では、「『新体制』の究極の目的」とは何か？（■**本文を理解しよう**）でも説明した第十三段落に、

> ここから「新体制」とは「高度国防国家」、つまり全面戦争に対応しうる国家体制構築のための、「国民生活」の全面的な更新を目論むものだとわかる。文字通り「新体制」は、「国家国民生活の領域」全てに及ぶのである。また、「政治、経済、教育、文化」も全て「国民生活の領域」に[2]ホウセツされていることに注意したい。つまり、近衛新体制とは「生活の更新」という具体的手段による「国家体制の更新」なのだと説明されるのだ。

とある。

- 「『国民生活』の全面的な更新」
- 「生活の更新」
- 「国家体制の更新」

に着目して選択肢を検討すると、「『国民生活』の全面的な更新」「生活の更新」を、「生活を刷新」と言い換えている**八**が正解ではないかという見当がつく。また、傍線部は「内面の動員」なのだから、「国民に……自覚を持たせる」としている**八**が最適だと判断できる。**イ**の「労働力を獲得する」、**ロ**の（監視と密告の制度で）「国民の抵抗の芽を摘み取る」、**ニ**の「強制的に政策に従わせる」だと、国民の内面を動員していることにはならない。

問四　空欄補充問題　レベルA

正解は**イ**。**「上意下達《じょういかたつ》」**は**「上位の者の意志や命令を下位の者に通じさせること」**の意。「上」と「下」を入れかえた**「下意上達《かいじょうたつ》」**は、**「下位の者の意見を上位の者に伝えること」**の意になる。

「上意下達」の「上」と「下」を逆にして、対義語として造られた四字熟語が「下意上達」なので、「反転した」

としている**イ**が最適だと判断できる。

ロの「迎合」は「自分の考えを曲げてでも他人の意向などに調子を合わせること」の意。近衛新体制は、国民をファシズムに参加させようとしたわけで、国民に迎合したわけではないので不適。**ハ**の「混乱」、**ニ**の「矛盾」は、本文からは読み取れない内容である。

問五　傍線部説明問題　レベルA

正解は**ロ**。入試頻出語の「フィードバック」の意味を知っていれば容易だろう。受験生の語彙力を試す設問である。

「フィードバック」は、**「あるやり方を修正・改善するために、得られた結果を原因に反映させること」**の意。すなわち、**双方向性のニュアンスをもつ語**である。

ここでは、「『下』つまり『国民』は『末梢』として『上』にただ従うのでなく、C フィードバック可能な参加型の組織であり」とあるので、「上」と「下（＝国民）」の双方向性である。すなわち、

①
㊤ ⇄ ㊦（＝国民）
①に対するフィードバック

というニュアンスだ。この点をふまえて選択肢を検討する。

イ＝「国民が積極的に政策を提言し、社会体制に反映する」だと、「㊤←㊦」にしかふれていないことになり、フィードバックの説明にはならない。

ロ＝「国民が上からの政策に対し、協力的に実践で応じる」は、「㊤⇄㊦」と双方向性になり（左図を参照）、国家の方針に国民がこたえるという「参加型ファシズム」の説明にもなり適切である。

政策
㊤ ⇄ ㊦（＝国民）
政策に対する協力的な実践

ハ＝「国民が政策を自由に検討し、批判や要望を提出する」は、「㊤⇄㊦」の双方向性にはなるものの（次図を参

照）、「批判や要望」だと「参加型ファシズム」の説明にはならない。第十四段落の冒頭文に「『国民組織』とは『国民が日常生活に於いて国家に奉公する』もの」とあるように、国民は国家に奉公するものであって、批判・要望を提出するものではない。

上　―政策→　下（＝国民）
上　←政策に対する批判・要望―　下

ニ＝「国民が任意に加入し、行政と対等に政策を実践する」だと、「上↑下」にしかふれていないことになり、フィードバックの説明にはならない。

問六　趣旨合致問題　レベルA

正解はハ。消去法で判断すれば容易だろう。本文内容に明らかに反するものを外していくとよい。

イ＝「肯定している」が不適。第一段落で筆者は「戦時下」を不快なものとしてとらえているので、第二次近衛内閣の政策を肯定しているわけがない。

ロ＝「『新しい日常』や『新しい生活』という語で強調される先進性」の「先進性（＝他よりも発展していること）」が不適。筆者は第一段落で「『新しい日常』や『新しい生活』という語」を否定的にとらえている。

ハ＝本文にはっきりと書かれているわけではないが、第一段落「政治が人々の『生活』や『日常』という私権に介入する」や第十五段落「国民の内面の動員」「参加型ファシズム」などから読み取れる内容である。すなわち、〈政治が国民の生活や日常に介入し、国民の内面を動員し、ファシズムに参加させていく〉ということから、「我々に身近な日常の暮らしの中から国民を自発的に誘導する」を読み取ることができる。

ニ＝筆者がコロナ禍で提唱された言葉に不快感を覚えている原因を、「牧歌的な生活共同体が余りにも政治的に洗脳されやすい危険性があるため」としている点が不適。筆者がコロナ禍で提唱された言葉に不快感を覚えているのは、第一段落の「政治が人々の『生活』や『日常』という私権に介入することの不快さとして何より、ある。その不快さは、かつての『戦時下』を想起させるから」である。それに、そもそも、「牧歌的な生活共同体」も本文に書かれていない。第十六段落の最終文に「『隣組』は、当時の文献では『細胞』とも表現される翼賛会という政治組織の最小単位で、決して牧歌的な隣近所ではないのである」とあるが、これは隣組が牧歌的な隣近所ではないといっているだけで、現代社会や戦時下の社会を「牧歌的な生活共同体」といっているわけではない。

ホ＝「当時の勇ましい戦争賛美の語彙は現代社会でも若者にファシズムを刷り込む力があると警戒している」が不適。第二段落に「今のＳＮＳで弄ばれる勇ましい戦時下の語彙とは違う戦時下のことば」とあるし、そもそも本文は若者に限定した話をしているわけではない。

問七　漢字の問題　レベルＡ

1＝振興、2＝包摂。1「振興」は、「物事が盛んになるようにすること」の意。2「包摂」は、「一定の範囲の中につつみこむこと」の意。いずれも基本的な語である。早稲田受験生なら正解したいレベルだ。

解答

問一　ロ　問二　ニ　問三　ハ　問四　イ　問五　ロ　問六　ハ　問七　1＝振興　2＝包摂

6 法学部　二〇一五年度　[二]

佐藤卓己『『キング』の時代―国民大衆雑誌の公共性』

「ラジオと大衆雑誌による国民的体験の形成」についての評論文。法学部の現代文は意味段落の主旨に関わる設問がとくに多い。意味段落ごとにしっかり読み進めていこう。

次の文章を読んで、あとの問に答えよ。

『キング』(注1)創刊後の出版大衆化現象として、「出版界大革命を断行し、特権階級の芸術を全民衆に解放す」（一九二六年、改造社の円本『現代日本文学全集』予約募集告示）、あるいは「生命あるフキュウの書を少数者の書斎と研究室とより解放して街頭にくまなく立たしめ民衆に伍せしめる」（一九二七年、岩波文庫創刊言）がしばしば引用される。しかし、蓄積される個人的な円本全集や岩波文庫より、集団的に受容され読み捨てられる『キング』の方が、活字的権威の平準化を促す流動的な特性においてラジオに近かった。当時、『キング』の読者水準を引き合いに出してラジオが公共圏を根底からくつがえす可能性を論じたのは、室伏高信「ラヂオ文明の原理」（『改造』一九二五年七月号）であった。

「政談演説のごとき類ひのものと雖もその水準は今日あるよりも遥に以下にと引き下げられなくてはならぬ。そこには多くの少年の聴手、老耄者《ろうもうしゃ》、低脳なる婦人の聴衆の無数がある。ラヂオの前に立つものは常に斯くのごとき無知なる大衆を相手とするものでなくてはならない。その標準は『キング』の読者以下である。（中略）凡ての真摯なるもの、凡ての難解なるものは生存の権利を喪失して、凡ての俗悪なるもの、低級蕪雑《ぶざつ》なるもの、煽動的なるもの、「三行評論」的なるもの、夕刊新聞的なるものが凱歌を掲げなければならぬ。」

室伏によれば、新聞紙は一九世紀の地方的小社会の要求であり、二〇世紀の高度文明の原理はラジオの知的統一である。それゆえ、新聞紙はラジオにクチクされ、この時代で生き残るためには、すべての人はラジオの聴取者たらねばならない。

「世界のラヂオ化であり、人間のラヂオ化であり、凡てのもののラヂオ化である。ラヂオ文明と、われわれの名づくるところのものは、世界の、人間の、そして凡てのもののラヂオ化を意味する。」

さらに室伏は、［甲］新聞紙に対して、大衆的で独裁的なラジオを対置する。社会主義者であれ国家主義者であれ、ラジオ文明を前提とした大衆化は独裁を必然化する。

「ラヂオは常に大衆的であると私はいふた。独裁的であり、そしてまた大衆的である。独裁的であることと、大衆的であることとは、しばしば矛盾する二つの観念のごとくいはれてゐる。それは、けれども、最も見易き誤謬である。独裁は大衆的である場合において可能である。大衆的であるものはまた常に独裁的である。」

『キング』読者を見据えた室伏のラジオ文明論には、シュペングラー『西洋の没落』第二巻（一九二二年）のペシミズムが色濃くうかがえる。そこには、読書人の市民的公共圏へ大挙押しかけた大衆読者の公共性に対して、「賤民的公共性」の言葉を投げつけたニーチェの思想も見いだせる。

「ニイチエが罵りて「新聞文化」と呼びなしたところのものは更に益々低下して新しい「ラヂオ文化」なるものがとつて代るのである。俗悪、低調、煽動、要するに三行評論的なるものが時代の生ける力であり、指導であり、原理であり、文化であるのである。一方にキネマ女優がある。他方にラヂオ俳優がある。キネマ女優とラヂオ俳優とが、今や時代の二つの星である。」

こうした[3]ラジオ文化とファシズムの共振性については、メディア論から以下のように整理することができる。音声のみを伝達するラジオは、視覚を要求しないため、ラジオは別の活動と両立できた。つまり、運転手や職人が仕事をしながら、主婦が家事をしながら、聴くことができるメディアであった。そのためラジオは、集中力を要求する演劇やオペラなどの総合芸術よりも特に軽音楽と結びついた。また、市民改革期に朗読された新聞のように、ラジオの情報は文盲や子供にも届いた。教育段階によって階層化された活字リテラシーが年齢、階級、性別に応じて情報へのアクセスコード習得のプロセスを段階的に序列化したのに対して、記号的抽象度が低く意味理解が容易なコードを持つラジオ情報では、社会化の段階は単純化された。しかも、ラジオは家に居ながらにして情報にアクセスすることができた。それゆえ、市民とコーヒーハウス、青少年と学校、労働者と職場組合といった、情報へのアクセス回路と物理的場所の伝統的な関係が解体され、帰属集団の伝統的枠組みは大きく揺さぶられた。また、ストックされる書籍に対して、フローな放送は、知識量の直線的序列化から離れた対等な相互行為を促した。

ラジオ放送が集団的に受容されえた状況も、蓄積される書籍より読み捨てられる雑誌と似ている。テープレコーダーなど録音装置がまだ普及していない一九三〇年代は、ラジオの流動的な特性が突出した時代であった。それは社会システムの編制替えを政治コミュニケーションにおいて促し、伝統的権威や合理性による支配に対してカリスマの突出を生みだした。ラジオと政治の関係が問題となるとき、ヒトラー、ローズヴェルトというカリスマ的指導者や「玉音」(注2)が想起される由縁である。

というのも、ラジオは発話内容（記号）のみならずそれを包む肉声（印象）を伝達するため、印刷メディアよりも情緒的に機能した。大衆社会では指導者が何を話したかでなく、どう話したかが重要になる。ローズヴェルトのプロパガンダ放送は「炉辺談話」と呼ばれ、ヒトラーのプロパガンダ放送は「獅子吼」と形容された。そこでは内容の真偽が問題なのではない。だから、4「玉音」放送は、たとえ内容が聞き取れなくても、十分にその効果を発揮した。

つまり、ラジオは事実性より信憑性を伝達するメディアであり、それは共感による合意を求めるファシスト的公共性にとって最適なメディア環境といえた。同じように、《一家庭一キング》、「近頃東京ではこんな標語が流行りだした」というとき、『キング』はその内容如何にかかわらず読者に［乙］を与えたのである。

かくして、ラジオはファシスト的公共性の中核メディアであり、また『キング』がラジオ的雑誌であれば、共感による合意形成を組織するファシスト的公共性の日本的形態は『キング』の分析から明らかになるはずである。

それは、また共感の母体となる、共通の「記憶」を創造していく。例えば、一九三六年ベルリン・オリンピックの思い出を年輩者にたずねると、ほぼ間違いなく「前畑ガンバレ！　前畑ガンバレ！」、前畑秀子が金メダルを獲得した実況放送の記憶が語られる。しかし、あの当時、あの中継放送を実際に耳にした人はそんなに多かっただろうか。この一九三六年、ラジオの全国普及率は二一・四％、市部でこそ四二・一％だが、郡部では一〇・四％だった。確かに、この前年、一九三五年四月一日よりラジオ聴取料は従来の月額一円五〇銭から引き下げられ、終戦まで「五十銭」時代が続いた。つまり、『キング』定価と同額であり、ラジオも「キングの時代」に突入していた。通常の最終プログラムは午後九時半だったが、この実況中継の開始は八月一一日深夜一一時（現地時間午後三時）前である。放送時間を六分間延長して午前〇時過ぎに放送は終了した。この真夜中の放送を翌一二日付『讀賣新聞』は「この一瞬の放送こそ正にあらゆる日本人の息を止めるかと思われるほどの殺人的放送だった」と取り上げている。だが、多くの人の「体験」は、その後の記録映画やレコードで創造されたものだろう。しかし、ここでは「記憶の嘘」を指摘したいわけではない。むしろ、そうした国民的体験の神話を形成しうるほどの力をラジオが持っていた事実である。さらに言えば、それを補強したのが『キング』であった。『キング』のオリンピック大特集には、ラスト二五メートルで「ガンバレ」を二三回連呼した河西三省アナウンサーの放送筆記「大和撫子前畑嬢優勝（女子二百米平泳）」を含む「熱血踊る大感激の二大放送」が掲載されている。その読者は、実際には聞いていない実況放送も体験したと確信できたのである。

「十月号の第十一回オリンピック大会熱血踊る大感激の二大放送は終始涙して読んで其新な感激に浸つてゐます。（和歌山県伊都郡九度山町　岩根運良）」

もちろん、この読者は実況中継を聞いていたのかもしれない。しかし、「新な感激」がラジオ体験の再現であったと短絡するべきでもないだろう。ただ、この『キング』読者が、「あの中継放送の感激」5を甘美な国民的記憶として共有し続けたことだけは間違いない。

「前畑嬢喜んで居ります。まだプールの中に居ります。始めて日章旗を挙げた前畑嬢のために、万歳を叫んで今日の放送を終ることにします。祖国の皆様さやうなら。」

（佐藤卓己『『キング』の時代』より）

（注1）『キング』…講談社が一九二五年に創刊した大衆娯楽雑誌。

（注2）「玉音」…「玉音」放送。一九四五年八月一五日、昭和天皇自らが太平洋戦争終結の決定を国民に伝えるために行った録音放送。

問一　傍線部A・Bにあてはまる漢字を、記述解答用紙の答一の欄に楷書で記せ。

問二　傍線部1「活字的権威の平準化を促す流動的な特性」とあるが、その説明として最も適切なものを、次の中から一つ選び、答二の欄にマークせよ。

ア　活字によって印刷された出版物が、広く流通していくことによって、その権威を多くの人々にすばやく浸透させていく性質。

イ　印刷物が、知識を保存、蓄積するというその特性を生かすことによって、簡単に過去の情報を人々が参照できるようにする性質。

ウ　印刷物が職業の違いや生活する空間の違いを超えて浸透することによって、活字を読む能力を多くの人々に普及させていく性質。

エ　大量に生まれては消えていく出版物が、様々な難易度で書かれていた出版物を、誰もが理解できるレベルのものに変質させていく性質。

オ　出版物が、様々な出来事を活字にすることで、重要な情報や価値ある出来事を、ごくあたりまえの平凡なものに変えてしまう性質。

問三　傍線部2「すべての人はラジオの聴取者たらねばならない」とあるが、その説明として最も適切なものを、次の中から一つ選び、答三の欄にマークせよ。

ア　ラジオが普及していくことで、次第に様々な場所にラジオがおかれるようになり、どこにいてもその音からのがれることができなくなってしまうということ。

イ　ラジオが普及することにより、その情報が多くの人々に共有される知識や価値の土台となり、誰しもがそれにそって生きざるを得なくなるということ。

ウ　ラジオには重要な情報がいち早く寄せられるようになるため、ラジオからもたらされる情報がもっとも早く、役に立つ知識となっていくということ。

エ　ラジオが様々な地域や階層の情報を取り入れて発信することで、地域や階層の違いを超えて、多くの人々がその情報に魅力を感じるようになるということ。

オ　ラジオが広く普及し、その影響力が高まっていくことで、ラジオが新聞を含めた他のメディアにまで強く影響を及ぼすようになっていくということ。

問四　空欄甲に入る表現として最も適切なものを、次の中から一つ選び、答四の欄にマークせよ。

ア　低級で煽動的な
イ　知的で批判的な
ウ　平均的で画一的な
エ　客観主義的で中立的な
オ　市民的で自由主義的な

問五　傍線部3「ラジオ文化とファシズムの共振性」とあるが、著者によるその理由の説明として、適切ではないものを、次の中から一つ選び、答五の欄にマークせよ。

ア　ラジオは伝統的な音楽よりも軽音楽などと結びつくことで、大衆的な好みをもった階層に広く浸透することができたため。
イ　ラジオは何か別のことをしながら手軽に聞くことができ、仕事をしている人を含めて、広く聴衆に浸透することが可能になったため。
ウ　ラジオは非常にわかりやすいレベルの言葉を用いることで、教育水準の低い若年層から、高学歴の人々まで広く聴衆を獲得できたため。
エ　ラジオはいろいろな場所で聴くことができ、特定の仕事や地域にかかわらず、多様な職種や階層の人々に享受されることとなったため。
オ　ラジオは、書籍のように過去を参照したり、引用したりすることができず、その場かぎりの意見や面白さが力を持ち得たため。

問六　傍線部4「「玉音」放送は、たとえ内容が聞き取れなくても、十分にその効果を発揮した」とあるが、その説明として最も適切なものを、次の中から一つ選び、答六の欄にマークせよ。

ア　日本の敗戦は当時の人々にとって実はある程度予想されていたことであり、放送が聞き取りにくくとも多くの人はその内容が予測でき、理解できた。

イ　日本国民の多くは戦争で疲弊し、心のどこかで、たとえ敗戦であろうとも戦争の終結を望んでいたため、その望みと合致した放送が理解できた。

ウ　それまで人々が耳にすることなどあり得なかった天皇の声がラジオを通して流れることで、その声自体が語られていることの重大さや厳粛さを伝え得た。

エ　放送自体がいくら聞き取りにくいものであっても、日本の敗戦という重大情報は、新聞やまわりの人々など、いろいろなルートからそれが伝わった。

オ　当時の人々はラジオの音声の悪さにはある程度慣れており、多少の音の聞きにくさや雑音がまじっていても、そこから大体の内容を聞き取ることができた。

問七　空欄乙に入る表現として最も適切なものを、次の中から一つ選び、答七の欄にマークせよ。

ア　安易な満足感
イ　国民的な一体感
ウ　盲目的な安心感
エ　情報に対する信頼感
オ　流行に遅れまいとする焦燥感

問八　傍線部5「甘美な国民的記憶」とあるが、それが形成された理由を著者はどう考えているか。その説明として最も適切なものを、次の中から一つ選び、答八の欄にマークせよ。

ア　ラジオで放送された事象は、オリンピックという国際的な行事であり、なおかつその中での世界の競技レベルや日本人の成果が、当時の人々にとってきわめて強い印象を与えたため。

イ　ラジオが大量に、安価で手に入る一般的なメディアとなり、多くの人の間に普及していったことで、誰しもが、いつもそれを聞いていることが当然のような感覚が国民に生まれていたため。

ウ　ラジオによって放送された出来事が、時間がたつにしたがって次第に国民の記憶の中で美化されていき、あたかもそれがとてもすばらしいものであったかのような錯覚が生まれていたため。

エ　実際にラジオ放送を聴いていなくとも、その出来事について当時の新聞や雑誌で非常に詳しく報じられており、ラジオ放送と変わらないほどの情報量を人々が得ることができたため。

オ　ラジオによる放送が、国民全体が一つとなって応援しているような経験を作り上げ、実際には聞いていなかった人も含めて、国民なら誰しもがそれを聞いたかのような感覚をもたらしたため。

解説

出典　佐藤卓己『『キング』の時代―国民大衆雑誌の公共性』（岩波書店）

重要語句

（第一段落）円本《えんぽん》―定価一冊一円の叢書本。

伍《ご》する―同等の位置に並ぶ。肩を並べる。

（第七段落）ペシミズム―悲観主義。厭世主義。

（第九段落）ファシズム―第一次世界大戦後にあらわれた一党独裁による全体主義的・国家主義的な政治体制。

リテラシー―読み書きの能力。

コード―規則。

■本文を理解しよう

1　『キング』とラジオ　（第一〜四段落）　→問二・問三

まず、冒頭部分に着目しよう。冒頭部分は論の起点なので必ず精読すること。

『キング』創刊後の出版大衆化現象として、「出版界大革命を断行し、特権階級の芸術を全民衆に解放す」（一九二六年、改造社の円本『現代日本文学全集』予約募集告示）、あるいは「生命あるフキュウの書を少数者の書斎と研究室とより解放して街頭にくまなく立たしめ民衆に伍せしめる」（一九二七年、岩波文庫創刊言）がしばしば引用される。しかし、蓄積される個人的な円本全集や岩波文庫より、集団的に受容され読み捨てられる『キング』の方が、活字的権威の平準化を促す流動的な特性においてラジオに近かった。

「『キング』創刊後の出版大衆化現象」の説明として、円本全集と岩波文庫が挙げられ、

・特権階級の芸術を全民衆に解放す

・少数者の書斎と研究室とより解放して街頭にくまなく立たしめ民衆に伍せしめるとある。つまり、「『キング』創刊後の出版大衆化現象」とは、**かつては少数の人たちが独占していた出版物を民衆が理解できるものとしひろめていく現象**である。その「出版大衆化現象」の特性が「活字的権威の平準化」と言い換えられ、『キング』はその特性が円本全集や岩波文庫よりも強くラジオに近かった、と述べられている。そして、そのラジオの大衆化について第四段落まで説明が続く。

『キング』創刊後の出版大衆化現象
＝
かつては少数の人たちが独占していた出版物を民衆が理解できるものとしひろめていく現象
＝
活字的権威の平準化
↓
『キング』はその特性が円本全集や岩波文庫よりも強く、ラジオに近い

2 大衆的で独裁的なメディアとしてのラジオ（第五〜八段落） ↓問四

さて、第五段落からはラジオの特質についてさらに詳しく説明される。第五段落で、さらに室伏は、［甲］新聞紙に対して、大衆的で独裁的なラジオを対置する。社会主義者であれ国家主義者であれ、ラジオ文明を前提とした大衆化は独裁を必然化する。と述べられる。**ラジオは大衆的で独裁的なものであり、ラジオ文明を前提とした大衆化は独裁を必然化する**、というわけだ。続く第六段落から第八段落はその具体的説明である。

ラジオ——大衆的で独裁的なメディア
↓
ラジオ文明を前提とした大衆化は独裁を必然化する

3 ファシスト的公共性の中核メディアとしてのラジオ（第九〜十三段落）↓問四・問五・問六

見出しの「ファシスト」とは「ファシズムを奉ずる人」の意。第九段落からは意味段落2の内容をうけて、ラジオがファシズムにおける中核メディアであったことが述べられる。第十一段落と第十二段落の冒頭文では、

というのも、ラジオは発話内容（記号）のみならずそれを包む肉声（印象）を伝達するため、印刷メディアよりも情緒的に機能した。

つまり、ラジオは事実性より信憑性を伝達するメディアであり、それは共感による合意を求めるファシスト的公共性にとって最適なメディア環境といえた。

と述べられている。ラジオは**内容だけでなく肉声を伝達する**ため印刷メディアよりも情緒的に機能する。そして、**事実性より信憑性を伝達するメディア**であるラジオは、ファシズムにとって好都合なのだ。このラジオに近いのが大衆雑誌『キング』であるので、**『キング』はラジオ的雑誌**といえる。

ラジオ——発話内容だけでなく肉声を伝える・事実性より信憑性を伝達する
↓
ファシズムにとって最適なメディア
↓
このラジオに近いのが『キング』→『キング』はラジオ的雑誌

4 ラジオと『キング』——国民的記憶の創造（第十四〜最終段落）↓問七・問八

さて、第十四段落以降は、ラジオと『キング』の関係について詳しい説明がされている。

第十四段落一文目、

それは、また共感の母体となる、共通の「記憶」を創造していく。

同段落の十二・十三文目、

むしろ、そうした国民的体験の神話を形成しうるほどの力をラジオが持っていた事実である。さらに言えば、それを補強したのが『キング』であった。

第十六段落三文目、

ただ、この『キング』読者が、「あの中継放送の感激」を甘美な国民的記憶として共有し続けたことだけは間違いない。

に着目しよう。**ラジオと『キング』はともに共感の母体となる共通の「記憶」を創造し、人々に国民的な一体感を与えていったのである。**

ラジオと『キング』――共感の母体となる、共通の「記憶」を創造していく

■設問解説

問一　漢字の問題　レベルA

A＝不朽、B＝駆逐。いずれも基本的な語である。早稲田受験生なら正解したいレベルだ。

問二　傍線部説明問題　レベルB

正解はエ。まずは、傍線部を含む一文とその近くをしっかり分析しよう。傍線部を含む一文に、

しかし、蓄積される個人的な円本全集や岩波文庫より、集団的に受容され読み捨てられる『キング』の方が、活字的権威の平準化を促す流動的な特性においてラジオに近かった。

とある。「円本全集や岩波文庫より……『キング』の方が、活字的権威の平準化を促す流動的な特性においてラジオに近かった」とあるのだから、円本全集も岩波文庫も『キング』も「活字的権威の平準化を促す流動的な特性」をもつが、『キング』の方が円本全集と岩波文庫よりもラジオに近かったということだ。よって、傍線部の内容を

とらえるためには、**円本全集と岩波文庫の特徴**、そして、『キング』の特徴について書かれているところをおさえればよい。

第一段落の一文目で円本全集と岩波文庫の特徴が述べられ、

・特権階級の芸術を全民衆に解放す

・少数者の書斎と研究室とより解放して街頭にくまなく立たしめ民衆に伍せしめる

とある。つまり、**かつては少数の人たちが独占していた出版物を民衆が理解できるものとしひろめていく**ということであり、これが傍線部で「活字的権威の平準化」と言い換えられているわけだ。よって、まず、この点にふれている選択肢を選ぶ。

エの「様々な難易度で書かれていた出版物を、誰もが理解できるレベルのものに変質させていく」の部分が、〈かつては少数の人たちが独占していた出版物を民衆が理解できるものとしひろめていく〉ことである。なお、**エ**の「大量に生まれては消えていく」は、傍線部の直前の『キング』の特徴の説明である「集団的に受容され読み捨てられる」の言い換えであり、傍線部の「流動的」のことである。円本全集と岩波文庫は蓄積されるものなので流動的な特性が弱いが、『キング』は読み捨てられるものなので流動的な特性が強くラジオに近いのである。

アは「権威を……浸透させていく性質」が不適。「特権階級の芸術を全民衆に解放す」るのだから、権威的なものがなくなり大衆化していくのである。第一段落の一文目にも「出版大衆化現象」とある。**イ**は、「知識を保存、蓄積」が傍線部の「流動的」に反するし、「簡単に過去の情報を人々が参照できるようにする性質」は本文に書かれていない内容。**ウ**の「活字を読む能力を多くの人々に普及させていく性質」も本文に書かれていない内容。**オ**は「情報や……出来事を……平凡なものに変えてしまう性質」が不適。情報や出来事を平凡なものにするのではなく、出版物を大衆化するのである。

問三　傍線部説明問題　レベルA

正解は**イ**。まずは、傍線部を含む一文とその近くをしっかり分析しよう。傍線部を含む一文の頭に「それゆえ」がある。**「それゆえ」は因果関係を示す接続語で、前が原因・理由で後が結果・結論である**。そして、原因・理由と結果・結論は同じニュアンスになるので、「それゆえ」の前の内容をおさえよう。

> 室伏によれば、新聞紙は一九世紀の地方的小社会の要求であり、二〇世紀の高度文明の原理はラジオの知的統一である。　原因・理由
>
> それゆえ、（因果関係）
>
> 2 新聞紙はラジオにクチクされ、この時代で生き残るためには、すべての人はラジオの聴取者たらねばならない。　結果・結論

「それゆえ」の前に、「二〇世紀の高度文明の原理はラジオの知的統一である」とある。つまり、二〇世紀の高度文明はラジオの情報による知的統一によって成り立ったということだ。選択肢のなかで、「知」すなわち「知識」についてふれているのは、「その情報が多くの人々に共有される知識や価値の土台となり」とある**イ**と、「ラジオからもたらされる情報がもっとも早く、役に立つ知識となっていく」とある**ウ**しかない。**ウ**は「ラジオには重要な情報がいち早く寄せられるようになるため、ラジオからもたらされる情報がもっとも早く」と情報伝達の「早さ」に焦点が置かれているため本文内容に合わない。よって、正解は**イ**。

ポイント　因果関係を示す接続語の前後

原因・理由 A ＋ それゆえ（因果関係）＋ 結果・結論 B

（前後が同じニュアンス）

例 原因・理由 頑張って勉強した。（＋のニュアンス） それゆえ、 結果・結論 成績が上がった。（＋のニュアンス）

問四　空欄補充問題　レベルB

正解はオ。まずは、空欄を含む一文とその近くをしっかり分析しよう。空欄の後に「……に対して」がある。ここでの「対して」は対比を示す接続語なので、前後は反対のニュアンスになる。

> 甲　新聞紙
> ⇔ に対して、（対比）
> 大衆的で独裁的なラジオ

よって、**空欄には「大衆的で独裁的な」と反対のニュアンスの語句が入る**と分かる。

では、本文で「大衆的で独裁的な」と反対のニュアンスで使われている語句は何か。第七段落の二文目の「読書人の市民的公共圏へ大挙押しかけた大衆読者の公共性」に着目しよう。「読書人の市民的公共圏」と「大衆読者の公共性」が対比関係でとらえられている。ここから、「大衆」と「市民」が対になっていることが分かれば、「市民的」とある**オ**が正解だと分かる。**オ**の「自由主義的」は「独裁的」の対として語義的にも正しい。

なお、本文では、**「市民」が理性や主体性をもった近代人、「大衆」が無教養で愚かな群衆**、といった意味合いで使われているが、これは他の多くの評論文にも見られる使われ方である。

問五　理由説明問題　レベルB

正解は**オ**。傍線部の理由として「適切ではないもの」を選ぶ設問である。

まずは、傍線部を含む一文とその近くをしっかり分析しよう。傍線部を含む一文に、

> こうした3ラジオ文化とファシズムの共振性については、メディア論から以下のように整理することができる。

とある。傍線部について「以下のように整理することができる」とあるのだから、これに続く第九段落の二文目から同段落の最終文まで（「音声のみを伝達するラジオは……相互行為を促した。」）が解答根拠となるはず。よって、第九段落の二文目から同段落の最終文に合致しない選択肢を選ぶ。

オは「書籍のように……引用したりすることができず」が不適。第九段落の最終文に「ストックされる書籍」とある（「ストック」は「貯めておくこと」の意）が、「引用」とは述べられていない。アは第九段落の四文目、イは同段落の二・三文目、ウは同段落の六文目、エは同段落の八文目、にそれぞれ合致する。

問六　傍線部説明問題 レベルB

正解はウ。まずは、傍線部を含む一文とその近くをしっかり分析しよう。傍線部を含む一文の頭に「だから」がある。**「だから」は因果関係を示す接続語で、前が原因・理由で後が結果・結論である。**そして、**原因・理由と結果・結論は同じニュアンスになる**（設問解説問三参照）ので、「だから」の前の内容をおさえよう。また、傍線部の直後に「つまり」がある。**「つまり」は言い換え・まとめの働きをする接続語なので前後は同内容。**よって、「つまり」の後ろの内容もおさえよう。

というのも、ラジオは発話内容（記号）のみならずそれを包む肉声（印象）を伝達するため、印刷メディアよりも情緒的に機能した。大衆社会では指導者が何を話したかでなく、どう話したかが重要になる。ローズヴェルトのプロパガンダ放送は「炉辺談話」と呼ばれ、ヒトラーのプロパガンダ放送は「獅子吼」と形容された。そこでは内容の真偽が問題なのではない。

だから、（因果関係）

4「玉音」放送は、たとえ内容が聞き取れなくても、十分にその効果を発揮した。

＝つまり、（言い換え・まとめ）

ラジオは事実性より信憑性を伝達するメディアであり、それは共感による合意を求めるファシスト的公共性にとって最適なメディア環境といえた。

「だから」の前の「肉声（印象）を伝達する」「情緒的に機能した」「何を話したかでなく、どう話したかが重要になる」「内容の真偽が問題なのではない」、そして、「つまり」の後ろの「ラジオは事実性より信憑性を伝達するメディアであり」に着目しよう。ラジオは、肉声を伝達するので情緒的に機能するものであり、話し方が重要で、内容・事実よりも信憑性を伝達するメディアなのである。この点をふまえて、選択肢を吟味する。

ウの「その声自体が語られていることの重大さや厳粛さを伝え得た」の部分が、天皇の肉声によって人々が重大さと厳粛さを感じとったということ、すなわち、肉声の伝達によって情緒的に機能したということである。

アは、「ある程度予想されていたこと」「その内容が予測でき、理解できた」と内容に焦点がおかれている点が不適切。ラジオは内容よりも信憑性を伝達するメディアである。イの「望みと合致した放送」、エの「いろいろなルートからそれが伝わった」は、ここでの主旨と全く関係のない内容なので論外。オは、「そこから大体の内容を聞き取ることができた」がアと同様に内容に焦点をおいた説明になってしまっている。

問七　空欄補充問題　レベルB

正解はイ。まずは、空欄を含む一文とその近くをしっかり分析しよう。


　つまり、ラジオは事実性より信憑性を伝達するメディアであり、それは共感による合意を求める（乙の根拠①）ファシスト的公共性にとって最適なメディア環境といえた。同じように、《一家庭一キング》、「近頃東京ではこんな標語が流行りだした」というとき、『キング』はその内容如何にかかわらず読者に［乙］を与えたのである。

　かくして、ラジオはファシスト的公共性の中核メディアであり、また『キング』がラジオ的雑誌であれば、共感による合意形成（乙の根拠②）を組織するファシスト的公共性の日本的形態は『キング』の分析から明らかになるはずである。

　それは、また共感の母体（乙の根拠③）となる、共通の「記憶」を創造していく。


空欄を含む文の頭に「同じように」とある。ラジオと『キング』が同じわけだから、『キング』も「共感による合意」を形成するのに適しているのである。

また、空欄を含む部分をうけて、「かくして……」「それは……」と続くので、「共感による合意形成」「共感の母体となる、共通の『記憶』」も解答根拠となる。

そして、この「共感の母体となる、共通の『記憶』」が、第十四段落の十二文目で「国民的体験の神話」、第十六段落の最終文で「甘美な国民的記憶」と言い換えられている。

「共感による合意」
「共感による合意形成」
「共感の母体となる、共通の『記憶』」
「国民的体験の神話」
「甘美な国民的記憶」

これらの根拠からイの「国民的な一体感」を選べばよい。ウは「安心感」が不適。「共感」とすべきである。

ア・エ・オは解答根拠には無関係な内容であり論外。

問八　理由説明問題　レベルB

正解はオ。問七で考えたとおり、傍線部の「甘美な国民的記憶」とは、「共感の母体となる、共通の『記憶』」「国民的体験の神話」のことである。空欄乙に「国民的な一体感」が入ることから分かるとおり、**ラジオと『キング』が国民的一体感を与えていくなかで甘美な国民的記憶が形成されていくわけだから**、「国民全体が一つとなって応援しているような経験を作り上げ」とある**オ**が正解。

オ以外の選択肢は解答根拠の、「共感の母体となる、共通の『記憶』」「国民的体験の神話」「国民的な一体感」にふれていない。**問七**が解けた受験生は、この設問も解けたであろう。

解答

問一　A＝不朽　B＝駆逐　問二　エ　問三　イ　問四　オ
問五　オ　問六　ウ　問七　イ　問八　オ

7　文学部　二〇一七年度　一

鶴見俊輔「戸坂潤——獄死した哲学者」

戸《と》坂潤《さかじゅん》という思想家についての評論文。文学部は現代文を二題出題するが、抽象度の高い評論文とそれほど高くない評論文を一題ずつ出題することが多い。今回は抽象度の高い評論文。難しいが頑張ろう。

次の文章を読んで、あとの問いに答えよ。

戸坂潤（一九〇〇年〜一九四五年）は、官能によって、同時代をとらえる方法を知っている哲学者だった。同時代の波のあいだにあらわれる事件や人物を、歯ぎれよく次々に批評して、時代にたいして妥協するところがなかった。そして、そのゆえに、戦争下に政府にとらえられ、日本敗北の直前、獄死した。戸坂潤というと、彼を獄死においやった同時代への批評活動が思いだされるし、それがまちがっているわけではない。だが、そういう連想の中では、戸坂潤がその同時代の事件や人物をどのような仕方でえらんで、どのような仕方で批評したかという、批評の原理の一貫性が、背景におかれて、かすんでしまう。[1]戸坂潤の仕事において、もっとも注目すべきものは、批評の原理の一貫性なのだ。

大正・昭和の時代に日本で批評家として活動した人にとって、批評の原理の一貫性をたもつことがどれほど難かしいことだったか。年少の同時代人として戸坂の文章を読んだころとちがって、今では、そのことの重みが理解できる。戸坂潤は、軍国主義時代に入ってからの日本の同時代の思想を批評する仕事にうつる前に、批評の方法についての原理的考察に長い時間をついやした。その成果は『イデオロギーの論理学』（一九三〇年）、『イデオロギー概論』（一九三二年）に集められた。ここでは戸坂は、自分の批評の道具を実にがっしりした形でつくりあげている。

日本の哲学・人文科学・社会科学は、欧米の学問の下うけのような資格をみずからにあたえて来た。そのための当然の結果の一つとして、日本の文科的学問の諸領域では、学者同士の議論は、自分の用語を自分で定義しながら話をすすめる習慣にとぼしい。定義は、自分の学風の本店である欧米人の誰かの著書にまかすというややへりくだった態度がある。戸坂の論文集は、自分が批評において用いる主な用語を、みずから定義して話をすすめてゆく、学問として当然の道をとっており、戸坂の学風がソヴィエトあるいはドイツのどこかの本店にぞくする一支店でないことを明らかに示している。定義を自分でしてゆくという手続きを守るために、一つ一つの論文が長くわずらわしくなっている場合もある。しかし、戸坂のように官能をとおして時代をとらえることのできた人が、まずはじめに、［A］にたよらず、悟性にたよる仕方で、自分の考え方の基本用語を明らかにしておいたことが、戸坂の批評方法に、同時代におぼれぬ性格をあたえた。

『イデオロギーの論理学』におさめられた「『問題』に関する理論」は、立場からはじめて考えをすすめてゆく型の思索の方法を批判する重要な論文である。ある立場からはじめてその立場を守ることに終始する思索の方法を公式主義と呼ぶとすれば、戸坂潤の思索の方法は、公式主義ではない。

もし仮に理論の性格がそれの有《も》つ問題に於て理解される代わりに、それが立つと考えられる立場に於て理解されたならば、それから結果する代表的なるものは理論の原理的な水掛論でしかあり得ない。

普通に公式主義と呼ばれる思想は、かぎりなく続く水掛論にめげずに自分の立場に固執しつづける態度を言う。こういう態度にはある種の英雄的性格があり、そういうものとしての政治的価値はあるが、こういう態度の人々によってなされる議論は、実りないものとなることをはじめから約束されている。思想が自分個人のなかですすめられる内面対話であることを考えあわせれば、この公式主義は、不毛にたえる思想の型をうみだす。戸坂が自分の思想を公式主義と呼ばれることに甘んじたのは、彼がこれとは別の公式主義を自分のものとしていたからだ。

戸坂は、理論を理論たらしめるものは、その理論上の立場の整合ではなくして、その底にある問題把握にあると考える。まず問題を見出し、それを明確にし、それを解くために適切な理論上の立場が採用されるのだとかれは言う。問題は、歴史によって、社会によって、あたえられる。しかし、できあいの問題を、つくられた形のままうけつぐというところからは、重大な思想はうまれない。［B］発見された問題が、ある立場から理論的に研究され解決された時に、その問題は、既成的問題として立場をとおしてうけつがれる。しかし、歴史の中に、社会の中に、新しく問題を見出すことは、立場をへないで問題に出会うことであり、この場合、立場は、問題の発見の後に、理論形成の途上でつくられる。

このように、立場をへない形での問題への直接の出会いの重視、立場よりも問題が優越するという指摘の中に、戸坂の公式主義が、普通に世におこなわれる公式主義をうちやぶる力をもつ公式主義として提起されたことがわかる。

戸坂は、問題を見出し、しっかりと設定するために、まず一度は、立場をこえて問題を把握し、次に、問題を解決する理論上の必要におうじて立場をつくるという順序をすすめた。このことは、戸坂が立場の意味をみとめず、2立場をこえた超党派的な真理探求の方法をすすめたことを意味しない。戸坂は、「科学の歴史的社会的制約」において、数学ならびに自然科学さえも、問題の発見と理論発展の手続きにおいて、歴史的社会的制約のもとにあることをのべ、階級性の影響下にあることをのべる。しかし、数学および自然科学は、それらが、歴史的現段階に立脚しないという方法上の約束をもつゆえに、理論の形態については、歴史的社会的な制約を受けないことをみとめた。社会科学や哲学、さらに日常的問題の思索において、人間は、歴史的現段階に立脚して問題をたて、問題解決のための理論をつくる必要にせまられる。とくに、数学や物理学からもっとも遠い方法上のモデルとして日常的問題の理論を考える時、3戸坂は、そこで活用される性格的概念に注目する。

性格とは、事物の支配的な性質である。日常の事物のどの性質が性格としてえらばれるかは、それについて考える人が、どのような仕方でその事物にむかおうとするかにかかわる。性格の発見にさいしては、どんな方法もいちおうはゆるされる。しかし、それが真であるかどうかは、やがて、それにもとづいてつくられた実践計画によって、審判される。その審判の標準をあたえるものは、歴史的運動である。事物の性格は常に歴史的全体の歴史的運動に寄与しなければならない。この寄与をなし得る時、性格は性格であり、この寄与をなし得ない時、性格ではなかったのである。前の場合に於て性格は正しく把握され、後の場合に於てはそれは誤まって把握される。(「性格」概念の理論的使命」)

戸坂潤は、日常的問題の理論を、重要なものと考えた。形式論理学は、数学や物理学のように、超歴史的な理論としてみずからを提示しようとする。このために当然に、非性格的な理論の形をとる。このような論理学を、戸坂は、今日の日常の問題についてわれわれが議論することに役だてる仕方で、拡張しなければならぬと考えた。このように拡張された時、形式論理学は、形式論理学でなくなる（と私には思える）。同時に、それは、性格的な理論をもつことになる。そのような理論にとって重要なのは、真理から真理にむかって推論をする方法ではなくして、4われわれの思想の中にしのびこんでくる虚偽をいかに見わけるかという問題である。

恐らく吾々は性格的な論理法則を必要とするであろう。処が恰《あたか》も吾々にとって最も興味あるものは形式論理学に於ける虚偽論でなければならない。（「「性格」概念の理論的使命」）

虚偽は真理よりも性格的でありやすい性質をもっていると、戸坂は考えた。この主張の延長線上に、戸坂は、同時代の言論を素材とする性格的論理学を設計した。

戸坂潤の『イデオロギー概論』は、このような性格的論理学の青写真であり、その『日本イデオロギー論』は、その青写真にもとづいてきずかれた一つの建物である。だからこそここには、十年来の地ならしと土台設計の上にきずかれた堅固な家がある。

戸坂潤の『日本イデオロギー論』の初版が発行されたのは一九三五年である。その批判の主な対象は、一九三一年の満洲事変以後に、自由主義から日本主義にむかって流れていった一つの思想的潮流だった。戸坂によれば、日本の自由主義は確固たる思想運動としての形をもたず、むしろ明治以来、主として文学をとおして気分としてひろまってきた不定形の思想としての特色をもっている。ここには、日本の自由主義に特有の文学主義があり、それがドイツ流の言葉の意味の解釈をかさねて議論をすすめる、文献学主義につらなってゆく。もともとが理論というよりも気分と呼ばれるにふさわしい不定形の思想だったので、それは理論上の党派的節操にとぼしく、そのために、いったん国策が戦争のほうにきまると、日本主義にかわることに何の論理的抵抗力ももっていない。戸坂は、思索の方法としては、まず党派性をこえて問題に出会うことをすすめるが、いったん問題がとらえられてそれについての理論がつくられたなら、その理論はかならずある種の党派的節操を、結果として要求すると考える。思想のいかなる段階においても、無党派を主張する考え方とことなる。ところが、確固とした理論の形をとり得ない、文学主義的・文献学主義的な自由主義思想は、まさにその不定形の論理構造のゆえに、やすやすと、日本主義の方角にいかなる歯どめもなく流れてゆく。

大正期の自由主義哲学者和辻哲郎が、「倫理」とか「人間」とかの日本語の語源にさかのぼってこれらの言葉の語感の中にひそむ智慧をほりだして見せる時、読者は啓発されることもあるが、それらの言葉の語感の分析は、そのまま、それらの言葉のさししめす事物関係そのものの分析としては、受けとることができない。「倫理」という言葉の語感の分析は、倫理という［C］の分析では、ないのだ。さらに不思議なことに、和辻の哲学において、日本語の言いあらわすことは、たいていが最高の真理なのだ。そう結論できることの論理学的保証はないはずだと、戸坂は批判する。

このあたりに、和辻流の日本主義思想のおとしあながある。

戸坂の批評は、腕力にまかせたごういんな批評ではない。ひとりひとりの日本主義思想家の論文をくわしく読んで、それぞれの論文の性格に密着した批判をくわえている。権藤成卿《せいきょう》の『自治民範』について、民衆の衣食住の制度をよりよいものにしてゆく民衆自身の自治能力の向上をすすめる思想であるとして、明治維新以後の日本政府の官僚専制を批判するその性格を見わけている。にもかかわらず、この思想はひとたび日本精神主義という潮流の中におかれると、その著者の意図をこえて、日本政府の国策擁護の道具として用いられることをまぬかれないであろうと言う。

戸坂の日本主義批判は、満洲事変から盧溝橋事件にかけて日中戦争の初期の段階における日本の論壇の変化にたいする適切な批評だった。この時代には、革新政党の権威によりかかって議論をすすめることは不可能であり、戸坂のように、いったん党派性をこえて論理学的規範によって批判をこころみるという一昔前までは教室スタイルと見なされた論法が、読者大衆にうったえるもっとも直接的な論法だった。このゆえに、戸坂の哲学的論作は政治的な役割をになわせられることとなり、彼の獄死の原因をつくった。

戸坂の性格的論理学は、一九三〇年代の日本で、ある種の自由主義思想がある種の日本主義思想へ移ってゆく論理的からくりをときあかす。同じからくりは、三十年後の今日、ふたたび働いている。日本思想の特色の尊重が、現在の日本政府の政策への批判の放棄と合流する危険にたいして、われわれは今も眼をさましている必要がある。戸坂の死後二十年は、日本における自由主義を思想として確立させたと言えない。不定形自由主義から国家主義的日本主義へのけじめのない変化にたいして論理学的批判を続けて妥協することのなかった戸坂潤の活動は、日本の唯物論にとってだけでなく、日本の自由主義にとっても、すぐれた伝統の一部分である。

（鶴見俊輔「戸坂潤――獄死した哲学者」による）

注　形式論理学…推論や議論の妥当性を、内容面を捨象し、形式面に関して考究する学問。

問一　傍線部１「戸坂潤の仕事において、もっとも注目すべきものは、批評の原理の一貫性なのだ」とあるが、その理由として最も適切なものを次の中から一つ選び、解答欄にマークせよ。

イ　戸坂潤は、強権的な政府に対抗するためには強固な公式主義が必要とされた戦時下において、同時代を官能によってとらえるという独自の批評のあり方を原理的に貫き通したから。

ロ　戸坂潤は、欧米の学問の下うけのような批評家のあり方を拒んだが、日本精神主義という流行に対しては欧米由来の自由主義思想を原理的に肯定し、自らの批評の根底におき続けたから。

ハ　戸坂潤は、軍国主義時代の政府による弾圧に容易に屈した他の批評家とは違い、特定の勢力や権威に左右されることなく、自らが最初から信じる批評の原理を変えなかったから。

ニ　戸坂潤は、同時代のさまざまな事件や人物、言論を対象に批評をくりひろげたが、その持続を可能にしたのは批評を始める前に長い時間を費やして形成した批評の原理だったから。

問二　空欄［Ａ］に入る最も適切なものを次の中から一つ選び、解答欄にマークせよ。

イ　個性　　ロ　抽象　　ハ　感性　　ニ　特殊

問三　空欄［Ｂ］に入る最も適切なものを次の中から一つ選び、解答欄にマークせよ。

イ　重大な思想は、全く新たな問題を発見しえたときにだけ、その第一歩を踏み出す。

ロ　できあいの問題をつねに疑うことによって、できあいの立場は回避できる。

ハ　あたえられているものを新しく見出すところから、重大な思想はつねにはじまる。

ニ　歴史によって、社会によってあたえられる問題だけが、既成の立場を正当化する。

問四　傍線部２「立場をこえた超党派的な真理探求の方法」とあるが、これとほぼ同じ意味のことを述べている二十字以上三十字以内のひとつづきの部分を、これ以降の本文の中から探し、初めの三字と終わりの三字を、記述解答用紙の所定の欄に記せ。

問五　傍線部3「戸坂は、そこで活用される性格的概念に注目する」とあるが、その理由として適切でないものを次の中から一つ選び、解答欄にマークせよ。

イ　性格的概念は、考える人の、その事物にむかおうとする姿勢とかかわっているから。

ロ　性格的概念は、それが真であるかどうかを判断する歴史的運動に、つねに寄与しているから。

ハ　性格的概念は、今日の日常の問題についての議論に役立つ形で、形式論理学を拡張できるから。

ニ　性格的概念は、歴史的現段階に立脚して問題をたて、問題解決のための理論をつくるうえで必要だから。

問六　傍線部4「われわれの思想の中にしのびこんでくる虚偽」とあるが、本文中に挙げられている「虚偽」の例として**適切でないもの**を次の中から一つ選び、解答欄にマークせよ。

イ　理論上の党派的節操

ロ　日本政府の国策

ハ　日本精神主義

ニ　文学主義的・文献学主義的な自由主義思想

問七　空欄 C に入る最も適切なものを次の中から一つ選び、解答欄にマークせよ。

イ　真理　　ロ　曖昧さ　　ハ　日本語　　ニ　指示物

問八　次の中から本文の論旨に合致するものを一つ選び、解答欄にマークせよ。

イ　戸坂潤が自分の思想を公式主義と批判されても動じなかったのは、立場から始まり立場を守って終わる公式主義とは違い、問題の発見の後の理論形成の途上で立場がつくられると考えていたからである。

ロ　戦後の批評家は、過去の軍国主義時代にあらゆる思想が日本主義にむかって雪崩れ込んでいったことの反省から批評をはじめたがゆえに、気分のようにひろがる不定形の日本主義に対してじつに用心深い。

ハ　ある特定の立場から出発しあくまでもその立場を守り抜こうとする思想家は、新たな問題をみいだすことのない不毛にたえる一種英雄的な姿ゆえに、戦時下の希望を失った人々の心の拠りどころとなった。

二　明治以来、主に文学をとおしてひろまった日本の自由主義はついに不定形の論理構造しか持ちえなかったので、今後、確固とした論理構造を有する自由主義確立のためには文学主義の排除がまず求められる。

解説

出典　鶴見俊輔「戸坂潤――獄死した哲学者」（『鶴見俊輔コレクション1　思想をつむぐ人たち』河出書房新社）

重要語句

（第一段落）**官能**―❶感覚器官の働き。❷性的な感覚。（本文では❶の意味で使われている。）

（第十四段落）**青写真**―未来図。

（第十五段落）**日本主義**―日本古来の伝統を重視して国民精神の発揚を唱える国粋的思想の一つ。

■本文を理解しよう

❶ 戸坂潤という思想家（第一段落）

抽象度の高い文章だが、焦らずにまずは精読して話題と方向性をつかもう。**本文の最初の部分には話題と方向性が示されていることが多い。**何についてのどういう内容についての文章なのかがつかめるまで精読を続けよう。

> **ポイント**　**抽象的な文章の読解**
> 「話題」と「方向性」がつかめるまで精読しよう！

まず、冒頭部分、

■戸坂潤（一九〇〇年～一九四五年）は、官能によって、同時代をとらえる方法を知っている哲学者だった。

に着目する。ここから本文が「戸坂潤《とさかじゅん》」についての文章だと分かるはずだ。なお、戸坂潤とは、唯物論研究会の創始者の一人であり、治安維持法によって捕らえられて獄死した哲学者である。**「唯物《ゆいぶつ》」とは、「物質だけが真の存在であるとする考え方」のこと。**入試頻出語である。次に、第一段落末の、

■戸坂潤の仕事において、もっとも注目すべきものは、批評の原理の一貫性なのだ。

をおさえる。「もっとも注目すべきものは」と強調されているので、この文が大切な文であることは一目で分かるはずだ。ここから、本文は、戸坂潤についての文章であり、この先で彼の批評の原理の一貫性について述べられると分かる。では、批評の原理の一貫性とは何なのか、それをおさえようと意識して読み進めるとよい。ここでは、

> 話　題＝「戸坂潤」について
> 方向性＝戸坂潤の「批評の原理の一貫性」について述べられる

をつかめていたら大丈夫。

2 戸坂潤の批評の原理（第二〜九段落）→問一・問二・問三

さて、この後、第四段落では、戸坂が他の学者とは異なり、自分が批評で用いる用語を自分で定義していたことが述べられている。そして、第五段落、

> ある立場からはじめてその立場を守ることに終始する思索の方法を公式主義と呼ぶとすれば、戸坂潤の思索の方法は、公式主義ではない。

に着目しよう。「公式主義と呼ぶとすれば」とあるので、ここでの「公式主義」は造語である。造語が出てきたら丸で囲んで意味の部分に波線を引くようにしよう（演習2・45ページ参照）。

「公式主義」とは「ある立場からはじめてその立場を守ることに終始する思索の方法」のことで、戸坂の思索の方法は公式主義ではない。ということは、ここでの「公式主義」とは戸坂が否定的にとらえていた立場のことだと分かる。この「公式主義」について第六段落の頭で「普通に公式主義と呼ばれる思想は……」とさらに詳しく説明され、同段落末で、

> 戸坂が自分の思想を公式主義と呼ばれることに甘んじたのは、彼がこれとは別の公式主義を自分のものとしていたからだ。

と述べられる。戸坂の思索の方法は単なる公式主義ではなく、それとは別の公式主義なのである。そして、その内容が第一段落でおさえた戸坂の「批評の原理」のはずである。

普通の公式主義㊀＝ある立場からはじめてその立場を守ることに終始する思索の方法
⇔
戸坂の公式主義㊉＝？（戸坂の「批評の原理」）

では、「戸坂の公式主義」とは何か？　その説明が第七段落以降続き、第九段落で、**このように**、立場をへない形での問題への直接の出会いの重視、立場よりも問題が優越するという指摘の中に、戸坂の公式主義が、普通に世におこなわれる公式主義をうちやぶる力をもつ公式主義として提起されたことがわかる。

とまとめられている（「このように」がまとめの働きをする信号語であることに注意）。ここから戸坂の公式主義が「立場をへない形での問題への直接の出会いの重視、立場よりも問題が優越する」という思索方法のことだと分かる。

普通の公式主義㊀＝ある立場からはじめてその立場を守ることに終始する思索の方法
⇔
戸坂の公式主義㊉＝立場をへない形での問題への直接の出会いを重視する思索の方法
立場よりも問題が優越するとする思索の方法

そして、続く第十段落以降で、この戸坂の公式主義がさらに詳しく説明されていく。

3 **日常的問題の理論における性格的概念**（第十〜十三段落）→問五

さて、戸坂は、問題を把握してから問題を解決する理論上の必要に応じて立場をつくるべきだ、と考える。そして、日常的問題の理論を考える際には、性格的概念に着目する（第十段落）。**この意味段落でのキーワードは「性格」だ**。「性格」については、第十一段落で次のように述べられる。

・性格とは、事物の支配的な性質である。
・事物の性格は常に歴史的全体の歴史的運動に寄与しなければならない。この寄与をなし得る時、性格は性格であり、この寄与をなし得ない時、性格ではなかったのである。

> 性格＝事物の支配的な性質。歴史的運動に寄与するもの。

なかなか抽象的な内容で読みづらいので、身近な例を挙げよう。たとえば、友達の性格について考えてみよう。明るい・几帳面・優しいなどなど。それらは、その友達の性質のなかで中心となる性質（＝支配的な性質）で、さらにその人自身や周囲に影響を与えるもの（＝歴史的運動に寄与するもの）であるだろう（ふだん暗い人がたまたまその日に明るかっただけでは「明るい性格」とは言わないし、その人の性格はその人自身や周囲に影響しますよね）。もちろん、友達は事物ではないけれど、戸坂は事物の性格をこれと類似のものとしてとらえていたわけだ。

そして、戸坂は、性格的な論理法則が必要と考え（第十二段落）、そして、性格的論理学を設計した（第十三段落）。

4 戸坂潤の『日本イデオロギー論』（第十四～最終段落）→問四・問六・問七・問八

第十四段落からは戸坂の性格的論理学の集大成である『日本イデオロギー論』について述べられる。第十五段落の、

・戸坂潤の『日本イデオロギー論』の初版が発行されたのは一九三五年である。その批判の主な対象は、一九三一年の満洲事変以後に、自由主義から日本主義にむかって流れていった一つの思想的潮流だった。
・ところが、確固とした理論の形をとり得ない、文学主義的・文献学主義的な自由主義思想は、まさにその不定形の論理構造のゆえに、やすやすと、日本主義の方角にいかなる歯どめもなく流れてゆく。

に着目しよう。戸坂は『日本イデオロギー論』で、自由主義から日本主義へと流れていった思想的潮流を批判した。当時の自由主義思想は論理構造が不定形であったため、容易に日本主義の方向に流れていってしまったのだ。以降、このことが例を挙げながら繰り返されている。なお、**「日本主義」とは、日本古来の伝統を重視して国民精神の発揚を唱える国粋的思想の一つ。天皇を中心とする皇道や国体思想を強調する。「国体」とは天皇を中心とする国のあり方の意。**難関大の評論文ではよく出てくる語なのでしっかり覚えておこう。

■設問解説

問一　理由説明問題　レベルB

正解は二。「批評の原理の一貫性」の内容が問われているのではなく、「批評の原理の一貫性」に最も注目すべき理由が問われている点に注意しよう。

まずは、傍線部を含む一文とその近くをしっかり分析する。

> 戸坂潤の仕事において、もっとも注目すべきものは、批評の原理の一貫性なのだ。
> 傍線部の理由説明→大正・昭和の時代に日本で批評家として活動した人にとって、批評の原理の一貫性をたもつことがどれほど難かしいことだったか。年少の同時代人として戸坂の文章を読んだころとちがって、今では、そのことの重みが理解できる。
> 戸坂潤は、軍国主義時代に入ってからの日本の同時代の思想を批評する仕事にうつる前に、批評の方法についての原理的考察に長い時間をついやした。その成果は、『イデオロギーの論理学』（一九三〇年）、『イデオロギー概論』（一九三二年）に集められた。ここでは戸坂は、自分の批評の道具を実にがっしりした形でつくりあげている。傍線部の理由説明

まず、傍線部の直後の「大正・昭和の時代に日本で批評家として活動した人にとって、批評の原理の一貫性をたもつことがどれほど難かしいことだったか」に着目しよう。当時の批評家にとって批評の原理の一貫性を保つことは非常に困難なことであった。だから、それを保った戸坂はすばらしく、彼の批評の原理の一貫性に注目すべきなのだ。

次に、第三段落の「批評の方法についての原理的考察に長い時間をついやした。……ここでは戸坂は、自分の批評の道具を実にがっしりした形でつくりあげている」をおさえよう。「批評の原理」は戸坂が長い時間をかけてしっかりと構築したものである。よって、戸坂の仕事において批評の原理の一貫性は注目すべきものなのだ。

以上の点をふまえて、選択肢を検討しよう。イは「強権的な政府……強固な公式主義が必要とされた」が論外。「公式主義」については第五段落以降に書かれているが、これは戸坂が否定的にとらえている立場である（■本文を理解しよう」を参照）。ロは後半の「欧米由来の自由主義思想を原理的に肯定し」が論外。戸坂が自由主義を肯定していたという内容は本文に書かれていない。ハは「自らが最初から信じる批評の原理」の「自らが最初から信じる」が本文に書かれていない内容。ニは前半が第一段落の二文目に書かれており、後半が解答根拠である第三段落に合致する。

この設問は、結果的には第三段落までの内容で正解を選べるが、実際には第五段落以降の「公式主義」に関する記述をおさえていないと選択肢をしぼりきれない。広い範囲の読解を求めている設問であり、アリの目だけでなくトリの目が求められている（11ページ・**読みの原則**5を参照）。

問二　空欄補充問題　レベルA

正解はハ。

「[A]にたよらず、悟性にたよる」とあるのだから、空欄には「悟性」と対比関係となる語が入るはずだ。

「悟性」とは「物事を論理的・知的に思考する能力」のこと。対義語はハの「感性」。

問三　空欄補充問題　レベルB

正解はハ。まずは、空欄を含む一文とその近くをしっかり分析しよう。空欄の後ろで、

「立場をへないで問題に出会う」
「立場は、問題の発見の後に、理論形成の途上でつくられる」
「立場をへない形での問題への直接の出会い」
「立場よりも問題が優越する」

と、〈問題の発見→立場の形成〉の順序について繰り返し述べられていることに注意。大事なことだから表現を変えて何度も繰り返されているわけだ。戸坂は立場の形成よりも前に歴史や社会によってあたえられた問題から新たな問題を発見すべきだと考えていたのである。

以上の点をふまえて選択肢を検討すると、イは「全く新たな問題を発見しえたときにだけ」の部分で、「全く」「だけ」と極論表現を多用している点がひっかかる。本文に極論表現は見出せないので言い過ぎの可能性大。ロがやや紛らわしいが、「できあいの問題をつねに疑うことによって」の「をつねに疑う」が本文の記述からずれる。正しくは「できあいの問題から新たな問題を発見することによって」にすべきである。空欄の前の「できあいの問題を、つくられた形のままうけつぐ」の逆は、空欄の後ろの「新しく問題を見出す」（＝問題の発見）のことである。戸坂の考えは、歴史や社会によってあたえられる問題をそのままうけつぐのではなく、立場をへずにそこに新たな発見をすべきだという考えである。ハは前半の「あたえられているものを新しく見出す」は戸坂の考えに合致し、後半の「重大な思想はつねにはじまる」は、空欄の直前の「重大な思想はうまれない」と対比関係でうまくつながる。ニは「問題だけが、既成の立場を正当化する」が本文には書かれていない内容なので論外。

問題は、歴史によって、社会によって、あたえられる。しかし、できあいの問題を、つくられた形のままうけつぐというところからは、重大な思想はうまれない。（対比関係）[B] 発見された問題が、ある立場から理論的に研究され解決された時に、その問題は、既成的問題として立場をとおしてうけつがれる。しかし、歴史の中に、社会の中に、新しく問題を見出すことは、立場をへないで問題に出会うことであり、この場合、立場は、問題の発見の後に、理論形成の途上でつくられる。

このように、立場をへない形での問題への直接の出会いの重視、立場よりも問題が優越するという指摘の中に、戸坂の公式主義が、普通に世におこなわれる公式主義をうちやぶる力をもつ公式主義として提起されたことがわかる。

問四　文脈把握問題　レベルA

正解は、**思想の…考え方**。「（戸坂が）[2]立場をこえた超党派的な真理探求の方法をすすめたことを意味しない」とあるのだから、傍線部は戸坂とは異なる考え方である。本文の第十五段落には「党派」という語が繰り返し出てくる。傍線部に「超党派」とあるので、このあたりがあやしいと目星をつけよう。第十五段落の中盤に

> 戸坂は、思索の方法としては、まず党派性をこえて問題に出会うことをすすめるが、いったん問題がとらえられてそれについての理論がつくられたなら、その理論はかならずある種の党派的節操を、結果として要求すると考える。思想のいかなる段階においても、無党派を主張する考え方とことなる。

とあることに着目する。「（戸坂の考え方は）思想のいかなる段階においても、無党派を主張する考え方とことなる」とあるのだから、「思想のいかなる段階においても、無党派を主張する考え方」が戸坂とは異なる考え方。さらに、傍線部の「超党派」と、この部分の「無党派」が対応しているので、この部分が正解である。

問五　理由説明問題　レベルC

正解は**ロ**。傍線部の「性格的概念」の説明は、第十段落から第十三段落にかけて書かれている（「■本文を理解しよう」を参照）。解答根拠の範囲は広くないものの、本文と選択肢を緻密に照合せねばならず難しい。間違えても気にする必要はないレベルだ。

イは、第十一段落の二文目「日常の事物のどの性質が性格としてえらばれるかは、それについて考える人が、どのような仕方でその事物にむかおうとするかにかかわる」と合致する。**ロ**は、かなり紛らわしいが「それが真であるかどうかを判断する歴史的運動」が不適。「それ（＝性格的概念）が真であるかどうかを判断する歴史的運動」だと、〈歴史的運動が性格を真かどうか判断する〉という内容になってしまう。第十一段落の引用文に「事物の性格は常に歴史的全体の歴史的運動に寄与しなければならない。この寄与をなし得る時、性格は性格であり、この寄与をなし得ない時、性格ではなかったのである」とあることから分かるように、〈歴史的運動が性格を真かどうか判断する〉のではなく、〈歴史的運動に寄与するかどうかで性格が真かどうか判断される〉のである。よって、**ロ**は正しくは「性格的概念は、それが歴史的運動に寄与するかどうかで真かどうかが判断されるから」にすべきである。**ハ**は第十二段落の中盤の「このような論理学を、戸坂は、今日の日常の問題についてわれわれが議論することに役だてる仕方で、拡張しなければならぬと考えた。このように拡張された時、形式論理学は、形式論理学でなくなる（と私には思える）。同時に、それは、性格的な理論をもつことになる」に合致する。性格をとらえるために形式論理学を拡張するわけだから、性格によって形式論理学を拡張できるといえる。**ニ**は傍線部の前の「さらに日常的問題の思索において、人間は、歴史的現段階に立脚して問題をたて、問題解決のための理論をつくる必要にせまられる」と合致する。

問六　文脈把握問題 レベルA

正解は**イ**。傍線部は「われわれの思想の中にしのびこんでくる虚偽」なのだから、否定的内容（マイナスの内容）である。

イは第十五段落の後ろから三文目にあるが、これは戸坂の考えなので傍線部の例にならない。**ロ**と**ハ**は第十八段落の最終文にあるが、これは戸坂が否定的にとらえている「日本主義」に関する語なのでマイナスの内容。**ニ**は第十五段落の最終文にあるが、やすやすと日本主義の方角に流れていってしまうものなのでマイナスの内容である。

問七　空欄補充問題 レベルA

正解は**ニ**。空欄を含む一文が**のだ構文**であることを意識しよう。のだ構文は原則として前文と同じニュアンスになる（15ページ・**解きの原則**3の④を参照）ので、前の文をおさえればよい。

> ……そのまま、それらの言葉のさししめす事物関係そのものの分析としては、受けとることができない。
>
> ≒
>
> 「倫理」という言葉の語感の分析は、倫理という［C］の分析では、ない**のだ**。

「それらの言葉のさししめす事物関係そのものの分析」＝「倫理という［C］の分析」なので、「さししめす事物関係そのもの」に最も近い**ニ**を選べばよい。

問八　論旨合致問題 レベルA

正解は**イ**。紛らわしい選択肢がないので、容易に解けるだろう。

イ＝第六段落の末から第九段落にかけての内容と合致する。

ロ＝本文に全く書かれていない内容であり論外。

ハ＝末の「戦時下の希望を失った人々の心の拠りどころとなった」の部分が本文に書かれていない内容。

ニ＝後半の「今後、確固とした……まず求められる」の部分が本文に書かれていない内容。

解答
問一　ニ　問二　ハ　問三　ハ　問四　思想の…考え方　問五　ロ　問六　イ
問七　ニ　問八　イ

8

法学部　二〇二三年度　四

山田広昭『可能なるアナキズム―マルセル・モースと贈与のモラル』

「贈与」についての評論文。法学部の大問四では、例年、論述問題が出題されている。読解力はもちろん、要約力と思考力も試されており難しい。

次の文章を読んで、あとの問いに答えよ。

モースの『贈与論』が描き出す世界が、「贈与のモラル」という言葉がややもすればそうした印象を与えるようなナイーヴなものでも平和なものでもないということは、この著作を一読すれば明らかである。その意味では、彼が『贈与論』に集約される一連の研究を、gift という語が持つ二つの相反する意味についての文献学的考察によって始めていることを思い出しておくことは重要である。「ギフト、ギフト」と題されているこの論文は、同じ一つの単語のカンマをはさんだ繰り返し（しかし、はたしてそれは同じ単語の繰り返しなのだろうか、それとも一方はドイツ語、もう一方は英語、あるいはまたオランダ語なのだろうか）によってすでに十分に象徴的であるが、次のように書き出されている。

さまざまなゲルマン語系の言語で、ギフト（gift）という一つの単語が「贈り物」という意味と「毒」という意味と、二つの意味を分岐してもつようになった。この二つの意味は非常に隔絶しているように見えるため、どのようにして一方の意味から他方の意味へと遷移が生じたのか、また、この二つの意味にはどのような共通の源泉があるのか、語源学者たちは理解に苦しんでいる。

相反する二つの意味のこの謎めいた共存は、古代ゲルマン系社会における給付の典型が飲み物の贈与、とりわけビールの贈与であったことを想起するなら、もはや謎ではなくなる、とモースは言う。というのも、これらの社会では、「贈与はもっぱら飲み物をみんなで一緒に飲むとか、酒宴を奢るとか、お返しの酒宴を開くとかいったかたちでなされるわけだけれども、こうしたときほど、贈り物が善意にもとづくのか悪意にもとづくのかの見きわめがつかなくなる場合はほかにない」からだ。たしかに、たいていの場合、それらは無害な飲み物にすぎない。しかし、「それが毒になりうる可能性はつねにある」。この可能性は、贈り物の受け取り手が感じるある種の不安に、物質的なともいえる根拠を与えており、たしかに対立する二つの意味の共存をわかりやすく説明している。しかし、1 ある一群の言語が、贈り物を表す語に対して、明らかに相手を害するものという意味を結びつけている本当の理由は、じつはそれよりももう少し深いところに、すなわちモースが贈与のもっとも本質的な機能と見なしていたもののうちに潜んでいる。

彼が研究対象とした社会においては、人と物とが渾然一体となって絶え間なく循環しているが、その循環を生み出しているのは、通常、クラン(注)同士、家族同士、個人同士のあいだに取り交わされる無償の贈与やサービスの交換である。これがモースによって「全体的給付の体系」と呼ばれるものである。だが、そこで贈与が果たしているもっとも大切な機能は、財そのものの交換や、モノの流通それ自体ではない。それは「人と人を結びつけること」である。「贈り物を受け取るということ、さらには何であれ物を受け取るということは、呪術的にも宗教的にも、倫理的にも法的にも、物を贈る側と贈られる側とにある縛りを課し、両者を結びつける」。贈り物は理由なく受け取りを拒むことはできないし、受け取った贈り物になんのお返しもしないでいることもできない。モースによれば、それこそが贈り物を受け取ることに対して私たちが今日でも依然として喜びと同時に不快を感じずにはいられない理由である。贈与についてのモースの考察は、この「不快」感と分かちがたく結びついている。

しかし 2 「社会主義者」モースにとって、人々が互いに関係づけられること自体が否定の対象になることはない。問題はこの関係づけがすぐれて闘技的であるという点にある。

モースによれば、贈与の体系を構成しているのは以下の三つの義務である。「贈り物をする義務」「それを受け取る義務」「それにお返しをする義務」。このうち、体系の根幹をなしているのは第三の義務、すなわち「お返しをする義務」である。この義務の存在なしには、贈与は体系を構成することはできず、単発的な行為の連鎖を生むだけである（言い換えれば、この第三の義務こそが贈与を一つの「交換体系」たらしめている。だからこそモースは贈与についての自らの研究を「プレゼントにお返しをする義務についての研究」と呼ぶのである）。この義務の特徴は、それがもらったものと同じもの（等しい価値を持つもの）を返すことにはとどまらないということにある。少なくとも、モースが集団的交換における「ひときわ注目すべき形態」と見なした形態においてはそうである。アメリカ北西部とメラネシアの諸部族のあいだに広く分布している問題の形態は、民族誌学者たちによって一般に「ポトラッチ」と呼ばれてきた。この形態は以下の二点によって特徴づけられる。

実際のところそこでは、ありとあらゆる種類の給付が山のように取り交わされるのであるけれども、そのはじまりはというと、ほとんどすべての場合、プレゼントを純粋に無償で贈与するという装いをまとっていること、にもかかわらず、その贈与の恩恵に浴した人には、もらったものと等価のものに、さらに何かを上乗せしてお返しすることが義務づけられるようになること。これが第一の特徴である。したがって、およそどんな取引でも蕩尽と真の濫費の様相を呈することになる。

第二の特徴は、いわば第一の特徴の論理的帰結として現れるその際だった闘技性である。もらったものより多くのものを返すことを互いに続けていけば、いずれは返すことができなくなる。あるいはまた、最初から相手が返すことができないほど多くのものを（たとえば饗宴の形で）贈ろうとすることになる。というのも、「クランは、それぞれがそれぞれの首長を代表として相互に結ばれ合うのだけれども、それ以上に相互に対抗し合う」からである。贈与を通じて表現されるこの恒常的な対抗関係は、競争の敗者を勝者に対して階層的に劣位におく。結果としてそうなるというより、この競合関係はそもそも、そうした社会的階層関係を作り出すことを、言い換えれば、家族間、クラン間のヒエラルキーを確立することを目標としているのである。

　ここにはっきりと姿を現している贈与の非友好的な性格をどのように理解すべきだろうか。シルヴァン・ヴィミラは、そこからいわば二つのモラルを引き出している。第一のそれは、[3]階層化、序列化を生み出すメカニズムとしてのポトラッチが、生み出された階層構造に対してきわめて両義的な性格を有していることにもとづく。

　闘技的贈与の機能は、今見たようにそれを通じて社会的優位者を作り出すことにあるが、それが一度きりではなく定期的に繰り返されることで、この社会の階層構造をつねに不安定なものにする。すなわち、ポトラッチと階級社会との関係は次のようなものになる。地位の高低による階層構造はポトラッチが存在するための条件をなすが、ポトラッチはこの階層の成員が固定される（階層が一方向的に絶えず強化される）ことを妨げる。言い換えれば、そこに可逆性、流動性を導入するのである。富による階層構造は、ポトラッチが富を絶えず吐き出すよう強いるがゆえに、そのたびごとに解消される（つまり、ポトラッチによる威信の獲得と物質的財の蓄積とは両立しない）。しかも勝者が得る威信は、その「気前の良さ」によるものであるために、敗者に対しても自らの度量の広さを示さなければならない。勝者は敗者に対して支配権を得るが、その支配権は相手に隷属を強いるような形で行使することはできない。それは自らが得た威信の理由（自らの優越性の根拠）である「気前の良さ」に抵触するからである。

　第二のモラルは、[4]ポトラッチに代表される闘技的贈与が、現実の戦争（殺し合い）の、文字通りの「代理物」であることにもとづく（「財の戦争」）。贈与を闘争の手段として用いることで、それが行っているのは、共同体間に不可避的に存在する葛藤や紛争が剥き出しの暴力へと、血で血を洗う殺戮へと転化しないように阻止することである。ここで思い出されるのは、カール・シュミットが『大地のノモス』で行っている、「戦争の枠入れ」という議論である。シュミットは、ヨーロッパは過去二百年の間（そしてこの二百年の間のみ）戦争を枠にはめることに成功したという。それは一七世紀中葉から始まる二百年であるが、この枠入れを可能にしたものは、長期にわたる陰惨な宗教的内戦に終止符を打ったウェストファリア条約（一六四八）による領土主権国家体制の確立である。シュミットの主張によれば、世界が領土主権国家によって分割されることの最大の利点は、戦争が少なくとも権利上対等な主権国家間の、しかも正規軍同士のそれへと限定されることにあり、それによって、内戦がしばしばそこに帰結するような絶滅戦へのエスカレートが押しとどめられることにある。シュミットのシニシズムは（彼はそれを真正の政治的感覚と見なすだろうが）戦争の廃絶の可能性を認めない。だからこそ、それを一つの枠の中に閉じ込めることが（そしてそれだけが現実的に可能であるがゆえに）重要なのである。

しかし、闘技的贈与のメリットは、ただ単に剥き出しの暴力の抑止にあるだけではない。それはむしろ、存在している対立、葛藤を、そのまま社会的紐帯、連帯のための手段へと変化させることにある。モースはポトラッチが「暴力や誇示や敵対関係を生む」と書く。だが、そうしたぶつかり合いは実際にはポトラッチに先立ち、またポトラッチとは独立してすでにそれらの社会のあいだに存在している。闘技的贈与という実践は、むしろそのような敵対関係の存在を前提とし、それを利用する形で生み出されたと見るべきだろう。ポトラッチは社会形態学的な現象でもある、とモースは言う。「人々は親密な関係を取り結ぶが、そうしながらも互いによそ者どうしのままである。意志を疎通させ合いながらも、大規模な交易と恒常的な競技では対立し合う」。私たちはここから贈与のもう一つのモラル（第三のモラル）を引き出してもよいはずである。それは完全な融合、統合がもつ危険性と、完全な細分化、個人化がもつ危険性とを、ともに抑制しなければならないということである。

（山田広昭『可能なるアナキズム』による）

（注）クラン……氏族。

問一　傍線部**1**「ある一群の言語が、贈り物を表す語に対して、明らかに相手を害するものという意味を結びつけている本当の理由」の説明として最も適切なものを次の中から一つ選び、解答欄にマークせよ。

イ　モースが研究対象とした無償の贈与やサービスの交換に特徴づけられる「全体的給付の体系」の社会では、ビールの贈与に見られるように、ギフトは受け取り手に毒になりうるという物質的な根拠を与える以上に、物を贈る側と贈られる側を縛りつけることにより、贈る側は贈られる側に歓待の精神を示すことができるから。

ロ　人と物とが渾然一体となって絶え間なく循環する「全体的給付の体系」の社会の中でギフトが果たしているもっとも重要な機能とは、財そのものの交換やモノの流通それ自体ではなく、人と人とを結びつけることにあるため、贈り物を受け取る側は、贈る側に対する感謝の念を強要されるという不快を感じずにはいられないから。

ハ　人と物とが渾然一体となって絶え間なく循環する「全体的給付の体系」の社会の中でギフトが果たしているもっとも大事な機能とは、ビールの贈与に見られるように、物質的危害を加える可能性というよりも、財そのものの交換やモノの流通それ自体にあるため、贈り物を受け取る側は喜びと同時に不快を感じずにはいられないから。

ニ　モースが研究対象とした無償の贈与やサービスの交換に特徴づけられる「全体的給付の体系」の社会では、ビールの贈与に見られるように、ギフトは受け取り手に毒になりうるという物質的な根拠を与えるのみならず、物を贈る側と贈られる側を縛りつけることにより、贈る側は贈られる側にお返しをする義務を課すことができるから。

ホ　モースが研究対象とした無償の贈与やサービスの交換に特徴づけられる「全体的給付の体系」の社会の中でギフトが果たしているもっとも有益な機能とは、物質的危害を加える可能性よりも、人と人との紐帯の核心である財の交換やモノの流通を行うことにある以上、贈り物を受け取る側は喜びと同時に不快を感じずにはいられないから。

問二　傍線部**2**「この関係づけがすぐれて闘技的である」の説明として最も適切なものを次の中から一つ選び、解答欄にマークせよ。

イ　贈与は、純粋に無償で相手にモノを贈るという見かけのもと、相手を物理的に害する可能性を否定できない以上、集合的交換形態が示すように、財で相手を圧倒することで社会的階層関係を作り出しうるということ。

ロ　贈与は、贈り物を受け取った側が贈った側に贈り返すという返礼を超えて、贈り返すさいには必ず上乗せを必要とするので、双方が財を誇示して贈り合い続けることによって社会的階層関係を作り出しうるということ。

ハ　贈与は、受け取った相手がそのお返しをするという義務を相互に負う関係性を超えて、社会内の財の交換やモノの流通を際限なく行うことで互いの富を上乗せし続ける結果、社会的階層関係を作り出しうるということ。

ニ　贈与は、贈り物を受け取った相手が負債意識を払拭するために贈り返すさいに上乗せをすることが習慣化した交換体系である以上、ポトラッチのように財を贈り合い続けることで、社会的階層関係を作り出しうるということ。

ホ　贈与は、純粋に無償で示される善意という見かけのもと、実際は勝者と敗者を生み出す競合関係をそこに持ち込み、ポトラッチのように相手を常に支配し隷属させることを目指して、社会的階層関係を作り出しうるということ。

問三　傍線部**3**「階層化、序列化を生み出すメカニズムとしてのポトラッチが、生み出された階層構造に対してきわめて両義的な性格を有していること」の説明として最も適切なものを次の中から一つ選び、解答欄にマークせよ。

イ　ポトラッチは、社会の階層構造を形成する闘技的機能を有する一方で、優位の社会階層は、ポトラッチ的形態の「全体的給付の体系」の社会においては、財の蓄積による威信の獲得が困難であるために流動化するのであり、しかも、この威信は気前の良さに反する以上、強権的な態度を敗者に取ることができないということ。

ロ　ポトラッチは、社会的優位者を作り出す闘技的機能を有する一方で、この社会的優位者の立場は、ポトラッチ的形態の「全体的給付の体系」の社会においては、財の消費による威信の獲得が容易であるために流動化するのであり、しかも、この威信は気前の良さと結びつく以上、強権的な態度を敗者に取ることができないということ。

ハ　ポトラッチは、社会的階層関係を作り出す闘技的働きをする一方で、この社会的階層関係はポトラッチのような形態の「全体的給付の体系」の社会においては、財の蓄積による威信の獲得が困難であるために流動化するのであり、しかも、この威信は気前の良さと結びつく以上、強権的な態度を敗者に取ることができないということ。

ニ　ポトラッチは、家族間、クラン間のヒエラルキーを確立する闘技的働きをする一方で、このヒエラルキーはポトラッチ的形態の「全体的給付の体系」の社会においては、財の贈与による威信の獲得が困難であるために固定化するのであり、しかも、この威信は気前の良さに反する以上、強権的な態度を敗者に取ることができないということ。

ホ　ポトラッチは、家族間、クラン間のヒエラルキーを確立する闘技的機能を有する一方で、このヒエラルキーはポトラッチ的形態の「全体的給付の体系」の社会においては、財の蓄積による威信の獲得が容易であるために固定化するのであり、しかも、この威信は気前の良さに反する以上、強権的な態度を敗者に取ることができないということ。

問四　傍線部**4**「ポトラッチに代表される闘技的贈与が、現実の戦争（殺し合い）の、文字通りの「代理物」であること」をカール・シュミットの「戦争の枠入れ」の議論との関連で説明したものとして最も適切なものを次の中から一つ選び、解答欄にマークせよ。

イ　ウェストファリア条約は、戦争を権利上対等な主権国家間の正規軍同士の戦闘に限定することにより戦争を枠の中に閉じ込めるのに成功したが、闘技的贈与もまたポトラッチの当事者を限定することにより社会全体の破滅を抑止している。

ロ　ウェストファリア条約は、戦争を権利上対等な主権国家間の正規軍同士の戦闘に限定することにより絶滅戦に至る内戦の論理を予防するのに成功したが、闘技的贈与もまた闘争の手段を財に限定することにより剥き出しの暴力を抑止している。

ハ　ウェストファリア条約は、戦争を内戦に限定することにより絶滅戦に至る全面戦争化の論理を予防するのに成功したが、闘技的贈与もまた戦争を共同体間のポトラッチの中に効果的に留めることにより血で血を洗う殺戮に拡大するのを抑止している。

ニ　ウェストファリア条約は、戦争を権利上対等な主権国家間の局地戦に限定することにより絶滅戦に至る内戦の論理を予防するのに成功したが、闘技的贈与もまた共同体間の紛争を解決する平和的手段にポトラッチを用いることで暴力を抑止している。

ホ　ウェストファリア条約は、戦争を権利上対等な主権国家間の正規軍と非正規軍の戦闘に限定することにより内戦という枠の中に閉じ込めることに成功したが、闘技的贈与もまた闘争の主体を限定することにより財の戦争のエスカレートを抑止している。

問五　傍線部**5**「私たちはここから贈与のもう一つのモラル（第三のモラル）を引き出してもよいはずである」とあるが、筆者がそう述べるのは、贈与の第三のモラルの萌芽が第一のモラル、第二のモラルのうちにすでに存在しているからであると思われる。そうした第三のモラルとの関係に留意しつつ、贈与の第一のモラル、第二のモラルとはどのようなものかを**一二〇字**以上**一八〇字**以内で説明せよ（解答は記述解答用紙に楷書で記入すること。その際、句読点や括弧・記号などもそれぞれ一字分に数え、**必ず一マス用いること**）。

解説

出典　山田広昭《やまだひろあき》『可能なるアナキズム―マルセル・モースと贈与のモラル』〈二章　贈与のモラル〉（インスクリプト）

重要語句

（第一段落）**ナイーヴ**―素朴なさま。純真なさま。感じやすいさま。

（第五段落）**蕩尽**《とうじん》―財産などを使い果たすこと。

（第六段落）**ヒエラルキー**―ピラミッド状の階層性。

（第九段落）**シニシズム**―冷笑主義。すべての物事を冷笑的にながめる態度。＊「冷笑」は、「あざける・さげすむ」の意。

■本文を理解しよう

1 贈与の二面性（第一〜三段落）→問一

まず、冒頭部分、

> モースの『贈与論』が描き出す世界が、「贈与のモラル」という言葉がややもすればそうした印象を与えるようなナイーヴなものでも平和なものでもないということは、この著作を一読すれば明らかである。その意味では、彼が『贈与論』に集約される一連の研究を、giftという語が持つ二つの相反する意味についての文献学的考察によって始めていることを思い出しておくことは重要である。

に着目しよう。**冒頭部分は論の起点なので必ず精読すること。**モースは、贈与についての研究を、giftという語が持つ二つの相反する意味についての文献学的考察によって始めているのである。この「giftという語が持つ二つの相反する意味」は、続く引用文で「贈り物」と「毒」のことだと説明されている。

では、なぜ、giftに二つの相反する意味があるのか？　それは、第三段落の四文目以降で、

> それは「人と人を結びつけること」である。「贈り物を受け取るということ、さらには何であれ物を受け取る

ということは、呪術的にも宗教的にも、倫理的にも法的にも、物を贈る側と贈られる側とにある縛りを課し、両者を結びつける」。贈り物は理由なく受け取りを拒むことはできないし、受け取った贈り物になんのお返しもしないでいることもできない。モースによれば、それこそが贈り物を受け取ることに対して私たちが今日でも依然として喜びと同時に不快を感じずにはいられない理由である。

と説明されている。贈与の最も大切な機能は「人と人を結びつけること」であるため、贈られた側は、理由なく受け取りを拒めないし、お返しをしないといけないからである。

この意味段落では、

giftには「贈り物」と「毒」という相反する意味がある。
【理由】贈与の最も大切な機能は「人と人を結びつけること」であるため、贈られた側は、理由なく受け取りを拒めないし、お返しをしないといけないから。

という内容を読み取ろう。

また、第三段落の二文目に「全体的給付の体系」というモースの造語があることにも注意しよう。演習2の45ページで説明したように、**造語や専門用語が出てきたら丸で囲んで意味の部分に波線を引くようにしよう。**大事な内容だから造語や専門用語にするのである。造語・専門用語とその意味は本文読解のキーになる。今回であれば、

彼が研究対象とした社会においては、人と物とが渾然一体となって絶え間なく循環しているが、その循環を生み出しているのは、通常、クラン同士、家族同士、個人同士のあいだに取り交わされる無償の贈与やサービスの交換である。これがモースによって「全体的給付の体系」と呼ばれるものである。

となる。

全体的給付の体系 ＝ 通常、クラン同士、家族同士、個人同士のあいだに取り交わされる無償の贈与やサービスの交換

造語・専門用語とその意味は、しっかりと頭に入れて読み進めよう。

2 贈与の闘技性（第四〜六段落）→問二

さて、第四段落からは、ポトラッチの説明を通して、贈与の闘技性について説明されている。ここでは、第五段落の「第一の特徴」、第六段落の「第二の特徴」に着目して、「ポトラッチ」の特徴をおさえ、贈与の闘技性の内容をおさえられればよい。整理すると、

> アメリカ北西部とメラネシアの諸部族のあいだに広く分布している問題の形態は、民族誌学者たちによって一般に「ポトラッチ」と呼ばれてきた。この形態は以下の二点によって特徴づけられる。
>
> 実際のところそこでは、ありとあらゆる種類の給付が山のように取り交わされるのであるけれども、そのはじまりはというと、ほとんどすべての場合、プレゼントを純粋に無償で贈与するという装いをまとっていること、にもかかわらず、その贈与の恩恵に浴した人には、もらったものと等価のものに、さらに何かを上乗せしてお返しすることが義務づけられるようになること。これが第一の特徴である。したがって、およそどんな取引でも蕩尽と真の濫費の様相を呈することになる。
>
> 第二の特徴は、いわば第一の特徴の論理的帰結として現れるその際だった闘技性である。もらったものより多くのものを返すことを互いに続けていけば、いずれは返すことができなくなる。あるいはまた、最初から相手が返すことができないほど多くのものを（たとえば饗宴の形で）贈ろうとすることになる。というのも、「クランは、それぞれがそれぞれの首長を代表として相互に結ばれ合うのだけれども、それ以上に相互に対抗し合う」からである。贈与を通じて表現されるこの恒常的な対抗関係は、競争の敗者を勝者に対して階層的に劣位におく。結果としてそうなるというより、この競合関係はそもそも、そうした社会的階層関係を作り出すことを、言い換えれば、家族間、クラン間のヒエラルキーを確立することを目標としているのである。

となる。まとめると、

ポトラッチの特徴
① 贈られた側は、上乗せしてお返しすることが義務づけられる。
② 上乗せしてお返しすることを続けるという競合関係によって社会的階層関係が作り出される（＝贈与の闘技性）。

となる。

3 贈与のモラル（第七～最終段落）→問三・問四・問五

第七段落からは、贈与のモラルについて述べられる。闘技的贈与が三つのモラルによって成り立っているという内容である。第七段落の三文目の「第一」、第九段落の冒頭の「第二」、最終段落の傍線部5の「第三」に着目しよう。第一のモラルの説明が第七・八段落、第二のモラルの説明が第九・最終段落、第三のモラルの説明が最終段落の最後の箇所で述べられている。

さて、まず、第一のモラルの内容をおさえよう。第七段落の三文目に、

第一のそれは、階層化、序列化を生み出すメカニズムとしてのポトラッチが、生み出された階層構造に対してきわめて両義的な性格を有していることにもとづく。

とある。この「きわめて両義的な性格」とは何か？

ポトラッチと階層構造との関係については、すでに読んだ第六段落の二文目以降で説明されており、第六段落の最終文に

この競合関係はそもそも、そうした社会的階層関係を作り出すことを、言い換えれば、家族間、クラン間のヒエラルキーを確立することを目標としているのである。

と述べられていた。

そして、第八段落の三・四文目に、

言い換えれば、そこに可逆性、流動性を導入するのである。富による階層構造は、ポトラッチが富を絶えず吐き出すよう強いるがゆえに、そのたびごとに解消される（つまり、ポトラッチによる威信の獲得と物質的財の蓄積とは両立しない）。

とある。つまり、ポトラッチが階層構造に対して有している「きわめて両義的な性格」とは、〈上乗せしてお返しを続けるという競合関係によって社会的階層関係を作り出すが、競合するがゆえに、その社会的階層関係は流動化する〉ということである。そして、いまおさえたいのは、第一のモラルの内容なので、このなかの〈競合するがゆえに、その社会的階層関係は流動化する〉をおさえればよい（「モラル」は「道徳」の意なので、社会的階層関係が流動化して、特定の階層に財が集中し続けることなく、勝者と敗者が入れ替わるなどして階層が固定化しないことがモラルといえる）。

さらに、第八段落末から三文目の頭の「しかも」に着目しよう。添加の接続語である。さきほどおさえた〈競合するがゆえに、その社会的階層関係は流動化する〉に説明を追加するわけだから、第八段落末の三文、

しかも勝者が得る威信は、その「気前の良さ」によるものであるために、敗者に対しても自らの度量の広さを示さなければならない。勝者は敗者に対して支配権を得るが、その支配権は相手に隷属を強いるような形で行使することはできない。それは自らが得た威信の理由（自らの優越性の根拠）である「気前の良さ」に抵触するからである。

の内容、すなわち、〈威信が気前の良さと結びつくために勝者は相手に隷属を強いることはできないこと〉も第一のモラルの内容である。

まとめると、第一のモラルとは、〈上乗せして返礼し続けることで社会階層関係が流動化し、贈与で得た威信は気前の良さと結びつくため相手に隷属を強いることはできないこと〉となる。

続く第九段落では、第二のモラルについて説明される。第九段落の一・二文目、

第二のモラルは、[4]ポトラッチに代表される闘技的贈与が、現実の戦争（殺し合い）の、文字通りの「代理物」であることにもとづく（「財の戦争」）。贈与を闘争の手段として用いることで、それが行っているのは、

> 共同体間に不可避的に存在する葛藤や紛争が剝き出しの暴力へと、血で血を洗う殺戮へと転化しないように阻止することである。

に着目しよう。〈贈与を闘争の手段としているため剝き出しの暴力への転化を阻止できる〉ということである。さらに、最終段落の冒頭文、

> しかし、闘技的贈与のメリットは、ただ単に剝き出しの暴力の抑止にあるだけではない。

に着目しよう。「剝き出しの暴力の抑止」が、さきほどおさえた内容である。そして、「ただ単に剝き出しの暴力の抑止にあるだけではない」というのだから、これに続く

> それはむしろ、存在している対立、葛藤を、そのまま社会的紐帯、連帯のための手段へと変化させることにある。

すなわち、〈共同体間にあらかじめ存在していた対立や葛藤を社会的紐帯や連帯の手段へと変化させること〉も第二のモラルの内容である。

まとめると、第二のモラルとは、〈贈与を闘争の手段とすることで露骨な暴力を阻止し、あらかじめ存在していた対立を連帯の手段に変化させること〉となる。

最後に、最終段落末の二文、

> 私たちはここから贈与のもう一つのモラル（第三のモラル）を引き出してもよいはずである。それは完全な融合、統合がもつ危険性と、完全な細分化、個人化がもつ危険性とを、ともに抑制しなければならないということである。

に着目しよう。第三のモラルとは〈完全な融合、統合がもつ危険性と、完全な細分化、個人化がもつ危険性とを、ともに抑制すること〉である。

贈与のモラルについてまとめると、

- 第一のモラル――上乗せして返礼し続けることで社会階層関係が流動化し、贈与で得た威信は気前の良さと結

びつくため相手に隷属を強いることはできないこと

- 第二のモラル――贈与を闘争の手段とすることで露骨な暴力を阻止し、共同体間にあらかじめ存在していた対立を連帯の手段に変化させること
- 第三のモラル――完全な融合、統合がもつ危険性と、完全な細分化、個人化がもつ危険性とを、ともに抑制すること

となる。

■設問解説

問一　傍線部説明問題　レベルB

正解は二。一つ目の意味段落（第一〜三段落）を正確に読めたかが問われている。

傍線部までの内容から、傍線部の「ある一群の言語が、贈り物を表す語に対して、明らかに相手を害するものという意味を結びつけている本当の理由」とは、ここでは、〈gift という語が「贈り物」と「毒」という相反する意味をもっている理由〉のことだと分かる。

では、なぜ、gift という語が「贈り物」と「毒」という相反する意味をもっているのか？　第三段落末から二文目の「それこそが贈り物を受け取ることに対して私たちが今日でも依然として喜びと同時に不快を感じずにはいられない理由である」に着目しよう。贈り物を受け取るときに相反する感情を抱く理由が述べられているので、このあたりが gift に相反する意味があることの直接的な理由であろうと見当がつく。

また、この部分に行き着くまでに、モースの造語の「全体的給付の体系」、および、贈与の最も大切な機能の説明もされている（「■本文を理解しよう」を参照）。なお、この贈与の最も大切な機能（＝人と人を結びつけること）は、傍線部の間接的な理由でもある（贈与が人と人を結びつけるから、贈り物は理由なく受け取りを拒むことはできないし、受け取った贈り物になんのお返しもしないでいることもできないのである）。整理すると、

1 ある一群の言語が、贈り物を表す語に対して、明らかに相手を害するものという意味を結びつけている本当の理由は、じつはそれよりももう少し深いところに、すなわちモースが贈与のもっとも本質的な機能と見なしていたもののうちに潜んでいる。

彼が研究対象とした社会においては、人と物とが渾然一体となって絶え間なく循環しているが、その循環を生み出しているのは、通常、クラン同士、家族同士、個人同士のあいだに取り交わされる無償の贈与やサービスの交換である。これがモースによって「全体的給付の体系」と呼ばれるものである。だが、そこで贈与が果たしているもっとも大切な機能は、財そのものの交換や、モノの流通それ自体ではない。それは「人と人を結びつけること」である。「贈り物を受け取るということ、さらには何であれ物を受け取るということは、呪術的にも宗教的にも、倫理的にも法的にも、物を贈る側と贈られる側とにある縛りを課し、両者を結びつける」。贈り物は理由なく受け取りを拒むことはできないし、受け取った贈り物になんのお返しもしないでいることもできない。モースによれば、それこそが贈り物を受け取ることに対して私たちが今日でも依然として喜びと同時に不快を感じずにはいられない理由である。贈与についてのモースの考察は、この「不快」感と分かちがたく結びついている。

造語の意味
造語
贈与の最も大切な機能・傍線部の間接的な理由
傍線部の直接的な理由

となる。これらをふまえて選択肢を検討すると、ニが最適だと分かる。ニは、

ニ　モースが研究対象とした無償の贈与やサービスの交換に特徴づけられる「全体的給付の体系」の社会では、ビールの贈与に見られるように、ギフトは受け取り手に毒になりうるという物質的な根拠を与えるのみならず、物を贈る側と贈られる側を縛りつけることにより、贈る側は贈られる側にお返しをする義務を課すことができるから。

造語とその意味
贈与の最も大切な機能・傍線部の間接的な理由
傍線部の直接的な理由

である。なお、「贈る側は贈られる側にお返しをする義務を課すことができる」は、解答根拠の「受け取った贈り物になんのお返しもしないでいることもできない」の言い換え。贈り物を受け取った側がお返しをせざるをえない

というのは、言い換えれば、**「贈る側は贈られる側にお返しをする義務を課す」**ということである（第五段落の二・三文目にも「（それに）お返しをする義務」とある）。また、「ビールの贈与に見られるように、ギフトは受け取り手に毒になりうるという物質的な根拠を与える」の部分は、第二段落の一～五文目に書かれている内容である。

イは「贈る側は贈られる側に歓待の精神を示すことができる」が不適。傍線部の直接的な理由に反する。

ロは「贈る側に対する感謝の念を強要されるという不快」が不適。不快の内容が違う。「贈り物は理由なく受け取りを拒むことはできないし、受け取った贈り物になんのお返しもしないでいることもできない」ことが不快なのであって、感謝の念を強要されることが不快なのではない（感謝の念という気持ちではなく、受け取りやお返しを強要されることが不快なのである）。

ハは「ギフトが果たしているもっとも大事な機能」を「財そのものの交換やモノの流通それ自体にある」としている点が不適。贈与の最も大切な機能は「人と人を結びつけること」である。

ホは、**ハ**と同じく、「ギフトが果たしているもっとも有益な機能」を「財の交換やモノの流通を行うこと」としている点が不適。

問二　傍線部説明問題　レベルB

正解は**ロ**。二つ目の意味段落（第四～六段落）を正確に読めたかが問われている。

〈■**本文を理解しよう**〉で説明したとおり、第五段落の「第一の特徴」、第六段落の「第二の特徴」に着目して、「ポトラッチ」の特徴をおさえ、贈与の闘技性の内容をおさえる。

「第一の特徴」は、「贈与の恩恵に浴した人には、もらったものと等価のものに、さらに何かを上乗せしてお返しすることが義務づけられるようになること」である。

「第二の特徴」は、「第一の特徴の論理的帰結として現れるその際だった闘技性」であり、その具体的内容は、第六段落の二文目以降で述べられている〈上乗せしてお返しすることを続けるという競合関係によって社会的階層関係が作り出される〉ということである。第一の特徴の論理的帰結として現れる、この第二の特徴が「闘技性」である。以上の点をふまえて、選択肢を検討すると、**ロ**が最適だと分かる。**ロ**は、

ロ 贈与は、贈り物を受け取った側が贈った側に贈り返すという返礼を超えて、贈り返すさいには必ず上乗せを必要とするので（第一の特徴）、双方が財を誇示して贈り合い続けることによって社会的階層関係を作り出しうるということ（第二の特徴（＝闘技性））。であり、第一の特徴と第二の特徴を、因果関係を示す「ので」でつないでいるので、第二の特徴の「第一の特徴の論理的帰結として現れるその際だった闘技性」とも合致する（第一の特徴の論理的帰結として闘技性が現れるということは、「第一の特徴」が原因で「闘技性」が結果である）。

イは「相手を物理的に害する可能性を否定できない以上」が不適。解答根拠とは関係のない内容である。

ハは「お返しをするという義務を相互に負う関係性を超えて」が不適。第五段落の三・四文目に「このうち、体系の根幹をなしているのは第三の義務、すなわち『お返しをする義務』である。この義務の存在なしには、贈与は体系を構成することはできず、単発的な行為の連鎖を生むだけである（言い換えれば、この第三の義務こそが贈与を一つの『交換体系』たらしめている。だからこそモースは贈与についての自らの研究を『プレゼントにお返しをする義務についての研究』と呼ぶのである）」とあるように、「闘技性」は、あくまで「お返しをするという義務を相互に負う関係性」のなかで現れるものである。

ニは「負債意識を払拭するために」が不適。本文に書かれていない内容である。また、「習慣化」も不適。ポトラッチの第一の特徴の説明に書かれているように、お返しの上乗せは「習慣」ではなく「義務」である。

ホは「ポトラッチのように相手を常に支配し隷属させることを目指して」が、ポトラッチの特徴として書かれていない内容だし、第八段落末から二文目「その支配権は相手に隷属を強いるような形で行使することはできない」に反する。

問三 傍線部説明問題 レベルB

正解はハ。贈与の第一のモラルの説明箇所（第七・八段落）を正確に読めたかが問われている。

まず、傍線部の「きわめて両義的な性格」が何なのかをおさえよう。「両義的」とは「二つの事柄が相反する性質をあわせもつこと」の意。傍線部は[3]「階層化、序列化を生み出すメカニズムとしてのポトラッチが、生み出された階層構造に対してきわめて両義的な性格を有していること」なので、ポトラッチと階層構造との関係について述べられている箇所をおさえればよい。

〔■本文を理解しよう〕で説明したが、ポトラッチと階層構造との関係については、まず、第六段落の二文目以降で〈ポトラッチは上乗せしてお返しすることを続けるという競合関係によって社会的階層関係を作り出す〉ということが述べられていた。さらに、第八段落の一～四文目で〈競合するがゆえに、その社会的階層関係は流動化する〉ということが述べられている（第八段落の三文目の「可逆性、流動性」に着目しよう）。

よって、傍線部の、ポトラッチが階層構造に対して有している「きわめて両義的な性格」とは、

① ポトラッチは、競合関係によって、階層関係を作り出す。
（ポトラッチでは、競合関係によって、階層関係が作り出される）
② ポトラッチは、競合関係によって、階層関係を流動化させることになる。
（ポトラッチでは、競合関係によって、階層関係が流動化する）

の二つの性質のことである。①の性質については、すべての選択肢で言及されているので、②の性質の説明から選択肢を検討する。その際に、第八段落末から三文目に、添加の接続語「しかも」があることに注意しよう。

しかも勝者が得る威信は、その「気前の良さ」によるものであるために、敗者に対しても自らの度量の広さを示さなければならない。勝者は敗者に対して支配権を得るが、その支配権は相手に隷属を強いるような形で行使することはできない。それは自らが得た威信の理由（自らの優越性の根拠）である「気前の良さ」に抵触するからである。

この部分は「きわめて両義的な性格」の②の性質に、追加の説明をしている箇所なので、選択肢を検討する際に考慮に入れたい箇所である。よって、第八段落全体の内容をふまえて選択肢を検討すると、八が最適だと分かる。八は、

八　ポトラッチは、社会的階層関係を作り出す闘技的働きをする一方で、この社会的階層関係はポトラッチのような形態の「全体的給付の体系」の社会においては、財の蓄積による威信の獲得が困難であるために流動化するのであり、しかも、この威信は気前の良さと結びつく以上、強権的な態度を敗者に取ることができないということ。

（「きわめて両義的な性格」の①の性質）（「きわめて両義的な性格」の②の性質）（「きわめて両義的な性格」の②の性質への追加説明）

である。

イは「この威信は気前の良さに反する」が不適。第八段落末から三文目の「しかも勝者が得る威信は、その『気前の良さ』によるものであるために、敗者に対しても自らの度量の広さを示さなければならない」に反する。

ロは「財の消費による威信の獲得が容易であるために流動化する」が不適。第八段落の四文目の「富による階層構造は、ポトラッチが富を絶えず吐き出すよう強いるがゆえに、そのたびごとに解消される（つまり、ポトラッチによる威信の獲得と物質的財の蓄積とは両立しない）」に反する。財を使い切ると威信が保てなくなり階層構造が流動化するわけだから、威信を保つためには財を消費し続けねばならないのだが、それは困難なことだといえる（財を消費し続けて威信を保つことが容易であれば、一度作り出された階層は固定し続けるので、階層構造は流動化しないだろう）。

ニは「固定化する」が不適。「きわめて両義的な性格」の②の性質に反する。「流動化」にすべきである。また、「この威信は気前の良さに反する」も不適。イと同じく第八段落末から三文目に反する。

ホは「財の蓄積による威信の獲得が容易であるために固定化する」が不適。「容易である」は第八段落の四文目、「固定化する」は「きわめて両義的な性格」の②の性質に反する。「流動化」にすべきである。また、「この威信は気前の良さに反する」も不適。第八段落末から三文目に反する。

問四　文脈把握問題　レベルA

正解はロ。第九段落を正確に読めたかが問われている。

傍線部4の説明は、次文（第九段落の二文目）に、贈与を闘争の手段として用いることで、それが行っているのは、共同体間に不可避的に存在する葛藤や紛争が剥き出しの暴力へと、血で血を洗う殺戮へと転化しないように阻止することである。

と述べられている。

カール・シュミットの「戦争の枠入れ」の議論の説明は、第九段落の三文目から段落末にかけて述べられているが、なかでも第九段落の六文目の

シュミットの主張によれば、世界が領土主権国家によって分割されることの最大の利点は、戦争が少なくとも権利上対等な主権国家間の、しかも正規軍同士のそれへと限定されることにあり、それによって、内戦がしばしばそこに帰結するような絶滅戦へのエスカレートが押しとどめられることにある。

が、シュミットの主張をまとめている箇所である。

これらをふまえて選択肢を検討すると、ロが最適だと分かる。ロは、

第九段落の六文目

ロ　ウェストファリア条約は、戦争を権利上対等な主権国家間の正規軍同士の戦闘に限定することにより絶滅戦に至る内戦の論理を予防するのに成功したが、闘技的贈与もまた闘争の手段を財に限定することにより剥き出しの暴力を抑止している。

第九段落の二文目

である。「闘争の手段を財に限定する」は、第九段落の二文目の「贈与を闘争の手段として用いる」の言い換えである。

イは「ポトラッチの当事者を限定することにより」が不適。第九段落の二文目「贈与を闘争の手段として用いることで、それが行っているのは、共同体間に不可避的に存在する葛藤や紛争が剥き出しの暴力へと、血で血を洗う殺戮へと転化しないように阻止することである」に反する。闘技的贈与は、「ポトラッチの当事者を限定すること」ではなく「贈与を闘争の手段として用いること」で社会全体の破滅を抑止しているのである。

ハは「戦争を内戦に限定することにより」が不適。第九段落の六文目「シュミットの主張によれば、世界が領土主権国家によって分割されることの最大の利点は、戦争が少なくとも権利上対等な主権国家間の、しかも正規軍同

士のそれへと限定されることにあり、それによって、内戦がしばしばそこに帰結するような絶滅戦へのエスカレートが押しとどめられることにある」に反する。内戦に限定するのではなく、対等な主権国家間の正規軍同士の戦争に限定するのである。また、「戦争を共同体間のポトラッチの中に効果的に留めることにより」も不適。第九段落の二文目「贈与を闘争の手段として用いることで、それが行っているのは、共同体間に不可避的に存在する葛藤や紛争が剝き出しの暴力へと、血で血を洗う殺戮へと転化しないように阻止することである」に反する。闘技的贈与は、「戦争を共同体間のポトラッチの中に効果的に留めること」ではなく「贈与を闘争の手段として用いること」で葛藤や紛争が血で血を洗う殺戮に拡大するのを抑止しているのである。

ニは「局地戦に限定することにより」が不適。第九段落の六文目「シュミットの主張によれば、世界が領土主権国家によって分割されることの最大の利点は、戦争が少なくとも権利上対等な主権国家間の、しかも正規軍同士のそれへと限定されることにあり、それによって、内戦がしばしばそこに帰結するような絶滅戦へのエスカレートが押しとどめられることにある」に反する。「局地戦」ではなく「正規軍同士の戦争」にすべきである。

ホは「正規軍と非正規軍の戦闘に限定することにより」が不適。第九段落の六文目「シュミットの主張によれば、世界が領土主権国家によって分割されることの最大の利点は、戦争が少なくとも権利上対等な主権国家間の、しかも正規軍同士のそれへと限定されることにあり、それによって、内戦がしばしばそこに帰結するような絶滅戦へのエスカレートが押しとどめられることにある」に反する。「正規軍と非正規軍の戦闘」ではなく「正規軍同士の戦闘」にすべきである。また、「闘争の主体を限定することにより財の戦争のエスカレートを抑止している」も不適。第九段落の二文目「贈与を闘争の手段として用いることで、それが行っているのは、共同体間に不可避的に存在する葛藤や紛争が剝き出しの暴力へと、血で血を洗う殺戮へと転化しないように阻止することである」に反する。「闘争の主体を限定すること」ではなく「贈与を闘争の手段として用いること」にすべきだし、「財の戦争のエスカレート」ではなく「共同体間に不可避的に存在する葛藤や紛争のエスカレート」にすべきである。

問五　論述問題　レベルC

解答例は、

〈第一のモラルとは、贈与は社会的階層構造の確立を目標とするが、贈与の定期的な反復により階層構造は解消され、支配は相手に隷属を強いることはないというものであり、完全な統合への危険性は抑制される。第二のモラルとは、贈与が闘争の手段となることで共同体間の対立が戦争に転化することを防ぎ、社会的連帯を強化するというものであり、共同体の完全な個人化への危険性は抑制される。（一二〇字以上一八〇字以内）〉

法学部の論述問題では、高度な要約力と思考力が求められている。近年は、本文の全体、または、本文の一部を単に要約するだけでなく、**設問の条件に合うように考えてまとめる必要がある**設問が出題されている。なお、論述**答案は、指定のない限り、一文にまとめる必要はなく、〔解答例〕のように複数の文で作成してよい。**

今回であれば、〔■本文を理解しよう〕でおさえた贈与のモラルについて、「第三のモラルとの関係に留意しつつ、贈与の第一のモラル、第二のモラルとはどのようなものか」を説明せねばならない。

すなわち、第一のモラル、第二のモラルのそれぞれと第三のモラルを照合して、第一のモラルと第二のモラルのそれぞれに第三のモラルがどう関係しているのかをおさえて、それが分かるようにまとめる必要がある。

〔■本文を理解しよう〕でおさえたように、贈与のモラルは、

- 第一のモラル――上乗せして返礼し続けることで社会階層関係が流動化し、贈与で得た威信は気前の良さと結びつくため相手に隷属を強いることはできないこと。
- 第二のモラル――贈与を闘争の手段とすることで露骨な暴力を阻止し、共同体間にあらかじめ存在していた対立を連帯の手段に変化させること。
- 第三のモラル――完全な融合、統合がもつ危険性と、完全な細分化、個人化がもつ危険性とを、ともに抑制すること。

であった。

まず、第一のモラルと第三のモラルを照合しよう。第一のモラルの〈上乗せして返礼し続けることで社会階層関

係が流動化する〉面と第三のモラルの〈完全な融合、統合がもつ危険性を抑制する〉面は因果関係でとらえられることが分かるだろう。社会階層関係が流動化するから、完全な融合、統合がもつ危険性を抑制することができるのである。

次に、第二のモラルと第三のモラルを照合しよう。第二のモラルの〈共同体間にあらかじめ存在していた対立を連帯の手段に変化させる〉面と第三のモラルの〈完全な細分化、個人化がもつ危険性を抑制する〉面も因果関係でとらえられることが分かるはずだ。共同体間にあらかじめ存在していた対立を連帯の手段に変化させるから、共同体の完全な細分化、個人化がもつ危険性を抑制することができるのである。

よって、答案は、

① **第一のモラルが、完全な融合、統合がもつ危険性の抑制につながる。**

② **第二のモラルが、完全な細分化、個人化がもつ危険性の抑制につながる。**

の二点を軸にし、第一のモラルと第二のモラルの内容を書けばよい。

採点ポイントは、以下の六点である。

第一のモラルの説明

❶〈社会階層関係が流動化する〉という内容（第八段落の一～四文目）。

❷〈勝者による強権的支配が抑制される〉という内容（第八段落の五～七文目）。

第一のモラルと第三のモラルとの関係

❸〈第一のモラルが、完全な融合、統合がもつ危険性の抑制につながる〉という内容。

第二のモラルの説明

❹〈贈与を闘争の手段とすることで露骨な暴力を阻止する〉という内容（第九段落の二文目）。

❺〈共同体間にあらかじめ存在していた対立を連帯の手段に変化させる〉という内容（最終段落の二文目）。

第二のモラルと第三のモラルとの関係

❻〈第二のモラルが、完全な細分化、個人化がもつ危険性の抑制につながる〉という内容。

以上の点をふまえて、〔解答例〕をみてみると、

第一のモラルとは、贈与は社会的階層構造の確立を目標とするが、❶贈与の定期的な反復により階層構造は解消され、❷支配は相手に隷属を強いることはないというものであり、❸完全な統合への危険性は抑制される。第二のモラルとは、❹贈与が闘争の手段となることで共同体間の対立が戦争に転化することを防ぎ、❺社会的連帯を強化するというものであり、❻共同体の完全な個人化への危険性は抑制される。

となる。

ちなみに、受験生の中には、法学部の論述問題がどうしても制限時間内に終わらないという悩みをもっている人がいるかもしれない。そういう人は応急処置として

正解の選択肢のなかの表現を利用する

ということをしてみるとよい（念をおすが、これはあくまで応急処置である。白紙で出したり、焦って雑にまとめたりするよりはマシだということ）。

今回だと、問三が第一のモラルについての設問であり、八が正解だった。八の選択肢をみてみると、

八　ポトラッチは、社会的階層関係を作り出す闘技的働きをする一方で、この社会的階層関係はポトラッチのような形態の「全体的給付の体系」の社会においては、財の蓄積による威信の獲得が困難であるために流動化するのであり、しかも、この威信は気前の良さと結びつく以上、強権的な態度を敗者に取ることができないということ。

であり、「この威信は気前の良さと結びつく以上、強権的な態度を敗者に取ることができない」を利用して、❷のポイントを〈威信が気前の良さと結びつくため強権的な態度を他者に取れない〉等とまとめることができる。これを利用して

第一のモラルとは、贈与では、財が流出し続けるため階層構造が流動化し、得た威信は気前の良さと結びつくため他者に強権的な態度を取れなくするものであり、共同体が階層構造に完全に統合されることを抑制する。また、第二のモラルとは、贈与を闘争の手段とすることで露骨な暴力を阻止し、あらかじめ存在していた対立を連帯の手段に転化するものであり、共同体の完全な個人化を抑制する。（一二〇字以上一八〇字以内）

のようにまとめることもできる。

解答

問一　ニ　問二　ロ　問三　ハ　問四　ロ

問五　（設問解説の〔解答例〕を参照）

第2章　古文

■古文の学習法■

古文の設問は、

①知識事項だけで解ける設問

②知識だけでは解けず、文脈の把握が必要な設問

に大きく分類できる。早稲田の入試では①はできて当然で、②で勝負が決まる。対策としては、まず①が解けるレベルになること。そして、過去問演習を通して②が解けるようになればよい。

地道な暗記が活路をひらく

古文の学習でもっとも重要なのは知識事項の暗記である。先にも述べたが、早稲田の入試では、知識事項だけで解ける設問は解けて当然である。古文の知識事項は、

▼古文単語

▼古文文法

▼古文常識

▼文学史

▼和歌の修辞法

の五点である。この五点を順に説明していこう。

▼古文単語

古文単語に関しては、市販の古文単語集で地道に覚えていくしかない。最近の早稲田の古文の単語のレベルは全体的に比較的簡単になったものの、やはり他の私立大学よりは多くの古文単語が求められる。よって、語数的には六〇〇語程度の古文単語集を使用するのが無難であろう。

また、単語の覚え方だが、まずは**入試で狙われやすい意味**（多くの単語集では**太字**で記されている）を覚えていけばよい。たとえば、「念ず」という単語には、❶我慢する、❷念じる・祈る、の二つの意味があるが、多くの単語集は❶の意味を太字で記している。まずはこの太字の意味を優先的に覚えていくこと。そして、太字で記された意味をすべて覚えてから、余裕があればその他の意味も覚えていけばよい。

ちなみに、単語の意味を覚える際に、その**単語を構成する漢字**に着目すると覚えやすいことが多い。たとえば「もみづ」という単語は漢字に直すと「紅葉づ」となり、「紅葉する」という意味である。また、**語源や中心義（基本義）に着目すると記憶が定着しやすいこともある**。たとえば「たまづさ（玉梓）」という単語は、「たまあづさ」のつづまった語で、古代、手紙をあずさ（梓）の枝に結びつけて使者に持たせたことから生じた語である。よって、❶手紙、❷使者、の意味があるわけだ。また、「ありがたし（有り難し）」という単語は、「存在することが難しい」、すなわち「めったにない」が中心義（基本義）である。めったにない物事は、すぐれている物事であったり、難しい物事であったりするし、この世に存在することが難しいということは、生活しにくいということである。よって、❶めったにない、❷すぐれている、❸難しい、❹生活しにくい、の意味があるわけだ。市販されているほとんどの単語集に語源や中心義（基本義）の説明が載っているので、目を通しておこう。

最後に、単語を覚えるペースについて説明しよう。あたりまえだが、単語集を一通り終わらせたくらいでは、すべての単語の意味が頭に残っているわけがない。一度覚えたはずでも、多くの単語の意味を忘れているだろう。よって、すべての単語の意味をある程度覚えるためには**受験までに単語集を最低でも七周はする必要がある**。そのためには、夏休みまでに一周目を終わらせておくのが望ましい。夏休みに二・三周目を終わらせ、夏休み明けから四周目以降を行うのが一般的だ。六・七周目にもなると、多くの単語の意味が頭に入っているので、最終確認のような感覚で時間もほとんどかからないだろう。早稲田合格者のなかには何十周もした猛者も大勢いる。

【古文単語のまとめ】

・六〇〇語程度の単語集を使用すること。

・入試で狙われやすい意味を優先的に覚えていくこと。→漢字や語源・中心義（基本義）に着目すると覚えやすい。
・受験までに七周以上は繰り返すこと。

▼古文文法

古文文法に関しても学校の授業や市販の問題集を用いて地道に覚えていくしかない。とくに現役生の場合は、助詞の部分で既卒生に差をつけられがちなので、助詞の部分もきちんと学習しておくこと。早稲田の受験生ならば「に」の識別をはじめとする識別問題も難なくできなければならない。

ところで、文法事項を覚える際は、ただやみくもに暗記しようとしても覚えにくいので、**自分なりに覚え方に工夫をこらしてみると効果的だ**。たとえば、「だに」という副助詞は**類推**（〜さえ）と**限定**（せめて〜だけでも）の二つの意味があり、下に、**命令・願望・仮定・意志**、の表現がある場合に**限定**の意味となる。これを「限定」と「命令・願望・仮定・意志」の最初の仮名をつなげて、「ゲー、メガカイ！」（げっ、目がかゆい！）と覚えてみる（ダニが目に入ったら目がかゆくなりますよね）。このような工夫をこらせば覚えにくい文法項目も比較的楽に覚えられるだろう。

▼古文常識

古文常識とは、古文の世界での常識のこと。昔の常識は現代の常識とはかけ離れていることが多い。たとえば、平安時代の貴族は結婚する際、男性が三日間連続で女性のもとに「通ふ」場合に正式な結婚となると考えられていた。また、当時は男が女のもとに通う「妻問婚」が一般的であり、子は母の家で育てられることが多かった。このようなことを知らないと古文はかなり読みにくい。とくに早稲田は古文常識が絡んでくる箇所を設問にすることが多い。学校の授業や市販の参考書を使って古文常識もきちんと身につけておく必要がある。

▼文学史

文学史の問題も早稲田では頻出。頻出作品の、ジャンル、作者、成立時期、をきちんと覚えておく必要がある。また、

『源氏物語』などの頻出出典に関してはおおまかなあらすじを知っておく必要がある。頻出出典は漫画化されているものが多いので、そういう漫画を読んでみるのもよいし、国語便覧などにもあらすじが書かれているので利用するとよい。

▼和歌の修辞法

最近はやや少なくなってきたものの、いまだに和歌の修辞法の問題は早稲田で頻出である。よって、次の六種類は必ずおさえておくこと。

1　**掛詞**　＊同音異義を利用し、一語もしくは語の一部に二つの意味をあらわす技巧。

＊代表的なものは覚えてしまうとよい。

例　立ち別れ　**いなば**《因幡・往なば》の山の　峰におふる　**まつ**《松・待つ》とし聞かば　今かへり来む

【代表的な掛詞】

□あかし＝「明かし」「明石」
□あき＝「秋」「飽き」
□あふさか＝「逢ふ」「逢坂」
□あふひ＝「逢ふ日」「葵」
□あふみ＝「逢ふ身」「近江」
□あやめ＝「文目」「菖蒲」
□いく＝「行く」「生野」
□いなば＝「因幡」「往なば」
□いる＝「射る」「入る」
□うき＝「憂き」「浮き」
□うし＝「憂し」「宇治」

□**うみ**＝「海」「憂み」
□**うら**＝「裏」「浦」
□**かひ**＝「貝」「甲斐」
□**かり**＝「仮」「狩り」「借り」
□**かる**＝「離る」「枯る」
□**きく**＝「菊」「聞く」
□**こ**＝「子」「籠」
□**しか**＝「鹿」「然」
□**しら**＝「白」「知ら」
□**すむ**＝「澄む」「住む」
□**ながめ**＝「眺め」「長雨」
□**なみ**＝「波」「無み」
□**ひ**＝「日」「火」「思ひ」「恋ひ」
□**ふみ**＝「文」「踏み」
□**ふる**＝「経る」「降る」「古る」「振る」
□**まつ**＝「松」「待つ」
□**もる**＝「漏る」「守る」
□**やみ**＝「闇」「止み」
□**よ**＝「世」「夜」「節」
□**よる**＝「夜」「寄る」

掛詞の見つけ方――掛詞は意味上の接続語

掛詞は「意味上の接続語」として機能していることが多い。**異なる二つの内容をつなげる働き**をするのだ。たとえば、

白雪の　まだ**ふる**さとの　春日野に
いざうちはらひ　若菜摘みてむ

の場合、「ふる」の部分が「降る」と「古」の掛詞になっている。「白雪のまだ降る」（＝春日野の雪の話）と「古さとの春日野」（＝春日野の話）という二つの内容を掛詞の「ふる」でつないでいるわけだ。このことを意識すれば、掛詞をずっと見つけやすくなる。

また、**本文の中心内容が掛詞で表現されていることが多い。**大事な内容だから修辞法で表現するのである。

2 枕詞

＊ある特定の語を導く修飾語句。
＊それ自体に意味はないので口語訳する必要はない。
＊大部分は五音なので、初句か三句に使われる。
＊代表的なものは覚えてしまうとよい。

例　あしひきの　山鳥の尾の　しだり尾の　長々し夜を　一人かも寝む（「あしひきの」が「山」を導く枕詞）

【代表的な枕詞】

□あかねさす＝「日」「昼」「君」「紫」
□あきつしま＝「大和《やまと》」
□あしひきの＝「山」「峰」
□あづさゆみ＝「いる」「ひく」「はる」
□あまざかる＝「鄙《ひな》」「日」
□あらたまの＝「年」「月」「春」
□あをによし＝「奈良」
□いそのかみ＝「ふる」
□いはばしる＝「滝」「垂水《たるみ》」
□うつせみの＝「世」「命」「人」
□からころも＝「着る」「裁つ」
□くさまくら＝「旅」
□くれたけの＝「ふし」「夜」「世」
□しきしまの＝「大和」
□しろたへの＝「衣」「袖」「袂」「雲」「雪」
□すみぞめの＝「ゆふべ」「たそがれ」「鞍馬」

□たまきはる＝「命」
□たまほこの＝「道」
□たらちねの＝「母」
□ちはやぶる＝「神」
□ぬばたまの＝「黒」「夜」「闇」「夢」
□ひさかたの＝「天」「月」「空」「雲」「光」
□ますかがみ＝「見る」「むかふ」
□むらぎもの＝「心」
□もののふの＝「八十《やそ》」「五十《いそ》」
□ももしきの＝「大宮」
□やくもたつ＝「出雲」

枕詞の覚え方――語源に着目

枕詞は、語源に着目すると覚えやすいものが多い。たとえば、「あをによし」は「奈良」にかかるが、上代に奈良から青丹《あをに》（＝青土。染料・顔料として用いる）が出たことによる。枕詞は、まず単語カードなどを利用してふつうに覚えていき、覚えにくいものは、辞書でひいて語源を調べてみるとよいだろう。

3 序詞

＊ある特定の語を導くための前置きとして用いられる修飾語句。
↓意味（比喩）でつながるものと、音声（同音・掛詞）でつながるものがある。
＊六音以上の句がほとんど。
＊枕詞とは違い、口語訳をする必要がある。

例 **あしひきの　山鳥の尾の　しだり尾の**　長々し夜を　一人かも寝む
（「あしひきの山鳥の尾のしだり尾の」が「長々し」を導く序詞。〈山鳥の尾のように長い夜〉という具合に、意味（比喩）でつながっている）

例 **駿河なる　宇津《うつ》の山辺の**　うつつにも　夢にも人に　あはぬなりけり
（「駿河なる宇津の山辺の」が「うつつ」を導く序詞。「宇津」と「うつつ」の同音でつながっている）

例 **風吹けば　沖つ白波**　たつた山　夜半にや君が　ひとり越ゆらむ
（「風吹けば沖つ白波」が「たつ」を導く序詞。（白波が）「立つ」と「竜（立）田山」の掛詞でつながっている）

4 縁語

＊ある語に関連の深い語を意識的に用いる技巧。
＊掛詞と併用されることが多い。

例 春は**もえ**　秋は**こがるる**　**かまど**山　霞も霧も　**けぶり**とぞ見る
（「もえ」の縁語として「こがるる」「かまど」「けぶり」が用いられている）

例 **難波江《なにはえ》**の　**葦**の**かりね《刈り根・仮寝》**の　**ひとよ《一節・一夜》**ゆゑ　**みをつくし《身を尽くし・澪標》**てや　恋ひわたるべき
（「葦」の縁語として「刈り根」と「一節」が、「難波江」の縁語として「澪標《みをつくし》」が用いられている）

5 隠し題

＊題として出された物の名をそれと分からない形で歌中に詠み込む技巧。
＊「折句《おりく》」と「物の名（物名《ぶつめい》）」の二つがある。

①折句＝物の名前を各句に一字ずつ詠み込む技巧。

例 **か**ら衣《からころも》　**き**つつなれにし　**つ**ましあれば　**は**るばる来ぬる　**た**び《たび》をしぞ思ふ　↓かきつばた
をぐら山　**み**ね《みね》たちならし　**な**く鹿の　**へ**にけむ秋を　**し**る人ぞなき　↓をみなへし（女郎花）

②物の名（物名）＝題として出された物の名をそれと分からない形でひとつづきに詠み込む技巧。

例　心から　花のしづくに　そぼちつつ　憂《う》く干《ひ》ずとのみ　鳥の鳴くらむ　→うぐひす（鶯）

かづけども　波のなかには　さぐられで　風吹くごとに　浮き沈む玉　→かにはざくら（樺桜）

6　**本歌取り** ■ ＊有名な古歌の一部分を取り入れる技巧。

例　み吉野の　山の秋風　さ夜ふけて　ふるさと寒く　衣打つなり（新古今和歌集）

〔本歌〕み吉野の　山の白雪　積もるらし　ふるさと寒く　なりまさるなり（古今和歌集）

勝敗の分かれ目「文脈理解」

冒頭で述べたように、早稲田の入試では「知識だけでは解けず、文脈の把握が必要な設問」がどれだけ解けるかで勝負が決まる。文脈把握が必要な設問の具体的な解き方は、各問題の解説の部分で述べるが、方針として知っておいてもらいたいことをここで述べておく。古文の文脈把握の設問は、

①傍線部や空欄の**近く**を精読することで解く問題

②**遠くの同意表現・対比表現**に着目して解く問題

の二つに大別できることだ。

よって、文脈把握の設問には、「まず、近くを読んで、だめなら、遠くの同意表現・対比表現を探す」という方針でアプローチするとよい。

以上の内容をふまえて、本書の**演習9**から順に解いていってほしい。問題を解いていく中で身につけた知識や技術をノートに記録していくなどすれば効果的だろう。現代文と同様、古文も繰り返しやってほしい。**学習の基本は「型」を身につけることだ**。本書を繰り返し演習することで、早稲田の入試に対応できる「型」を身につけられるだろう。

9 人間科学部　二〇二一年度　二

鈴木牧之『北越雪譜』

会話文・心内文を正確におさえながら読み進めよう。

次の文章を読んで、あとの問いに答えよ。

友人いはく、わが親しき者、となり村へ夜《よ》ばなしに往きたる帰るさ、道のかたはらに茶鐺《ちやがま》ありしが、頃しも夏のことなりしゆゑ、農業の人の置き忘れたるならん、さるにても腹悪しきものは拾ひ隠さん、持ち帰りて主《ぬし》を尋ねばやと、鐺を手にさげて二町ばかり歩みしに、しきりに重くなり、鐺の内に声ありて我をいづくへ連れ行くぞ[1]といふに、肝を消し鐺を捨てて逃げ去りしに、狐まへに走り草の中へ走り入りしといへり。こはかれが一時のたはむれなるべし。かかる妖魅《えうみ》の術はありながら人にあざむかれて捕へらるるは如何《いかん》。余答へていふ。鉄炮《てつぱう》をもつてするは論なし。よき餌をもつてするは、[2]かれ人のあざむくを知れども欲を捨ててつつしむことあたはず。[3]それとは知りながらこれを喰らひて、かへつて人をあざむかんとして捕へらるるならんか。これ邪智《じやち》ふかきゆゑなり。あに　a　のみならんや、　b　もまたこれに似たり。邪智あるものは悪事とは知りながら、かく為《な》さば人は知るまじと、おのれが邪智をたのみ、つひには身をほろぼすにいたる。淫欲も財欲も、欲はいづれも身をほろぼすのうまき餌なり。至善《よき》人は路に千金を視《み》、室《いへ》に美人と対すれども、心みだりに動かざるは、とどまることを知りてさだまる事あるゆゑなり。かかる人は胸に明らかなる鏡ありて、善悪を照らし視て、よきあしきを知りて、その独りをつつしむ。これを明徳の鏡といふ。この鏡は天道《てんたう》さまより誰にもたれにも与へおかるれども、磨かざれば照らさずと、われ若かりしとき、ある経学者《けいがくしや》の教へに聞きしと[4]、狐の話につけ大学のわなにかけて諷諫《ふうかん》せしは、[5]問ひし人弱年《としわか》にて、しかも身もちのくづれかかりし者なればなりき。ここには無用の長舌なれど、思ひいだししにまかせてしるせり。

（鈴木牧之『北越雪譜』による）

（注）帰るさ……帰るとき。

二町……二百メートル余。
経学者……儒教のもっとも基本的な文献（経書）を研究する学者。
諷諌……ほかのことに託けて遠回しにいさめること。

問一　傍線部1の助詞「と」が受ける範囲はどこからはじまるか。最も適切なものを次の中から一つ選び、解答欄にマークせよ。
イ　さるにても
ロ　持ち帰りて
ハ　鐺を手にさげて
ニ　鐺の内に声ありて
ホ　我をいづくへ

問二　傍線部2「かれ」は文中の何を指すか。最も適切なものを次の中から一つ選び、解答欄にマークせよ。
イ　友人　ロ　わが親しき者　ハ　狐　ニ　余　ホ　至善人

問三　傍線部3「それとは知りながらこれを喰らひて、かへつて人をあざむかんとして捕へらるるならんか」の意味として最も適切なものを一つ選び、解答欄にマークせよ。
イ　狐は、妖魅の術を使えば人を欺くことができると思い込んでいるので、餌を喰らわず罠にかかり、かえって人に捕えられようとするのであろうか。
ロ　人は、よき餌で罠をかけ狐を捕えようとするのであるが、狐もまた人を欺こうとして、かえって人に捕えられることになってしまうのであろうか。
ハ　狐は、人が狐を欺いて捕えようとしていることを知っていながら、餌を喰らって罠にかかり、かえって人を欺こうとして捕えられるのであろうか。
ニ　人は、狐が妖魅の術を使って欺くことをよく知っていながら、かえってそのことを知らぬことのように装って、狐を捕えようとするのであろうか。

ホ　狐は、みずからが欲を捨ててつつしむことのできない者であることを知っているから、かえって人の欲望のためには捕えられてしまうのであろうか。

問四　空欄 a ・ b に入る語として最も適切なものを、それぞれ次の中から一つずつ選び、解答欄にマークせよ。ただし同じ記号を用いてはならない。

イ　欲　　ロ　餌　　ハ　余　　ニ　人　　ホ　狐

問五　傍線部4の助詞「と」が受ける範囲はどこからはじまるか。最も適切なものを次の中から一つ選び、解答欄にマークせよ。

イ　銕炮をもつてするは

ロ　邪智あるものは

ハ　至善人は路に千金を

ニ　これを明徳の鏡といふ

ホ　われ若かりしとき

問六　傍線部5「問ひし人」は文中の誰を指すか。最も適切なものを次の中から一つ選び、解答欄にマークせよ。

イ　友人　　ロ　農業の人　　ハ　余　　ニ　至善人　　ホ　経学者

問七　この文章の内容に合致するものを次の中から二つ選び、解答欄にマークせよ。

イ　友人が狐を捕えそこねたということなので、銕炮で打てば簡単だが、罠にかけて捕えるのはなかなか難しいと答えた。

ロ　人をも欺く妖魅の術を身につけていながら、その一方で罠にかかって捕えられるのは不可解だと友人がいぶかしんだ。

ハ　邪智のふかい人が、それをたのんで悪事をおこない、ついに身をほろぼすことになるのは自業自得というべきである。

ニ　欲に心を動かされずに行いをつつしむ人は、明徳の鏡に善悪を照らし視て判断しているのだと経学者から教えられた。

ホ　明徳の鏡はすべての人が持っているというものではなく、また日ごろこれを磨いておかないと役立たないものである。

ヘ　狐の話に仮託して儒教の四書の教えを若者にそれとなく諭したのであるが、その若者にとっては無用の長舌であった。

解説

出典　鈴木牧之『北越雪譜』〈初編巻の中　狐を捕る〉

重要古語　（本文中の意味は網掛けで示す／太字は頻出語義）

腹悪《はらあ》し【形容詞】❶怒りっぽい　❷腹黒い・意地が悪い
つつしむ【動詞】❶慎重にする・注意する・用心する　❷物忌みする・心身を清める
あたはず（能はず）【連語】できない
かく【副詞】このように・こう
たのむ（頼む）【動詞】【四段】頼りにする・あてにする　【下二段】頼りに思わせる・あてにさせる

■本文を理解しよう

ポイント　『北越雪譜《ほくえつせっぷ》』

【ジャンル】随筆
【作者】鈴木牧之《すずきぼくし》
【成立】江戸時代（一八三七〜四二年刊）
【内容】越後（＝現在の新潟県のほぼ全域）の商人である鈴木牧之の随筆。越後の風俗・習慣・言語などを記したもの。

今回は、本文中の会話文・心内文を的確につかむことができたかが読解上の最大のポイント。古文の会話文・心内文は、「と・とて・など」の直前で終わることがほとんどなので、「と・とて・など」が出てきたら「会話文・心内文が終わったのでは?」と意識して、会話文・心内文であれば、カッコを付すようにしよう。また、会話文・心内文の始まりは、「いはく・おもへらく」などが目じるしになることがあるが、そうでない場合は文脈で判断する。

ポイント　会話文・心内文

❶「と・とて・など」の直前で終わることがほとんど。

❷「いはく・おもへらく」のように始まりの目じるしがあることがある。目じるしがない場合は文脈で判断する。

次にカッコの付け方を示しているので確認してほしい。

※①会話文に「　」『　』《　》を、心内文に（　）を付した。
②会話文・心内文のはじまりの目じるしには網掛けを付した。

友人いはく、（友人の発言は「如何。」まで。）「わが親しき者、（わが親しき者の発言は「走り入りし」まで。）『となり村へ夜ばなしに往きたる帰るさ、道のかたはらに茶鑵《がま》ありしが、頃しも夏のことなりしゆゑ、（農業の人の置き忘れたるならん、さるにても腹悪しきものは拾ひ隠さん、持ち帰りて主《ぬし》を尋ねばや）と、鑵を手にさげて二町ばかり歩みしに、しきりに重くなり、鑵の内に声ありて《我をいづくへ連れ行くぞ》と[1]いふに、肝を消し鑵を捨てて逃げ去りしに、狐まへに走り草の中へ走り入りし』といへり。こはかれが一時のたはむれなるべし。かかる妖魅《えうみ》の術はありながら人にあざむかれて捕へらるるは如何《いかん》。」余答へていふ。（余の発言は「教へに聞きし」まで。）「鉄炮《てつぱう》をもつてするは論なし。よき餌をもつてするは、[2]かれ人のあざむくを知れども欲を捨ててつつしむことあたはず。[3]それとは知りながらこれを喰らひて、かへつて人をあざむかんとして捕へらるるならんか。これ邪智《じやち》ふかきゆゑなり。あに［a］のみならんや、［b］もまたこれに似たり。邪智あるものは悪事とは知りながら、（かく為《な》さば人は知るまじ）と、おのれが邪智をたのみ、つひには身をほろぼすにいたる。『淫欲も財欲も、欲はいづれも身をほろぼすのうまき餌なり。至善《よき》人は路に千金を視《み》、室《いへ》に美人と対すれども、心みだりに動かざるは、とどまることを知りてさだまる事あるゆゑなり。かかる人は胸に明らかなる鏡ありて、善悪を照らし視て、よきあしきを知りて、その独りをつつしむ。これを明徳の鏡といふ。この鏡は天道《てんたう》さまより誰にもたれにも与へおかるれども、磨かざれば照らさず』と、われ若かりしとき、ある経学者《けいがくしや》の教へに聞きし」と、4 狐の話につけ大学のわなにかけて諷諫《ふうかん》せしは、5 問ひし人弱年《としわか》にて、しかも身もちのくづれかかりし者なればなりき。ここには無用の長舌なれど、思ひいだししにまかせてしるせり。

文法・構文

おのれが邪知をたのみ、

「たのむ」には、**四段活用**と**下二段活用**の二つの活用の種類があって、それぞれ意味が異なる。今回は、「たのみ」と、活用語尾が「み」なので**四段活用**である。四段活用の「たのむ」の意味は「頼りにする・あてにする」なので、この部分は「自分の悪知恵をあてにして」の意味になる。入試頻出の活用によって意味が異なる動詞をまとめておいたので、知らないものがあれば覚えておこう。

ポイント　**活用によって意味が異なる動詞**

たのむ（頼む）　【四段】頼りにする・あてにする
　　　　　　　　【下二段】頼りに思わせる・あてにさせる
かづく（被く）　【四段】かぶる・褒美をいただく
　　　　　　　　【下二段】かぶせる・褒美を与える
なぐさむ（慰む）　【四段】気分が晴れる
　　　　　　　　【下二段】気分を晴らす
たつ（立つ）　【四段】立つ・その場を離れる・出発する
　　　　　　　【下二段】立たせる・出発させる
いく（生く）　【四段】生きる
　　　　　　　【下二段】生かす
いる（入る）　【四段】入る

【下二段】入れる
【四段】知る
【下二段】知られる
しる（知る）

通釈

（私の）友人が語るには、「私の親しい者が、『隣村へ夜語りに出かけて帰るとき、道の傍らに茶釜があったが、ちょうど夏の時季だったから、農作業をする人が置き忘れたのだろう、それにしても（見つけた人が）意地の悪い者だったら拾い隠してしまうだろう、持ち帰って持ち主を探そうと、釜を手にぶら下げて二町ほど歩いたうちに、だんだん重くなり、釜の中から声がして《私をどこへ連れて行くのだ》と言うので、たいそう驚いて釜を捨てて逃げ去ったが、（そのとき）狐が（自分の）前を駆け抜けて草むらの中に逃げ込んだ』と語った。これは彼（＝狐）のほんの一時の悪戯《いたずら》であろう。（それにしても）このような人をたぶらかす変化《へんげ》の術をもっていながら人にだまされて捕えられるのはどうしてか」（ということである）。私はこたえて言う。「鉄砲で捕えるのは論ずるまでもない（＝さておこう）。うまい餌で（だまして）捕えるのは、やつ（＝狐）は人間が（自分を）だますのを分かっていながらも欲にとらわれて我慢できない（からである）。そう（＝人間が自分をだまそうとしている）とは分かっていながらこれを食べて、逆に人間をだまそうとして捕まえられるのであろうか。これは悪知恵が深いせいである。どうして狐だけだろうか、人間もまたこれに似ている。よこしまな知恵のある者は（それが）悪事だと承知の上で、こんなふうにしたなら他の人は気づくまいと、自分の悪知恵をあてにして、結局はわが身をほろぼすこととなる。色欲も財欲も、欲望とはどれも身を滅ぼすに至るうまい餌である。立派な人間は道端で大金を見つけ（ようとも）、部屋で美人と向き合おうとも、心が勝手に動揺しないのは、（『大学』にあるように）ふみ止まるべきところ（＝最高の善の境地）があるのを知り、（そこに向かう志が）一定しているからである。このような（至善に向かう）人は胸の内に清明な鏡があって、（それによって）善悪を照らし出し、事柄の良し悪しを判断して、自ら身を慎むのである。これを明徳の鏡という。この鏡は天から誰にも平等に分け与えられているが、磨かないと（事柄の善悪を）照らし出すことがないと、私が若かったとき、ある経学者の教えとして聞いた」と、狐の話にことよせて『大学』に述べていることを引用して遠まわしに諫めたのは、尋ねた人が年少で、しかも身を持ち崩しかかった者だからであった。この作品（＝『北越雪譜』）には不必要な長話ではあるが、思い出したのにまかせて書き記した。

■設問解説

問一　会話文を指摘する問題　レベルA

正解は**ホ**。

〈■本文を理解しよう〉でおさえたとおり、前の「鑵の内に声ありて」が会話文が始まる目じるしとなる。〈釜の中から声がして……と言うので〉とあるのだから、「我をいづくへ連れ行くぞ」が会話文であることは明らかである。

問二　指示語の問題　レベルA

正解は**ハ**。

「かれ」**は「あれ・あのもの・あの人」の意の代名詞。「あの人」の意のときは、男性にも女性にも用いる。**英語のHeとは違うので注意しよう。

この部分は、〈狐は人をだます妖魅の術をもっていながら、人にだまされて捕えられるのはなぜか？〉という友人の問いかけに対して、筆者が「よき餌をもってするは、[2]かれ人のあざむくを知れども欲を捨ててつつしむことあたはず」（＝うまい餌で〔だまして〕捕えるのは、あのものは人間が〔自分を〕だますことを分かっているが、欲を捨てて遠慮することができないからだ）とこたえている箇所なので、「かれ」＝「狐」である。

問三　口語訳の問題　レベルA

正解は**ハ**。

傍線部の前半「それとは知りながらこれを喰らひて」の意味をおさえるだけで解くことができる。指示語の指示内容を的確につかめたかがポイントである。

- 「それとは知りながら」（＝それとは分かっていながら）とあるのだから、「それ」の指示内容は〈狐が分かっていること〉である。前文に「人のあざむくを知れども」（＝人間が〔自分を〕だますことを分かっているが）とあるので、「それ」＝「人のあざむく」（＝人間が〔自分を〕だますこと）である。実は、この時点で八が正解だと分かる。
- 「これを喰らひて」とあるのだから、「これ」の指示内容は〈狐が食べるもの〉、すなわち、前文の「よき餌」である。

問四　空欄補充問題　レベルB

正解はa＝ホ、b＝ニ。

まず、空欄を含む一文の意味を確認しよう。「あに[a]のみならんや」の「あに……んや」は「どうして……だろうか、いや……ない」の意の反語の表現。おもに漢文で学習する表現で、副詞「あに〔豈〕」は反語の意味をあらわすことがほとんどである。よって、「あに[a]のみならんや、[b]もまたこれに似たり」で「どうして[a]だけであろうか、いや、[a]だけではない、[b]もまたこれに似ている」の意である。

次に空欄を含む一文の前後の文脈を確認しよう。空欄を含む一文までは、狐の話がされている。そして、空欄を含む一文の後ろからは人の話がされている。三文後ろに「至善《よき》人は……」とあることからも人の話をしていることは明らかだろう。

よって、空欄を含む一文は、〈悪知恵で身をほろぼすのは、狐だけではなく人もそうだ〉の意だと分かる。

問五　会話文を指摘する問題　レベルA

正解はイ。

〔■本文を理解しよう〕でおさえたとおり、傍線部3の三文前の「余答へていふ」が会話文が始まる目じるしとなる。「銕炮をもってするは」から始まる筆者の発言が傍線部4の直前まで続いている。ふだんから会話文・心内文にカッコを付す練習をして、このタイプの設問は確実に解けるようになっておこう。

問六　文脈把握問題 レベルA

正解はイ。「問ひし人」（＝尋ねた人）は誰か、という設問である。

〈■本文を理解しよう〉でおさえたとおり、冒頭で「友人いはく」とあり、友人の発言が始まる。友人は筆者に〈狐は人をだます妖魅の術をもっていながら、人にだまされて捕えられるのはなぜか？〉と尋ねる。それに対して、傍線部3の三文前に「余答へていふ」とあり、筆者がこたえるわけだから、筆者に尋ねた人は「友人」である。

問七　内容合致問題 レベルA

正解は**ロ**・**ニ**。

イ＝「友人が狐を捕えそこねた」が不適。本文に書かれていない内容である。

ロ＝傍線部3の四文前「かかる妖魅の術……如何」に合致する。

ハ＝「邪智のふかい人が、それをたのんで悪事をおこない」が不適。傍線部3の直前の「欲を捨ててつつしむことあたはず」、空欄a・bを含む文の二文後の「欲はいづれも身をほろぼすのうまき餌なり」から狐や人が悪事を行う根本原因は「欲」だと分かる。よって、正しくは「欲のふかい人が、邪智をたのんで悪事をおこない」である。また、「自業自得」も言い過ぎである。

ニ＝傍線部4を含む文の二文前の「かかる人は」から傍線部4の直前までの内容に合致する。

ホ＝「明徳の鏡はすべての人が持っているというものではなく」が不適。傍線部4を含む文の「この鏡は天道さまより誰にもたれにも与へおかるれ」に反する。

ヘ＝「その若者にとっては」が不適。最終文の「ここには無用の長舌なれど」の「ここ」は、後ろの「思ひいだしにまかせてしるせり」とのつながりから、〈この作品〉あるいは〈この作品を読む読者〉を指していると考えられる。「その若者」とは、傍線部5の「問ひし人」のことだが、この人は年少で日頃の行いも望ましくなかった者だったので、筆者が遠回しに諫めたのである。よって、筆者の諫言は若者にとって無用の長舌ではない。

解答

問一　ホ　問二　ハ　問三　ハ　問四　a＝ホ　b＝ニ　問五　イ　問六　イ　問七　ロ・ニ

10　文化構想学部　二〇二二年度　三乙　『撰集抄』

『撰集抄』は鎌倉前期に成立した仏教説話集。今回は主語判定もたやすく比較的読みやすい。高得点を狙いたい。

次の文は、『撰集抄』の一節である。これを読んで、あとの問いに答えよ。

昔、延暦寺に恵心僧都といふやんごとなき人おはしける。常は観法を修して、我身ならびに一室を悉く水になし給ふわざをなんし給ひける。

ある時、内記入道保胤、往生の雑談《ざふたん》せまほしくて、恵心僧都の室におはして、常に住み給ふ所をあけて見給ふに、水湛《たた》へて僧都も見え給はねば、いかさまにもやうある事とおぼして、出でられける時に、あらはに枕の有りけるを、水の中へ投入れて帰られにけり。

かくて、次の日、又、内記入道おはし侍りけるに、僧都対面して申されけるは、「某《それがし》がむねにぞ此の枕を投入れ給ひて、よにむつかしく侍るに、とりて給はせなんや」と聞えければ、入道もゆゆしき人にて［ a ］ければ、昨日の事よと心得て、「左右に及び侍らず」と答へられたれば、「うれしく侍り」とて、且《しばら》く目を閉ぢておはしける程に、恵心僧都の身きえきえと水になりて、一室皆水を湛へて波はげしく侍れど、内記入道はいささかもぬれ給はずぞ侍りし。さて、彼の水に枕のうきたりけるを取て、障子よりそとへ投出だし給ひてけり。かくて、且く侍りて、又僧都出で給ひてけり。いと不思議に侍り。

[1]観法成就、げにゆゆしくぞ侍る。心に道心ふかくて、坐禅入定をこたり侍らねば、火生三昧に入る時は、身よりほむらを出だし、水観に住する時には、水を涌《わか》す習ひに侍り。すべて、上代末代にはよるべからず。種姓の高下にもつゆよるまじき事に侍り。ただ道心のみこそ、此の如くの不思議を現ずるたねにては侍れ。誰もかくは思へども、[2]野のかせぎはなれがたく、家の犬つねになれたり。あはれ、いつ実《まこと》の心発《おこ》り侍らんずるやらん。

（注）かせぎ―鹿。

問一　空欄 a に入る、最も適当な語句を次の中から一つ選べ。

イ　ありがたかり　ロ　いまそかり　ハ　おほけなかり
ニ　あらまほしかり　ホ　よしなかり　ヘ　あるまじかり

問二　傍線部1「観法成就、げにゆゆしくぞ侍る」は、どのような意味を表しているか。最も適当なものを次の中から一つ選べ。

イ　極楽浄土の池の水を想念して、室内に現出させたことは、まことにすばらしいことでございます。
ロ　坐禅により入定の行を行い、身から火をだすことができましたのは、驚くべきことでございます。
ハ　水に浮かんだ枕を取り除いて、室内から放り投げたのは、なんともいさましいことでございます。
ニ　無心の子供によって瓦礫を投げられた心の傷は、安穏に回復し、痛みを感じないのでございます。
ホ　源信を覚醒させて、極楽浄土の様子を見させることができたのは、ありがたいことでございます。
ヘ　縄床上の清水を、白石によってお湯にしてしまったのは、なんともおそろしい法力でございます。

問三　傍線部2「野のかせぎはなれがたく、家の犬つねになれたり」という喩えの意味するところとして最も適当なものを次の中から一つ選べ。

イ　貧しくとも自由な生活から離れがたく、金持ちの束縛の多い暮しには耐えがたい。
ロ　野山を走る鹿はのびのびと生きているが、家に飼われた犬は馴れて野性に欠ける。
ハ　仏道を求める心はなかなか身につかないが、煩悩は身にまとわりついて離れない。
ニ　山の幸から得る稼ぎのみで生きることはやめ、一家を構え安定した暮らしをする。
ホ　観法ではうまく習得できなかった水想観が、道心を起こすことによって成就した。
ヘ　山野に住み着いたため生じた下卑た心は、里に定住しても消えることはなかろう。

解説

出典　『撰集抄』〈巻七第六　恵心僧都事　水想観〉

重要古語　（本文中の意味は網掛けで示す／太字は頻出語義）

（第一段落）

やんごとなし【形容詞】❶大切だ　❷なみひとどおりではない　❸高貴だ　❹尊い

おはす【動詞】❶（「あり」の尊敬語）いらっしゃる
❷（「行く・来・出づ」の尊敬語）いらっしゃる
❸（尊敬の補助動詞）〜なさる

給《たま》ふ【動詞】❶（「与ふ」の尊敬語）お与えになる・くださる
❷（尊敬の補助動詞）〜なさる

（第二段落）

やう【名詞】わけ・事情

（第三段落）

侍《はべ》り【動詞】❶（「居り」の謙譲語）お仕え申し上げる・お控えする
❷（「あり・居り」の丁寧語）あります・います
❸（丁寧の補助動詞）〜ます

よに【副詞】❶（下に打消を伴って）決して〜ない　❷とても

むつかし（難し）【形容詞】❶わずらわしい　❷気味が悪い　❸気が晴れない

給《たま》はす（「与ふ」の尊敬語）お与えになる・くださる

聞《きこ》ゆ【動詞】❶（「言ふ」の謙譲語）申し上げる
❷（謙譲の補助動詞）〜（し）申し上げる

ゆゆし【形容詞】❸聞こえる・噂される・分かる ❶不吉だ ❷程度がはなはだしい（良い意味にも悪い意味にも用いる） ❸とても

左右《さう》【名詞】❶左と右 ❷あれこれ

いささか【副詞】ほんの少し・わずかばかり

いと【副詞】❶とても ❷本当に ❸（打消を伴って）それほど

（第四段落）

げに【副詞】本当に・なるほど

道心《だうしん》【名詞】❶仏教を深く信仰する心 ❷仏道修行をする人

すべて〜打消【慣用表現】全く〜ない

つゆ〜打消【慣用表現】全く〜ない

かく【副詞】このように・こう

あはれ【感動詞】ああ

■本文を理解しよう

ポイント　『撰集抄《せんじゅうしょう》』

【ジャンル】説話（仏教説話集）　＊百二十一話から成る

【作者】未詳（西行に仮託＝西行の著作の体裁をとっている）

【成立】鎌倉前期

文法・構文

（第二段落）

水の中へ投入れて帰られにけり

「帰られ」の「れ」は、直前の「帰ら」がア段音なので、助動詞「る」。ここは、尊敬の意である（「る・れ」の識別については演習16問三の解説も参照のこと）。

「にけり」の「に」は、直後に「けり」があるので、完了の助動詞「ぬ」の連用形。

（第三段落）

▼「に＋き」「に＋けり」「に＋たり」「に＋けむ」の「に」は、完了の助動詞「ぬ」の連用形。

昨日の事よと心得て

「心得」はア行下二段動詞。行が問われるので、しっかり覚えておこう。

左右に及び侍らず

「左右」は「あれこれ（言うこと）」の意の名詞なので、直訳すると「あれこれ言うことに及びません」。意訳すると「言うまでもございません」になる。

（第四段落）

いつ実の心発り侍らんずるやらん

「んずる」は推量の助動詞「んず（むず）」の連体形。推量の「ん（む）」＋打消の「ず」、だと間違わないように。

「むず」は品詞分解で頻出の助動詞なので、用法をしっかりと確認しておくこと。

ポイント　助動詞「むず」

【意味】❶推量（〜だろう）　❷意志（〜しよう・〜するつもりだ）　❸勧誘（〜がよい）
❹仮定（もし〜なら）　❺婉曲（〜ような）

＊各意味の冒頭の仮名をつないで「スイカカエ」（＝西瓜買え）と覚えるとよい。

＊「むず」の下に体言があるときや省略されているときは**婉曲**。それ以外は文脈で判断する。

【接続】未然形

【活用表】 むず＝○｜○｜むず｜むずる｜むずれ｜○

【注意点】「むず」は品詞分解の問題で頻出。推量の「む」＋打消の「ず」という形は起こりえないので、「むず」「むずる」「むずれ」を見たら、それで一語の助動詞だと考えること。

「やらん」は、「にやあらむ」の約で「〜であろうか」と訳す。「にやあらむ」＝断定「なり」の連用形＋係助詞「や」＋ラ変動詞「あり」の未然形＋推量の助動詞「む」の連体形。

通釈

昔、延暦寺に恵心僧都という並々ではない人がいらっしゃった。ふだんは観法（＝心に太陽や水や大地などを思い浮かべて観察し、真理を得ようとする仏教の修行法）を修行し、自分の身体《からだ》と部屋をすべて水になさるというわざをしていらっしゃった。

ある時、内記入道保胤が、往生についてのとりとめのない話をしたくて、恵心僧都の部屋にいらっしゃって、（恵心僧都が）いつも住んでいらっしゃるところを開けてご覧になったところ、水がいっぱいに満ちていて僧都の姿も見えなさらなかったので、きっとわけがあることとお思いになって、（部屋から）お出になる時に、見えるところに枕があったのを、水の中に投げ入れてお帰りになった。

こうして、（その）次の日、また、内記入道がいらっしゃいましたところ、僧都が顔を合わせて申されたことは、「誰かが（私の）胸にこの枕を投げ入れなさって、実に気分が悪く思いますので、取ってくださいませんか」と申し上げたので、入道も立派な人でいらっしゃったので、昨日のことだと理解して「言うまでもございません」と答えなさったので、「うれしいことでございます」と（僧都は）おっしゃって、しばらく目を閉じていらっしゃった（その）うちに、恵心僧都の身体はしだいに消えていき水になって、部屋中水をいっぱいにして波が激しくありましたが、内記入道は少しも濡れなさらなかったのでございました。そして、その水に枕の浮いていたのを取って、障子から外へ投げ出してしまわれた。こうして、しばらくしましてから、また僧都は出てこられた。まったく不思議なことでございます。

観法を成し遂げたということは、本当に立派なことでございます。心に道心（＝仏教を深く信仰する心）が深く、坐禅し、入定《にゅうじょう》（＝心を統一集中して無我の境地に入ること）することを怠ることがございませんでしたので、火《か》生三昧《しょうざんまい》（＝身体から炎を出してその炎で一切の煩悩を焼き尽くすこと）に入る時には身体から炎を出し、水観（＝水を瞑想すること）の状態にある時には、水を湧き出させることがいつものことになっているのでございます。上代（＝仏法が盛んであった時期）であるとか末代（＝仏法が衰えてしまった時期）であるとかによるものでは決してない。人が生まれつき属している階級や家柄の高い低いにもまったく関係のないようなことでございます。ただ、道心だけが、このような不思議を起こす原因になるのでございます。誰でもこのように思うのではあるが、野にすむ鹿は人に馴れることはめったになく、家で飼う犬はいつも人に馴れている。ああ、いつになったら本当の心（＝仏道に向かう心）が起こるのでございましょうか。

■設問解説

問一　空欄補充問題　レベルA

正解は**ロ**。まず、空欄の前の「入道も」の**添加**の「も」に着目する。添加の「も」があれば前の部分とイコール関係になるので、前との対応を意識しよう。

ポイント　**添加の助詞「も」**

「も」（添加）がきたら、前とのイコール関係を意識する！

Aは○○○○○。
≒同種　＝同内容
Bも○○○○○。

【例】
カレーライスは　おいしい。
≒同種　＝同内容
ハンバーグ　も　おいしい。

この「入道」と同種となる人物を前から探すと「恵心僧都」しかいない。さらに、前から空欄を含む部分に対応

する箇所を探すと、第一段落の冒頭文に見つかる。つまり、

恵心僧都といふやんごとなき人おはしける
≒ 同種　＝ 同内容
入道もゆゆしき人にて　a　ければ

となる。よって、「入道もゆゆしき人にて　a　けれ」は、「ゆゆしき」を「やんごとなき」と対応させてプラスの意味の「程度がはなはだしい」(＝立派だ)の意味でとり、「入道も立派な人でいらっしゃった」と訳せばよいと分かる。「a　けれ」の部分を「いらっしゃった」と訳すのだから、ロが正解。なお、「ゆゆしき人にて」の「にて」は、断定の助動詞「なり」の連用形＋接続助詞「て」。

各選択肢の意味をまとめておく。

イ　ありがたかり―ク活用「ありがたし」の連用形。「めったにない」の意。
ロ　いまそかり―ラ変動詞「いまそかり」の連用形。「いらっしゃる」の意。
ハ　おほけなかり―ク活用「おほけなし」の連用形。「おそれおおい」の意。
ニ　あらまほしかり―シク活用「あらまほし」の連用形。「理想的だ」の意。
ホ　よしなかり―ク活用「よしなし」の連用形。「仕方がない」の意。
ヘ　あるまじかり―ラ変動詞「あり」の連体形＋助動詞「まじ」の連用形。「あるはずがない」などの意。

問二　文脈把握問題　レベルA

正解はイ。まず、傍線部の「ゆゆしく」に着目する。問一でおさえたとおり、本文は、「やんごとなき人(＝

並々ではない人〉」である「恵心僧都」と「ゆゆしき人（＝立派な人）」である「入道」とのやりとりを軸にして展開されているので、傍線部の「ゆゆしく」は、プラスの意味での「程度がはなはだしい」の意でとるとよい。この点をふまえているのは、イの「すばらしいことでございます」、ロの「驚くべきことでございます」、ホの「ありがたいことでございます」。

次に、傍線部が、前の内容をふまえて筆者が自身の意見を述べている箇所である点に着目する。傍線部の前の第一段落から第三段落にかけては、恵心僧都が水になった話が書かれているので、水にふれていない**ロ**と**ホ**は論外。よって、正解は**イ**。傍線部の「観法」の意味を知らなくても、本文の構造から正解を導くことができる。

なお、「観法」とは、〈太陽や水や大地などを心に浮かべて観察し、真理を得ようとする仏教の修行法〉のことで、ここでは、傍線部の後ろにある「水観」を成し遂げたことをいっている。

問三　文脈把握問題　レベルB

正解は**ハ**。傍線部は「野の鹿は（人に）馴れがたく、家の犬はいつも（人に）馴れている」の意。本文内容から傍線部が何かの比喩であることは明らか。

では、何の比喩なのかをおさえると、傍線部の直前に「誰もかくは思へども」とある。この「かく」は、直前文を指しているので、「誰もかくは思へども」＝「誰でも仏道を信じる心が不思議を生み出す原因だと思うけれども」。さらに、傍線部の直後の「あはれ、いつ実の心発り侍らんずるやらん（＝ああ、いつになったら本当の心が起こるのでございましょうか）」に着目。ここでの「実の心（＝本当の心）」が、仏道に向かう心であることはここまでの文脈で明らかであろう。

傍線部の前後で仏道を信じる心の話がされているので、**傍線部は仏道に関わる話の比喩**のはず。よって、仏道に関係のない**イ**・**ロ**・**ニ**・**ヘ**は論外。**ホ**だと前の「誰もかくは思へども」の逆接の「ども」とうまくつながらない。よって、正解は**ハ**。〈誰でも仏教を信じる心が不思議を生み出す原因だと思うけれども、仏教を信じる心を身につけるのはなかなか難しい。ああ、いつになったら仏道に向かう心が起こるのでございましょうか〉という文脈。なかなか馴れない鹿を仏道を信じる心に、人に馴れている犬を仏道の妨げになる煩悩に、それぞれたとえている。

解答

問一　ロ　問二　イ　問三　ハ

11　教育（文系）学部　二〇一九年度　三

『大和物語』

教育学部は、毎年、やや難しめの問題を出題する。しっかり精読しよう。

次の文章を読んで、あとの問いに答えよ。

良岑の宗貞の少将、ものへゆく道に、五条わたりにて、雨いたう降りければ、荒れたる門に立ちかくれて見入るれば、五間ばかりなる檜皮屋のしもに、土屋倉などあれど、ことに人など見えず。歩み入りて見れば、階の間に梅いとをかしう咲きたり。鶯も鳴く。人ありとも見えぬ御簾のうちより、薄色の衣、濃き衣、うへに着て、たけだちいとよきほどなる人の、髪、たけばかりならむと見ゆるが、

よもぎ生ひて荒れたる宿をうぐひすの1人来と鳴くやたれとか待たむ

とひとりごつ。少将、

来たれども①いひしなれねばうぐひすの君に告げよと教へてぞ鳴く

と、声をかしうていへば、女おどろきて、人もなしと思ひつるに、ものしきさまを見えぬることと思ひて、ものもいはずなりぬ。男、縁にのぼりてゐぬ。「A　ものものたまはぬ。雨のわりなくはべりつれば、やむまではかくてなむ」といへば、「大路よりはもりまさりてなむ、ここはなかなか」と②いらへけり。

時は正月十日のほどなりけり。簾のうちよりしとねさしいでたり。ひき寄せて2ゐぬ。簾も、へりはかはほりに食はれて、ところどころなし。うちのしつらひ見入るれば、むかしおぼえて畳などよかりけれど、3口惜しくなりにけり。日もやうやう暮れぬれば、やをらすべり入りて、この人を奥にも入れず、女、くやしと思へど、制すべきやうもなく4ていふかひなし。雨は夜ひと夜降りあかして、またのつとめてぞすこし空晴れたる。男は女の入らむとするを、「ただかくて」とて入れず。日も高うなれば、この女の親、5少将にあるじすべき方のなかりければ、小舎人童ばかり③とどめたりけるに、かたい塩、肴《さかな》にして酒を飲ませて、少将には広き庭に生ひたる菜を摘みて、蒸しものといふものに

して、ちやうわんにもりて、はしには梅の花のさかりなるを折りて、その花びらに、いとをかしげなる女の手にて、かく書けり。

君がため衣のすそをぬらしつつ春の野にいでてつめる若菜ぞ

男、これを見るに、いとあはれにおぼえてひき寄せて食ふ。女、わりなうはづかしと思ひてふしたり。少将起きて、6小舎人童を走らせて、すなはち車にてまめなるもの、さまざまにもて来たり。「迎へに人あれば、今またもまゐり来7む」とていでぬ。それよりのち、たえずみづからも来とぶらひけり。よろづのもの食へども、なほ五条にてありし8ものは、めづらしうめでたかりきと思ひ出でける。

年月を経て、仕うまつりし9君に、少将おくれたてまつりて、かはらむ世を見じと思ひて、法師になりにけり。もとの人のもとに、袈裟《けさ》洗ひにやるとて、

しもゆきの［B］屋のもとにひとり寝のうつぶし染めのあさのけさなり

となむありける。

（『大和物語』による）

問一　傍線部1「人来と鳴くやたれとか待たむ」の解釈として最も適切なものを、次の中から一つ選び、解答欄にマークせよ。

イ　人が来たと告げているが、私が誰を待っているのかを知っているのだろうか。

ロ　人が来ると鳴いているが、いったい鶯は誰のことを待っているのだろうか。

ハ　人が来たと言うが、その鶯の鳴く声を誰かが待っているのだろうか。

ニ　人が来ると鳴いているが、私は誰が来ると思って待ったらよいのだろうか。

ホ　人が来ると鳴いているが、鶯はいったい誰と共に待っているだろうか。

問二　傍線部①「いひ」、②「いらへ」、③「とどめ」の主語は何か。最も適切な組み合わせを次の中から一つ選び、解答欄にマークせよ。

イ　①　五条の女　②　少将　③　小舍人童
ロ　①　うぐひす　②　少将　③　女の親
ハ　①　少将　②　五条の女　③　少将
ニ　①　うぐひす　②　五条の女　③　少将
ホ　①　少将　②　五条の女　③　女の親

問三　空欄［A］に入る語として最も適切なものを、次の中から一つ選び、解答欄にマークせよ。
イ　しばし　ロ　などか　ハ　また　ニ　かくこそ　ホ　すなはち

問四　傍線部2「ゐ」を、漢字（一文字）で、記述解答用紙の所定の欄に記入せよ。

問五　傍線部3「口惜しく」、傍線部4「いふかひなし」はいずれも形容詞であるが、文中での意味として最も適切なものを、次の中からそれぞれ一つ選び、解答欄にマークせよ。
イ　取るに足りない
ロ　しかたがない
ハ　みすぼらしい
ニ　耐えがたい
ホ　腹立たしい

問六　傍線部5「少将にあるじすべき方のなかりければ」の解釈として最も適切なものを、次の中から一つ選び、解答欄にマークせよ。
イ　少将にご馳走をしようとしたが、貧しくてできなかったので。
ロ　少将を主人にしたかったが、どうして良いかわからなかったので。
ハ　少将を主人とみなしてもてなしたかったが、召使いがいなかったので。
ニ　少将に食事を出したかったが、まだ用意ができなかったので。
ホ　少将を客とし饗応したかったが、作法がわからなかったので。

問七　傍線部6「小舎人童を走らせて、すなはち車にてまめなるもの、さまざまにもて来たり」とあるが、それはなぜか。最も適切なものを次の中から一つ選び、解答欄にマークせよ。

イ　女が風流な歌人であることに気づき、御礼をしたくなったから。

ロ　女の家が精一杯のもてなしをしてくれて、和歌にも心打たれたから。

ハ　女の家に何もなく、食事にも困って必要な物を取り寄せたから。

ニ　女と共に生活するために、自分のこまごました品が必要だったから。

ホ　宮中から迎えの人が来たので、参内の衣装などが必要だったから。

問八　傍線部7「む」と異なる意味・用法の「む」はどれか。次の和歌の傍線部のうち、最も適切なものを次の中から一つ選び、解答欄にマークせよ。

イ　今こむといひしばかりに長月のありあけの月を待ちいでつるかな

ロ　わびぬれば今はた同じ難波なるみをつくしてもあはむとぞ思ふ

ハ　たち別れいなばの山の峰におふるまつとしきかば今かへりこむ

ニ　今はただ思ひたえなむとばかりを人づてならでいふよしもがな

ホ　あらざらむこの世の外の思ひ出に今ひとたびのあふこともがな

問九　傍線部8「もの」とは何をさすか。本文中の漢字（一文字）で、記述解答用紙の所定の欄に記入せよ。

問十　傍線部9「君」とは何をさすか。漢字（一文字）で、記述解答用紙の所定の欄に記入せよ。

問十一　空欄 B には、掛詞（懸詞）が入る。平仮名（二文字）で、記述解答用紙の所定の欄に記入せよ。

問十二　本文の内容に合致するものを一つ選び、解答欄にマークせよ。

イ　女の親は、少将が娘のもとに泊まったのを知って驚きあきれた。

ロ　女は別の男性が来るのを待っていたので、少将が来たのを見て驚いた。

ハ　少将は、雨宿りのために入った家で女を垣間見て、その美しさに心動かされた。

ニ　少将は偶然出会った女に心ひかれて、長い年月にわたって女を大切にした。

ホ　女の家は昔は栄えていたが、今は荒れ果てて霊のすみかになっていた。

解説

出典 『大和物語』〈百七十三〉

重要古語（本文中の意味は網掛けで示す／太字は頻出語義）

（第一段落）

いたし（甚し）【形容詞】❶甚だしい・はげしい ❷すばらしい

間《けん》【名詞】（長さの単位）一間＝六尺（約1.8メートル）

ことに（異に・殊に）【副詞】格別に・とりわけ

いと【副詞】❶とても ❷本当に ❸（打消を伴って）それほど

をかし【形容詞】❶趣がある・風情がある ❷すぐれている・美しい・かわいらしい ❸おもしろい・おかしい・滑稽だ

宿【名詞】❶家・庭 ❷（旅先の）宿

ものし（物し）【形容詞】❶不気味だ ❷不愉快だ

見ゆ【動詞】❶見える・感じられる ❷見せる・見られる ❸やってくる ❹結婚する

ゐる（居る）【動詞】❶座る・しゃがむ ❷住みつく・住む ❸地位に就く

のたまふ【動詞】（「言ふ」の尊敬語）おっしゃる

わりなし（理無し）【形容詞】❶道理に合わない ❷つらい ❸ひととおりではない・格別だ

かくて【副詞】こうして

なかなか（中中）【副詞】かえって

いらふ（答ふ・応ふ）【動詞】答える

（第二段落）

ほど【名詞】❶時・時分・ころ ❷間

＊「ほど」には多くの意味があるが、読解では上記の二つの意味を覚えておこう。

おぼゆ（覚ゆ）【動詞】❶思われる ❷思い出される ❸似る
口惜し【形容詞】❶残念だ ❷劣っている
やうやう【副詞】次第に・だんだん
やをら【副詞】そっと・静かに・おもむろに
いふかひなし（言ふ甲斐無し）【連語】どうにもならない
つとめて【名詞】❶早朝 ❷翌朝
あるじす（饗す）【動詞】もてなす・ごちそうをする
方【名詞】❶方向 ❷方面 ❸方法・手段 ❹お方・お人 ❺場所・所・部屋 ❻時節・ころ
小舎人童《こどねりわらは》【名詞】貴族に仕えて身辺の雑用をする召使いの少年
手【名詞】❶手 ❷筆跡・文字 ❸調べ・曲
あはれなり【形容動詞】❶しみじみと趣深い ❷しみじみと感動する ❸いとしい・愛情が深い
❹気の毒だ・ふびんだ
ふす（伏す・臥す）【動詞】【四段】❶横になる・寝る ❷うつむく ❸隠れる・ひそむ
【下二段】❶横にする・寝かせる ❷うつむかせる ❸隠す・ひそませる
すなはち【副詞】すぐに
まめなり（忠実なり）【形容動詞】❶真面目だ ❷実用的だ
よろづ【名詞】様々なこと・あらゆること
なほ【副詞】❶やはり ❷相変わらず ❸さらに・いっそう
めでたし（愛でたし）【形容詞】すばらしい・すてきだ

（第三段落）

仕うまつる【動詞】❶（「仕ふ」の謙譲語）お仕え申し上げる
❷（「す」の謙譲語）（何かを）して差し上げる

❸（謙譲の補助動詞）〜（し）申し上げる

君【名詞】❶**貴人**（天皇・主君など）❷あなた

おくる（後る・遅る）❶**死におくれる・先立たれる** ❷劣る

たてまつる（奉る）【動詞】❶（「与ふ」の謙譲語）差し上げる ❷（謙譲の補助動詞）〜（し）**申し上げる** ❸（「飲む・食ふ・乗る・着る」の尊敬語）召し上がる・お乗りになる・お召しになる

やる（遣る）【動詞】❶**行かせる・進ませる** ❷送る・届ける ❸（憂さを）払いのける・（気を）晴らす

■本文を理解しよう

『大和物語』から、良岑宗貞《よしみねのむねさだ》の話。良岑宗貞は出家前の僧正遍昭《そうじょうへんじょう》のことである。

ポイント　『大和物語』

【ジャンル】歌物語
【作者】未詳
【成立】平安中期（『源氏物語』以前）
【内容】前半は歌物語、後半は主に説話（姨捨伝説など）が収められている。

▼僧正遍昭（八一六〜八九〇）
＊平安初期の僧・歌人。六歌仙の一人。
▽六歌仙……『古今和歌集仮名序』に挙げられている六人の歌の名手。
大友黒主《おおとものくろぬし》・小野《おのの》小町《こまち》・僧正遍昭・喜撰法師《きせんほうし》・文屋康秀《ふんやのやすひで》・在原業平《ありわらのなりひら》
＊桓武天皇の孫。俗名、良岑宗貞。仁明《にんみょう》天皇（深草帝）の死を悲しみ、出家した。

＊小野小町とも交流があった。

通釈

良岑の宗貞の少将が、とあるところへ行く途中に、五条のあたりで、雨がひどく降ってきたので、荒れはてた門の下で雨よけして（その門の内を）のぞき見てみると、五間ぐらいの檜皮葺《ひわだぶき》の屋根の家の奥に、土蔵などがあるが、とくに人などの姿は見えない。足を踏み入れて見ると、階隠《はし》しの間の前に梅がたいそう趣深く咲いている。鶯も鳴いている。人がいるとも見えない（階隠しの間の）御簾の中から、薄紫色の衣を、濃い赤色の衣の、上に着て、身の丈がすらりとよい感じに高い人で、髪の長さが、身の丈ほどになろうかと見える女が、

蓬《よもぎ》が生えて荒れている家を嘆かわしく思っている私に鶯が「人が来る」と鳴きかけてくるとは。私はいったい誰が来ると思って待ったらよいのでしょうか

と独り言のように歌を口にしている。（そこで）少将が、

今ここに来ておりますが（直接女性に）声をかけ慣れてはおりませんので（困っていたところ）鶯があなたに来ていますと告げなさいと教え励ますために（そのように）鳴いているのです

と、見事な声で呼びかけるので、女ははっと驚いて、誰もいないと思っていたのに、見苦しい様子を見られたことよと思って、何ものを言わなくなってしまった。男は、（御簾の前の）縁に上がって座った。「どうして何もおっしゃらないのでしょうか。雨がむやみに激しく降りましたので、やむまではこうして（ここにいてもよいでしょうか）」と言うと、「大路にいるよりはもっと雨漏りに降られて、ここではかえって（大変でしょう）」と返事をした。

時は正月十日のころであった。（女は）簾《すだれ》の内側から敷き物を差し出した。（男は）それを引き寄せて上に座りなおした。簾も、縁《へり》が蝙蝠《こうもり》に食われて、ところどころが欠けている。部屋の内の調度をのぞき見ると、昔（の裕福さ）が思われて畳など上等のものに思われるけれど、（今は）みすぼらしくなってしまっていた。日もしだいに暮れてきたので、（男は）そっと御簾の内側に入って、この女を（抱きしめてその場にとどめて）奥の間に入れようとせず、女は、情けなく思うけれど、（男のすることを）止めようもなくてしかたがない。雨は一晩中明け方まで

降り続き、翌日の早朝になって少し空が晴れた。男は女が（明るくなってきたので）奥の間に下がろうとするのを、「ただこのままで（もう少し一緒にいましょう）」と言って奥に入れない。（やがて）日も高くなったので、この女の親が、（夫となった）少将にごちそうをする手立てがなかったので、（少将が）小舎人童だけを（お供として）残しておいたのだが、（その小舎人童に）堅塩《かたしお》を、肴《さかな》にして酒を飲ませ、少将には広い庭に生えていた菜を摘んで、蒸しものにして、器に盛って、箸には梅の花の盛りになった枝を折ってしつらえ、その花びら（に見立てて結んだ紙片）に、たいそう美しく見える女の筆跡で、このように書きつけてあった。

あなたのために衣の裾を濡らしながら春の野に出て摘んだ若菜です

男は、これを見ると、たいそう趣深く思われて（器を）引き寄せて（菜の蒸しものを）食べる。女は、心苦しく気恥ずかしく思われて顔を伏せていた。少将は起き直って、小舎人童を（自分の屋敷に）走らせて、すぐに牛車で生活に必要なものを、さまざまに（女の家へ）運んで来させた。「迎えに人が来ましたので（今日のところは帰りますが）、今すぐにでもまた参りましょう」と言って出て行った。それからのち、絶えることなく自ら（女の家に）訪ねて来た。いろいろなものを食べても、やはり五条（の女の家）で食べたものは、めったになく美味しいものだったと思い出したのだった。

（それから何年もの）年月を経て、（長く）お仕え申し上げた帝（の崩御）に、少将は死におくれ申し上げて（後に残され）、（新しい帝になって）変わってしまう世の中は見たくはないと思って、出家して法師になってしまった。（世にあって親しんだ）もとの女の人のところへ、袈裟を洗いに出すというときに、

霜や雪が降る古びた家にひとりで寝起きし修行している薄墨色の麻のこの袈裟をこの朝も着ておりました

と歌が添えてあったということです。

■設問解説

問一　和歌の解釈の問題　レベルB

正解は**ニ**。

まず、意外に多くの受験生が見落としがちなのが時制である。**古文を読むときには、時制に注意しよう。**本問であれば、

人来と鳴くやたれとか待たむ

の「来」は現在形である。よって、「人来」で「人が来る」の意。この時点で「人が来た」と訳しているイと八は不適。「人来と鳴くや」で「人が来ると鳴いているなあ」の意。「や」は詠嘆の間投助詞である。

ポイント　　**時制**
古文の読解では、時制に注意しよう！

次に、「たれとか待たむ」の格助詞「と」の解釈を考えよう。ロは「と」にあたる訳語がないので論外。ニは「誰が来ると思って待ったらよいのだろうか」と引用の「と」でとっており、ホは「誰と共に待っているだろうか」と共同動作者の「と」でとっている。ホの「鶯はいったい誰と共に待っているだろうか」だと、鶯が誰かと一緒に来る人を待っているという内容になり不適。よって正解は**ニ**。整理すると、

鶯が ＜「人来」と鳴くや
私は ＜「たれ」とか待たむ

となる。誰も訪れない寂れた屋敷に住んでいる女が、鶯の鳴き声を誰かの訪れの予兆のようにあてもなく聞きながら、自身の境遇を嘆いている歌である。

問二　主語判定問題　レベルB

正解は**ハ**。

①=傍線部を含む歌は、少将から女への歌である。少将が女の屋敷に来たのだから、「来たれども①いひしなれねば」の主語は、「私」(=少将)であると判断できる。「いひしなれねば」の部分は、動詞「言ふ」+副助詞「し」+動詞「慣る・馴る」+打消の助動詞「ず」+接続助詞「ば」。「来たれどもいひしなれねば」=「(私は)来たけれども(女性に)声をかけ慣れていないので」。歌全体は「私は来たけれども女性に声をかけ慣れていないので、鶯があなたに来訪を告げよと私に教えて鳴くのです」の意。

②=傍線部の一行前が「男、縁にのぼりてゐぬ。『 A ものものたまはぬ。雨のわりなくはべりつれば、やむまではかくてなむ』といへば、」(=男は、縁に上がって座った。「 A 何もおっしゃらないのでしょうか。雨がむやみに激しく降りましたので、やむまではこうして」と言うと、)となっており、少将の動作と発言なので、それに返事をするのは女である。

③=「小舎人童」とは、貴族に仕えて身辺の雑用をする召使いの少年のこと。その小舎人童をとどめ置いていたのは、小舎人童の主人である少将である。少将が小舎人童だけをとどめ置いていたので、女の親が堅塩を肴にして酒を飲ませた、という文脈。

問三　空欄補充問題 レベルA

正解はロ。

空欄の直後の「ものものたまはぬ」の「ぬ」に着目する。《未然形+ぬ》の「ぬ」なので、打消の助動詞「ず」の連体形である。文末が連体形なので、空欄には疑問語の「などか」が入る。

問四　語句の問題 レベルA

正解は、居。

動詞「ゐる」には、「居る」と「率る」の二種類ある。前者は「座る・しゃがむ」の意で、後者は「引き連れる」の意である。ここは、少将がしとね(=敷物)を引き寄せて座った、という文脈なので前者である。

問五　語句の問題 レベルA

正解は3=ハ、4=ロ。

3＝「口惜し」には「残念だ・劣っている」の意がある。ここは、女の屋敷の調度品の説明箇所なので、**ハ**が最適である。調度品が残念になってしまっていた＝調度品がみすぼらしくなってしまっていた。

4＝「いふかひなし」は、「どうにもならない」の意の連語。どうにもならない＝しかたがない。

問六　口語訳の問題　レベルB

正解は**イ**。

傍線部の「あるじす」と「方」に着目しよう。「あるじす」は「もてなす・ごちそうをする」の意、「方」は「方法」の意。いずれも重要古語である。よって、「女の親、少将にあるじすべき方のなかりければ」＝「女の親は、少将をもてなすことのできる方法がなかったので」。また、ここでの「もてなすことのできる方法がなかった」のは、女の屋敷の描写から明らかなように、貧しかったからである。

ロ・**ハ**は「あるじす」の意味を取り違えているし、女の親が少将をもてなせなかった理由も取り違えている。

ニ・**ホ**は、女の親が少将をもてなせなかった理由を取り違えている。

問七　文脈把握問題　レベルB

正解は**ロ**。

第二段落の冒頭から傍線部までの内容を正確に読み取れたかが問われている。第二段落の冒頭から傍線部までの流れは、

①少将が女と関係をもつ。

②女の親が、貧しいながらも精一杯のもてなしをし、和歌を詠む。

③少将が、小舎人童を自邸に走らせて、実用的な物を持って来させた。（＝傍線部）

である。よって、③の理由は②だと考えられ、**ロ**が正解だと分かる。

イは「女が風流な歌人であることに気づき」が不適。歌を詠んだのは女の親である。また、女の親のもてなしにもふれておらず説明不十分である。**ハ**は解答根拠とは無関係だし、「女の家に何もなく」も言い過ぎ。**ニ**は女の親のもてなしと和歌にふれていないし、「女と共に生活するために」も不適。傍線部に続く内容から、少将と女は別

居していることが分かる。ホは本文に全く書かれていない内容であり論外。

問八 文法の問題 レベルC

正解はホ。

助動詞「む」には「推量・意志・勧誘(適当)・仮定・婉曲」の意がある。頭文字をとって「スイカカエ」(=西瓜買え)と覚えるとよい。

傍線部の「む」は、「今またもまゐり来む[7]」(=今すぐにでもまた参上しよう)なので、意志である。選択肢を検討すると、

イ=「今こむといひしばかりに」=「今来ようと(あなたが)言ったばかりに」→意志

ロ=「みをつくしてもあはむとぞ思ふ」=「我が身を滅ぼしてでも(あなたに)会おうと思う」→意志

ハ=「今かへりこむ」=「今すぐにでも帰って来よう」→意志

ニ=「今はただ思ひたえなむ」=「今となってはもう(あなたへの)思いも絶えてしまうだろう」→推量

ホ=「あらざらむ」=「(この世には)生きていられないだろう」→推量

となる。ニとホで迷うが、ニは歌全体を解釈すると、

「今はただ思ひたえなむとばかりを人づてならでいふよしもがな」=「今となってはもう(あなたへの)思いも絶えてしまうだろう、とだけを人づてではなく(直接あなたに会って)言う方法があればいいのに」となり、相手のつれなさを恨み、思いを断とうとする気持ちを伝える歌なので、「思ひたえなむ」の「む」は、ホと比べれば、意志に近い用法ととらえることができる。

問九 文脈把握問題 レベルB

正解は、**菜**。

「よろづのもの食へども、なほ五条にてありしもの[8]は、めづらしうめでたかりきと思ひ出でける」(=様々なものを食べても、やはり五条で食べたものは、めったになく美味しいものだったと思い出したのだった)。「五条」は女の屋敷のあるところなので、「五条にてありしもの[8]」=「女の屋敷で食べたもの」。少将が女の屋敷で食べたものは、

傍線部5を含む文にある「菜」である。

問十　文脈把握問題　レベルA

正解は、**帝**。

「君」は「貴人（天皇・主君など）」の意の重要語。

傍線部は「仕うまつりし君」[9]なので、少将がお仕えした人物。さらに、傍線部後の少将の心内文に「かはらむ世を見じ」（＝変わってしまう世の中は見まい）とあるので、この人物が死んでしまうと世の中が変わるわけである。

以上の点から、「君」は「帝」のことだと分かる。少将（＝良岑宗貞）が仁明天皇（深草帝）の死を悲しんで出家したことは有名である。

問十一　掛詞の問題　レベルA

正解は、**ふる**。

■古文の学習法■▼和歌の修辞法　1掛詞で説明したとおり、**掛詞は和歌の中で「意味上の接続語」として機能していることが多い。**

本問であれば、「しもゆきの[B]屋のもとに」の部分は、「しもゆきの[B]」と「[B]屋のもとに」という二つの内容を掛詞（[B]）がつないでいるわけだ。霜や雪がどうなのか、そして、「[B]屋」とは法師になった少将の住まいのことであるので、出家者の住まいがどうであったか、を考えると、「霜や雪が降る」と「古屋のもとに」だと分かる。

問十二　内容合致問題　レベルB

正解は**ニ**。

イ＝「驚きあきれた」が不適。女の親は少将を精一杯もてなしている。

ロ＝「女は別の男性が来るのを待っていた」が本文に全く書かれていない内容。

ハ＝「その美しさに心動かされた」が不適。女の容姿に関する描写は、第一段落の四文目に「薄色の衣、濃き衣、うへに着て、たけだちいとよきほどなる人の、髪、たけばかりならむと見ゆる」とあり、背丈がちょうどよく髪も背丈ほどの長さであると述べられているだけで、美しいとは述べられていない。

ニ＝「少将は偶然出会った女に心ひかれて」は、第二段落で少将が女と関係をもったことから読み取れる。「長い年月にわたって女を大切にした」は、第二段落の終わりから二文目の「それよりのち、たえずみづからも来とぶらひけり」や、第三段落でも出家後も交流していることから読み取れる。

ホ＝「霊のすみかになっていた」が本文に全く書かれていない内容。

解答
問一　ニ　問二　ハ　問三　ロ　問四　居　問五　3＝ハ　4＝ロ　問六　イ　問七　ロ
問八　ホ　問九　菜　問十　帝　問十一　ふる　問十二　ニ

12 教育（文系）学部 二〇一四年度 三 甲

『増鏡』

『増鏡』の序文。本文は長いが標準レベルの設問が多い。高得点を狙おう。

次の文章は『増鏡』の序文である。よく読んで、後の問いに答えよ。

二月の中の五日は、鶴の林[注①]に薪《たきぎ》尽きにし日なれば、かの如来二伝[注②]の御かたみのむつましさに、嵯峨の清涼寺に詣でて、「常在霊鷲山[注③]」など、心の中にとなへて[1]拝み奉る。かたはらに、八十にもや余りぬらむと見ゆる尼ひとり、鳩の杖にかかりて参れり。とばかりありて、「たけく思ひたちつれど、いと腰痛くて堪へがたし。こよひはこの局にうちやすみ[a]なむ。坊へ行きてみあかしの事などいへ」とて、具したる若き女房の、つきづきしき程なるをば[2]返しぬめり。「釈迦牟尼仏」とたびたび[3]申して、夕日の花やかにさし入りたるをうち見やりて、「あはれにも山の端近くかたぶきぬめる日影かな。我が身の上の心地こそすれ」とて、[4]寄りゐたる気色、何となくなまめかしく、心あらむかしと見ゆれば、近く寄りて、「いづくより詣で給へるぞ。ありつる人の帰り来ん程、[5]御伽せむはいかが」などいへば、「このあたり近く侍れど、年のつもりにや、いと遥けき心地し侍る。[b]あはれになむ」といふ。「さても、いくつにかなり給ふらむ」と問へば、「いさ、よくも我ながら思ひ給へわかれぬ程に[c]なむ。百年にもこよなく余り侍りぬらむ。来し方行く先、ためしもありがたかりし世のさわぎにも、この御寺ばかりつつがなくおはします。なほやんごとなき如来の御光なりかし」などいふも、古代にみやびかなり。年の程など聞くも、めづらしき心地して、かかる人こそ昔物語もすなれと、思ひ出でられて、まめやかに語らひつつ、「昔の事の聞かまほしきままに、年のつもりたらむ人 Ⅰ と思ひ給ふるに、嬉しきわざかな。少しのたまはせよ。おのづから古き歌など書き置きたる物の片はし見るだに、その世にあへる心地すかし」といへば、すげみたる口うちほほゑみて、「[6]いかでか聞えむ。若かりし世に見聞き侍りし事は、ここらの年ごろに、Ⅱ 夢ばかりだになくおぼほれて、何のわきまへか侍らむ」とはいひながら、けしうはあらず、[7]あへなむと思へるけしきなれば、いよいよいひはやして、「かの雲林院の菩提講に参りあへりし翁の詞をこそ、仮名の日本紀にはすめれ。またかの世継が孫とかいひし、つくも髪の物語も、人のもてあつかひぐさになれるは、御有様のやうなる人にこそありけめ。なほのたまへ」などすかせば、さは心得べかめれど、いよいよ口すげみがちにて、「そのかみは人の齢も高く、機も Ⅲ ば、それにしたがひて、魂も明らかにてや、しか聞えつくしけむ。あさましき身は、いたづらなる年のみつもれるばかりにて、昨日今日といふばかりの事だに、目も耳もおぼろになりにて侍れば、ましていとあやしきひがごとどもにこそは侍らめ。そもさやうに御覧じ集めけるふるごとどもはいかにぞ」といふ。

「ただおろおろ見及びしものどもは、水鏡といふにや。神武天皇の御代より、いとあららかにしるせり。その次には大鏡。文徳のいにしへより、後一条の御門まで侍りしにや。またc世継とか四十帖の草子にて、延喜より堀河の先帝までにすこしこまやかなる。またなにがしの大臣の書き給へると聞き侍りし今鏡に、後一条より高倉の院までありしなめり。まことや、いや世継は、隆信朝臣の、後鳥羽の院の御位の程までをしるしたるとぞ見え侍りし。その後のd事なむ、おぼつかなくなりにける。覚え給ふらむ所々までものたまへ。こよひは誰も御伽せん。かかる人にあひ奉れるも、しかるべき御契りあらむものぞ」と語らへば、「そのかみの事はいみじうたどたどしけれど、まことに事の続きを聞えざらんもおぼつかなかるべければ、たえだえにe少しなむ。ひがごとぞ多からんかし。そはさし直し給へ。いと Ⅳ わざにも侍るべきかな。かの古ごとどもには、なぞらへ給ふf まじうなむ」とて、

g おろかなる心や見えむます鏡古き姿にたちは及ばで

と、わななかし出でたるもにくからず、いと古代なり。「さらば、いまのたまはむ事をもまた書きしるして、かの昔の面影にひとしからむとこそはおぼすめれ」といらへて、

今もまた昔をかけばます鏡ふりぬる代々の跡にかさねむ

注① 鶴の林に薪尽きにし日…釈迦が娑羅双樹の木の下で入滅し、荼毘《だび》にふされた日。

注② かの如来二伝の御かたみ…インドから中国、日本へと渡った、生身の釈迦の姿を写したとされる清涼寺の本尊。

注③ 霊鷲山…釈迦が説法をしたという中インド、マガダ国の山。

問一　傍線部1「拝み奉る」、2「返しぬめり」、3「申して」、4「寄りゐたる」、5「御伽せむ」のそれぞれの主語は誰か。その組み合わせとして正しいものを、次のア～オの中から一つ選び、解答欄にマークせよ。

ア　1　語り手　2　尼　3　尼　4　尼　5　語り手
イ　1　語り手　2　女房　3　女房　4　女房　5　尼
ウ　1　尼　2　女房　3　女房　4　尼　5　語り手
エ　1　尼　2　尼　3　女房　4　女房　5　語り手
オ　1　女房　2　女房　3　語り手　4　尼　5　女房

問二　傍線部a～fの「なむ」の中で、文法上ほかと異なるものを一つ選び、解答欄にマークせよ。

問三　空欄［Ⅰ］に入る語として最も適切なものを、次のア～オの中から一つ選び、解答欄にマークせよ。

ア　かし　イ　さへ　ウ　ばや　エ　もがな　オ　にしがな

問四　傍線部6「いかでか聞えむ」の解釈として最も適切なものを、次のア～オの中から一つ選び、解答欄にマークせよ。

ア　なんとかしてお聞きしたいものです。
イ　どうやってお聞きすればいいでしょう。
ウ　どうしてそのようにお聞きになったのですか。
エ　どうしてお話し申し上げることができましょう。
オ　どうしてお話し申し上げられないことがありましょう。

問五　空欄［Ⅱ］には「夢」の枕詞が入る。次のア～オの中から一つ選び、解答欄にマークせよ。

ア　あしひきの　イ　うつせみの　ウ　ぬばたまの　エ　くさまくら　オ　ちはやぶる

問六　傍線部7「あへなむと思へるけしきなれば」の解釈として最も適切なものを、次のア～オの中から一つ選び、解答欄にマークせよ。

ア　面倒なことだと思っているようすなので

イ　話してもよかろうと思っているようすなので
ウ　会えてうれしいと喜んでいるようすなので
エ　無理に話しても仕方がないと思っているようすなので
オ　ずいぶん昔のことだと不安に思っているようすなので

問七　傍線部8「世継とか四十帖の草子」は一般には何と称されている作品か。その作品名を、記述解答用紙の所定の欄に漢字（楷書）で記せ。

問八　空欄 Ⅲ には、形容詞「強し」に助動詞「けり」が接続した語句が入る。その二語を空欄 Ⅲ に入るように活用させ、記述解答用紙の所定の欄に記せ。

問九　空欄 Ⅳ に入る語として最も適切なものを、次のア～オの中から一つ選び、解答欄にマークせよ。

ア　うるさき　イ　たふとき　ウ　たへがたき　エ　めづらしき　オ　かたはらいたき

問十　傍線部9「おろかなる心や見えむます鏡古き姿にたちは及ばで」の歌の解釈として最も適切なものを、次のア～オの中から一つ選び、解答欄にマークせよ。

ア　これから話す物語を聞けば、昔の人に及ばない今の人々の愚かな心がよく澄んだ鏡に映るように見えることでしょう。
イ　これから話す物語は古い物語には及びもつかないもので、よく澄んだ鏡にものが映るように私の愚かな心が見えてしまうことでしょう。
ウ　これから話す物語を聞けば、人がいかに愚かであるかがよく澄んだ鏡に映るように古い物語にも増してはっきりとわかることでしょう。
エ　これから話す物語は古い物語には及びもつかないものですが、昔に及ばない今の世の姿は、よく澄んだ鏡に映るようにはっきりとわかることでしょう。
オ　これから話す物語を聞けば、私の心が昔とはすっかり変わって愚かになってしまったことが、よく澄んだ鏡にものが映るようにはっきりとわかることでしょう。

解説

出典 『増鏡』〈序〉の全文

重要古語 （本文中の意味は網掛けで示す／太字は頻出語義）

（第一段落）

むつましさ（睦ましさ）【名詞】❶親しさ・親密さ ❷慕わしさ・なつかしさ

詣《まう》づ【動詞】（「行く・来・出づ」の謙譲語）参上する・参詣する

奉《たてまつ》る【動詞】❶（「与ふ」の謙譲語）差し上げる

❷（謙譲の補助動詞）～（し）申し上げる

❸（「飲む・食ふ・乗る・着る」の尊敬語）召し上がる・お乗りになる・お召しになる

とばかり【副詞】ちょっとの間・しばらく

うち【接頭語】強調の接頭語→訳さない

具《ぐ》す【動詞】❶そなわる・そなえる ❷一緒に行く・連れて行く ❸添える

つきづきし【形容詞】よく調和している・ふさわしい・似つかわしい

（第二段落）

あはれなり【形容動詞】❶しみじみと趣深い ❷しみじみと感動する

❸いとしい・愛情が深い ❹気の毒だ・ふびんだ

影【名詞】❶光 ❷姿 ❸影

寄りゐる（寄り居る）【動詞】物に寄りかかって座る

気色《けしき》【名詞】❶人の様子 ❷事情 ❸意向・考え

なまめかし【形容詞】❶若々しい ❷優美だ・上品だ ❸色っぽい・つやっぽい

ありつる【連体詞】先ほどの・以前の

御伽《おとぎ》【名詞】❶（貴人などの）相手をすること・退屈を慰めること　❷寝室の相手をすること
いかが【副詞】❶どのように（疑問）　❷どうして（反語）　❸どうであろうか（意向）
いさ【感動詞】さあどうだか
ありがたし（有り難し）【形容詞】❶めったにない・珍しい　❷すぐれている・立派だ　❸生きていくことが難しい
おはします【動詞】❶（「あり」の尊敬語）いらっしゃる
❷（「行く・来・出づ」の尊敬語）いらっしゃる
❸（尊敬の補助動詞）～なさる
なほ【副詞】❶やはり　❷相変わらず　❸さらに・いっそう
やんごとなし【形容詞】❶大切だ　❷なみひととおりではない　❸高貴だ　❹尊い
かかる【連体詞】このような・こんな
まめやかなり（忠実やかなり）【形容動詞】❶心がこもっていて真面目な様子だ　❷本格的だ　❸実用的だ
のたまはす【動詞】（「言ふ」の尊敬語）おっしゃる
おのづから【副詞】❶しぜんと　❷たまたま
いかでか【副詞】❶どのようにして（疑問）　❷どうして（反語）　❸なんとかして（願望）
聞《きこ》ゆ【動詞】❶（「言ふ」の謙譲語）申し上げる
❷（謙譲の補助動詞）～（し）申し上げる　❸聞こえる・噂される・分かる
ここら【副詞】❶たくさん　❷たいへん
年《とし》ごろ【名詞】❶数年の間　❷長年の間
けしうはあらず【慣用表現】悪くはない
あへなむ【慣用表現】さしつかえないだろう
さは【副詞】そのようには・そうは
そのかみ（其の上）【名詞】その当時・昔

しか（然）【副詞】そのように・そう
あさまし【形容詞】❶驚きあきれるほどだ・意外だ ❷情けない
いたづらなり（徒らなり）【形容動詞】❶無駄だ・無益だ ❷ひまだ
おぼろなり（朧なり）【形容動詞】はっきりしない
あやし【形容詞】❶不思議だ ❷変だ ❸卑しい ❹粗末だ
ひがごと（僻事）【名詞】❶間違い ❷道理に外れた行為

（第三段落）

おぼつかなし【形容詞】❶はっきりしない ❷不安だ・気がかりだ ❸待ち遠しい・会いたい ❹疎遠だ
覚《おぼ》ゆ【動詞】❶思われる ❷思い出される ❸似る
契《ちぎ》り【名詞】❶約束 ❷前世からの約束 ❸夫婦の縁
いみじ【形容詞】❶（連用形を副詞として用いて）とても ❷すばらしい ❸大変だ
たどたどし【形容詞】❶あぶなっかしい ❷はっきりしない
わななかす【動詞】ふるわせる
いらふ【動詞】答える

■本文を理解しよう

本問の出典は『増鏡』である。『増鏡』を含めた歴史物語は、早稲田に限らず難関大頻出で、今回のように文学史の知識がないと読みにくい場面もしばしば出題される。『大鏡』『今鏡』『水鏡』『増鏡』を四鏡というが、まずは四鏡の文学史の要点をまとめておこう。

▼**『大鏡』** 作者 未詳 成立 平安末期 **紀伝体**（＝人物順）

五十五代文徳天皇から六十八代後一条天皇までの歴史が描かれる。百九十歳ぐらいの老人大宅《おほやけの》世継《よつぎ》と十歳年下の夏山繁樹《なつやまのしげき》が雲林院の菩提講が始まる前に、繁樹の老妻や若侍を交えて歴史を語るという会話形式で進められる。『世継物語』とも呼ばれる。藤原摂関政治への批判精神もうかがえる点で『栄花物語』とは異なる。

▼『今鏡』 作者 藤原為経？ 成立 平安末期 **紀伝体**（＝人物順）

六十八代後一条天皇から八十代高倉天皇までの歴史が描かれる。大宅世継の孫娘「あやめ」が長谷詣での帰途に人々に歴史を語るという形式で進められる。『続世継』とも呼ばれる。

▼『水鏡』 作者 中山忠親？ 成立 平安末期または鎌倉初期 **編年体**（＝時代順）

初代神武天皇から五十四代仁明天皇までの歴史が描かれる。四鏡の中で描かれる時代が最も古い作品。葛城の仙人から聞いた修験者の昔話を、老尼が長谷寺で聞き書きするという形式で進められる。

▼『増鏡』 作者 未詳 成立 南北朝期 **編年体**（＝時代順）

八十二代後鳥羽天皇から九十六代後醍醐天皇までの歴史が描かれる。百歳をすぎた老尼が、若い女房に語った回想を記録するという形式。

ポイント　　四鏡

①大鏡・今鏡・水鏡・増鏡の最初の漢字をつなげて**大今水増**《だいこんみずまし》と覚えればよい。

②四鏡を、成立順に並べると**大今水増**。描かれる時代の古い順に並べると**水大今増**になる。

③**紀伝体**か**編年体**かは、**大今水増＝キキヘヘ**（キ＝紀伝体・ヘ＝編年体）と覚えておくとよい。

以上のポイントを理解していれば、第二段落に出てくる「**かの雲林院の菩提講に参りあへりし翁**」が、『**大鏡**』の**大宅世継と夏山繁樹**のことを指しており（「雲林院の菩提講」に着目すれば『大鏡』の話だと分かるはずだ）、「**かの世継が孫とかいひし、つくも髪の物語**」が『**今鏡**』のことを指している（「世継が孫」に着目して『今鏡』のあやめのことだと見抜こう）と読み取れるはずだ。

また、傍線部8の前後の内容も文学史の知識がないと読みにくい。文学史の学習はしっかりとしておこう。

文法・構文

（第一段落）

具したる若き女房①の、つきづきしき程なる②をば返しぬめり。

①この「の」は同格で「～で」と訳す。

《体言＋の……連体形＋体言以外》の形で、かつ、「の」の前の体言と同じ体言を連体形の下に補える場合の「の」が同格である。ここでは、

具したる若き女房（体言）の、つきづきしき程なる（連体形＋体言以外）をば返しぬめり。

の形で、かつ、「の」の前の体言「女房」を、連体形「なる」の下に補って訳すことができるので同格と判断する。

直訳すると「連れている若い女房で、似つかわしい様子である女房を帰らせたようだ」となる。

ポイント　同格の「の」

❶「～で」と訳す

❷《体言＋の……連体形＋体言以外》の形で、かつ、「の」の前の体言と同じ体言を連体形の下に補える

②「をば」は、格助詞「を」に係助詞「は」が付いた「をは」が濁音化したもの。「～を」と訳す。

（第二段落）

よくも我ながら思ひ給へわかれぬ程になむ。年のつもりたらむ人［Ｉ］と思ひ給ふるに、

この「給へ」「給ふる」は下二段活用なので、謙譲語の「給ふ」である。謙譲語の「給ふ」のポイントは次のとおり。

ポイント　謙譲語の「給ふ」

❶活用の種類は、**下二段活用**である（四段活用の「給ふ」は尊敬語）
❷命令形はなく、終止形は極めて稀である
　給ふ＝給へ｜給へ｜（給ふ）｜給ふる｜給ふれ｜〇
❸主に「思ふ・見る・聞く・知る」に付く
❹**会話文・手紙文で使われる**
❺**主語は一人称であることがほとんど**
❻丁寧語とする説がある
→下二段活用の「給ふ」は聞き手・読み手に敬意を払い、「…ます」と訳す

（第三段落）

水鏡といふにや。

文徳のいにしへより、後一条の御門まで侍りしにや。

この「にや」は、「～にやあらむ」の「あらむ」が省略されたもので、**「～であろうか」**と訳す。「に」は断定の助動詞「なり」の連用形で、「や」は係助詞である。

ポイント　「～にやあらむ」

❶「～であろうか」と訳す
❷「に」は断定の助動詞「なり」の連用形、「や」は係助詞

後一条より高倉の院までありしなめり。

この「なめり」は、断定の助動詞「なり」に推定の助動詞「めり」が付いた「なるめり」が、**《なるめり→なんめり→なめり》**と変化したもので、「～であるようだ」と訳す。「なんめり」の「なん」は「なる」の撥音便であり、

「な」は、「なん」の撥音「ん」が表記されない形である。

《あ・か・ざ・た・な》の下に《らし・めり・なり・べし》が付いているときは、撥音便の無表記の可能性を考えるようにしよう。

ポイント　撥音便の無表記

あ・か・ざ・た・な	る→ん→×	らし・めり・なり・べし（推定・伝聞）

例　あるなり→あんなり→あなり

通釈

二月の十五日は、鶴のように白くなった（娑羅双樹の）林で薪がなくなってしまった日（＝釈迦が入滅し荼毘にふされた日）であるので、あの（インドから中国、日本へと渡った）釈迦のご本尊に心引かれる思いで、嵯峨の清涼寺に参詣して、「常在霊鷲山」（＝法華経の文句で、釈迦は常に霊鷲山で説法を続けていらっしゃるという意味）などと、心の中で唱えて拝み申し上げる。そばに、八十歳をも越えてしまっているだろうかと見える尼が一人、鳩の杖（＝持ち手の部分に鳩の飾りのある杖で、八十歳以上の功臣に宮中から与えられるもの）にもたれかかって参詣している。しばらく経って、「勇んで思い立ったけれども、たいそう腰が痛くて我慢できない。今夜はこの局《つぼね》にぜひ泊まろう。僧房へ行って燈明のことなどを言え」と言って、連れている若い女房で、（尼のお供に）似つかわしい様子である者を帰らせたようだ。

（尼が）「釈迦牟尼仏」と何度も申し上げて、夕日が明るく射し込んでいるのにふと目を向けて、「しみじみと趣深いことにも山の端近くに沈みかけたような太陽の光だなあ。私の身の上のような気がする」と言って、何かにもたれて座っている様子は、（私には）何となく優美で、風流心があるだろうよと見えるので、近くに寄って、「どこから参詣なさっているのか。先ほどの女房が戻ってくるまでの間、（私があなたの）お相手をするのはどうであろうか」などと言うと、（尼は）「この辺りに近いのですけれども、年老いているからだろうか、たいそう遠方のような気がします。しみじみつらくて」と言う。「それにしても、いくつにおなりになっているのだろうか」と（私が）尋ねると、（尼が）「さあ、自分のことながらよくは見当がつかないほどでございます。百年をもきっと優に越えているでしょう。これまでもこれからも、前例もめったになかった世間の動乱にも、このお寺だけは無事でいらっしゃる。やはりすばらしい釈迦如来の御威光であるよ」などと言うのも、古風で上品な様子だ。年齢などを聞いても、（あまりの高齢が）珍しい気がして、このような人こそが昔の話もするそうだと、ふと思い出して、心をこめて語らいながら、「昔のことが聞きたいので、年老いているような人がいればいいなあと思っておりましたので、嬉しいことだなあ。少しお話しください。たまたま古い歌などを書き残してある何かの一端を見るのさえ、その時に出会ったような気がするよ」と言うと、（尼は）歯の抜けてすぼまった口でにっこり笑って、「どうしてお話し申し上げることができようか。若かった時に見たり聞いたりしましたことは、多くの年月の間に、夢程度（の記憶）でさえなくぼんやりして、何の心得があるでしょうか」とは言いながら、まんざらでもなく、まあ話してもよいだろうと思っている様子なので、（私は）ますますほめそやして、「（あなたの話を聞いて書きとどめるのは）あの雲林院の菩提講に参詣し合わせていた翁の言葉を、仮名の『日本書紀』にする（ことの）ようだ。またあの世継の孫とかいった、老女の物語も、人の話の種になっているのは、あなた様のような人であったのだろう。やはりお話しください」などとおだてると、（尼は）その気になっているにちがいないようだけれども、ますます口をすぼめてばかりで、「当時は人の寿命も長く、気力もしっかりしていたので、それに応じて、思慮分別もはっきりしていて、そのようにすべて申し上げたのだろうか。情けない私は、無為な年ばかり重なっているだけであって、昨日今日という程度のことさえ、目も耳も頼りなくなっておりますので、まして（昔のことは）いっそうひどくわけのわからない間違いばかりでしょう。それにしてもそのようにあれこれと御覧になった古い話とはどのようか」と言う。

「（私が）ただざっと見る機会があったものは、『水鏡』というものであろうか。神武天皇の御代から、ごくおおざっぱに記してある。その次には『大鏡』。文徳天皇の古代から、後一条の帝まで（のこと）がありましたのだろうか。また『世継物語』とかいう四十帖の草子（＝『栄花物語』）で、延喜（＝醍醐天皇）から堀河の先帝まで（ある）少し詳しいもの。また某の大臣がお書きになったと聞きました『今鏡』に、後一条から高倉院まであった（＝記されていた）のであるようだ。たしか、『弥世継』（＝現存しない歴史物語の名）は、隆信朝臣が、後鳥羽院の御在位の頃までを記していると思われます。その後のことは、はっきりわからなくなってしまった。記憶していらっしゃるようなあれこれまでもお話しください。今夜は（ここにいる）誰もがお話し相手をいたしましょう。このような人に会い申し上げているのも、そうなるはずの前世の御因縁があるだろうことだよ」と話すと、（尼は）「当時のことはひどくおぼつかないけれども、ほんとうにその後のことを申し上げないようなのも気になるにちがいないので、途切れ途切れに少し（お話ししましょう）。間違いも多いだろうよ。それは訂正なさってください。たいそうきまりの悪いことでございますにちがいないなあ。あの古い物語とは、同等に見なしなさることはできそうもなく（思われるが）」と言って、

よく澄んだ鏡は（はっきりものが映るので）、昔の物語の有様には及びもつかないで、（私の）愚かな心が見えるだろうか（＝これから話す物語は古い物語には及びもつかないもので、よく澄んだ鏡にものが映るように私の愚かな心が見えてしまうことでしょう）

と、震える声で詠んだのも悪くはなく、たいそう古風だ。（私は）「それなら、これからおっしゃるようなことをも同じように記録して、あの昔の名残（＝これまでの歴史物語）と肩を並べようとお思いのようだ」と答えて、

今もまた昔のことを書くと、よく澄んだ鏡（のように過去の出来事をはっきりと映すものとなるだろうから、その名を付けたこの書物）を、年を経た代々の作品に加えよう

■設問解説

問一　主語判定問題　レベルB

正解はア。今回のように、**主語の組み合わせが問われる場合は、すべての傍線部を検討しなくても正解を出せることがほとんど**。今回であれば、傍線部1と2を検討するだけで正解が出せる。しかも、正解の選択肢から残りの傍線部の主語が分かるというおまけ付きだ。このように、**正解の選択肢を利用して残りの傍線部の主語をおさえていけば、時間も節約できる**。本文が長くても工夫をすれば、制限時間内に解きやすくなってくる。

1＝傍線部の次の文に「かたはらに、八十にもや余りぬらむと見ゆる尼ひとり、鳩の杖にかかりて参れり」とあり、さらに、続く文で尼がお付きの女房に指示を出しているので、傍線部の時点では尼と女房は登場していない。よって、消去法で主語が語り手だと分かる。この時点で正解はアかイ。

2＝〔**文法・構文**〕で説明したとおり、傍線部の前の「具したる若き女房の」の「の」は同格である。ここは尼が連れていた女房を僧房に行かせる指示をしている場面なので、お付きの女房を僧房に帰したのは尼である。この時点で正解がアだと分かる。

参考までに、残りの傍線部も検討すると、

3・4＝傍線部の主語となる人物が「釈迦牟尼仏」と独り言を言いながら寄りかかって座っている様子を、語り手が「何となくなまめかしく」と評していることから、主語が尼であると判断できる。

5＝ここは語り手が尼に話しかけているセリフ。傍線部の直前の「ありつる人」とは女房のことを指しているので、「女房が戻ってくるまでの間、（私が）（あなたの）お相手をするのはどうであろうか」と訳すことができる。よって、傍線部の主語は語り手である。

問二　文法の問題　レベルA

正解はa。入試頻出の**「なむ」の識別**である。「なむ」の識別の基本パターンと例外パターンは次のとおり。

ポイント　**「なむ」の識別の基本パターン**

❶未然形＋なむ＝願望の終助詞「なむ」
例　花、咲かなむ。（花が咲いてほしい。）
❷連用形＋なむ＝完了・強意の助動詞「ぬ」＋推量の助動詞「む」
例　花、咲きなむ。（花がきっと咲くだろう。）
❸連体形・非活用語＋なむ＝強意の係助詞「なむ」
例　花なむ咲く。（花が咲く。）

ポイント　**「なむ」の識別の例外パターン**

連用形に付いていても、次の場合の「なむ」は係助詞
❶形容詞の連用形の「〜く・しく」＋なむ
❷形容動詞の連用形の「〜に」＋なむ
❸断定の助動詞「なり」の連用形の「に」＋なむ
❹打消の助動詞「ず」の連用形の「ず」＋なむ
❺助動詞「べし」「まじ」の連用形の「べく／まじく」＋なむ

難関大では、《連用形＋なむ》の形だが「ぬ＋む」ではなく、係助詞となる形が頻出する。「なむ」の識別は、基本パターンだけでなく、例外パターンもしっかり覚えておこう。

a＝「うちやすみなむ」は、**基本パターンの❷《連用形＋なむ》**なので、助動詞「ぬ」＋助動詞「む」である。

b＝「あはれになむ」は、**例外パターンの❷《形容動詞の連用形の「〜に」＋なむ》**なので係助詞である。

c＝「思ひ給へわかれぬ程になむ」は、「なむ」の前の「に」が断定の助動詞「なり」の連用形なので、**例外パターンの❸《断定の助動詞「なり」の連用形の「に」＋なむ》**となり係助詞である。

d＝「その後の事なむ」は、**基本パターンの❸《非活用語＋なむ》**なので、係助詞である。

e＝「たえだえに少しなむ」は、前の「少し」が副詞なので、基本パターンの❸《非活用語＋なむ》となり係助詞である。

f＝「なぞらへ給ふまじうなむ」は、前の「まじう」が「まじく」のウ音便なので、例外パターンの❺《助動詞「べし」「まじ」の連用形の「べく／まじく」＋なむ》となり係助詞である。

よって、正解はa。なお、この問題も傍線部a・b・cを検討するだけで正解が出せるので、試験本番ではa・b・cを検討して答えを出して先に進めばよい。

問三　空欄補充問題　レベルA

正解は**エ**。まず、空欄の直前が体言の「人」であることに着目しよう。この時点で、未然形接続の**ウ**の「ばや」、連用形接続の**オ**の「にしがな」が不適だと分かる。

次に、空欄部分は語り手が尼に「昔のことが聞きたいので、年老いている人［Ｉ］と思っておりましたので、……」と言っている箇所なので、空欄には「～がいればいいなあ」と訳せる**願望をあらわす語**を入れるのが最適であることをおさえよう。

アの「かし」は「～よ・～ね」と訳す念押しの終助詞なので不適。**イ**の「さへ」は「～までも」と訳す添加の副助詞なので不適。よって、正解は**エ**。「もがな」は「～がいればいいなあ」と訳す**願望の終助詞**である。

問四　口語訳の問題　レベルA

正解は**エ**。まず、傍線部のなかの重要古語「**聞こゆ**」に着目する。「**聞こゆ**」は、「**言ふ**」の**謙譲語**で「申し上げる」と訳すので、「お聞きする」と訳している**ア**と**イ**、「お聞きになる」と訳している**ウ**は不適。

次に、傍線部の「聞えむ」の「**む**」に着目する。「む」は**推量の助動詞**（ここでは意志の意で使われている）なので、打消の意味はない。よって、「お話し申し上げられない」と打消で訳している**オ**は不適。

以上から**エ**が正解だと分かる。この設問は傍線部だけで正解が出せる設問である。早稲田受験生なら失点は許されないレベルだ。

問五　枕詞の問題　レベルA

正解は**ウ**。「夢」の枕詞は「ぬばたまの」。高校では「ぬばたまの」が導く代表語として「黒」「夜」を教わることが多いが、「黒」「夜」しか覚えていなくても、「夢」は夜に見るものなので、「夜」を導く「ぬばたまの」が「夢」も導くと連想したい。

アの「あしひきの」は「山」「峰」、**イ**の「うつせみの」は「世」「命」「人」、**エ**の「くさまくら」は「旅」、**オ**の「ちはやぶる」は「神」の枕詞である。枕詞とそれが導く代表語は**■古文の学習法■▼和歌の修辞法　2 枕詞**にまとめてある。頑張って覚えよう。

問六　口語訳の問題　レベルA

正解は**イ**。**「あへなむ」**は下二段動詞「敢ふ」連用形＋完了助動詞「ぬ」＋推量助動詞「む」で「さしつかえないだろう」の意の重要表現。市販の多くの単語集にも載っている。

ここは語り手が尼に昔語りをしてほしいと頼んで、尼が「さしつかえないだろう」と思っている様子である、という文脈なのだから、ここでの「さしつかえないだろう」とは「話してもよかろう」の意。よって、**イ**が正解。

問七　文学史の問題　レベルB

正解は、**栄花物語**（**栄華物語**）。**歴史物語といえば、受験生は『栄花物語』と「四鏡」（『大鏡』『今鏡』『水鏡』『増鏡』）を覚えておかねばならない**。「四鏡」の文学史の要点は、**■本文を理解しよう**でまとめているので、ここでは、『栄花物語』についてまとめておく。

ポイント　**『栄花物語』（『栄華物語』）**

【ジャンル】　歴史物語
【作者】　正編＝赤染《あかぞめ》衛門《えもん》？　続編＝未詳
【成立】　平安後期
【内容】　＊**編年体**（＝時代順）。五十九代宇多天皇から七十三代堀河天皇までの歴史が描かれる。
＊全四十巻（正編三十巻、続編十巻）。

*仮名で書かれた初めての歴史書である。
***藤原道長の栄華**を中心に描き、『源氏物語』の影響を受けている。
*『大鏡』と同じく『**世継物語**』ともいわれる。

さて、傍線部であるが、まず、傍線部の前で『水鏡』と『大鏡』について述べられ、傍線部の後で『今鏡』について述べられていることに着目しよう。さらに、本文が『増鏡』なので、語り手が『増鏡』の話をしているわけがない。よって、消去法で考えると、『栄花物語』『大鏡』『今鏡』『水鏡』『増鏡』のうち、『栄花物語』のことだと分かる。よって、正解は『**栄花物語**』（＝『栄華物語』）。なお、傍線部の後で述べられている『いや世継』とは、現存しない歴史物語『弥世継』のことである。

問八　空欄補充問題 レベルA

正解は、**強かりけれ**。まず、「強し」に「けり」を接続させる。**「けり」は連用形接続なので**、「強し」は連用形になり「強かりけり」となる（＝「強くけり」にしないように注意。**「強く」は本活用なので助動詞と接続できない**。「けり」は助動詞なので補助活用の「強かり」にすること）。

次に、空欄の直後の接続助詞「ば」に着目する。この「ば」は、**「〜ので」と訳せるので順接確定条件**である。順接確定条件の「ば」は**已然形接続**なので、「けり」を已然形にするとよい。以上から、正解は**「強かりけれ」**。

問九　空欄補充問題 レベルB

正解は**オ**。**問六**（傍線部7の設問）でおさえたとおり、尼は昔語りをすることをさしつかえないと思っている。一方で、空欄の前で「ひがごとぞ多からんかし。そはさし直し給へ（＝間違いも多いだろうよ。それは訂正なさってください）」と言っている。つまり、**尼は、話すことはさしつかえないと思っているものの遠慮する態度を見せているのである**。この点をふまえて、選択肢を検討する。

アの「うるさき」（＝「うるさし」＝面倒だ・わずらわしい）は、尼が話すことをさしつかえないと思っている点に反する。**イ**の「たふとき」（＝「たふとし」＝尊い）は、何が尊いのか意味不明であり論外。**ウ**の「たへがたき」（＝「たへがたし」＝我慢できない）は、アと同じく尼が話すことをさしつかえないと思っている点に反する。エの「めづらしき」（「めづらし」＝めったにない・すばらしい）は、尼が遠慮する態度を見せている点に反する。よって、正解はオの「かたはらいたき」（「かたはらいたし」＝みっともない・きまりが悪い・聞き苦しい）。尼は、「話してもかまわないけど、きまりの悪いことですねえ」と遠慮がちに語り始めるのである。

問十　和歌の解釈の問題　レベルB

正解はイ。**和歌の解釈の問題は、和歌だけでなく、前の地の文の内容もふまえて考えるようにしよう。**

まず、和歌の「おろかなる心」とは、誰の心であるのかをおさえよう。空欄Ⅳの前の「ひがごとぞ多からんかし。そはさし直し給へ（＝間違いも多いだろうよ。それは訂正なさってください）」、和歌の直前の「かの古ごとどもには、なぞらへ給ふまじうなむ（＝あの古い物語とは、同等に見なしなさることはできそうもなく）」に着目。尼は、自分の語る話には間違いも多く『大鏡』などの歴史物語には及ばないと謙遜している。よって、和歌の「おろかなる心」とは、**尼が自分の心を謙遜して愚かな心と言っている**ことが分かる。この時点で、アの「今の人々の愚かな心」、ウの「人がいかに愚かであるか」、エの「昔に及ばない今の世の姿」が不適だと分かる。「おろかなる心」を尼自身の心としている選択肢は「私の愚かな心」のイと「私の心が……愚かになってしまった」のオ。

次に、和歌の「古き姿」が何かをおさえよう。和歌の「古き姿にたちは及ばで」の部分が直前の「かの古ごとどもには、なぞらへ給ふまじうなむ（＝あの古い物語とは、同等に見なしなさることはできそうもなく）」に対応していることをおさえれば、「古き姿」とは「かの古ごとども」のこと、すなわち**『大鏡』などの歴史物語のこと**だと分かる。この点をふまえて、**イ**と**オ**を吟味すると、**イ**は「古い物語には及びもつかない」と「古い物語」にふれているが、**オ**は尼自身の心の変化の話に終始してしまっており、古い歴史物語にふれていない。よって、正解は**イ**。

なお、和歌の「ます鏡」とは、「真澄鏡」と字を当て、はっきりと映る鏡のことだが、それだけではなく、『大鏡』などの今までの歴史物語に新たな歴史物語を「増す」の意味もこめられている。

解答

問一　ア　問二　a　問三　エ　問四　エ　問五　ウ　問六　イ　問七　栄花物語〔栄華物語〕

問八　強かりけれ　問九　オ　問十　イ

13 法学部 二〇一六年度 一

紫式部『源氏物語』

入試頻出出典『源氏物語』。難しいが主旨をしっかりつかんでいけば設問は解ける。

次の文章は『源氏物語』の一節である。鬚黒大将は光源氏の養女である玉鬘に通い始め、鬚黒大将の北の方はそれを悲しんでいる。これは鬚黒大将がこれから玉鬘のもとへ行こうとしている場面である。これを読んで、あとの問いに答えよ。

暮れぬれば、心も空に浮きたちて、いかで出でなんと思ほすに、雪かきたれて降る。かかる空にふり出でむも、人目いとほしう、この御気色も、憎げにふすべ恨みなどし給はば、なかなかことつけて、我もむかへ火つくりてあるべきを、[1]いとおいらかにつれなうもてなしたまへるさまの、いと心苦しければ、いかにせむと思ひ乱れつつ、格子などもさながら、端近ううちながめてゐたまへり。北の方気色を見て、「あやにくなめる雪を、いかで分け給はんとすらむ。夜も更けぬめりや」とそそのかし給ふ。今は限り、とどむともと思ひめぐらし給へる気色、いとあはれなり。[2]「かかるには、いかでか」とのたまふものから、「なほこのころばかり。心のほどを知らで、とかく人の言ひなし、大臣たちも左右に聞き思さんことをはばかりてなん、とだえあらむはいとほしき。思ひしづめてなほ見はて給へ。ここになど渡しては、心やすくはべりなむ。かく世の常なる御気色見えたまふ時は、外ざまに分くる心も失せて［A］、あはれに思ひきこゆる」など語らひたまへば、「立ちとまりたまひても、御心の外ならんは、なかなか苦しうこそあるべけれ。[3]よそにても、思ひだにおこせたまはば、袖の氷もとけなんかし」など、なごやかに言ひゐたまへり。

御火取(注1)召して、いよいよ[a]たきしめさせたてまつりたまふ。みづからは、なえたる御衣《ぞ》どもに、うちとけたる御姿、いとど細うか弱げなり。しめりておはする、いと心苦し。御目のいたう泣き腫《は》れたるぞ、少しものしけれど、いとあはれと見る時は、罪なう思して、いかで過ぐしつる年月ぞと、なごりなううつろふ心のいと軽きぞやとは[b]思ふ思ふ、なほ心げさうは進みて、そら嘆きをうちしつつ、なほ装束したまひて、小さき火取とり寄せて、袖にひき入れてしめゐたまへり。

侍所に人々声して、「雪少し隙あり。夜は更けぬらんかし」など、さすがにまほにはあらで、そそのかしきこえて、声づくりあへり。中将、木工《もく》(注2)など、「あはれの世や」などうち嘆きつつ、語らひて臥したるに、正身《さうじみ》はいみじう思ひしづめて、らうたげに寄り臥したまへり、と見るほどに、にはかに起き上がりて、大きなる籠《こ》の下なりつる火取をとり寄せて、殿のうしろに寄りて、さといかけたまふほど、人のやや見あふるほどもなう、あさましきに、あきれてものしたまふ。さるこまかなる灰の、目鼻にも入りて、おぼほれてものもおぼえず。払ひ捨てたまへど、立ち満ちたれば、御衣ども脱ぎたまひつ。うつし心にてかくしたまふぞと思はば、またかへり見すべくもあらずあさましけれど、例の御物の怪の、人にうとませむとする事と、御前なる人々も[B]見たてまつる。立ち騒ぎて、御衣ども奉り換へなどすれど、そこらの灰の、鬢《びん》のわたりにも立ちのぼり、よろづの所に満ちたる心地すれば、きよらを尽したまふわたりに、さながらまうで給ふべきにもあらず。心違ひとは言ひながら、なほめづらしう見知らぬ人の御有様なりやと爪はじきせられ、うとましうなりて、あはれと思ひつる心も残らねど、このころ荒だてては、いみじきこと出で来なむと思ししづめて、夜半になりぬれど、僧など召して加持まゐり騒ぐ。

(注1)　御火取…衣服に香をたきしめるための香炉。

(注2)　中将、木工…女房たちの名。

問一　傍線部1「いとおいらかにつれなうもてなしたまへるさまの、いと心苦しければ」の解釈として最も適切なものを、次の中から一つ選び、答一の欄にマークせよ。

ア　とてものんびりして気にしないふうで、誠に愛くるしいご様子なので

イ　とても大人びて薄情なご様子が、大変心にかかって苦しく思われるので

ウ　非常に老成していてさりげない返答のご様子が、とてもつらく思われるので

エ　大変おっとりと平静にしていらっしゃるご様子が、誠に不憫に思われるので

オ　誠に平静で無表情なご様子で、こちらのほうがひどく気を遣ってしまうので

問二　傍線部2「かかるには、いかでか」は誰の言葉か。最も適切なものを、次の中から一つ選び、答二の欄にマークせよ。

ア　鬚黒大将　　イ　北の方　　ウ　大臣たち　　エ　玉鬘　　オ　女房たち

問三　空欄Aに入る最も適切な語句を、次の中から一つ選び、答三の欄にマークせよ。

ア　なほ　　イ　やは　　ウ　だに　　エ　なん　　オ　こそ

問四　傍線部3「よそにても、思ひだにおこせたまはば、袖の氷もとけなんかし」の解釈として最も適切なものを、次の中から一つ選び、答四の欄にマークせよ。

ア　離れた世界にいても、お互いに夫婦の愛情さえあれば、このように嘆くこともなくなることでしょう。

イ　離れていても、あなたが子供達のことさえ心配してくださるなら、私が嘆いて流す袖の涙の氷もとけるでしょう。

ウ　あなたのことをよその方が思っていらっしゃるのならば、あなたが嘆いて流す袖の涙の氷もとけることでしょうね。

エ　あなたがよそながらでも、玉鬘のことさえ大切に思っておられるなら、玉鬘が嘆いている袖の涙の氷もとけるに違いありません。

オ　あなたがよそにいらっしゃっても、せめて私のことを思い出してくださるなら、私が嘆いて流す袖の涙の氷もとけることでしょう。

問五　傍線部a〜eの主語はそれぞれ誰か。主語の組み合わせとして最も適切なものを、次の中から一つ選び、答五の欄にマークせよ。

ア　a北の方　　b鬚黒大将　　c女房たち　　d北の方　　e鬚黒大将

イ　a鬚黒大将　　b北の方　　c鬚黒大将　　d女房たち　　e北の方

ウ　a北の方　　b女房たち　　c鬚黒大将　　d北の方　　e鬚黒大将

エ　a鬚黒大将　　b女房たち　　c鬚黒大将　　d鬚黒大将　　e北の方
オ　a北の方　　b鬚黒大将　　c北の方　　d鬚黒大将　　e鬚黒大将

問六　傍線部4「きこえ」は、誰への敬意をあらわす語か。最も適切なものを、次の中から一つ選び、答六の欄にマークせよ。
ア　鬚黒大将　　イ　北の方　　ウ　大臣たち　　エ　玉鬘　　オ　人々

問七　空欄Bに入る最も適切な語句を、次の中から一つ選び、答七の欄にマークせよ。
ア　あさましう　　イ　いとほしう　　ウ　うとましう　　エ　なごりなう　　オ　つれなう

問八　本文の内容と合致するものを次の中から一つ選び、答八の欄にマークせよ。
ア　鬚黒大将は雪がひどいので、玉鬘のもとに出かけるかどうかを迷っていた。
イ　北の方は鬚黒大将の裏切りを非難し、怒りのあまり灰を鬚黒大将に浴びせた。
ウ　北の方の女房たちは、失敗したふりをして火取りの灰を鬚黒大将に浴びせた。
エ　北の方は物の怪のせいで感情を抑えられなくなり、常軌を逸する行動に出た。
オ　鬚黒大将は、北の方が物の怪のふりをして灰を浴びせたのではないかと疑った。

解説

出典 紫式部『源氏物語』〈真木柱〉

重要古語（本文中の意味は網掛けで示す／太字は頻出語義）

（第一段落）

いかで【副詞】❶どのように（疑問）❷どうして（反語）❸なんとかして

思ほす【動詞】（「思ふ」の尊敬語）お思いになる

かかる【連体詞】このような・こんな

いとほし【形容詞】❶気の毒だ ❷かわいらしい

気色《けしき》【名詞】❶人の様子 ❷事情 ❸意向・考え

なかなか【副詞】かえって

つれなし【形容詞】❶変化をしない ❷平気な顔だ ❸すげない

もてなす【動詞】ふるまう

心苦し【形容詞】❶つらい・気になる ❷相手に気の毒だ

さながら【副詞】❶そっくりそのまま ❷すっかり ❸まるで

ながむ（眺む）【動詞】物思いにふける

ゐる（居る）【動詞】❶座る・しゃがむ ❷住む・いる

あやにくなり【形容動詞】❶程度がひどい・意地が悪い ❷あいにくだ・都合が悪い

そそのかす【動詞】せきたてる・その気になるように勧める

あはれなり【形容動詞】❶しみじみと趣深い ❷しみじみと感動する ❸いとしい・愛情が深い ❹気の毒だ・ふびんだ

かかり【動詞】こうである

いかでか【副詞】❶どのようにして（疑問）❷どうして（反語）❸なんとかして
のたまふ【動詞】（「言ふ」の尊敬語）おっしゃる
なほ【副詞】❶やはり　❷相変わらず　❸さらに・いっそう
とかく【副詞】あれやこれやと
言ひなす【動詞】わざわざそのように言う
心やすし【形容詞】安心だ
かく【副詞】このように・こう
見ゆ【動詞】❶見える・感じられる　❷見せる・見られる　❸やってくる　❹結婚する
きこゆ（聞こゆ）【動詞】❶（「言ふ」の謙譲語）申し上げる
❷（謙譲の補助動詞）〜（し）申し上げる
❸聞こえる・噂される・分かる

（第二段落）

召す【動詞】❶（「呼ぶ」の尊敬語）お呼びになる
❷（「飲む・食ふ・乗る・着る」の尊敬語）召し上がる・お乗りになる・お召しになる
❸（「取り寄す」の尊敬語）お取り寄せになる
たてまつる（奉る）【動詞】❶（「与ふ」の謙譲語）差し上げる
❷（謙譲の補助動詞）〜（し）申し上げる
❸（「飲む・食ふ・乗る・着る」の尊敬語）召し上がる・お乗りになる・お召しになる
いとど【副詞】いよいよ・ますます
おはす【動詞】❶（「あり」の尊敬語）いらっしゃる
❷（「行く・来・出づ」の尊敬語）いらっしゃる
❸（尊敬の補助動詞）〜なさる

いたし【形容詞】❶甚だしい・はげしい ❷すばらしい

ものし（物し）【形容詞】❶不気味だ ❷不愉快だ

うつろふ（移ろふ）【動詞】❶移り変わる・変化する ❷花の色がさめる・散る

そら【接頭語】うそ

（第三段落）

さすがに【副詞】そうはいうもののやはり

まほなり【形容動詞】❶完全だ ❷十分だ ❸直接的だ・真正面だ

世【名詞】❶世間 ❷男女の仲

いみじ【形容詞】❶とても ❷すばらしい ❸大変だ

らうたげなり【形容動詞】いかにもかわいらしい

にはかなり【形容動詞】急だ

あさまし【形容詞】❶驚きあきれるほどだ・意外だ ❷情けない

ものす【動詞】する（前後の文脈によって様々な意味になる）

さる【連体詞】❶そのような・そんな ❷相当な ❸筋の通った

おぼゆ（覚ゆ）【動詞】❶思われる ❷思い出される ❸似る

うつし心【名詞】しっかりした気持ち・正気・本心

例の【副詞】いつものように

そこら【副詞】❶たくさん ❷たいへん

よろづ【名詞】様々なこと・あらゆること

まうづ【動詞】（「行く・来・出づ」の謙譲語）参上する・参詣する

爪《つま》はじき（爪弾き）【名詞】人差し指または中指の爪先を親指の腹にかけてはじくこと

※気にくわないときや忌み嫌うときなどにするしぐさ。

■本文を理解しよう

『源氏物語』は入試頻出出典の一つなので、次のポイントは覚えておこう。

ポイント　『源氏物語』

【ジャンル】作り物語
【作者】**紫式部**（藤原為時の娘）
【成立】**平安中期**（一〇〇〇年頃）
　＊八代集の三番目の『**拾遺和歌集**』とほぼ同時期に成立した。
【内容】①全五十四帖からなる。
　②主人公の**光源氏**と、その子（実子ではない）の**薫**《かおる》のそれぞれの愛の葛藤が中心。
　〈第一部〉桐壺《きりつぼ》～藤裏葉《ふじのうらば》（三十三帖まで）――栄華をきわめる光源氏――

　光源氏が、**藤壺**や**紫の上**ら様々な女性と愛し合い、栄華をきわめるまでが描かれる。

　〈第二部〉若菜上《わかなのじょう》～幻《まぼろし》（雲隠《くもがくれ》）（四十一帖まで）――栄華の裏にある苦悩と葛藤――

　降嫁した**女三の宮**と**柏木**《かしわぎ》との密通による**薫**の出生、紫の上の死、などを経て、出家を願う晩年の光源氏の様子が描かれる。

　〈第三部〉匂宮《におうのみや》～夢浮橋《ゆめのうきはし》（残りの十三帖）――光源氏亡き後の世界――

　薫・匂宮と宇治の姫君たち（**大君**《おおいぎみ》**・中君**《なかのきみ》**・浮舟**《うきふね》）との愛の葛藤が描かれる。
　＊最後の十帖を「**宇治十帖**《うじじゅうじょう》」という。

『源氏物語』は、長編物語であるため登場人物が多く、その関係も複雑である。しかも、入試では、ある程度の人物関係を事前に知っておかないと読みにくく、時間内に終わらない問題が頻出する。よって、国語便覧や漫画などでそのあらすじをおさえておくことが効果的である。大和和紀『あさきゆめみし』（講談社）が読みやすいので薦めておく。

文法・構文

（第一段落）

あやにくなめる雪を

この**「あやにくなめる」**は、形容動詞「あやにくなり」に推定の助動詞「めり」の連体形が付いた「あやにくなるめる」が、《あやにくなるめる→あやにくなんめる→あやにくなめる》と変化したもので、「あやにくなめる雪」は「あいにくであるような雪」と訳す。「あやにくなんめり」の「あやにくなん」は、「あやにくなる」の撥音便、「あやにくな」は、「あやにくなん」の撥音「ん」の表記されない形である。

《あ・か・ざ・た・な》の下に《らし・めり・なり・べし》が付いているときは、撥音便の無表記の可能性を考えるようにしよう（演習12 **文法・構文**（第三段落）参照）。

のたまふものから

この「ものから」は逆接確定条件の接続助詞で、「…けれども」と訳す。「ものから」の関連語に「ものの・ものを・ものゆゑ」がある。

> **ポイント**　**ものから・ものの・ものを・ものゆゑ【接続助詞】**
> 逆接確定条件（…けれども・のに）

（第三段落）

御前なる人々

この「なる」は存在の助動詞「なり」の連体形。「御前なる人々」で「（北の方の）おそばにいる女房たち」と訳す。**《場所＋なる＋体言》の形のときは断定ではなく存在の意味である。**なお、**貴族社会の話に出てくる「人々」は女房たちを指すことが多い。**こちらも覚えておこう。

ポイント　助動詞「なり」

【語源】に＋あり

【意味】❶断定（〜である）

例 おのが身はこの国の人にもあらず。月の都の人なり。

わたしの身は、この人間世界の人のではない。月の都の人である。

❷存在（〜にいる・〜にある）

例 あまの原ふりさけみれば春日なる三笠の山にいでし月かも

大空をふりあおいでみると、（今見える月は）春日にある三笠の山に出た月（と同じもの）だなぁ

＊「場所＋なる＋体言」「場所＋なりける＋体言」の形であることが多い。

【接続】連体形・体言など

【活用表】

基本形	未然	連用	終止	連体	已然	命令
なり	なら	なり に	なり	なる	なれ	なれ

通釈

日も暮れてしまうと、（鬚黒大将は）心もうわのそらで浮き浮きして、どうにかして（玉鬘のもとへ）出かけようとお思いになるが、（あいにく）雪が激しく降る。このような空模様を振り切って出かけようとするのも、（北の方にとって）人の見る目も気の毒で、（北の方の）このご様子も、憎らしそうに嫉妬して恨んだりなさるのなら、かえってそれを口実にして、自分の方からも向かい火をつけるように怒りもしようが、（北の方は）大変おっとりと平静にしていらっしゃるご様子が、誠にふびんに思われるので、（鬚黒大将は）どうしようかと思い迷いながら、格子なども上げたまま、端近くで物思いにふけりながら座っていらっしゃった。北の方が（その）様子を見て、「折が悪そうな雪の中を、どうやって分けて行こうとなさるのだろうか。夜も更けてしまったようだなあ」と（外出を）せきたてなさる。今となっては、引き止めたとしても（無駄だろう）と思案していらっしゃる様子は、とてもかわいそうだ。（鬚黒大将は）「このように雪が降る晩に、どうして（行かれようか）」とおっしゃるものの、「やはり当座の間は（行かないと）。（私のつらい）気持ちも知らないで、あれこれと人が言い立て、大臣たちもあれやこれやと聞いてどうお思いになるかも気がねされるところであり、（玉鬘の所へ通うのが）途絶えるのは気の毒だ。（ここは）心を静めてやはり（私の心を）見届けてください。（玉鬘を）この邸などに移したら、気も楽でしょう。（あなたが）このようにふだん通りのご様子を見せてくださる時は、他の女性に（愛情を）振り分ける心も消えて、（あなたを）いとおしく思い申し上げるのだ」などとお話しになると、（北の方は）「ここにとどまりなさっても、お心が他の女性に向いているのなら、（私は）かえってつらくなるだろう。（あなたが）よそにいても、せめて（私のことを）思い出してくださるなら、（私が嘆いて流す）袖の涙の氷もとけることだろう」などと、おだやかに言って座っていらっしゃった。

（北の方は）御香炉をお取り寄せになって、（鬚黒大将の衣服に）いっそう（香を）たきしめてさしあげなさる。（北の方）ご自身は、糊が落ちてやわらかくなったお召し物を着て、くつろいでいるお姿は、（心労のために）いっそうやせ細って弱々しげである。物思いに沈んでいらっしゃる様子は、とても痛々しい。御目をひどく泣きはらしているのが、少し目障りであるけれど、（鬚黒大将が）とてもいとおしいと思って見る時は、欠点ともお思いにならず、（これまで夫婦として）どうして過ごしてきた年月なのかと、未練もなく心変わりした（自分の）心がとても軽々しいことだと思いつつも、やはり（玉鬘への）心配りは高まって、（北の方の手前）悲しいふりをしながら、やはり衣服を身につけなさって、小さな香炉を引き寄せなさって、袖の中に入れてたきしめなさっている。

侍の詰め所で人々の声がして、「雪が少しやんでいる。夜は更けてしまうだろうよ」などと、そうは言ってもやはりあからさまにではなく、せきたて申し上げて、咳払いし合っている。（女房の）中将、木工などが、「悲しい夫婦仲だこと」などと嘆息しながら、語り合って横になっているが、（北の方）当人はたいそう物思いに沈んで、いかにもいじらしく物に寄りかかって横になっていらっしゃる、と見るうちに、急に起き上がって、大きな籠の下にあった香炉を引き寄せて、殿（＝鬚黒大将）の後ろに近寄って、ぱっと（灰を）注ぎかけた時は、人がすっかり見届ける間もなく、驚きあきれたことで、（鬚黒大将は）あっけにとられていらっしゃる。あのような細かい灰が、（鬚黒大将の）目にも鼻にも入って、ぼんやりしてどうしてよいかわからない。（灰を）振り捨てなさるけれど、（全身に）充満しているので、お召し物をお脱ぎになった。正気でこんなことをなさったのだと思ったら、二度と気にかけるつもりがないほどにあきれたことだけれど、例によって（北の方に取りついた）御物の怪が、人に嫌われるように仕向けたのだと、御前に仕える人々も（北の方を）ふびんに思い申し上げる。大騒ぎして、お召し物など替えてさしあげなどするけれど、たくさんの灰が、鬢のあたりにも舞い上がって、全身に充満している気持ちがするので、華美を極めたあたり（＝玉鬘の所）へ、そのまま参上なさることもできない。平常の心ではないとはいえ、やはり珍しく初めて見た人のようなおふるまいであるよと（鬚黒大将は）気にくわず爪をはじかずにはいられなくて、厭わしくなって、いとおしいと思った気持ちも失せたけれど、当座の間は事を荒立てては、きっと大変なことが起こるだろうと心を静めて、夜中になってしまったけれど、僧などをお招きになってあわただしく（北の方のために）加持祈禱してさしあげる。

■設問解説

問一　傍線部解釈問題　レベルA

正解は**エ**。傍線部のなかの重要古語「つれなし」「もてなす」「心苦し」に着目しよう。

「つれなし」は「変化をしない・平気な顔だ」の意で、「もてなす」は「ふるまう」の意。よって、「つれなうもてなしたまへる」で「平気な顔でふるまいなさっている」の意。この時点で「気にしないふう」の**ア**か、「平静にしていらっしゃる」の**エ**にしぼれる。

次に、「心苦し」は「気の毒だ」の意。これを「不憫に思われる」と言い換えている**エ**が正解。

なお、「この御気色も、憎げにふすべ恨みなどし給はば、なかなかことつけて、我もむかへ火つくりてあるべきを、いとおいらかにつれなうもてなしたまへるさまの、いと心苦しければ」の「なかなか……あるべきを」の部分は、単語集に載っていない単語が多く、受験生は読めなかっただろう。だが、**問一**を解けば、「このご様子も、憎らしげに嫉妬し恨みなどしなさるならば、……、大変おっとりと平静にしていらっしゃるご様子が、誠に不憫に思われるので」の意だと分かるので、「……」の部分は〈鬚黒は北の方に対して負の感情を抱くけれど〉といった意味なのだろうと推測できる。さらに、「この御気色」が北の方のご様子のことだとも確信がもてるだろう。

早稲田レベルの入試問題にもなると、端から端まで一字一句正確に読めるということはまずない。どうしても知らない単語や表現にでくわすだろう。だが、単語集に載っている単語をしっかり覚えて演習をこなしていけば、読めない部分の意味も推測できるようになってくる。頑張ろう。

問二　文脈把握問題　レベルB

正解は**ア**。

まず、選択肢にあげられている人物のうち鬚黒と北の方以外はまだ登場していないので、おそらく**ア**か**イ**が正解であろうと目星をつけよう。

次に、傍線部のセリフが、前の「『あやにくなめる雪を、いかで分け給はんとすらむ。夜も更けぬめりや』」に対する返答であることを意識しよう。この「『あやにくなめる雪を、いかで分け給はんとすらむ。夜も更けぬめりや』」は直後に「そそのかし給ふ」（＝せきたてなさる）とあるので、北の方のセリフ。問一でおさえたようにここで北の方は平静をよそおっている。平静をよそおって、鬚黒に玉鬘のもとに行くようにせきたてているのである。鬚黒が北の方をせきたてるというのは明らかに文脈に合わない。よって、傍線部は北の方のセリフに対する返答なので、鬚黒のセリフである。

問三 空欄補充問題 レベルB

正解は**エ**。

まず、「かく世の常なる御気色見えたまふ時は、外ざまに分くる心も失せて［A］、あはれに思ひきこゆる」の「きこゆる」に着目しよう。ヤ行下二段動詞「きこゆ」の連体形だ。この時点でイとエにしぼれる。「やは……連体形」か「なん……連体形」。係り結びである。

次に、イとエをそれぞれ検討する。イだと疑問文・反語文になり（「やは」のときは反語文のことが多い）、エだと肯定文になる。さて、ここは鬚黒のセリフである。そして、前の「かく世の常なる御気色見えたまふ時」の「かく」に着目しよう。指示語だ。**早稲田の古文は指示語が設問にかかわってくることが多いので、指示語が出てきたら、敏感に反応し、指示内容を必ずおさえるようにすること。**「かく世の常なる御気色見えたまふ時」（＝このように普通のご様子をお見せになる時）。問一でおさえたとおり、北の方は平静にしているのだから、ここは北の方のことを指していると判断できる（平静にしていらっしゃる＝普通のご様子でいらっしゃる）。よって、「かく世の常なる御気色見えたまふ時は、外ざまに分くる心も失せて［A］、あはれに思ひきこゆる」は「あなたがこのように普通のご様子をお見せになる時は、……［A］、しみじみいとおしく思い申し上げる」の意になるので、ここは肯定文にすべきであると分かる。よって、正解は**エ**。

なお、波線を付した「外ざまに分くる心も失せて」の部分は「（私は）他の方面に向ける心もなくなって」の意だが、ほとんどの受験生が訳せなかっただろう。でも大丈夫。ここは訳せなくても設問は解ける。無理をせずに学ぶべきことをしっかりと学んでいこう。

ポイント **指示語**

本文中の指示語に敏感になること！ 指示語が出てきたら必ず指示内容をおさえて、指示語に代入して読むクセをつける

問四 傍線部解釈問題 レベルA

正解は**オ**。

傍線部の「だに」に着目しよう。入試頻出の副助詞である。「だに」のポイントは次のとおり。

ポイント **だに（副助詞）**

❶類推（…さえ） 例 み山には松の雪だに消えなくに都は野辺の若菜摘みけり

山では消えやすい松の木の雪さえ消えないのに、都では野辺の若菜を摘んでいるなぁ

❷限定（せめて…だけでも） 例 われに、今一たび、声をだに聞かせたまへ。

私に、もう一度、せめて声だけでも聞かせてください。

【意味の区別の仕方】

「だに」の後ろに命令・願望・仮定・意志の表現があれば限定。それ以外は類推。

※限定は後ろに命令・願望・仮定・意志があるときなので、限定・命令・願望・仮定・意志の頭文字をつないで「ゲー、メガカイ（げっ、目がかゆい）！」と覚えるとよい。

傍線部の「だに」は、後ろに「おこせたまはば」があり、この「ば」は《未然形＋ば》なので順接仮定条件である。「だに」の後ろに「命令・願望・仮定・意志」のうちの「仮定」があるので、この「だに」は限定で、「せめて…だけでも」と訳す。この訳をふまえている選択肢は「せめて私のことを思い出してくださるなら」の**オ**しかない。**ア・イ・エ**は「だに」を類推でとってしまっており「さえ」と訳しているので不適。**ウ**は「だに」が訳出されてい

ないので論外。

正解はオ。

問五　主語判定問題　レベルB

今回のように、**主語の組み合わせが問われる場合は、すべての傍線部を検討しなくても正解を出せることがほとんど。**今回であれば、傍線部dとeを検討するだけで正解が出せる。しかも、正解の選択肢から残りの傍線部の主語が分かるというおまけ付きだ。**このように、正解の選択肢を利用して残りの傍線部の主語をおさえていけば、時間も節約できる。**本文が長くても工夫をすれば、制限時間内に解きやすくなってくる。

a＝ここは標準レベル。早稲田受験生なら解きたいレベルだ。選択肢をみると主語は鬚黒か北の方である。次の文の「みづからは、なえたる御衣《ぞ》どもに、うちとけたる御姿、いとど細うか弱げなり」とのつながりから考えよう。「いとど細うか弱げなり」とあるのだから、この部分が鬚黒ではなく北の方の話をしていることは容易に判断できるだろう。よって、傍線部の主語は北の方。「御火取召して、いよいよたきしめさせたてまつりたまふ。みづからは、なえたる御衣《ぞ》どもに、うちとけたる御姿、いとど細うか弱げなり」は、「(北の方は)香炉をお取り寄せになって、(鬚黒の装束に)いっそう(香を)たきしめてさしあげなさる。ご自身は、よれよれになったお着物姿で、くつろいだお姿が、いっそうほっそりとしてか弱そうである」の意。

b＝ここは相当難しいので本番では後回しにする。ここは鬚黒が、北の方への名残も感じずに玉鬘に心移りをする自分の気持ちを軽々しいと思っている場面。「なごりなううつろふ心のいと軽きぞや」の意味を正確につかめた受験生はほとんどいないだろう。

c＝ここはやや難しい。後の「らうたげに寄り臥したまへり」(＝いかにもかわいらしく物に寄りかかって横になっていらっしゃる)とのつながりから考えて、主語は北の方だと判断する。鬚黒は出かけようとしているのだから、「寄り臥し」というのはおかしいし、「らうたげに」も鬚黒の動作の説明としては変。「正身《さうじみ》はいみじう思ひしづめて、らうたげに寄り臥したまへり」で「北の方本人はとても物思いに沈んで、いかにもかわいらしく物に寄りかかって横になっていらっしゃる」の意。諸君のなかにはcを難しく感じる人もいるだろう。その場合は後回しにしても大丈夫。

d＝ここは易しい。北の方が鬚黒に灰を浴びせかけた。そのことで「あきれてものしたまふ」（＝呆然としていらっしゃる）のは誰か？　尊敬語が使われているわけだし、鬚黒しかいない。

e＝ここは相当易しい。選択肢をみると主語は鬚黒か北の方である。「さながらまうで給ふべきにもあらず」で「そのまま参上なさることもできない」の意。本文の冒頭から一貫して鬚黒が玉鬘のもとに行くという話をしているわけだから、参上する、しない、の主語が北の方ではなく鬚黒なのは明らかだろう。

問六　敬意の対象の問題　レベルA

正解はア。敬意の対象の問題のポイントは次のとおり。

ポイント　**敬意の対象―誰から誰へ の敬意か？**

【誰から】敬語が**地の文**にあるか**会話文**にあるかで判断する
→**地の文**にある場合＝**書き手**（作者）から
→**会話文**にある場合＝**話し手**から

【誰へ】**敬語の種類**で判断する
→**尊敬語**の場合＝**動作の主体**（動作をしている人）へ
→**謙譲語**の場合＝**動作の客体**（動作をされている人）へ
→**丁寧語**の場合＝**聞き手・読み手**へ

ここは、召使いたちが鬚黒をせきたてている場面。「（召使いたちが）（鬚黒を）そそのかしきこえ[4]」とあるのだから、謙譲語である「きこゆ」は動作の客体の鬚黒への敬意をあらわしている。

なお、本文で、玉鬘のもとに出かけることをせきたてられる人物は鬚黒しかいないので、鬚黒への敬意と即答できるはずだ。

問七　空欄補充問題　レベルB

正解はイ。

前にある接続助詞「ど」に着目しよう。「ど」は逆接確定条件なので前後が逆になる。

《本　文》

うつし心にてかくしたまふぞと思はば、またかへり見すべくもあらずあさましけれ↔ど、逆接

例の御物の怪の、人にうとませむとする事と、御前なる人々も　B　見たてまつる。

《口語訳》

正気でこのようになさると思うならば、二度と気にかけるつもりがないほどに驚きあきれる↔けれども、

いつものように御物の怪が、鬚黒に（北の方を）うとましく思わせようとすることなのだと、

北の方のおそばにいる女房たちも　B　だと見申し上げる。

正気で灰を浴びせかけるようなことをするのならば驚きあきれるけれども、物の怪のせいでこのような事態になっている。さて、北の方のおそばにいる女房たちはどう思うのか？　アだと「ど」の前にも「あさまし」があるので逆接にならない。ウだと女房たちが北の方のことを嫌に思っていることになり、これも逆接にならない。エとオは意味的に明らかにおかしい。よって、正解はイ。女房たちは物の怪にとりつかれた北の方を気の毒に思っているのである。

問三の解説で、早稲田の古文は指示語が設問にかかわってくることが多いと述べたが、指示語と同じく接続語も重要である。接続語が出てきたら、敏感に反応し、何と何をつないでいるのか、話がどう展開しているのかを意識するようにしよう。

ポイント　**接続語**

本文中の接続語に敏感になること！　接続語が出てきたら、何と何をつないでいるのか、話がどう展開しているのかを意識するように

問八　内容合致問題　レベルB

正解は**エ**。

ア＝「玉鬘のもとに出かけるかどうかを迷っていた」が第一段落の一文目に反する。鬚黒はなんとかして玉鬘のもとに行こうと考えている。

イ＝本文に全く書かれていない内容であり論外。北の方は鬚黒を非難していないし、怒りのあまり灰を浴びせたのではなく、物の怪にとりつかれて灰を浴びせたのである。

ウ＝「北の方の女房たちは、失敗したふりをして」が不適。鬚黒に灰を浴びせたのは物の怪にとりつかれた北の方である。

エ＝第三段落の内容に合致する。

オ＝「北の方が物の怪のふりをして灰を浴びせたのではないかと疑った」が本文に書かれていない内容である。

解答

問一　エ　問二　ア　問三　エ　問四　オ　問五　オ　問六　ア　問七　イ　問八　エ

『賀茂保憲女集』

『賀茂保憲女集』の序文。情景がつかみにくく難しい。

14 商学部　二〇一七年度　〔二〕

次の文章は『賀茂保憲女集』という歌集の序文の一部である。これを読んで、あとの問いに答えよ。

敷島の世中、わが帝の御親族、国の内の司、千々の門、過ぎにし年頃、ならへる月日の中に求むれど、我身のごと悲しき人はなかりけり。年の積もるままに、物思ひしげりける時に、思ひけるやう、はかない鳥といへども、生まるるよりかひあるは、巣立つこと久しからず、はかない虫といへど、時につけて声をとなへ身を変へ[a]ぬなし。かかれば、鳥虫に劣り、[1]木には及ぶべからず、草にだに等しからず、［A］人には並ばず。ちはやぶる神代より、人をば賢しきものにしけるぞ。空を飛ぶ鳥といへども、水に遊ぶ魚といへども、針をまうけ糸をすげて、そのまなこを閉ぢて、深き海といへど、木を窪め、楫をまうけて、おのづから渡りぬ。すべて数へば、浜の真砂も尽きぬべう、田子の浦波も数知りぬべうなし。かくさまざまなることを見れば、我身の悲しきこと、命は幸ひを定めたら[b]ぬ世なれば、さりともと若き頼みに頼みしことを、いま年の老いゆくままに、哀れなることを思へど、卑しきには友とする[①]人もなし、拙きには雅びかなることなし。流れての世に、人に笑はれ[c]ぬべければ、なほ雁の涙に落とし果ててんと思ふものから、なほかき集めてけり。

この歌は、天の帝の御時に、疱瘡《もがさ》といふものおこりて、病みける中に、賀茂氏なる女、よろづの[②]人に劣れりけり。さる中にただ疱瘡をなむ、すぐれて病みける。瘡のみにもあらず、多くの病をぞしけると、からうじてこの［B］よりなん鮮《よみがへ》りける。そのほど冬の初め、秋の終りなりければ、草木も風もやうやう枯れもていく。見ん人ゆゆしく思ひぬべしとて、いささか色にも出ださず、ただ心一つに思ひて、我身のはかなきこと、世の中の常ないこと、眺むる夕べ、空にたまとる虫を詠み、ある時はあまたの魂を語りにて、[2]歌合をして、勝ち負けは心ひとつに定めなどしてぞ、慰めて明かし暮しける。見る人はさもこそ病高しぞらめ、常に呻吟《によ》ひ[③]人なむこれを好むかはなどいへど、聞き入れず。わづかに薄《すすき》、菊など植ゑて見んとしけるを、この病につきて知らぬ[d]ほどに、菊も枯れにけり。[3]ましてかかることをば思ひこめてや止みなんや。よろしからむと定むるに、なほ飽かねば、かかることをいかなる人しけん、心もなかりける人かなといはば、おほよその④人の名立てなるべければ、吾がせるなり。題も知らする⑤人もなし。ただ詠ま[4]るる時を面白きにすれば、冬も桜心の内には乱る。夏の日にも心の内には雪かきくらし降りて、消えまがひなどすれば、定まることなくて、書き集むる手も定めたらず、端に書くべきことを奥に書き、奥に書くべきことは端に書き、[5]定まることなし。疱瘡の盛りに目をさへ病みければ、枕上に面白き紅葉を人の置いたりければ、思ひ余りて

くもりつつ涙しぐるる我が目にもなほもみぢ葉はあかく見えけり

注　疱瘡…天然痘。または麻疹。

問一　傍線部a〜dの「ぬ」に、文法的に他と異なる「ぬ」があるが、それはどれか。最も適切なものを一つ選び、解答欄にマークせよ。

問二　傍線部1「木には及ぶべからず」の主語として、最も適切なものを次の中から一つ選び、解答欄にマークせよ。

イ　虫　　ロ　鳥　　ハ　年　　ニ　我身　　ホ　人

問三　空欄 A に入る最も適切な語句を次の中から一つ選び、解答欄にマークせよ。

イ　ただ　　ロ　なほ　　ハ　かくて　　ニ　いづれも　　ホ　いはんや

問四　傍線部①〜⑤の「人」に、他と異なる「人」を指す「人」があるが、それはどれか。最も適切なものを一つ選び、解答欄にマークせよ。

問五　空欄 B に入る最も適切な語句を次の中から一つ選び、解答欄にマークせよ。

イ　時　　ロ　病　　ハ　年　　ニ　人　　ホ　歌

問六　傍線部2「歌合」とは、どのような歌合か。最も適切なものを次の中から一つ選び、解答欄にマークせよ。

イ　古来の歌人たちの歌を選んで作った歌合。

ロ　自分の歌をもとにして行なった歌合。

ハ　虫や螢を相手に行なった想像上の歌合。

ニ　心の通う周囲の人々と語らって行なった歌合。

ホ　紅葉を枕上に置いてくれた友と行なった歌合。

問七　傍線部3「ましてかかることをば思ひこめてや止みなんや」の意味として、最も適切なものを次の中から一つ選び、解答欄にマークせよ。

イ　まして歌を詠むことに心がとらわれて、詠むのを止められようか。

ロ　ましてこのような言葉に強く影響されて、詠むのを止められようか。

ハ　まして菊が枯れたことを思って、悲しむのを止められようか。

ニ　まして我が身がはかないと思い込んで、嘆くのを止められようか。

ホ　まして世の無常をひたすら思って、詠むのを止められようか。

問八　傍線部4「るる」と文法的に同じものはどれか。最も適切なものを次の中から一つ選び、解答欄にマークせよ。

イ　今はとてわかるる時は天の河わたらぬさきに袖ぞひちぬる

ロ　くもりつつ涙しぐるる我が目にもなほもみぢ葉はあかく見えけり

ハ　わすらるる時しなければあしたづの思ひみだれてねをのみぞなく

ニ　今はこじと思ふものから忘れつつまたるる事のまたもやまぬか

ホ　わすらるる身を宇治橋の中たえて人もかよはぬ年ぞへにける

問九　傍線部5「定まることなし」の意味として、最も適切なものを次の中から一つ選び、解答欄にマークせよ。

イ　歌集の歌が三十一文字に整わず、字もきちんとしていない。

ロ　歌集の歌の順序が混乱していて、きちんとした形になっていない。

ハ　歌集の歌が、公表する歌と秘めておく歌とが混ざった状態である。

ニ　病のために手が震えて書けず、歌集が確定した形になっていない。

ホ　歌を実際の季節にかまわず詠んでいるので、季節はずれの歌がある。

問十　本文の内容と合致するものはどれか。最も適切なものを次の中から一つ選び、解答欄にマークせよ。

イ　作者は歌人であるが、身分の低い賀茂氏の女性が疱瘡をわずらって苦しんだので同情し、その身辺を記す歌集を編纂した。

ロ　作者は疱瘡をわずらい、悲しみと苦しみを味わうが、歌人の友人達との交友を支えにして、歌を詠み合いながら日々を送った。

ハ　作者は帝に仕えていて、若い時には将来を期待したが、疱瘡にかかり、宮中から退き、年老いた今は希望を失ってしまった。

ニ　作者は疱瘡にかかり、そのほかにも多くの病気をわずらって、孤独な生活を送っており、想像の世界で和歌を一人詠み続けた。

ホ　作者は寂しい晩年を送っているが、知人である賀茂氏の女性が詠んだ「くもりつつ…」の歌の背景を知り、それを詳しく記した。

解説

出典 賀茂保憲女『賀茂保憲女集』〈序文〉 ※途中に大幅に省略した箇所がある。

重要古語 （本文中の意味は網掛けで示す／太字は頻出語義）

（第一段落）

敷島《しきしま》【名詞】日本
　★しきしまの……「大和」を導く枕詞
　★しきしまのみち〔敷島の道〕……和歌の道・歌道

司《つかさ》【名詞】❶役所 ❷役人 ❸官職・官位

ならふ【動詞】❶慣れる・習慣となる ❷親しむ

賢《さか》し【形容詞】❶しっかりしている ❷すぐれて賢い ❸こざかしい

まうく（設く）【動詞】❶準備する ❷設備する ❸手に入れる

頼む【動詞】【四段】頼りにする・あてにする
　【下二段】頼りに思わせる・あてにさせる

哀れなり【形容動詞】❶しみじみと趣深い ❷しみじみと感動する ❸いとしい・愛情が深い ❹気の毒だ・ふびんだ

なほ【副詞】❶やはり ❷相変わらず ❸さらに・いっそう

（第二段落）

よろづ【名詞】様々なこと・あらゆること

さる【連体詞】❶そのような・そんな ❷相当な ❸筋の通った

ほど【名詞】❶時・時分・ころ ❷間
　※「ほど」には多くの意味があるが、読解では上記の二つの意味を覚えておこう。

やうやう【副詞】次第に・だんだん

ゆゆし【形容詞】❶不吉だ ❷程度が甚だしい（良い意味にも悪い意味にも用いる） ❸とても

いささか【副詞】ほんの少し・わずかばかり
眺む【動詞】物思いにふける
あまた【副詞】数多く・たくさん
かかる【連体詞】このような・こんな
よろし【形容詞】悪くない
飽く【動詞】満足する
面白し【形容詞】❶趣がある・美しい　❷楽しい

■本文を理解しよう

『賀茂保憲女集《かものやすのりのむすめしゅう》』

ポイント

【ジャンル】歌集（私家集）
【作者】賀茂保憲女《かものやすのりのむすめ》
※賀茂氏は天文道・陰陽道の家で、父の賀茂保憲は安倍晴明の師と言われる。
【成立】平安中期（『源氏物語』以前）
【内容】疱瘡を患った作者が病床で書き集めた私家集。

商学部の中では難しい問題である。文法的に難しい箇所はないものの、字面が訳せても内容がつかみにくい。このレベルになってくると、端から端まで完璧に読める受験生は皆無だろう。**どうしても意味の分からない部分は飛ばしつつ、本文の主旨をつかんでいこう。**

作者が歌人なだけあって、和歌の修辞技巧をふまえた表現がある。第一段落の**「ちはやぶる」**は**「神」**を導く**枕詞**（枕詞については**■古文の学習法■▼和歌の修辞法　2枕詞**を参照）、**「田子の浦」**は現在の静岡県にある**歌枕《うたまくら》**

（＝昔から和歌に詠まれてきた名所）である。

文法・構文

（第一段落）

我身のごと悲しき人はなかりけり。

この「ごと」は比況の助動詞「ごとし」の語幹で「…ように」と訳す。

通釈

日本の帝の治世で、我が帝のご親族、国内の役人、多くの一門、過ぎ去った年々、住みなれた月日の中に探し求めるけれど、我が身のように悲運な人はいないことよ。年が積もるにしたがって、物思いが多くなる時に、思ったことには、たいしたことのない鳥であっても、生まれてから価値のあることは、巣立つことに時はかからず、たいしたことはない虫といっても、時に応じて鳴き声を唱え姿を変えないものはない。そうであるならば、（私は）鳥や虫に劣り、木には及ぶことができず、草でさえ同等ではなく、まして人には並ばない。神の時代から、人をこそ優れたものにしていることよ。空を飛ぶ鳥といっても、水中に遊ぶ魚といっても、針を準備し糸をつけて、（それを殺して）その目を閉じさせ、深い海といっても、木を削り、楫を準備して、自ら渡ってしまう。（このような人の優れているところを）すべて数えれば、浜の砂もきっとつきてしまうだろう、田子の浦の波の数もわかってしまうだろう、ということはない（＝浜の砂がつきてしまい、田子の浦の波の数も数えきってしまうことのないように、人の優れているところはたくさんある）。このようにさまざまなことを見ると、我が身の切ないこと、運命は幸いと定めていない世なので、そうであったとしてもと若いことを望みに頼ったことを、いま年の老いゆくままに、しみじみと思うけれど、身分が低い者（＝私）には友とする人もいないし、みすぼらしい者（＝私）には雅なことはない。（この歌集が）時が流れた後の世に、人にきっと笑われるだろうから、やはり雁の涙のように落とし果てて（捨てて）しまおうと思うけれど、それでもやはり（歌を）かき集めてしまった。

この歌は、天皇の御時に、疱瘡（＝天然痘）というものがおこって、（皆が）病んだ時に、賀茂氏である女（＝私）は、すべての人に劣っていた。その中でただ疱瘡を、とくに病んでいた。瘡だけでなく、多くの病気をしていたところ、なんとかこの歌によって蘇った。その時は冬の初め、秋の終わりだったので、草木も風もだんだん枯れていく。見るような人が気味悪く思うだろうと、少しも様子に出さず、ただ心一つに思って、我が身のはかないこと、世の中が無常であること、物思いにふける夕べ、空にたまとる（＝魂のように飛んでいる）虫を歌に詠み、ある時はたくさんの魂を語り（相手）にして、歌合をして、勝ち負けは（私の）心一つに決めるなどして、慰めて（日々を）明かし暮らした。見る人はそんなにも病がひどいようだ、常に呻吟《しんぎん》する（＝病でうめいている）人がこれ（＝歌を詠むこと）を好むだろうかなどと言うけれど、（私は）聞き入れない。わずかにすすき、菊などを植えてみようとしたのを、この病の床について知らないうちに、菊も枯れてしまった。ましてこのような（歌を詠む）ことに思いを込めてとどまるだろうか。（和歌のできが）よいだろうと定めるが、やはり満足できないので、このようなことを誰がするだろうか、心もなかった人だなあと（他人が）言うならば、（それならそれで）世間の人の（悪い）評判になるだろうから、私が（公表）するのだ。題も知らせる人もいない。ただ自然と歌を詠む時をおもしろいとするので、冬も桜が心の内に乱れる。夏の日にも心の内には雪が空を暗くして降って、消えて見分けがつかないので、（題が）定まることがなくて、書き集める手も定められないし、先に書くはずのことを後に書き、後に書くはずのことは先に書き、定まることがない。疱瘡の盛りに目までも病んだので、枕上に趣ある紅葉を人が置いたので、思いあまって

曇りながら時雨れるように涙で目の前が曇った我が目にもやはり紅葉の葉は赤く見えたのだなあ

■設問解説

問一　文法の問題　レベルA

正解はc。

入試頻出の「ぬ」の識別である。古文に出てくる「ぬ」は、

① 打消の助動詞「ず」の連体形
② 完了・強意の助動詞「ぬ」の終止形
③ ナ変動詞の一部　→　死ぬ・往ぬ（去ぬ）

がある。このうち、③のナ変動詞の一部は「死ぬ・往ぬ（去ぬ）」。①の打消の助動詞「ず」の連体形と②の完了・強意の助動詞「ぬ」の終止形は次のように区別する。

ポイント　**助動詞「ず」と「ぬ」の識別**

①上を見る
★未然形＋「ぬ」→打消の助動詞「ず」　例 花、咲かぬとき
★連用形＋「ぬ」→完了・強意の助動詞「ぬ」　例 花、咲きぬ。
②活用形を見る
★連体形の「ぬ」→打消の助動詞「ず」　例 伸びぬこと
★終止形の「ぬ」→完了・強意の助動詞「ぬ」　例 伸びぬ。
③文脈から判断する

a＝直前が「変へ」（下二段動詞「変ふ」）なので未然形か連用形か分からない。そこで、活用形で判断しよう。ここは「ぬ」の直後に体言「もの」が省略されていると考えられるので、この「ぬ」は連体形。よって、打消の助動詞「ず」。「身を変へぬなし」で「姿を変えないものはない」の意。

b＝直前が「たら」（完了・存続の助動詞「たり」の未然形）なので、《未然形＋ぬ》で打消の助動詞「ず」。

c＝直前が「れ」（受身の助動詞「る」）なので未然形か連用形か分からない。そこで、活用形で判断しよう。直後の「べけれ」（当然の助動詞「べし」）は終止形接続なので、この「ぬ」は終止形。よって、強意の助動詞「ぬ」。

この時点でcが正解と分かる。

d＝直前が「知ら」（四段動詞「知る」の未然形）なので、《未然形＋ぬ》で打消の助動詞「ず」。

問二 文脈把握問題 レベルB

正解は二。

今回の文章は字面は訳しやすいが内容がつかみにくい。ただ、逆に言うと、字面は訳しやすいわけだから、うまく対処すれば構造はつかみやすい。このような場合は、**自分が今読んでいる箇所が本文のメインの部分（＝主旨が述べられている部分）なのかサブの部分（＝肉付け部分）なのかを意識するようにしよう。**

ポイント **本文の構造への意識**

自分が今読んでいる箇所が本文のメインの部分（＝主旨が述べられている部分）なのかサブの部分（＝肉付け部分）なのかを意識する！

古文の場合、現代文とは異なり、メインの部分より、サブの部分の方が読みづらいことが多い。サブの部分にはレトリカルな表現が多用されやすいからだ。では、どうすればよいか？ **サブの部分はメインの部分の肉付けにすぎないのだから、レトリカルな表現が出てきて読みづらいと感じたら、メインの部分の内容と重ね合わせればよい。**「このレトリカルな表現は、結局、このメインの内容の肉付けなんだな」と意識するようにすれば、今回のようなタイプの文章がかなり読みやすくなってくる。

ポイント **サブの部分（肉付け部分）の理解**

サブの部分は、メインの部分と重ね合わせて理解する！

レトリカルな表現も、結局は、メインの部分の肉付けにすぎないと意識する！

【イメージ図】（網掛けはサブの部分）

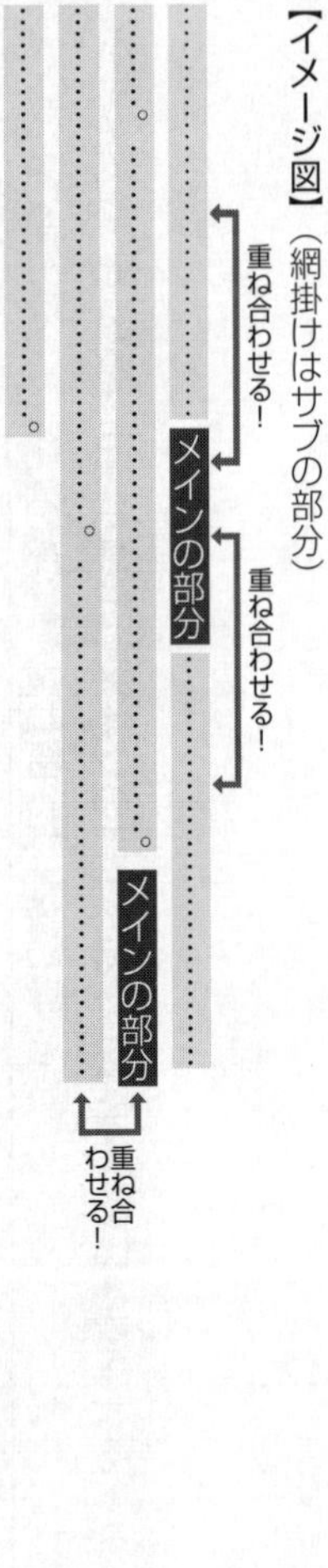

では、設問を解いてみよう。まずは、第一段落の冒頭文の「我身のごと悲しき人はなかりけり」（＝我が身のように悲しい人はいないなあ）に着目しよう。作者は自分のように悲しい人はいない、すなわち、〈私が一番悲しい〉、と述べている。これがメイン（＝主旨）。そして、次の文で「思ひけるやう、……」と作者が思ったことが述べられる。ということは、この思ったことというのも、結局は〈私が一番悲しい〉という内容のはずだ。すなわち、この部分がサブ（＝肉付け）である。傍線部は、サブの部分にあるのだからメインと重ね合わせると、

メイン（主旨）	我身のごと悲しき人はなかりけり
	≒
サブ（肉付け）	鳥虫に劣り、1木には及ぶべからず

となる。〈私が一番悲しい〉の肉付けとして、〈○○は、鳥や虫に劣り、木には及ぶはずがない〉とくるわけだから、当然、○○にあてはまるのは「私」。よって、傍線部の主語は作者、すなわち、「我身」だと分かる。

問三　空欄補充問題　レベルA

正解はホ。

空欄の直前の「だに」に着目する。この「だに」は後ろに命令・願望・仮定・意志の表現がないので類推であり、「…さえ」と訳す（演習13問四の解説を参照）。「…さえ…まして…」と続くはずなので、空欄には「まして・言う

までもなく」の意の「いはんや」が入る。

問四　文脈把握問題　レベルB

正解は③。

①＝「卑しきには友とする人①もなし」の「卑しき」は「卑し」の連体形。連体形の下に体言以外の語があるので、「卑しき」の下に体言が省略されているはずだ。では、何が省略されているか？　前の「我身の悲しきこと」に着目しよう。**問二**でもおさえたとおり、作者は〈私が一番悲しい〉と言っているわけだ。ということは、「卑しき」の下には「私」が省略されていると分かる。「卑しきには友とする人①もなし」＝「卑しい私には友とする人もいない」。よって、①の「人」は不特定の人のことだと分かる。**問二**でメインとサブを意識した人はすぐに解けただろう。

②＝直前の「賀茂氏なる女」は作者のことなのだから（リード文に出典が書かれているので容易に分かるだろう）、「賀茂氏なる女、よろづの②人に劣れりけり」＝「賀茂氏の娘である私は、すべての人に劣っていた」。よって、②の「人」も不特定の人のことだと分かる。

③＝なかなか難しいが、第二段落のメインの部分（＝主旨）がおさえられていれば解けるはずだ。第二段落のメインは三文目の「からうじてこの［B］よりなん鮮《よみがへ》りける」。空欄のある設問箇所なのでそのぶん意識しやすいはずだ。空欄Bには「歌」が入るので（**問五**の解説を参照）、ここでのメインの内容は、〈私が歌によって活力をとりもどし、歌で気分を晴らしていた〉ということ。さて、「常に呻吟《によ》ひ③人」だが、「呻吟ふ」という動詞は知らなくても、「呻吟《しんぎん》」という名詞は現代語の知識としても知っておかねばならない。「呻吟」とは「苦しんでうめくこと」の意で、詩歌や文章の創作に苦しむことにも使う。作者は病に苦しみながらも歌に夢中になっているのだから、常に苦しんでうめいているのは当然、作者である。よって、③の「人」は作者のこと。この時点で正解が③だと分かる。

④＝傍線部の前の内容が難しくて意味が分からなかった受験生がほとんどだろう。③の時点で正解は出せているのでここは分からなくても大丈夫。気にする必要はない。実は、この部分は「（和歌のできが）よいだろうと定め

るが、やはり満足できないので、このようなことを誰がするだろうか、心もなかった人だなあと（他人が）言うならば、（それならそれで）世間の人の（悪い）評判になるだろうから、私が（公表）するのだ」の意。よって、④の「人」は不特定の人のこと。

⑤＝③で解説したとおり、第二段落のメインの内容は〈私が歌によって活力をとりもどし、歌で気分を晴らしていた〉ということ。それと重ね合わせて考えると、「題も知らする人⑤もなし」は、「私に歌の題も知らせる人もいない」と訳せるので、⑤の「人」は不特定の人のことだと分かる。

問五　空欄補充問題　レベルB

正解は**ホ**。

まず、「この B よりなん鮮《よみがへ》りける」の「より」に着目しよう。格助詞「より」である。今回やっかいなのが、この「より」を、起点（…から）でとるか、原因・理由（…のために・…によって）でとるかによって、意味が違ってくることだ。

「より」を起点でとると、「この B よりなん鮮《よみがへ》りける」＝「この B からよみがえった」となる。この場合、空欄には「病」が入るだろう。「この病からよみがえった」ということ。しかし、これでは、〈作者の病気が治った〉という意味になってしまい、後の、病床の作者が歌を詠む記述と矛盾してしまう。

「より」を原因・理由でとると、「この B よりなん鮮《よみがへ》りける」＝「この B によってよみがえった」となる。この場合、空欄には「歌」が入るだろう。「この歌によってよみがえった」ということ。そうすると、〈歌によって病気が治った〉ともとれるが、〈歌によって病気ではあるが活力をとりもどした〉ともとることができる。後者でとると、後の、病床の作者が歌を詠む記述とも矛盾しない。よって、正解は**ホ**。

なお、**イ**の「時」だと、「この B 」の「この」が段落頭の「天の帝の御時」を指していることになり文意が通らない。**ハ**の「年」は前に書かれていないので、「この B 」の「この」とつながらない。**ニ**の「人」だと、「この B 」の「この」が前の「よろづの人」を指していることになり文意が通らない。指示語もしっかり意識しよう。

問六　文脈把握問題　レベルB

正解は**ロ**。

「歌合《うたあはせ》」とは、競技者を左右二組に分け、それぞれから歌を一首ずつ提出させて優劣を争わせた文学的遊戯。受験生は古文常識として知っておかねばならない。

さて、「歌合」については傍線部を含む文にしか書かれていないので、この文をヒントにして消去法で判断しよう。

イは「古来の歌人たち」は本文に出てこないし、「選んで作った」も「歌合」の説明にならない。次の文に「常に呻吟《によ》ひ人③…聞き入れず」とあることからも、作者は自分で歌を作っているのであって、古来の歌人の歌を選んでいるわけではない。**ロ**は問題ないだろう。ここでの「歌合」は作者が病床で自作の歌の優劣を判定していることだと推測できる。**ハ**がやや紛らわしいが、「虫や螢を相手に行なった」が不適。傍線部の前に「空にたまとる虫を詠み」とあることから分かるように、作者は虫を歌に詠んだのであって、虫と歌を詠んだわけではない。**ニ**は「心の通う周囲の人々」が本文に出てこないので不適。**ホ**は「紅葉を枕上に置いてくれた友」はまだこの時点では登場していないので不適。

問七　文脈把握問題　レベルB

正解は**イ**。

傍線部の「かかること」（＝このようなこと）に着目しよう。「かかる」は指示語である。文末の「や」は、ここでは反語を表すので、傍線部は「このようなことを……止められようか、いや、止められない」の意。ここから、「かかること」は、作者が止められないもの、すなわち、作者が夢中になっていることだと分かる。第二段落の主旨をおさえられていれば、作者が夢中になっているのは歌を詠むことだと判断できるだろう。よって、正解は**イ**。細かい部分が読めていなくても主旨をおさえられていれば解ける設問である。

問八　文法の問題　レベルC

正解は**ニ**。

助動詞「る」の意味の区別の問題である。助動詞「る」には、自発・可能・受身・尊敬の意味がある。意味の区別の仕方は次のとおり。

ポイント　**助動詞「る・らる」の意味の区別の仕方**

◇自発……「心情語・知覚語＋る・らる」の形になることが多い。

例　世の常なさ思ひ知られて、

この世の無常が自然と身にしみて感じられて、

◇可能……否定文・反語文のなかにあることが多い。

例　知らぬ人の中にうち臥して、つゆまどろまれず。

知らない人たちの中で横になって、少しもうとうと眠ることができない。

＊鎌倉時代以降の作品には例外が生じる（肯定文でも可能の場合がある）。

例　冬はいかなる所にも住まる。（『徒然草』）

◇受身……「〜に〜る（らる）」の形になることが多い。

例　ありがたきもの、舅にほめらるる婿。

めったにないもの、舅にほめられる婿。

＊平安時代に無生物が主語の受身の文は少ない。

例　など、かう暑きに、この格子はおろされたる。→この「れ」は尊敬。

◇尊敬……貴人が主語であることが多い。

例　かの大納言、いづれの舟にか乗らるべき。

あの大納言は、どの舟に乗りなさるのだろうか。

＊「れ給ふ・られ給ふ」の「れ・られ」は、絶対に尊敬ではない。

＊「仰せらる」の「らる」は、絶対に尊敬である。

さて、傍線部だが、否定文・反語文ではないので可能ではないし、誰かに歌を詠まれたわけではないので受身でもない。「詠まるる」の「詠ま」は作者自身の動作なので尊敬でもない。よって、自発だと判断できる。自然に口をついて歌が詠まれるのである。イは動詞「別《わか》る」の連体形「別るる」の一部、ロは動詞「時《し》雨《ぐ》る」の連体形「時雨るる」の一部。ハが紛らわしいが後の「思ひみだれてねをのみぞなく」とのつながりを考えれば、自発よりも可能でとる方がよいだろう。忘れることのできる時がないので、声をあげて泣くのである。「自然と忘れる時がないので」よりも「忘れることのできる時がないので」の方が詠み手の思いの強さを表現できる。ホは「自然と忘れる我が身」だと明らかに変。「忘れられた我が身」と受身で訳すと後ろとうまくつながる。よって、正解はニ。「今は来ないだろうと思いながらも（そのことを）忘れてしまって自然と待ってしまうことがまだ止まないことよ」の意。和歌を正確に訳す力が求められており、早稲田の文法問題の中でもかなり難しい問題だ。

問九　文脈把握問題　レベルA

正解はロ。紛らわしい選択肢がないので、他の文脈問題に比べれば比較的容易である。

直前の「定まることなくて、書き集むる手も定めたらず、端に書くべきことを奥に書き、奥に書くべきことは端に書き」に着目しよう。「書き集むる」とあるのだから、作者は和歌を書きそれを集めている、つまり、歌集を作ろうとしているわけだ。ということは、「端に書くべきことを奥に書き、奥に書くべきことは端に書き」の「端」「奥」は歌を書く位置のことを言っていると分かる。「歌集の最初（＝端）に書くべき歌を後（＝奥）に書いて…」という意味だろう。

この点をふまえて、選択肢を検討すると、イは「三十一文字」と文字数の話になってしまっているので不適。ハは「端」と「奥」が「公表する」と「秘めておく」の意になっているので不適。歌集に載せる歌を公表と非公表に分けるというのはおかしい。歌集に載った歌はすべて公表されるのだから。ニは「手が震えて書けず」が明らかに不適。作者は歌を書いている。ホは季節の話になっているので明らかにずれている。

問十　内容合致問題　レベルB

正解はニ。本文の細かい部分が読めていなくても、主旨をつかめていれば解くことができる。

イ＝「作者」と「賀茂氏の女性」を別人ととらえているので論外。「作者」＝「賀茂氏の女性」である。

ロ＝「歌人の友人達との交友」が本文に書かれていない内容。

ハ＝「疱瘡にかかり」以外の内容が本文に書かれておらず論外。

ニ＝第二段落の内容に合致する。

ホ＝イと同じく「作者」と「賀茂氏の女性」を別人ととらえているので論外。

解答
問一 c 問二 ニ 問三 ホ 問四 ③ 問五 ホ 問六 ロ 問七 イ 問八 ニ
問九 ロ 問十 ニ

15 文学部 二〇二三年度 三

『和泉式部日記』

『和泉式部日記』は、読み方が分かっていないと、なかなか読みにくい作品。和歌の解釈も求められており難しい。

次の文章を読んで、あとの問いに答えよ。

かかるほどに八月にもなりぬれば、つれづれもなぐさめむ、とて、石山に詣《まう》でて七日ばかりもあらむ、とて詣でぬ。

宮、久しうもなりぬるかな、とおぼして、御文《ふみ》つかはすに、童《わらは》、「一日《ひとひ》まかりてさぶらひしかば、石山になむこのごろおはしますなる(A)」と申さ(B)すれば、「さは、今日《けふ》は暮れぬ(C)。つとめてまかれ」とて、御文書かせたまひて、賜はせて、石山に行《ゆ》きたれば、仏の御前《おまへ》にはあらで、ふるさとのみ恋しくて、かかる歩《あり》きも引きかへたる身のありさま、と思ふに、いともの悲しうて、まめやかに仏を念じたてまつるほどに、高欄《かうらん》の下《しも》の方《かた》に人のけはひすれば、あやしくて見下ろしたれば、この童なり。

あはれに思ひかけぬところに来たれば、「なにぞ」ととはすれば、御文《ふみ》さし出《い》でたるも、つねよりもふとひき開《あ》けて見れば、「いと心深う入《い》りたまひにけるをなむ。1などかくなむ、とものたまはせざりけむ。ほだしまでこそおぼさざらめ、おくらかしたまふ、心うく」とて、

「関越えて今日《けふ》ぞとふとや人は知る思ひたえせぬ心づかひを

いつか出でさせたまふ」とあり。2近うてだに、いとおぼつかなくなしたまふに、かくわざとたづねたまへる(a)、をかしうて、

3「あふみぢは忘れぬめりと見しものを関うち越えてとふ人やたれ

いつか、とのたまはせたる(b)は。おぼろけに思ひたまへ入りにしかば、

山ながらうくはうくとも都へはいつか打出《うちで》の浜は見るべき」

と聞こえ(c)たれば、「苦しくとも行け」とて、「とふ人、とか。あさましの御もの言ひや。

たづね行く X のかひもなくおぼめくばかり忘るべしやは

まことや、

4 うきによりひたやごもりと思ふともあふみのうみはうち出《で》てを見よ

うきたびごとに、とこそ言ふなれ」と d のたまはせたれば、ただかく、

関山のせきとめられぬ涙こそあふみのうみとながれ出づらめ

とて、端《はし》に、

こころみにおのが心もこころみむいざ都へと来てさそひみよ

思ひもかけぬに、行くものにもがな、とおぼせど、いかでかは。

5 かかるほどに、出でにけり。「さそひみよ、とありしを、急ぎ出で e たまひにければなむ。

あさましや法《のり》の山路《やまぢ》に入りさして都の方《かた》へたれさそひけむ」

御返し、ただかくなむ。

山を出でてくらき道にぞたどり来《こ》し今ひとたびのあふことにより

晦日方《つごもりがた》に、風いたく吹きて、野分《のわき》だちて雨など降るに、つねよりもものの心細くてながむるに、御文あり。例の折《をり》知《し》り顔にのたまはせたるに、日ごろの罪もゆるしきこえぬべし。

嘆きつつ秋のみ空をながむれば雲うちさわぎ風ぞはげしき

御返し、

秋風は気色《けしき》吹くだに悲しきにかき曇る日はいふ方ぞなき

げにさぞあらむかし、とおぼせど、例のほど経《へ》ぬ。

（『和泉式部日記』による）

注　石山…石山寺。現在の滋賀県大津市にある。当時の石山詣でについては、逢坂の関を通り越えたのち、打出の浜から舟に乗って琵琶湖の湖岸沿いを進み、寺に到着するという例が確認される。

宮…敦道《あつみち》親王。帥《そち》の宮とも呼ばれた。

童…小舎人童《ことねりわらは》。「宮」と作中の「女」との間で、連絡係を務めている。

おぼろけに…ここは「おぼろけならず」と同じ意。

うきたびごとに…「世の中のうきたびごとに身を投げば深き谷こそ浅くなりなめ」（『古今和歌集』誹諧歌、よみ人知らず）の第二句を引く。

問一　二重傍線部**A**～**C**の助動詞があらわす意味として最も適切なものをそれぞれ次の中から一つ選び、解答欄にマークせよ。

イ　打ち消し　**ロ**　完了　**ハ**　使役　**ニ**　自発
ホ　尊敬　**ヘ**　存続　**ト**　断定　**チ**　伝聞

問二　傍線部**1**・**2**の意味として最も適切なものをそれぞれ次の中から一つ選び、解答欄にマークせよ。

1
イ　なぜこうして石山に参籠する、ということについても知らせてくださらなかったのでしょうか。
ロ　なぜこうして小舎人童を使者としてよこす、という予告もしてくださらなかったのでしょうか。
ハ　なぜこうして久しく文のやりとりができなくなる、という事情も伝えてくださらなかったのでしょうか。
ニ　なぜこうして仏を念じているのを妨げてすまない、というお詫びもしてくださらなかったのでしょうか。

2
イ　石山の近くに来てさえ、宮は本当に待ち遠しくお思いになられるのに、
ロ　近い間柄であってさえ、宮は大変気がかりに思うこともおありになるのに、
ハ　近くでお仕えしていた折でさえ、宮は実にぼんやりとなさるのが常なのに、
ニ　都で近くにいた時でさえ、宮はあえてとても疎遠にしていらしたのに、

問三　波線部**a**～**e**の敬語表現のうち、敬意の対象となる人物が他と異なるものが一つある。それはどれか。最も適切なものを次の中から一つ選び、解答欄にマークせよ。

イ　**a**　**ロ**　**b**　**ハ**　**c**　**ニ**　**d**　**ホ**　**e**

問四　傍線部**3**または**4**の和歌に関する説明として**適切でないもの**を次の中から一つ選び、解答欄にマークせよ。

イ　傍線部**3**の和歌では、「あふみぢ」に、相手が逢いに来る道としての「逢ふ道」と、近江国へ至る道を意味する「近江路《ぢ》」とを掛けている。
ロ　傍線部**3**の和歌では、「とふ」に、便りをよこすという意の「問ふ」と、関を飛び越えるという意の「飛ぶ」とを掛けている。
ハ　傍線部**4**の和歌では、「あふみ」に、琵琶湖の古称「あふみのうみ」の「近江」と、自分に逢う相手を意味する「逢ふ身」とを掛けている。
ニ　傍線部**4**の和歌では、「うち出て」に、相手が石山寺から出るの意の「うち出て」と、地名としての「打出」とを掛けている。

問五　空欄 **X** に入る語として最も適切なものを次の中から一つ選び、解答欄にマークせよ。
イ　あふさか山　**ロ**　石山寺　**ハ**　打出の浜　**ニ**　関の山辺《やまべ》

問六　傍線部**5**に関する説明として最も適切なものを次の中から一つ選び、解答欄にマークせよ。
イ　女が思いがけず山中へ入ってしまうのではないかと懸念していたが、本当にそうしてしまったことに驚きあきれた、という。
ロ　女がせきとめられない自分自身の涙を歌に詠んでいながら、それからまもなく都へ戻ってきたことに驚きあきれた、という。
ハ　せっかく仏法の世界に入ろうとした女が、山籠もりを途中でやめてしまったことに驚きあきれた、という。
ニ　なるべく早く都へ戻るようにと女を説得したところ、至極あっさりと応じたことに驚きあきれた、という。

問七　本文の内容と合致する最も適切なものを次の中から一つ選び、解答欄にマークせよ。
イ　石山寺に籠もった女は、常に仏の御前にいたわけではなかったが、髪を下ろし、心をこめて祈り続けた。
ロ　女が石山寺に籠もったことを知った宮は、できれば一緒に行きたかったという気持ちをおさえられなかった。

ハ　小舎人童が石山寺に籠もる女からの最初の返信を届けると、宮は、あらためて石山寺へ行くようにと命じた。

ニ　八月末の雨と風の激しい日、宮は女に対して、自分の好色の罪を許してくれるようにと請う歌を詠んだ。

解説

出典『和泉式部日記』

重要古語（本文中の意味は網掛けで示す／太字は頻出語義）

（第一段落）［かかるほどに八月にも……］

かかる【連体詞】このような・こんな

ほど【名詞】❶時・時分・ころ　❷間　＊「ほど」には多くの意味があるが、読解では上記の二つの意味を覚えておけば十分である。

つれづれ（徒然）【名詞】❶退屈・所在なさ　❷しんみりとしたもの寂しさ

詣《まう》づ【動詞】（「行く・来・出づ」の謙譲語）参上する・参詣する

（第二段落）［宮、久しうもなりぬるかな……］

おぼす（思す）【動詞】（「思ふ」の尊敬語）お思いになる

つかはす（使はす・遣はす）【動詞】❶（「使ふ・遣る」の尊敬語）おやりになる　❷（「与ふ・授く」の尊敬語）お与えになる　❸行かせる・与える

まかる（罷る）【動詞】（「行く・来・出づ」の謙譲語）退出する・下がる

おはします【動詞】❶（「あり」の尊敬語）いらっしゃる　❷（「行く・来・出づ」の尊敬語）いらっしゃる　❸（尊敬の補助動詞）～なさる

つとめて【名詞】❶早朝　❷翌朝

賜《たま》はす【動詞】（「与ふ」の尊敬語）お与えになる・くださる

まめやかなり（忠実やかなり）【形容動詞】❶心がこもっていて真面目な様子だ　❷本格的だ　❸実用的だ

たてまつる（奉る）【動詞】❶（「与ふ」の謙譲語）差し上げる　❷（謙譲の補助動詞）～（し）申し上げる

❸（「飲む・食ふ・乗る・着る」の尊敬語）召し上がる・お乗りになる・お召しになる

あやし【形容詞】❶不思議だ ❷変だ ❸卑しい ❹粗末だ

（第三段落）［あはれに思ひかけぬ……］

あはれなり【形容動詞】❶しみじみと趣深い ❷しみじみと感動する
❸いとしい・愛情が深い ❹気の毒だ・ふびんだ

いと【副詞】❶とても ❷本当に ❸（打消を伴って）それほど

など【副詞】❶どうして・なぜ（疑問） ❷どうして（反語）

のたまはす【動詞】（「言ふ」の尊敬語）おっしゃる

ほだし（絆）【名詞】極楽往生の妨げとなるもの・束縛するもの ＊肉親を指すことが多い。

心《こころ》うし（心憂し）【形容詞】❶つらい・情けない ❷不愉快だ

おぼつかなし【形容詞】❶はっきりしない ❷不安だ・気がかりだ ❸待ち遠しい・会いたい ❹疎遠だ

なす（為す・成す）【動詞】❶する・行う ❷～にする

わざと【副詞】❶わざわざ ❷特別に・正式に

をかし【形容詞】❶趣がある・風情がある ❷すぐれている・美しい・かわいらしい
❸おもしろい・おかしい・滑稽だ

おぼろけなり（朧けなり）【形容動詞】❶はっきりしない ❷普通だ（打消の語を伴う） ❸普通ではない・格別だ

聞こゆ【動詞】❶（「言ふ」の謙譲語）申し上げる
❷（謙譲の補助動詞）～（し）申し上げる
❸聞こえる・噂される・分かる

あさまし【形容詞】❶驚きあきれるほどだ・意外だ ❷情けない

かく【副詞】このように・こう

いざ【感動詞】さあ ＊行動を促す場合に用いる。

（第五段落）［晦日方に、風いたく吹きて……］

つごもり（晦日）【名詞】月末

いたし【形容詞】❶甚だしい・はげしい　❷すばらしい

ながむ（眺む）【動詞】物思いにふける

げに（実に）【副詞】本当に・なるほど

■本文を理解しよう

ポイント　『和泉式部日記《いずみしきぶにっき》』

【ジャンル】日記

【作者】和泉式部（小式部内侍《こしきぶのないし》の母）か?

【成立】平安中期

【内容】＊和泉式部と敦道親王《あつみちしんのう》（帥宮《そちのみや》）との恋愛、和歌の贈答が中心に描かれている。
　＊和泉式部と帥宮との恋の始まりから、帥宮の北の方が宮邸を去るところまでの出来事が描かれている。

【特徴・注意点】★作者自身を「女」と表記し、客観的に描いている。
★尊敬表現があれば、まず、「帥宮」が主語だと考えてみる。
★尊敬表現がなければ、まず、「女」が主語だと考えてみる。
★「御文」とあれば、まず、「帥宮」からの手紙、と考えてみる。
★「御返し」とあれば、まず、「女」の返事・返歌、と考えてみる。

『和泉式部日記』の大きな特徴として、作者自身が「女」と表記され、客観的に描かれている点があげられる。そこから、作者は和泉式部ではないとする説もある。

また、和泉式部日記を読む際の注意点として、

① 尊敬表現があれば、まず、「帥宮」が主語だと考えてみる。
② 尊敬表現がなければ、まず、「女」が主語だと考えてみる。
③ 「御文」とあれば、まず、「帥宮」からの手紙、と考えてみる。
④ 「御返し」とあれば、まず、「女」の返事・返歌、と考えてみる。

を覚えておこう。今回だと、たとえば、

（第一段落）［かかるほどに八月にも……］

つれづれもなぐさめむ、とて、石山に詣《まう》でて七日ばかりもあらむ、とて詣でぬ。

「詣でぬ」と尊敬語が使われていないので、まず、主語が「女」ではないかと考えてみる。よって、ここは、「（女は）『所在のない思いもまぎらわそう』と思って、『石山寺に参詣して七日間ほどいよう』と思って参詣した」の意となる。

（第二段落）［宮、久しうもなりぬるかな……］

「さは、今日《けふ》は暮れぬ。C つとめてまかれ」とて、御文書かせたまひて、賜はせて、石山に行《ゆ》きたれば、仏の御前《おまへ》にはあらで……

「書かせたまひ」「賜はせ」と尊敬語が使われているので、主語が「帥宮」ではないかと考えてみる。次の「行きたれ」は、尊敬語が使われていないので、「女」ではないかと考えてみるがしっくりこない。女はすでに石山寺にいるのだから、石山寺に行くというのはおかしい。帥宮からの手紙を受け取って石山寺に届けたのは「小舎人童」である。次の「あらで」は、尊敬語が使われていないので、まず、主語が「女」ではないかと考えてみるとしっくりくる。よって、ここは、「（帥宮は）『それでは、今日は暮れた。明日の早朝に行け』とおっしゃって、お便りをお書きになって、（小舎人童に）お与えになって、（小舎人童が）石山寺に行ったところ、（女は）仏の御前にはい

なくて……」の意となる。

　このように、『和泉式部日記』は尊敬語の有無で主語を判定しやすい作品なので、尊敬語の有無を意識して読み進めよう。

　また、第四段落［かかるほどに、出でにけり。……］と最終の第五段落［晦日方に、風いたく吹きて……］に「御返し」とあるが、これらはともに女から帥宮への返事である。

文法・構文

（第三段落）［あはれに思ひかけぬ……］

「なにぞ」とはすれば

　この「すれ」は、直後に尊敬語がないので、使役の助動詞「す」の已然形。よって、「『どうしたの』と（侍女に）尋ねさせると」の意となる。女が侍女に尋ねさせていることをつかもう。

ほだしまでこそおぼさざらめ、おくらかしたまふ

　この係助詞「こそ」は、推量の助動詞「む」の已然形の「め」に係っていっているが、「おぼさざらめ」で文が終止せず、下に続いている。

　このように、**「こそ……已然形」で文が終止せず下に続いていくときの「こそ」を強意逆接の「こそ」といい、已然形の下に「けれども」などの逆接の表現を補って訳す。**よって、ここは、「仏道の妨げとなる者とまではお思いになっていないのでしょうが、（私を）おいて行かれたことが、……」の意となる。

ポイント　**「こそ」の強意逆接用法**

「こそ……已然形」で文が終止せず、下に続いていく場合、已然形の下に「けれども」などの逆接の表現を補って訳す。

例　中垣こそあれ、ひとつ家のやうなれば、望みて預かれるなり。

境の垣根はあるけれども、一つの屋敷のようであるので、（先方から）望んで預かったのである。

おぼろけに思ひたまへ入りにしかば

この「たまへ」は、直後に用言の「入る」があるので連用形。連用形で「たまへ」という形なので、下二段の「たまふ」である。下二段の「たまふ」については、演習12 文法・構文（第二段落）を参照のこと。

通釈

こうしている間に八月にもなったので、（女は）所在のない思いもまぎらわそう、と思って、石山（寺）に参詣して七日間ほど（そこに）いよう、と思って参詣した。

（帥《そち》の）宮は、（女に便りを出さない期間が）長くなってしまったことだ、とお思いになって、お便りをおやりにな（ろうとす）るのだが、童《わらわ》（＝小舎人童：貴人に仕えて身辺の雑用をつとめる召使いの少年）が、「先日この屋敷を退出して（あの方のもとに）参りましたが、石山（寺）にこのところいらっしゃるということです」と（人づてに）申し上げさせると、「それでは（女が自宅にいるなら今から使いに行かせようと思っていたが、石山寺は遠いので）、今日は（日も）暮れてしまった。明日の朝に行け」とおっしゃって、お便りをお書きになって、（童に）お与えになって、（そのお便りを持って童が翌朝に）石山（寺）に行ったところ、（女は）仏の御前にはいなくて、住み慣れた場所（＝都）ばかりが恋しく思われて、このような外出（＝参詣）をするというのも（宮と出会う前とは）すっかり変わってしまった我が身のありさまよ、と思うにつけ、たいそうもの悲しくて、心をこめて仏をお祈り申し上げていると、高欄（＝欄干・手すり）の下の方に人の気配がするので、不思議に思って見下ろしたところ、この童（がいたの）である。

うれしくも思いがけないところにやって来たので、「どうしたの」と（侍女に）尋ねさせると、（童が）（宮からの）お便りを差し出したのも、いつもよりも急いで開けて見てみると、「（仏の道に）とても信心深くお入りになったのですね。どうしてこれこれなんです、とも（出かける前に私に）おっしゃらなかったのでしょうか。（私のことを仏の道の）妨げになる者（＝現世への執着になるような愛しい者）とまではお思いになっていないのでしょうが、（私を）置いていかれたことが、とてもつらく（思います）」とあって、

「（逢坂の）関を越えて今日（私が）便りを送るとあなたはご存じでしたか、（あなたへの）思いが絶えることの

ない（私のこの）心づかいを（おわかりになってください）

いつそちらをお出になりますか」とある。（同じ都で）近くにいてさえ、ひどく疎遠にされたりなさるのに、このようにわざわざ便りをくださったりなさるのが、うれしくて、

「近江にいる私に会うための道は（もう）お忘れになったようだと思っておりましたのに、（逢坂の）関を越えて

お便りをくださる人はどなたでしょう

いつ（そちらをお出になります）か、とおっしゃっていましたね。（私は）格別に思いまして（この山に）入ったのですから、

（石山寺のある）山に籠もったまま、つらいことはつらいとしても、都へ帰ろうとして、いつ打出《うちで》の浜を見ようと思うでしょうか、そんなことを思うことは決してありません」

と（お返事）申し上げたところ、（それを読んだ宮は童に）「ご苦労だが（もう一度）行ってこい」とおっしゃって、（女への返事に）「便りをくださる人（はどなたでしょう）、とか（おっしゃるとは）。あきれたおっしゃりようですね。

あなたを訪ねて逢坂山を越えて会いにいく、その甲斐もなく、空とぼけて（便りをくださる人はどなたでしょうと）おっしゃるほどに（私のことを）忘れてしまっていいものでしょうか（いや、いいはずがありません）

ああそうそう、（打出浜といえば）

つらいことのためひたすらに引きこもろうと思っているとしても、私に会うために打出浜に出て来て近江の海を見てください

つらいことがあるたびに（身を投げていると深い谷も浅くなってしまう）、と言うでしょう」とおっしゃったので、（女は）ただ次のように、

逢坂の関のある山のようにはせきとめることのできない（私の）涙が近江の海（の水）となって流れ出ていることでしょう（涙という形で私はもう山から出ています、だから私の身が山から出ることはないでしょう）

とだけ書いて、その端に、

私の（山に籠もる）決意のほども試してみましょう。さあ都に（帰ろう）と（ここまで）やって来て私を誘ってみてください（と書き添えた。）

（宮が本当に来るとは女も）思ってもいないところに、（宮は）訪ねていきたい、とお思いになるが、（身分が高い宮は軽々しく出歩けないので）どうしてそのようなことができようか（いや、できるはずがない）。

こうしている間に、（女は山を）出て（都に帰って）きてしまった。（このことを知った宮は）「誘ってみてください、と歌にあった（のでその気になっていました）のに、（あなたが）早々に（山を）出てしまわれたので（行きそびれてしまいましたよ）。

あきれてしまいました。（あなたは）仏道のために山に入られたというのに途中でやめてしまい、都に戻るようにといったい（私以外の）どなたが誘ったのでしょうか」

お返事は、このようにだけ（詠んで送った）。

（仏のいらっしゃる）山を出て、暗い俗世の道に戻ってきました。今一度（あなたに）お会いすることのため

（八月の）月末頃に、風がひどく吹いて、野分《のわき》（＝秋、二百十日ころに吹く激しい風）めいた風が吹いて雨など（も）降るときに、いつもよりもなんとなく心細くて物思いにふけっていると、（宮からの）お便りがある。いつものように時節（＝野分の折の心細さ）をわきまえたご様子でおっしゃっているので、最近（ご無沙汰となっている宮）の罪もお許し申し上げてもいいかと思う。

（お目にかかれないことを）嘆きながら秋のお空を物思いにふけって眺めていますと、雲の動きも速く風も激しく吹いています（まるで私の心のように）

（宮への）お返事（の歌）、

秋の風はほんの少し吹くだけでも（＝あなたが私に飽きた気配が少しあるだけでも）悲しく思いますのに、空が急に暗くなっていく（今日のような）日（の気持ち）は言いようがありません

（宮は女の歌を見て）本当にそのように（心細く）思っているのだろうな、とお思いになるのだが、いつものように（会うことのないまま）日が過ぎていった。

■設問解説

問一　助動詞の意味　レベルA

正解はA＝チ、B＝ハ、C＝ロ。

A＝助動詞の「なり」には、推定・伝聞の「なり」と断定・存在の「なり」の二種類がある。前者は、終止形（ラ変型の語には連体形）接続であり、後者は、連体形や体言などに接続する（「体言など」としたのは副詞や助詞に接続することもあるからである）ので、両者を区別する際は、

① 終止形＋なり→推定・伝聞
② ラ変型以外の連体形・体言など＋なり→断定・存在
③ ①・②以外→訳して判断する

と考えるのが、基本的なやり方である。

今回は「なる」の直前がサ行四段活用「おはします」である。「おはします」は、終止形も連体形もともに「おはします」の形なので、形からは終止形か連体形かを判別できない。よって、訳して判断する。

さて、ここは、小舎人童から帥宮への発言である。

もし、この「なり」が伝聞ならば、「(女は) 石山寺にこのところいらっしゃるようです」の意となり、小舎人童は女の家には行ったものの石山寺までは行っていないことになる（石山寺まで行って女の所在を自分で直接確認したのであれば、伝聞は使わない）。

一方で、もし、この「なり」が断定ならば、「(女は) 石山寺にこのところいらっしゃいます」の意となり、小舎人童が直接石山寺まで行って女の所在を確認したことになる。

ここで、次段落の頭の「あはれに思ひかけぬところに来たれば」（＝小舎人童がうれしくも思いがけないところに来たので）に着目しよう。女は小舎人童が思いがけないところに来たと感じているので、女は石山寺に参詣して以降、小舎人童と会ったのはこの時点がはじめてだと考えるのが自然である（女と小舎人童は顔見知りであ

るが、女が石山寺に参詣してからは会っていなかったと考えるのが自然である）。

よって、傍線部の「なり」は伝聞の意である。

B＝助動詞「す」には、使役と尊敬の意味がある。区別の仕方は、

①　**す＋尊敬語以外　→　使役**

②　**す＋尊敬語　→　訳して判断する**

である。今回は直後が「ば」（尊敬語以外）なので、使役である。

C＝打消の助動詞「ず」の連体形の「ぬ」と、完了・強意の助動詞「ぬ」の終止形の「ぬ」とを区別する（やり方の詳細は演習14問一の解説を参照）。傍線部の「ぬ」は、文末にあり、文中に係助詞や疑問語がないので、終止形だと判断できる。終止形の「ぬ」は、完了である。

問二　文脈把握問題　レベルB

正解は**1＝イ、2＝ニ**。

1＝傍線部の前の「御文《ふみ》さし出《い》でたるも、つねよりもふとひき開《あ》けて見れば」（＝小舎人童が帥宮からの手紙を差し出したのも、女はいつもより急いで開けてみると）から、傍線部は**帥宮から女への手紙**の内容だと分かる。

ロとニだと、女から帥宮への手紙の内容になってしまうので不適。この時点で、**イとハ**にしぼれる。

イとハの違いは、**イ**の「石山に参籠する」、**ハ**の「久しく文のやりとりができなくなる」である。**第一段落と第二段落で、女の石山寺への参詣が話の焦点になっている**ことをふまえれば、**イ**が最適だと判断できる。また、傍線部の指示語「かく」が〈女が石山に参籠したこと〉を指していると考えればしっくりくるだろう。このように**設問を解く際に、話の焦点を意識すること**は有効である。

ポイント　**話の焦点**

設問を解く際に、話の焦点を意識する。

なお、次文の「ほだしまでこそおぼさざらめ、おくらかしたまふ、心うく」（＝仏道の妨げとなる者とまでは

お思いになっていないのでしょうが、私を置いて行かれたことが、とてもつらく思います）とのつながりからも、**イ**が最適だと分かる（女だけが石山に参籠し自分を置いて行ったことを帥宮がつらいと思っている）が、「おくらかす」（＝人をあとに残す）という古語を知っている受験生は少ないだろうから、ここは話の焦点から解答するのが妥当だろう。

2＝傍線部の「だに」は類推の意で「さえ」と訳す（「だに」については演習13**問四**の解説を参照）。「おぼつかなし」は、❶はっきりしない、❷不安だ・気がかりだ、❸待ち遠しい・会いたい、❹疎遠だ、などの意をもつ多義語である。「なす」は「…にする」の意。

「おぼつかなし」が多義語のため、文脈で意味を判定していくしかない。

まず、**すべての選択肢が逆接の「のに」で終わっている点に着目しよう**。逆接は前後が反対のニュアンスになる。よって、**この逆接関係がしっかりと成り立つ選択肢を選べばよい**。

傍線部の直後の「かくわざとたづねたまへる[a]、をかしうて」（＝このようにわざわざお手紙をくださったことが、うれしくて）が肯定的ニュアンスなので（ここでの「をかし」は、帥宮がわざわざ手紙をくれたことに対して使っているわけだから肯定的ニュアンスである）、傍線部の「おぼつかなく」は否定的ニュアンスである。この点と傍線部までの内容をふまえて、消去法で判断する。

イは「おぼつかなく」を「待ち遠しく」と肯定的ニュアンスでとっているので不適。また、「石山の近くに来て」も内容に反する。

ロは「近い間柄」が本文に根拠がなく不適。帥宮は自邸にいるので、石山の近くには来ていない。

ハは「近くでお仕えしていた」が不適。女は帥宮に仕えていたわけではない。また、**ロ**と同じく、後ろとの逆接関係も成り立たない。

ニは「都で近くにいた」の「都」が「石山」と対比になり、「疎遠にしていらした」が「わざわざお手紙をくださった」と対比になるため、後ろとの逆接関係が適切である。後ろとのつながりを意識して読んでみると、

私が都で近くにいた時でさえ、宮はあえてとても疎遠にしていらした
↔ のに、逆接
（私が都を離れて石山にいる時に）このようにわざわざお手紙をくださったことが、うれしい。

となり、うまくつながることが分かるだろう。また、二は、傍線部の「おぼつかなくなしたまふ」を「疎遠にしていらした」としており、「なす」の意味も正確に反映されている。なお、「おぼつかなし」には「疎遠だ」の意味があるが、この意味を覚えている受験生は多くないだろうから、文脈で判断するのが妥当である。

問三　敬意の対象の問題　レベルA

正解は**ホ**。敬意の対象の問題の解き方は演習13**問六**の解説を参照のこと。eだけが女への敬意で、他は帥宮への敬意である。

a＝波線部の直後の「る」に着目しよう。この「る」は《エ段音＋る》なので、助動詞「り」である（「る」の識別は演習16**問三**の解説を参照）。「り」はサ変動詞と四段動詞に接続するので、傍線部の「たまへ」は四段活用であり尊敬語である。あるいは、波線部が地の文にあることからも尊敬語だと判断できる（下二段の「たまふ」は会話文・手紙文で使われる）。ここは、帥宮がわざわざ女にお手紙をくださったという内容なので、動作の主体の帥宮に敬意を払っている。

b＝波線部は、女から帥宮への手紙文のなかにある。「のたまはす」は尊敬語なので帥宮への敬意だと判断できる。女が自分に敬意を払うわけがないので帥宮への敬意だと即答できるはずだ。

c＝波線部のある箇所は、女が帥宮にお返事申し上げた、という文脈である。「聞こゆ」は謙譲語なので動作の客体である帥宮への敬意である。

d＝波線部のある箇所は、帥宮が女にお手紙でおっしゃった、という文脈である。「のたまはす」は尊敬語なので動作の主体である帥宮への敬意である。

e＝二行後に「御返し」（＝女から帥宮への返事）とあることから、波線部は、帥宮から女への手紙のなかにあると判断できる。波線部の「たまひ」は四段活用の「たまふ」なので尊敬語（「たまひ」という形から四段活用と判断できる）。帥宮が敬意を払うのは女に対してである。

問四　和歌の修辞法の問題　レベルB

正解はロ。

まず、前提として、**和歌の問題は、まずは、和歌だけで判断するのではなく、本文内容もふまえて判断するようにしよう。**

次に、注の「石山」の説明に着目しよう。石山詣でのルートとして〈都→逢坂の関→打出の浜→琵琶湖の湖岸沿い→石山寺〉のルートが示されている。

また、**「逢坂《あふさか》」は、現在の滋賀県大津市と京都市の境界付近の地で、逢坂山と逢坂の関があり、和歌では「逢ふ」を掛けて詠まれることが多いということ**、および、**「あふみ」に「近江」と「逢ふ身」が掛けられることが多い**ということは、受験生として知っておきたい知識である（■古文の学習法■▼和歌の修辞法　1掛詞を参照）。

以上の点をふまえて選択肢を検討する。

イ＝和歌の直前の「[2]近うてだに、いとおぼつかなくなしたまふに、かくわざとたづねたまへる[a]、をかしうて」は、問二で検討したように、「私が都で近くにいた時でさえ、宮はあえてとても疎遠にしていらしたのに、〈私が都を離れて石山にいる時に〉このようにわざわざお手紙をくださったことが、うれしい」の意である。傍線部3はこれをふまえた女の和歌なのだから、和歌の「あふみちは忘れぬめりと見し」の部分は、〈帥宮が女に疎遠にしていた〉ことを詠んでいると解釈できる（なお、「見しものを」の「ものを」は逆接の接続助詞）。よって、「あふみぢは忘れぬめりと見し」＝「私に逢うための道は忘れてしまったようだと思っていた」となり、「あふみぢ」に「逢ふ道」が掛けられているとみることは問題ない。また、注にあるとおり、女のいる石山寺は現在の滋賀県（昔は近江国）にあるので、「あふみぢ」に「近江路」が掛けられているとみることも問題ない。

ロ＝傍線部3の和歌は、直前の「[2]近うてだに……をかしうて」をふまえた女の和歌であることから、「とふ」に便りをよこすの意の「問ふ」を掛けているとみることは問題ない（直前で、女は帥宮が手紙をよこしたことをうれしく思っていることに着目しよう）。しかし、「とふ」に「飛ぶ」が掛けられているとみるのはおかしい。帥宮はあくまで手紙をよこしただけで、実際に逢坂の関を飛び越えて女のもとに来たわけではない。

八＝**注**に示されている石山寺へのルートをふまえれば、「あふみ」に「近江」と「逢ふ身」が掛けられていると解釈することは問題ない。なお、先述したとおり、**「あふみ」に「近江」と「逢ふ身」を掛けるのは入試頻出**なので受験生として知っておきたい。

二＝傍線部4の直後の「うきたびごとに」に着目しよう。これは、**注**にある「世の中のうきたびごとに身を投げば深き谷こそ浅くなりなめ」（＝世の中がつらく思われるたびごとに身投げをするならば、深い谷でもきっと浅くなってしまうだろう）の第二句を引用したものである（このように、古歌の一部や全部を引用することを**引歌**《ひきうた》という）。この和歌は浅薄な無常観を皮肉る歌であるため、帥宮は女が石山寺に籠もろうとしているのを軽くからかいつつ、なだめて、石山寺を出ることを促していると解釈できる。よって、「うち出て」に石山寺から出る意の「うち出て」が掛けられているとみることは問題ないし、**注**に示されている石山寺へのルートをふまえれば、「うち出て」に「打出」が掛けられているとみることも問題ない。

ポイント　**和歌の問題**

和歌だけでなく、本文の内容もふまえて判断する。

※もちろん和歌だけで判断せねばならない場合もあるが、まずは本文内容もふまえて判断するようにしよう。

問五　空欄補充問題　レベルB

正解は**イ**。

問四の解説でも説明したとおり、**「逢坂」の「逢」には、「逢ふ」の意味が掛けられていることが多い**。空欄の直前の「たづね行く」、および、空欄の直後の「のかひもなく」とのつながりをふまえれば、「たづね行くあふさか山のかひもなく……」＝「（あなたを）訪ねて逢坂山を越えて逢いに行く甲斐もなく……」とするのが最適だと判断できる（あなたのもとに訪ねて行ってあなたに逢う……、とするのが最もつながりがよい）。今回は、和歌の部分だけで判断せねばならない設問である。

また、「かひもなく」の「かひ」には「甲斐」と「峡（＝山と山との間の谷あい）」が掛けられており、「峡」が「山」の縁語になることからも、イの「あふさか山」が最適だと判断できる。ただ、「甲斐」と「峡」の掛詞から縁語を見抜ける受験生は多くはないだろうから、空欄の直前直後とのつながりから解くのが妥当であろう。

問六　文脈把握問題　レベルB

正解はハ。すべての選択肢が「驚きあきれた、という」で終わっているので、帥宮が何に驚きあきれたのかをおさえればよい。

問四の解説でも説明したとおり、**和歌の問題は、まずは、和歌だけで判断するのではなく、本文内容もふまえて判断するようにしよう。**

今回は、傍線部の直前の「さそひみよ、とありしを、急ぎ出でたまひ[e]にければなむ」（＝誘ってみてください、とあなたの歌にあったのに、石山寺から早々に出なさったので）に着目するとよい。この「さそひみよ」は二行前の女の歌「こころみにおのが心もこころみむいざ都へと来てさそひみよ」（＝私の山籠もりの決意のほどもためしてみましょう。ためしに、さあ、都に戻ろうと私のもとまで来て誘ってみてください）の「さそひみよ」であり、この女の歌は、〈帥宮自身が迎えに来たら私の決意も変わるかもしれない〉と女が帥宮の来訪を促している歌である。つまり、帥宮は、私の決意を変えるように来て誘ってみてくださいと言ってきた女が、帥宮が誘いに行く前に、自分から早々に石山寺から出たこと（＝自分から早々に山籠もりをやめてしまったこと）に驚きあきれているのである。

この点と傍線部までの内容をふまえて選択肢を検討すると、イは解答根拠と無関係な内容であり論外。ロは女が石山寺から出たことにはふれているが、前半の「女がせきとめられない自分自身の涙を歌に詠んでいながら」が、帥宮が驚きあきれた内容としては不適。「女が『私の決意を変えるよう私のもとに来て誘ってみてください』と言っていたのに」などの内容にすべきである。ニは「説得したところ、至極あっさりと応じた」が不適。女は自分から石山寺を出たのである。

よって、ハが正解だと分かる。ハは女が山籠もりをやめてしまったことにふれているし、「せっかく仏法の世界に入ろうとした」は、女の決意のことである（女の歌の「おのが心」のこと）。また、和歌の第三句の「入りさして（＝入ったのを途中でやめて）」（「さす」は動作や状態を中断する意をあらわす接尾語）からも、「山籠もりを途中でやめてしまった」としているハが最適だと判断できる。

問七　内容合致問題　レベルB

正解はハ。

イ＝「髪を下ろし」が不適。女が出家したとは本文に書かれていない。

ロ＝「できれば一緒に行きたかった」が不適。本文に書かれていない内容である。帥宮は女が石山寺に籠もったことをつらく思っているが、女と一緒に石山寺に行きたかったとまでは思っていない。

ハ＝傍線部3の和歌ではじまる手紙が、女からの最初の返信であり、波線部cの直後の「苦しくとも行け」が、帥宮が小舎人童にあらためて石山寺に行くように命じている箇所である。

ニ＝「自分の好色の罪を……請う歌を詠んだ」が不適。本文に書かれていない内容である。なお、最終段落に「日ごろの罪」とあるが、これは、好色の罪ではなく、帥宮がなかなか女と逢えないことを、女の側からみて「罪」と言っているのである。

解答

問一　A＝チ　B＝ハ　C＝ロ　問二　1＝イ　2＝ニ　問三　ホ　問四　ロ　問五　イ
問六　ハ　問七　ハ

16 文学部　二〇一八年度　三

藤原俊成『俊成家集』

文学部は、二〇一八～二〇二〇年度と三年連続で歌集を出題している。和歌もしっかり学習しよう。

次の文章と和歌を読んで、あとの問いに答えよ。これは、平安末から鎌倉初期にかけて活躍した歌人である藤原俊成が、最愛の妻（美福門院加賀）と死別した後に詠み重ねた一連の和歌を、自ら記録したものである。なお、途中に省略した部分がある。

建久四年二月十三日、年ごろの伴《とも》子どもの母隠れてのち、月日はかなく過ぎ行きて、［1］つごもりがたにもなりにけりと、夕暮れの空もことに、むかしのこと独り思ひ続けて、ものに書きつく

くやしくぞひさしく人になれにける別れも深く悲しかりけり　〔A〕

さきの世にいかに契りし契りにてかくしも深く悲しかるらむ　〔B〕

おのづからしばし忘るる夢もあれば驚かれてぞさらに悲しき　〔C〕

山の末いかなる空の果てぞとも通ひて告ぐるまぼろしもがな　〔D〕

嘆きつつ春より夏も暮れぬれど別れは今日のここちこそすれ　〔E〕

いつまでかこの世の空を眺めつつ夕べの雲をあはれともみむ　〔F〕

また、法性寺［2］所にて

思ひかね草の原とて分け来ても心をくだく苔の下かな　〔G〕

草の原分くる涙はくだくれど苔の下には答へざりけり　〔H〕

苔の下とどまるたまもありといふ[3]行きけむ方はそこと教へよ　〔I〕

これらを、思ひがけず前斎院の御所に、人の伝へ御覧ぜ
させたりければ

身にしみて音に聞くだに露けきは別れのにはをはらふ秋風　〔J〕

御返しに

4 色ふかきことの葉送る秋風に蓬《よもぎ》のにはの露ぞ散り添ふ　〔K〕

七月九日、秋風あらく吹き、雨そそきける日、左少将
まうで来て、帰るとて、書き置きける

たまゆらの露も涙もとどまらず亡き人恋ふる宿の秋風　〔L〕

返し

秋になり風のすずしく変はるにも涙の露ぞしのに散りける　〔M〕

またの年、二月十三日、忌日に法性寺にとまりたるに、
松の嵐激しきを聞きて

かりそめの夜半も悲しき松風を絶えずや苔の下に聞くらむ　〔N〕

思ひきや千代と契りし我がなかを松の嵐にゆづるべしとは　〔O〕

次の日、[2]所にて

いつまでか来てもしのばむ我もまたかくこそ苔の下に朽ちなめ　〔P〕

しのぶとて恋ふとてこの世甲斐ぞ無き永くて果てぬ苔の行方に　〔Q〕

その年の秋、ふるさとにて独り月を見て、暁がたまであり
しに、おぼえける

5 かくしもは姨捨《をばすて》山も無かりけむひとり月見るふるさとの秋　〔R〕

建久九年二月十三日、忌日により法性寺に向かひ、
また[2]所に詣でて、心中思ふところを詠ず

別れては六《む》とせ経にけり六つの道いづ方とだになどか知らせぬ　〔S〕

（『俊成家集』による）

注　建久四年……西暦一一九三年。

まぼろし……幻術士。『源氏物語』桐壺巻で、桐壺更衣と死別した帝が詠む「尋ね行くまぼろしもがなつてにても魂《たま》のありかをそこと知るべく」に拠る語。なおこの帝の歌は、白居易の「長恨歌」を踏まえる。

前斎院……後白河法皇の皇女、式子内親王のこと。

姨捨山……信濃国（今の長野県）の歌枕。『古今和歌集』の「わが心慰めかねつ更級や姨捨山に照る月を見て」を踏まえる。

問一　空欄 1 に入る最も適切な月を次の中から一つ選び、解答欄にマークせよ。

イ　二月　ロ　三月　ハ　四月　ニ　五月　ホ　六月　ヘ　七月

問二　和歌〔A〕〜〔F〕の中に、他とは句切れが異なるものが一首だけある。それはどれか。最も適切なものを次の中から一つ選び、解答欄にマークせよ。

イ　〔A〕　ロ　〔B〕　ハ　〔C〕　ニ　〔D〕　ホ　〔E〕　ヘ　〔F〕

問三　和歌〔C〕に一語だけ用いられている助動詞の意味として最も適切なものを次の中から一つ選び、解答欄にマークせよ。

イ　受身　ロ　過去　ハ　可能　ニ　自発　ホ　推量　ヘ　尊敬

問四　空欄 2 （三箇所ある）に入る最も適切な漢字一字を、和歌〔G〕・〔H〕・〔I〕に共通する語句の意味から考え、記述解答用紙の所定の欄に記せ。

問五　傍線部3・4・5が意味する内容として最も適切なものを次の中からそれぞれ一つ選び、解答欄にマークせよ。

3　イ　加賀が帰依していた寺院

ロ　俊成がやって来た法性寺
ハ　加賀の亡魂が赴いた場所
ニ　俊成と妻が暮らした旧宅
ホ　加賀が居る西方極楽浄土
ヘ　俊成と妻だけが知る約束

4
イ　赤く染まった紅葉の葉
ロ　生い茂った常緑樹の森
ハ　供養の為に読む法華経
ニ　心がこもったお見舞い
ホ　この現世に残した執着
ヘ　亡き妻への哀切な思い

5
イ　孤独のうちに悶々と日々を送っていること
ロ　遠く離れた家族を痛切に思いやっていること
ハ　白く置いた霜の上に指で文字を書いていること
ニ　やもめ暮らしがもう二年にわたっていること
ホ　月の光があまりに明るく照らしていること
ヘ　自分の心が全く慰められないでいること

問六　和歌〔L〕は俊成の子「左少将」の詠だが、この歌は後に、その「左少将」が撰者のひとりとなった勅撰集『新古今和歌集』に入集する。この「左少将」の著作を次の中から二つ選び、解答欄にマークせよ。

イ『今鏡』　ロ『近代秀歌』　ハ『とりかへばや』
ニ『山家集』　ホ『松浦宮物語』　ヘ『無名抄』

問七　和歌〔O〕の説明として最も適切なものを次の中から一つ選び、解答欄にマークせよ。

イ　松に待つを掛けて、故人を待っても甲斐無き現実を、松の嵐で象徴している。
ロ　松風の音が愛妻を失った心に悲しく響き渡ることを、素直に歌おうとしている。
ハ　永遠の愛を誓った妻が泉下の人となり、誓いも空しくなったことを悲嘆している。
ニ　今は自然の中で安らかに眠る亡妻を思い、悲しみの中にも心を慰めようとしている。
ホ　君が代の古歌を想起し、千代に八千代にと歌われる松も永遠ではないと諦観している。
ヘ　千代と松が縁語となっており、妻の忌日を一日千秋の思いで迎えた心情を強調している。

問八　和歌〔S〕がこのように詠まれた背景には、ある仏教的思想が存在する。直接強く影響していると考えられる最も適切なものを次の中から一つ選び、解答欄にマークせよ。

イ　愛別離苦　ロ　一期一会　ハ　盛者必衰　ニ　諸行無常　ホ　女人往生　ヘ　輪廻転生

解説

出典 藤原俊成『俊成家集』

重要古語（本文中の意味は網掛けで示す／太字は頻出語義）

隠《かく》る【動詞】亡くなる

はかなし（果無し・果敢無し）【形容詞】❶頼りない・あっけない ❷とるにたりない・たいしたことがない ❸無常である・むなしい

つごもり（晦日）【名詞】月末

ことなり（異なり・殊なり）【形容動詞】格別だ

さきの世（先の世・前の世）【名詞】前世

契る【動詞】約束する

かく【副詞】このように・こう

驚く【動詞】❶はっとして気づく ❷目が覚める・目を覚ます

苔の下【名詞】墓の下・草葉の陰

ことの葉（言の葉）【名詞】❶言葉 ❷和歌

たまゆら（玉響）【副詞】少しの間・ほんのわずかな間

しのぶ（偲ぶ）【動詞】❶なつかしく思う・（遠くから）思い慕う ❷賞美する

おぼゆ（覚ゆ）【動詞】❶思われる ❷思い出される ❸似る

■本文を理解しよう

ポイント　『俊成《しゅんぜい》家集《かしゅう》』

【ジャンル】 歌集（私家集）

【作者】 藤原俊成《ふじわらのとしなり》

※藤原俊成（一一一四〜一二〇四）は、平安末期から鎌倉初期の歌人。藤原定家《ふじわらのさだいえ》の父で、和歌の名門「御子左家《みこひだりけ》」の地位を確立した。七番目の勅撰和歌集『千載《せんざい》和歌集』の撰者。歌学書『古来風体抄《こらいふうていしょう》』なども著した。

【成立】 平安末期〜鎌倉初期

文法・構文

人の伝へ御覧ぜさせたりければ

この「御覧ぜさす」は、サ変動詞「御覧ず」の未然形「御覧ぜ」に、使役の助動詞「さす」が付いてできた語。

「お目にかける」「ご覧にいれる」と訳す。

通釈

建久四年二月十三日、長年連れ添った伴侶（＝妻の美福門院加賀）が亡くなって後、月日があっけなく過ぎて、六月の末頃にもなってしまったことよと、夕暮れの空も格別に、亡き妻の生前のことを独り思い出し続けて、書きつける

長年妻となれ親しんだことが悔やまれることだ。その分、死に別れも深く悲しいことよ。〔A〕

前世でどのように約束した夫婦の縁というわけで、このように（妻の死が）深く悲しいのだろうか。〔B〕

自然としばし（妻の死を）忘れる夢を見ることもあるので、ふと目が覚めて（死は現実なのだと気づくと）いっそう悲しい。〔C〕

山の奥やどんな空の果てであっても、通って行って（亡妻に）言葉を伝えられる幻術士がいたらなあ。〔D〕

（妻の死を）嘆き続けて春が過ぎ夏も終わってしまうけれど、別れはまるで今日のような気がする。〔E〕

いつまでこの世の空を物思いに耽って眺めながら、夕暮れの雲をしみじみと見ることだろうか。〔F〕

　また、法性寺の墓所で

悲しみに耐えられず草の原を分けてやって来ても、心が痛む墓の下の妻だ（＝墓の下の妻を思えば心が痛むことだ）。〔G〕

草の原をかき分けて涙はくだけて落ちるけれど、墓の下の妻は返事をしてくれないことよ。〔H〕

墓の下の亡骸にとどまる魂もあるというが、亡き妻の魂の行方をそこだと教えておくれ。〔I〕

　これらの和歌を、思いがけないことに前斎院（＝式子内親王）の御所に、ある人が伝えてご覧にいれたので

（式子内親王が贈ってきた和歌は）

人づてに聞いてさえ身にしみて涙がちであるのは、（奥様と）死別なさったあなたのお庭の露を払う秋風がここにも吹いてくるからです。〔J〕

　御返歌に（俊成が詠んだ和歌は）

秋風が紅葉の葉を吹き送るように、心のこもったお見舞いの言葉をいただいて、雑草の生えるこの庭に涙の露を添えることです。〔K〕

　七月九日、秋風が激しく吹き、雨が降った日に、左少将（＝藤原定家）が参り来て、帰り際に、書き残した

（和歌）

草葉の露も涙の露もはらはらとこぼれ落ちて少しの間もとどまっていない。亡き母を恋い慕うこの家に吹いている秋風のために。〔L〕

　返歌

秋になって風が涼しく変わっても、（悲しみは癒えず）涙の露が（依然として）しきりに散りこぼれることだ。〔M〕

翌年、二月十三日、(亡妻の)一周忌に法性寺に泊まったときに、松風(の音)が激しいのを聞いて
ほんのしばらく訪れる夜でも悲しく聞こえる松風の音を、(妻は)墓の下でいつも絶えず聞いているのだろうか。〔N〕
思いもしなかった。永遠の愛を誓った私たち夫婦の仲を、(妻の墓に吹き寄る)激しい松風に譲ることになろうとは。〔O〕
次の日、墓所で
いつまでここに来て亡き妻をしのべるだろうか。私もまたいずれ死んでこのように墓の下で朽ちてしまうのだろう。〔P〕
(亡き妻を)しのんだとて、恋しく思ったとてこの世ははかなくその甲斐もない。(それに比べて)長く残り、なくならない墓の行方だ(=墓は今後いつまでも残り続けるのだ)。〔Q〕
その年の秋、元の住居で独り月を見て、夜明け前のまだ暗い時分までそこに居た時に、思い浮かんだ(歌)
姨捨山に照る月を見て心が慰められないと詠んだ男も、このように(悲しく)はなかっただろう。元の住居で独り月を見る秋だ(=秋の月を眺めても妻を亡くした悲しみは癒えず、心は慰められることがない)。〔R〕
建久九年二月十三日、(亡妻の)忌日のため法性寺に出向いて、また墓所に参詣して、心中に思うところを詠む
(妻と)死に別れてもう六年経ってしまったよ。せめて六道のどの世界に転生したのかだけでも、なぜ知らせてくれないのか。〔S〕

■設問解説

問一 空欄補充問題 レベルA

正解はホ。

〔E〕の和歌の「春より夏も暮れぬれど」に着目しよう。夏が終わろうとしているのだから、六月の話である。昔は、現在とは暦が違うので、一〜三月が春、四〜六月が夏、七〜九月が秋、十〜十二月が冬、であった。

問二　句切れの問題　レベルB

正解はイ。

句切れとは、和歌の意味上の区切れ目のこと。すなわち、和歌を口語訳した際に、句点（「。」）を付す箇所のことである。句切れを見つける際は、歌の途中の、命令形・終止形・倒置法・係り結び・終助詞、に着目するとよい。「命令形・終止形・倒置法・係り結び・終助詞」のそれぞれの頭文字をつなげて「めしとかし（飯と菓子）で句切れが起こる!」と覚えておこう。

では、〔A〕から〔F〕の歌を順に検討しよう。

〔A〕くやしくぞひさしく人になれにける／別れも深く悲しかりけり

→係り結びによる句切れ。三句切れ。

〔B〕さきの世にいかに契りし契りにてかくしも深く悲しかるらむ

〔C〕おのづからしばし忘るる夢もあれば驚かれてぞさらに悲しき

〔D〕山の末いかなる空の果てぞとも通ひて告ぐるまぼろしもがな

〔E〕嘆きつつ春より夏も暮れぬれど別れは今日のここちこそすれ

〔F〕いつまでかこの世の空を眺めつつ夕べの雲をあはれともみむ

→いずれも歌の途中に「命令形・終止形・倒置法・係り結び・終助詞」はない。よって、句切れなし。なお、五句の末が命令形や終止形であっても、句切れとは言わない。

問三　文法の問題　レベルA

正解はニ。

〔C〕の歌を品詞分解すると、

おのづから《副詞》 しばし《副詞》 忘るる《動詞》 夢《名詞》 も《助詞》 あれ《動詞》 ば《助詞》 驚か《動詞》 れ《助動詞》 て《助詞》 ぞ《助詞》 さらに《副詞》 悲しき《形容詞》

となる。ここでのポイントは、「忘るる」と「驚かれ」。「忘るる」の「る」は、《ウ段音＋る》なので、活用語の一部と判断する。「忘るる」でラ行下二段動詞「忘る」の連体形である。また、「驚かれ」の「れ」は、《ア段音＋れ》なので、助動詞「る」。「驚く」「思ひ出づ」のような心の動きをあらわす動詞や「泣く」「嘆く」のような感情をあらわす動詞に付いている「る」は自発のことが多い。

ポイント 「る・れ」の識別

★ア段音＋る・れ→自発・可能・受身・尊敬の助動詞「る」 例 うち泣かれぬ。
★エ段音＋る・れ→完了・存続の助動詞「り」、例 書けるとびら。
★ウ段音＋る・れ→活用語の一部であることが多い 例 美麗を求むるなかれ。
【注】まれに、次のようなヒッカケ問題が出題されるので注意しよう。
鳥居のもとなるなにがしがもとに宿る
→この「る」は存在の助動詞「なり」の連体形の一部。このようなヒッカケは文法問題に慣れれば容易に見抜けるようになる。

問四 空欄補充問題 レベルB

正解は、**墓**。

設問文に「和歌〔G〕・〔H〕・〔I〕に共通する語句の意味から考え」とあるので、まず、「〔G〕・〔H〕・〔I〕に共通する語句」をおさえよう。

〔G〕思ひかね草の原とて分け来ても心をくだく苔の下かな
〔H〕草の原分くる涙はくだくれど苔の下には答へざりけり
〔I〕苔の下とどまるたまもありといふ[3]行きけむ方はそこと教へよ

共通する語は「苔の下」（＝墓の下・草葉の陰）である。あとは、漢字一字という条件があり、空欄直後に「所」があるので、「墓」だと分かる。俊成は、亡き妻加賀の墓がある法性寺に参詣したのである。

問五　文脈把握問題　レベルB

正解は3＝ハ、4＝ニ、5＝ヘ。

3　まず、〔I〕の歌が三句切れであることをおさえよう。

苔の下とどまるたまもありといふ《終止形》／[3]行きけむ方はそこと教へよ

終止形による句切れである。歌を訳すと、上の句は「墓の下（の亡骸）にとどまる魂もあるという」の意。さらに、「まぼろし」の注の「魂《たま》のありかをそこと知るべく」（＝魂のいる場所をどこと知ることができるように）もヒントになる。『源氏物語』の桐壺帝と同じく、俊成も妻の魂のありかを知りたいと思っているわけだ。これをふまえて下の句を解釈すると、「（妻の魂が）行ったであろう場所はそこだと教えてくれ」になる（「けむ」は過去推量の助動詞、「方」は「場所・方面」の意）。よって、正解はハとなる。イ・ロ・ニ・ヘは、俊成がすでに知っていることであるので、わざわざ「教へよ」と頼む必要はない。ホだと「妻がいる西方極楽浄土はそこだと教えてくれ」の意となり、俊成が極楽浄土の位置を知りたいと思っていることになってしまう。

4　まず、傍線部のある〔K〕の歌が、前の〔J〕の歌への返歌であることを意識しよう。〔J〕の歌は、妻が亡くなって傷心状態の俊成のもとに、前斎院が贈った歌なのだから、当然、見舞い・励ましの歌である。それに対して、俊成が「色ふかきことの葉」（「ことの葉」は「和歌」の意）と返しているわけだから、ニが正解だと分かる。「色ふかき」は、前斎院の哀悼の気持ちの深さをあらわす。他の選択肢は、「色ふかき」の解釈はもちろん、「ことの葉」（＝和歌）の解釈も不適切である。

5　まず、〔R〕の歌が三句切れであることをおさえよう。

[5]かくしもは姨捨《をばすて》山も無かりけむ《終止形》／ひとり月見るふるさとの秋

終止形による句切れである。「かく」は「このように」の意の副詞で、「しも」は強意の副助詞なので訳さない。

よって、上の句を直訳すると、「このようには姨捨山もなかっただろう」となる。次に、「姨捨山」の注に着目しよう。「わが心慰めかねつ更級や姨捨山に照る月を見て」（＝私の心は慰めようとしても慰められなかった。更級の地の姨捨山に照る月を見ていて）とある。この歌は、自分の心が慰められないことを詠んでいる。俊成はこの歌をふまえて、「このようには姨捨山もなかっただろう」と詠んでいるわけだから、「このようには姨捨山もなかっただろう」＝「心が慰められないという姨捨山の歌主も、このようには（＝私ほどでは）なかっただろう」ということ。俊成が自分の心が全く慰められないことを詠んでいるのである。よって、心が慰められないことにふれているへが正解だと分かる。

問六　文学史の問題　レベルA

正解は、ロ・ホ。

俊成の子の定家（一一六二〜一二四一）は『新古今和歌集』の撰者の一人として有名。入試頻出の著作としては、歌論書『近代秀歌』『毎月抄』がある。歌集『小倉百人一首』の撰者、作り物語『松浦宮物語《まつらのみや》』の作者、ともいわれている。

問七　和歌の解釈の問題　レベルB

正解はハ。

まず、〔O〕の歌が初句切れであることをおさえよう。

思ひきや／千代と契りし我がなかを松の嵐にゆづるべしとは

倒置法による句切れである。ふつうの語順にすると、「千代と契りし我がなかを松の嵐にゆづるべしとは思ひきや」である。

「思ひきや」の「や」は反語の係助詞。「千代」は「非常に長い年月」の意、「契る」は「約束する」の意。「契りし」の「し」は過去の助動詞「き」の連体形、「我がなか」は俊成と加賀との夫婦仲、のことである。「松の嵐にゆづるべし」は、〔N〕の歌の「松風を絶えずや苔の下に聞くらむ」（＝松風の音を（妻は）絶えず墓の下で聞いているだろうか）、すなわち、松風が妻の墓所に絶えず訪れていることをうけている。よって、〔O〕の歌は、「思いもしなかった。非常に長い年月の愛を約束した私たち夫婦の仲を妻の墓所に絶えず訪れる激しい松風に譲ることになろうとは」の意である。以上の点をふまえて、選択肢を検討すると、**ハ**が正解だと分かる。「泉下の人となり」は「亡くなって」の意。「永遠の愛を誓った」は「千代と契りし」の言い換え、「誓いも空しくなったことを悲嘆している」は、妻との関係を松風に譲ったことをふまえている。他の選択肢はすべて解答根拠の内容からずれている。

問八　古文常識の問題 レベルA

正解は**ヘ**。

各選択肢の意味は次のとおり。

イ　愛別離苦《あいべつりく》……愛する人と別れる苦しみ。

ロ　一期一会《いちごいちえ》……生涯に一度だけ出会うこと。

ハ　盛者必衰《じょうしゃひっすい》……栄える者も必ず衰えること。

ニ　諸行無常《しょぎょうむじょう》……この世のすべてのものは変化するということ。

ホ　女人往生《にょにんおうじょう》……女性が成仏すること。

ヘ　輪廻転生《りんねてんしょう》……何度も生まれ変わること。

和歌の中の「六つの道」に着目しよう。「六つの道」とは「六道《ろくどう》」のこと。**「六道」とは、仏教で人々が生死を繰り返すという六つの迷いの世界のこと**である。すなわち、地獄道・餓鬼道・畜生道・修羅道・人間道・天道の六つの世界のことである。よって、生まれ変わりをあらわす**ヘ**が正解だと分かる。

解答

問一　ホ　問二　イ　問三　ニ　問四　墓　問五　3＝ハ　4＝ニ　5＝ヘ　問六　ロ・ホ

問七　ハ　問八　ヘ

第3章　漢文

■漢文の学習法■

早稲田の入試の漢文で高得点をとるには、

①**知識事項**を理解して暗記する

②読解の際に**漢文の文型（語順）**を意識する

の二点が重要である。以下、この二点を順にみていこう。

知識事項をしっかり理解して覚える

古文と同じく、漢文の学習でもっとも重要なのは知識事項の暗記である。漢文の知識事項は、

- **訓点・書き下し文**
- **再読文字**
- **句形**
- **重要単語**
- **漢詩**
- **文学史・思想史**

の六点である。高校の副読本や市販の参考書などを利用して、この六点をしっかりと理解して覚えていけばよい。

漢文の文型（語順）を意識する

漢文を読む際、解く際は、次の六つの文型を意識するとよい。ただし、古文と同じく、**主語は省略されることが多い**。

Ⅰ
主語 S + 述語 P　※述語＝predicate。
①何が（は）＋どうする。（動詞が述語）　白雲飛ブ。
②何が（は）＋どうである。（形容詞・形容動詞が述語）　山高シ。
③何が（は）＋何である。（名詞が述語）　孔子ハ聖人ナリ。
※名詞が述語のときは、断定の助動詞「ナリ・タリ」を付すことが多い。

Ⅱ
主語 S + 述語 P + 目的語 O
何が（は）＋どうする＋何を。　子路好ムレ勇ヲ。

Ⅲ
主語 S + 述語 P +（於・于・乎）+ 補語 C　※置き字の「於・于・乎」のうしろには補語がくることが多い。補語にはその働きに応じて「ニ・ト・ヨリ・ヨリモ」などをおくる。
何が（は）＋どうする＋何に（と・より）。　良薬ハ苦シ二於口ニ一。

Ⅳ
主語 S + 述語 P + 目的語 O +（於・于・乎）+ 補語 C
何が（は）＋どうする＋何を＋何に（と・より）。　葉《せふ》公《こう》問フ二政ヲ於孔子ニ一。

Ⅴ
主語 S + 述語 P + 補語 C + 目的語 O　※述語に授与にかかわる動詞（与・贈・授・奪・遣・教・賜など）をとりやすい。
何が（は）＋どうする＋何に＋何を。　張良遣《おくル》二漢王ニ書ヲ一。

Ⅵ
主語 S + 述語 P + 補語 C +（於・于・乎）+ 補語 C
何が（は）＋どうする＋何に＋どこに。　我逢フ二友ニ於途《みち》ニ一。

▼どのように出題されるのか？

では、実際に早稲田の入試で漢文はどのように出題されているのだろうか。14～23年度の学部ごとの出題状況をまとめたのが次の表である。この表から分かるように、23年度現在、いずれの学部でも漢文の知識を要する問題が出題されている。漢文を毎年独立した大問で出題し続けているのは文学部であるが、近年では他学部も大問で出題する傾向にある（文化構想学部のみ、融合文で出題されやすい）。小問での出題でも、設問数が大問での設問数と大差ないことが多いため、漢文の学習は必須である。

学部／年度	法	文化構想	文	教育（文系）	商	人間科
14年度	5	4	4 大	5	3	2
15年度	5	現古漢	4 大	6	3	3
16年度	5 大	4	4 大	6（※）	3	3
17年度	5 大	現古漢	4 大	6 大	3	4
18年度	4 大	3	4 大	6 大	3	6
19年度	5 大	3	4 大	5 大	3 大	4 大
20年度	5 大	現古漢	4 大	5	3 大	4 大
21年度	5 大	現古漢	4 大	6	3 大	4 大
22年度	5 大	3	4 大	6 大	4 大	6 大
23年度	5 大	現漢	5 大	7 大	4 大	4 大

数字は設問数。大は独立した大問として出題されたもの。現古漢（現漢）は融合文での出題。

23年度以降の教育（文系）学部はA方式の出題状況を示す。
※16年度の教育（文系）学部は書き下し文を出題するという特殊な設問形式。

▼設問のレベル・ジャンル

さて、早稲田の漢文であるが、その設問のレベルはどうであろうか。実は、文学部以外は、現代文と古文の難しさに比べればそれほど難しくなく、漢文の基本事項をきちんとおさえたうえで過去問演習をしていけば、確実に高得点がとれるようになる。ただし、二学期や冬期から付け焼き刃程度でやるのは厳禁だ。それほど難しくないとはいえ、さすがにそこまで甘くはない。

出題される文章のジャンルは多岐にわたる。近年は出題率は下がったが、漢詩が出題されることもある。よって、漢詩の対策もしておく必要がある。漢詩の要点は次ページにまとめておいたので参考にしてほしい。

▼今後の対策

前述したように、早稲田の漢文のほとんどの設問は基本事項をきちんとおさえたうえで、過去問演習をしていけば解けるようになる。よって、まずは、高校の副読本や市販の参考書などで、基本事項をしっかりと身につけることだ。句形に関しては、市販の問題集を一冊こなすとよい。次に、共通テストとその前身のセンター試験の過去問をひととおり解いて漢文に慣れておこう。このくらいの問題が容易に解けるようになれば、早稲田の多くの問題が解けるようになっているはずだ。**その際に、漢文の文型（語順）を意識することを忘れないこと。**最後に、実際の早稲田の過去問を解いて細かい知識などを身につけていけばよい。

【今後の対策のまとめ】　※（　）内は学習する時期の目安

① 基本事項（単語・句形）を身につける。（春～夏前半）
② 共通テストの過去問で問題慣れをする。（夏後半～秋前半）
③ 早稲田の過去問で総仕上げをする。（秋後半～直前期）

漢詩のポイント

漢詩のポイントをまとめておく。過去問などで漢詩が出てきた際に活用してもらいたい。

▼形式

- 古体詩《こたいし》
  - **古詩《こし》**
    - 四言古詩（句数制限なし）
    - 五言古詩（句数制限なし）
    - 七言古詩（句数制限なし）
  - 楽府《がふ》（民謡・流行歌など）
- 近体詩《きんたいし》
  - **絶句《ぜっく》**
    - **五言絶句**（一句五字で四句）
    - **七言絶句**（一句七字で四句）
  - **律詩《りっし》**
    - **五言律詩**（一句五字で八句）
    - **七言律詩**（一句七字で八句）
  - 排律《はいりつ》
    - 五言排律（一句五字で十句以上の偶数句）
    - 七言排律（一句七字で十句以上の偶数句）

▼構成（押韻・対句）

漢詩の設問では、**押韻《おういん》**と**対句**を利用して解く問題が頻出する。五言絶句・七言絶句・五言律詩・七言律詩、は押韻、対句の位置が基本的に決まっている。

押韻―句末に同じ響きの字を置くこと（句末に音読みで読んでみると韻母が同じになる漢字を置くこと）。

例外はあるが、基本的に、**五言詩**は**偶数句末**に、**七言詩**は**初句末と偶数句末**に置かれる。

例　宿昔青雲志　蹉跎白髪**年**
誰知明鏡裏　形影自相**憐**　↓「年（nen）」と「憐（ren）」が押韻字。ともに「en」で終わっている。

対句——二つの句の文法的はたらきが同じで意味が対になっているもの。
律詩では、基本的に、**三句と四句**、および、**五句と六句**、が対句になる。
例 青山横二北郭一　白水遶二東城一

《イメージ図》　●は押韻字　＝は対句

五言絶句
（起句）○○○○○　（承句）○○○○●
（転句）○○○○○　（結句）○○○○●

七言絶句
（起句）○○○○○○●　（承句）○○○○○○●
（転句）○○○○○○○　（結句）○○○○○○●

五言律詩
（首聯《しゅれん》）○○○○○　○○○○●
（頷聯《がんれん》）○○○○○ ＝ ○○○○●
（頸聯《けいれん》）○○○○○ ＝ ○○○○●
（中聯《ちゅうれん》）
（尾聯《びれん》）○○○○○　○○○○●

七言律詩
（首聯）○○○○○○●　○○○○○○●
（頷聯）○○○○○○○ ＝ ○○○○○○●
（頸聯）○○○○○○○ ＝ ○○○○○○●
（中聯）
（尾聯）○○○○○○○　○○○○○○●

▼意味上の句切れ

五言詩は、二・三に、**七言詩**は、四（二・二）・三に、句切って読むとよい。

○○／○○○　好雨／知㆓時節㆒（好雨　時節を知り）

○○／○○／○○○　風急／天高／猿嘯哀（風急に　天高くして　猿嘯哀し）

▼意味のまとまり

基本的に、二句（奇数句と偶数句）でまとまった意味をあらわす。

▼主題

詩の題名や詩の最後（結句・尾聯など）に主題が書かれていることが多い。

17 人間科学部　二〇一八年度　〔二〕B

司馬遷『史記』

早稲田の漢文の中では基本レベルの問題。しっかり精読して設問を解いていこう。

次の文章には、「商山の四皓《しこう》」が登場する。漢の高祖は晩年、呂夫人が生んだ皇太子を廃して、戚夫人の子を新たな皇太子に立てようとした。呂夫人は危機感を覚え、建国の功臣、張良（留侯）に策を求めた。張良は高祖がかつて側近に迎え入れようとしてできなかった四人の賢者（商山の四皓）を使って、高祖の心を変えさせる策を授けた。この一節は、張良の策が実行に移され、「四皓」が高祖に面会した場面である。これを読んで、あとの問いに答えよ（設問の都合上、返り点・送り仮名を省いたところがある）。

漢十二年、上従リ下撃二破シテ黥《げい》布《ふ》ノ軍ヲ一帰リシ上、[a]疾益ミ甚ダシク、愈ミ欲スレ[b]易二太子ヲ一。留侯諫《いさ》ムルモ、不レ聴カ、因リテレ[a]疾不レ視レ事ヲ。叔孫太《たい》傅《ふ》称説シテ引キ二古今ヲ一、以テレ死ヲ争フ二太子ヲ一。上詳《いつは》リテ許スレ之ヲ、猶ホ欲スレ[b]易レ之ヲ。及ンデレ燕スルニ、置キレ酒ヲ、太子侍ス。四人従ヒ二太子ニ一、年皆八十有余、鬚《しゆ》眉《び》皓《かう》白《はく》、衣冠甚ダ偉ナリ。上怪シミレ之ヲ、問ヒテ曰ク、「[1]彼何為者」。四人前ミテ対ヘ、各ミ言フ二名姓ヲ一。上乃チ大イニ驚キテ曰ク、「吾求ムルコトレ公ヲ数歳ナルニ、公辟《さ》ケテ逃ルレ我ヨリ。今公何ゾ自ラ従ヒテ二吾ガ児ニ一游ブト乎」。四人皆曰ク、「陛下軽ンジレ士ヲ善ク罵ル。臣等義トシテ不レ受ケレ辱《はづか》シメヲ、故ニ恐レテ而亡《に》ゲ匿《かく》ル。窃《ひそ》カニ聞ク太子[2]為レ人仁孝、恭敬ニシテ愛シレ士ヲ、[3]天下莫不延頸欲為太子死者、故ニ臣等来ルト耳」。

（『史記』留侯世家による）

注　上……漢の高祖劉邦を指す。

黥布……漢の高祖劉邦が項羽を破るのを助けた武将の一人。漢の統一後、劉邦に対し謀反を起こしたが、失敗し殺された。

留侯……張良のこと。

叔孫太傅……側近の一人、叔孫通のこと。「太傅」は、皇太子の守り役。

詳……ここでは、本音を隠して認めた振りをすること。

燕……宴会を開く。

鬚眉皓白……あごひげと眉が真っ白いこと。

問一　波線部a「疾」は、二度用いられているが同じ意味である。それと同じ意味で用いられている「疾」を含む熟語を、次の中から一つ選び、解答欄にマークせよ。
イ　疾走　ロ　疾患　ハ　疾徐　ニ　疾風
問二　波線部b「易」は、二度用いられているが同じ意味である。それと同じ意味で用いられている「易」を含む熟語を、次の中から一つ選び、解答欄にマークせよ。
イ　簡易　ロ　難易　ハ　軽易　ニ　交易
問三　傍線部1「彼何為者」の意味として最も適切なものを、次の中から一つ選び、解答欄にマークせよ。
イ　彼らはいったいいかなる者たちだ。
ロ　彼らはなぜ皇太子に従っているのだ。
ハ　彼らはいつどこからやって来たのだ。
ニ　彼らは何の目的でここに呼ばれたのだ。
ホ　彼らはなぜあのような格好をしているのだ。
問四　傍線部2「為人」の読みとして最も適切なものを、次の中から一つ選び、解答欄にマークせよ。
イ　ひととなせば

ロ　ひとををさむるに
ハ　ひとのために
ニ　ひとたりて
ホ　ひととなり

問五　傍線部3「天下莫不延頸欲為太子死者」は、「この世の誰もが首を長くして太子のために身命をささげたいと思っています」という大意である。この大意に沿う読み方として最も適切なものを次の中から一つ選び、解答欄にマークせよ。

イ　天下莫レ不レ延レ頸欲下為二太子一死上者
ロ　天下莫レ不下延レ頸欲中為二太子一死上者
ハ　天下莫乙不下延レ頸欲中為二太子一死上者甲
ニ　天下莫乙不下延レ頸欲為二太子一死上者甲
ホ　天下莫乙不レ延レ頸欲下為二太子一死上者甲

問六　漢の高祖は最終的に皇太子を廃することを思い止まった。それでは、張良の策略とは、はたしてどのようなものであっただろうか。次の中から最も適切なものを一つ選び、解答欄にマークせよ。

イ　高祖が尊敬してやまない四人の賢者に、招聘を拒絶した真の理由を語らせて、高祖に己の人格的欠点を理解させ、皇太子を廃することがその傲慢さによるものであることを悟らせて、翻意を促すというもの。
ロ　高祖がかつて招聘しようとしてできなかった四人の賢者を呼び寄せ、彼らに高祖に対する世俗の悪評を語らせるとともに、今の皇太子を廃することがどれほど非道なのかを説かせて、翻意を促すというもの。
ハ　かつて招き寄せようとして拒絶された四人の賢者と高祖とを自然に引き合わせ、病状が悪化して弱気になっている高祖の心の隙間をねらって、賢者の高潔な人柄と考えに触れさせることで、翻意を促すというもの。
ニ　高祖に、己の不徳ゆえに招き寄せることのできなかった四人の賢者が皇太子にうやうやしく付きしたがっている様を見せつけ、さらに賢者の口から皇太子の人望の厚さを説かせて、翻意を促すというもの。

ホ　反乱軍鎮圧の疲労と体調の悪化により、ますます専横を強める高祖に対し、慎重の上にも慎重を重ねて、彼が全幅の信頼を置く四人の賢者を登場させ、彼らに腰を低くして説得させ、翻意を促すというもの。

解説

出典　司馬遷『史記』〈留侯世家第二十五〉

重要語句

（一行目）**愈〻（いよいよ）**―いよいよ。より一層。

（四行目）**対（こたフ）**―（目上の人に）お答えする。

（七行目）**為レ人（ひとトなリ）**―生来の人柄。人格。

（八行目）**耳（のみ）**―～だけだ【限定形】

■本文を理解しよう

読み

漢十二年、上黥《げいふ》布の軍を撃破して帰りしより、疾《やまひ》益〻甚だしく、愈〻《いよいよ》太子を易《か》へんと欲す。留侯諫《いさ》むるも、聴かず、疾に因りて事を視ず。叔孫太傅《たいふ》称説して古今を引き、死を以て太子を争ふ。上詳《いつは》りて之を許すも、猶ほ之を易へんと欲す。燕《えん》するに及んで、酒を置き、太子侍す。四人太子に従ひ、年皆八十有余、鬚眉《しゆび》皓白《かうはく》、衣冠甚だ偉なり。上之を怪しみ、問ひて曰く、「彼何為《なんす》る者ぞ」と。四人前《すす》みて対《こた》へ、各〻《おのおの》名姓を言ふ。上乃《すなは》ち大いに驚きて曰く、「吾公を求むること数歳なるに、公辟《さ》けて我より逃《のが》る。今公何ぞ自ら吾が児に従ひて游《あそ》ぶか」と。四人皆曰く、「陛下士を軽んじ善く罵《ののし》る。臣等義として辱《はづか》しめを受けず、故に恐れて亡《に》げ匿《かく》る。窃《ひそ》かに聞く太子人と為り仁孝、恭敬にして士を愛し、天下頸《くび》を延ばして太子の為に死するを欲せざる者莫《な》しと、故に臣等来《きた》るのみ」と。

通釈

漢の十二年、主上（＝高祖）が黥布の軍を撃破して帰ってきてから、（主上の）病気はますます悪くなり、いよいよ太子を代えたいと思うようになった。留侯が（思いとどまるよう）諫めたが、聞き入れず、（主上は）病気を理由に政務を顧みなかった。叔孫太傅が古今の事例を引いて意見を述べ、死をかけて太子のことを争った。主上は本音を隠して（意見を）認めたふりをしながら、やはり太子を代えようと思っていた。宴会を開いて、酒を飲み、太子は（主上のそばに）控えていた。四人の者が太子に従っており、（その四人の者は）皆八十歳余り、あごひげも眉も真っ白で、衣服と冠はとても立派なものだった。主上はこれを不思議に思い、尋ねて言うことには、「あの者たちは何者であるか」と。四人が前に進み出て答え、それぞれが自分の姓名を名乗った。すると主上はとても驚いて言うことには、「わしは貴公たちを何年にもわたって探していたのに、貴公たちはわしを避けて逃げた。今貴公たちはなぜ自分からわしの子に従ってここにいるのか」と。四人が皆言うことには、「陛下は士を軽んじよく罵られました。私どもは義理にも（その）辱めを受けることは（とても）できないと思い、そのため恐れて逃げ隠れておりました。（ところが）内々に聞きましたところ太子様のお人柄は思いやりがおありで人を愛し、慎み敬って士を大切にし、この世の誰もが首を長くして太子様のために身命をささげたいと思っています（とのこと）、だから私どもはここにやってきたのです」と。

■設問解説

問一　漢字の意味の問題　レベルA

正解は**ロ**。

各選択肢の意味と「疾」の意味は次のとおり。

イ　**疾走**……非常に速く走ること。「疾」は「はやい」の意。

ロ　**疾患**……病気。「疾」は「病気」の意。

ハ　**疾徐**……速いことと遅いこと。「疾」は「はやい」の意。

ニ　**疾風**……速く吹く風。「疾」は「はやい」の意。

ロ以外の「疾」は、すべて同じ「はやい」の意なので、この時点で正解は**ロ**だと分かる。

本文の文脈を確認しても、「疾[a]益甚、愈欲易太子」（＝病気はますます悪くなり、いよいよ太子を代えたいと思うようになった）、「因疾[a]不視事」（＝病気を理由に政務を顧みなかった）であり、**ロ**が正解だと分かる。

問二　漢字の意味の問題　レベルA

正解は**ニ**。

各選択肢の意味と「易」の意味は次のとおり。

イ　簡易……手軽で簡単なこと。「易」は「易しい・たやすい」の意。

ロ　難易……難しいことと易しいこと。「易」は「易しい・たやすい」の意。

ハ　軽易……たやすいこと。軽率なこと。「易」は「易しい・たやすい」の意。

ニ　交易……互いに物品の売買や交換をすること。「易」は、「かえる・かわる」の意。

ニ以外の「易」は、すべて同じ「易しい・たやすい」の意なので、この時点で正解は**ニ**だと分かる。

本文の文脈を確認しても、「疾益甚、愈欲易[b]太子」（＝病気はますます悪くなり、いよいよ太子を代えたいと思うようになった）、「猶欲易[b]之」（＝やはり太子を代えようと思っていた）であり、**ニ**が正解だと分かる。

なお、**「易」を熟語で用いた場合、「貿易・交易・改易」のように「エキ」と読むのが「かえる・かわる」の意で用いられている熟語のことが多く、「容易・簡易・平易」のように「イ」と読むのが「易しい・たやすい」の意で用いられている熟語のことが多い。**

問三　傍線部説明問題　レベルA

正解は**イ**。

直後の「四人前対、各言名姓」（＝四人が前に進み出て答え、それぞれが自分の姓名を名乗った）とのつながりから、高祖が「彼らは何者だ?」と四人の素性を尋ねたことが分かる。高祖に素性を尋ねられて、四人は自身の姓名を答えたのである。

「何為」は、「なんする」と読み、人の身分などを尋ねるときに使われる。「彼何為者」で「彼《かれ》何《なん》為《す》る者《もの》ぞ」と読み、「彼らは何者だ?」「彼らはどういう者だ?」の意。

問四　語彙の問題　レベルA

正解はホ。

「為レ人」で「ひとトなリ」と読み、「生来の人柄・人格」の意。入試頻出語彙である。

問五　返り点　レベルA

正解はハ。

まず、傍線部の「莫不」に着目しよう。**「莫不」は、「……（セ）ざるハ莫《な》シ」（＝……しないものはない・皆……する）などと読む二重否定の句形である。**あとは、設問文で示された大意と照らし合わせて、読む順序を考える。

①「首を長くして」＝「延レ頸」

②「太子のために」＝「為二太子一」

③「この世の誰もが……身命をささげたいと思っています」＝「天下莫乙不下……欲中……死上者甲」

・「身命をささげたい」＝「死するを欲す」

→一二点を付した「為二太子一」をはさんで、「死」から「欲」に返るので、上中下点を付す。

・「この世の誰もが……と思っています」＝「天下……（セ）ざる者莫し」

→「この世に……しない者はいない」＝「この世の誰もが……する」なので、二重否定で「天下……（セ）ざる者莫し」にするとよい。上中下点をはさんで「者」から「莫」に返るので、甲乙点を付す。

よって、傍線部は、「天下莫乙不下延レ頸欲中為二太子一死上者甲」（＝天下頸を延ばして太子の為に死するを欲せざる者莫し）と読む。

問六　文脈把握問題　レベルB

正解はニ。

本文末の四皓の発言「陛下……来耳」（＝陛下は士を軽んじよく罵られました。私どもは義理にも（その）辱めを受けることは（とても）できないと思い、そのために恐れて逃げて隠れておりました。（ところが）内々に聞きましたところ太子様のお人柄は思いやりがおありで人を愛し、慎み敬って士を大切にし、この世の誰もが首を長くして太子様のために身命をささげたいと思っています（とのこと）、だから私どもはここにやってきたのです）に着目する。高祖と太子の人柄が対比関係で論じられていることを意識しよう。高祖は人柄が悪く人望はないが、太子は人柄がよく人望がある、という趣旨の発言である。この点をふまえて、選択肢を検討する。

イ＝「皇太子を廃することがその傲慢さによるものである」が不適。高祖は自身の傲慢さから太子を廃しようとしているわけではない。

ロ＝「世俗の悪評」が言い過ぎ。太子が世俗で評判であることは述べられているが、高祖が世俗で悪評とまでは述べられていない。あくまで四皓が高祖を好ましくないと思っていたのである。また、「どれほど非道なのか」も本文に根拠がなく不適。

ハ＝「弱気になっている高祖の心の隙間をねらって」、「賢者の高潔な人柄」が、本文に根拠がなく不適。

ニ＝「賢者の口から皇太子の人望の厚さを説かせて」が解答根拠と合致する。

ホ＝「腰を低くして説得させ」が不適。四皓は、堂々と高祖を批判しており、腰を低くしているわけではない。

解答

問一　ロ　問二　ニ　問三　イ　問四　ホ　問五　ハ　問六　ニ

18　文学部　二〇二〇年度　四

邵伯温『邵氏聞見録』

早稲田の漢文の中ではやや簡単なレベルの問題。返り点が省かれている箇所の構造をしっかりおさえることが得点につながる。

次の文章を読んで、あとの問いに答えよ（返り点・送り仮名を省いた箇所がある）。

康節先公言《ヘラク》、頃《このごろ》京都《ニ》有《リ》二一道人一、日《ひび》飲《ム》二酒《ヲ》於市《ニ》一。将《ニ》《ルニ》レ出《デント》、謂《ヒテ》二其《ノ》隣《ニ》一曰《ハク》、「今日当《ニ》《シト》レ有《ル》二某人《ノ》来《ル》一。」已《ニシテ》而果《シテ》然《リ》。[1]自此莫不然。或《ヒト》問《フルニ》、「預《メ》知《ルハ》何《ノ》術《カト》。」曰《ハク》、「無心《ナル》耳《ト》。」曰《ハク》、「無心《ハ》可《キ》レ学《ブ》乎《ト》。」曰《ハク》、「才欲使人学無心、即［A］心矣。」又程伊川先生言《ヘラク》、昔貶《へんセラルルニ》二涪州《ニ》一、過《グ》二漢江《ヲ》一。中流《ニテ》船幾《ほとんド》覆《くつがヘラントシ》、挙舟之人皆号泣《ス》。伊川但《ダ》正《シテ》レ襟《ヲ》安坐《シ》、心《ニ》存《ス》二誠敬《ヲ》一。已《ニシテ》而船及《ブニ》レ岸《ニ》、於《テ》二同舟衆人《ノ》中《ニ》一有《リ》二老父一問《ヒテ》二伊川《ニ》一曰《ハク》、「当《リ》二船危《キ》時《ニ》一、君正坐《シ》甚《ダ》荘《ナルハ》、何《ヲ》以《テスト》。」伊川曰《ハク》、「心守《ル》二誠敬《ヲ》一耳《ト》。」老父曰《ハク》、「[2]心守誠敬固善、不若無心。」伊川尚《ホ》欲《スレドモ》二与《レ》之言《ハント》一、因《テ》忽《チ》不《レ》見《エ》。嗚呼、人果《シテ》無心《ナラバ》、[3]険難在前猶平地也。老子曰《ハク》、「入《レドモ》レ水《ニ》不《レ》レ濡《ぬレ》、入《レドモ》レ火《ニ》不《ト》レ熱《カラ》。」唯《ダ》無心《ナル》者《ノミ》能《よクス》レ之《ヲ》。

（邵伯温『邵氏聞見録』による）

注　康節先公…北宋の思想家。この文の著者の父。
才…少しでも。
程伊川…北宋の思想家。

貶…左遷される。
老子…古代の思想家。

問一　傍線部1「自此莫不然。」の書き下し文として最も適切なものを次の中から一つ選び、解答欄にマークせよ。
イ　自《おのづか》ら此莫《こればく》にして然《しか》らず。
ロ　自《おのづか》ら此《こ》の莫《ばく》は然《しか》らず。
ハ　自《みづか》ら此《これ》を然《しか》りとせざる莫《な》し。
ニ　此《これ》自《よ》り然《しか》らざる莫《な》し。
ホ　此《これ》に自《よ》るに然《しか》らざるもの莫《な》し。

問二　空欄 A の中に入る最も適切な一字を次の中から選び、解答欄にマークせよ。
イ　安　　ロ　有　　ハ　善　　ニ　常　　ホ　疑

問三　傍線部2「心守誠敬固善、不若無心。」の意味として最も適切なものを次の中から一つ選び、解答欄にマークせよ。
イ　心が誠敬を守れば、志は堅固で立派になり、無心のようにはならない。
ロ　心が誠敬を守り、志を堅固で立派にすれば、無心とは異なる効果がある。
ハ　心が誠敬や確固たる善を守るよりは、無心の方がまだましである。
ニ　心が誠敬を守るのは確かによいことであり、無心のようなものとはわけが違う。
ホ　心が誠敬を守るのはもとよりよいことであるが、無心には及ばない。

問四　傍線部3「険難在前猶平地也。」の返り点として最も適切なものを次の中から一つ選び、解答欄にマークせよ。
イ　険難レ在レ前猶二平地一也。
ロ　険難レ在レ前猶レ平レ地也。
ハ　険難在二前猶一レ平レ地也。

ニ　険難在三前猶二平地一也。

ホ　険難在レ前猶二平地一也。

解説

出典 邵伯温『邵氏聞見録』〈巻十九〉

重要語句（本文中の意味は網掛けで示す）

（一行目）**京都**《けいと》―都。

※都をあらわす表現として、他に「京華《けいか》」「京洛《けいらく》」「京師《けいし》」「京国《けいこく》」「京城《けいじょう》」等がある。

（一行目）**道人**《どうじん》―道教徒。道士。方士。道士・方士は、道教の方術・仙術を用いることができ、絵の中に入るなどさまざまなことができるとされた。

※「道教」とは、中国の漢民族の伝統宗教で、神仙思想を母体にし、不老長生の術を求める。

（一行目）**将**（まさニ～〔セ〕ントす）―❶いまにも～しようとする ❷～するつもりだ【再読文字】

（二行目）**当**（まさニ～〔ス〕ベシ）―❶当然～すべきだ ❷きっと～だろう【再読文字】

（三行目）**耳**《のみ》―～だけだ【限定形】

（七行目）**与**《と》―～と【返読文字】

■本文を理解しよう

読み

康節《かうせつ》先公言へらく、頃《このごろ》京都《けいと》に一道人《だうじん》有り、日《ひび》酒を市《いち》に飲む。将《まさ》に出《い》でんとするに、其《そ》の隣に謂《い》ひて曰《い》はく、「今日当《まさ》に某人《ぼうじん》の来《きた》る有るべし」と。已《すで》にして果《はた》して然《しか》り。此《これ》より然らざる莫《な》し。或《ある》ひと問ふ、「預《あらかじ》め知るは何の術か」と。曰はく、「無心なるのみ」と。曰はく、「無心は学ぶべきか」と。曰はく、「才《わづか》に人をして無心を学ばしめんと欲すれば、即ち心有り」と。又程伊川《またていいせん》先生言へらく、昔涪州《ふしう》に貶《へん》せらるるに、漢江《かんかう》を過《す》ぐ。中流にて船幾《ほとん》ど覆《くつがへ》らんとし、挙舟の人皆号泣《がうきふ》す。伊川但《た》だ襟《えり》を正して安坐し、心に誠敬《せいけい》を存す。已にして船岸に及ぶに、同舟の衆人の中に於《おい》て老父《らうほ》有り伊川に問ひて曰はく、「船の危《あやふ》き時に当《あた》り、君正坐し甚《はなは》だ荘《さう》なるは、何を以てす」と。伊川曰はく、「心誠敬を守るのみ」と。老父曰はく、「心誠敬を守るは固《もと》より善《よ》かれども、無心に若《し》かず」と。伊川尚《な》ほ之《これ》と言はんと欲すれども、因《よつ》て忽《たちま》ち見えず。嗚呼《ああ》、人果して無心ならば、険難《けんなん》は前に在りても猶《な》ほ平地のごときなり。老子曰はく、「水に入《い》れども濡れず、火に入れども熱からず」と。唯《た》だ無心なる者のみ之《これ》を能《よ》くす。

通釈　（私の父の）康節先公が言うことには、最近都に一人の道人がいて、毎日市場で酒を飲む。（その道人が）今まさに出かけようとして、隣人に言うことには、「今日きっと誰それが訪ねてくるだろう」と。ほどなくはたしてその通りであった。それ以来予想が当たらないことはなかった。ある人が尋ねた、「前もってわかるのはどんな術を用いるからなのか」と。（道人が）言うには、「無心だからにすぎない」と。（ある人が）言うには、「無心は学ぶことができるのか」と。（道人が）言うには、「少しでも人に無心を学ばせようとすれば、心が生じてしまう」と。また、程伊川先生が言うことには、昔涪州に左遷されたとき、漢江を渡った。川の真ん中で船があやうく転覆しそうになり、舟に乗っていた人たちはみんな泣き叫んだ。（だが）伊川だけはみなりを整えて静かに座り、誠実で慎む心を保っていた。ほどなく舟が対岸に着くと、同じ舟に乗っていた多くの人の中に老人がいて伊川に尋ねて言うことには、「舟が危険なときに、あなたがきちんと座ってたいそう厳かにしていたのは、どのようにしてなのか」と。伊川が言うことには、「誠実で慎む心を失わないようにしていただけです」と。老人が言うことには、「誠実で慎む心を失わないのはもとよりよいことであるが、無心には及ばない」と。伊川はさらに老人と話をしたいと思ったけれど、そこで（老人は）忽然といなくなってしまった。ああ、人がまことに無心であったら、目の前に困難があっても、ちょうど平地にいるようなもので（平然としていられるだろう）。老子が言うことには、「水の中に入っても濡れず、火の中に入っても熱くない」と。ただ無心である者だけがこれをすることができるのだ。

■設問解説

問一 書き下し文の問題 レベルA

正解は二。

まず、傍線部「莫不」に着目する。**「莫不……」は、二重否定で「……（セ）ざルハ莫《な》シ・……（セ）ざル莫《な》シ」と読み、「……しないものはない・皆……する」の意である。**「然」は、ラ変動詞「しかり」で「そうである」の意。よって、「莫レ不レ然」で「然らざる莫し」「然らざるは莫し」と読む。この時点で、二が正解であると見当がつく。
「莫レ不レ然」で「そうでないことはなかった（＝予想がすべて当たった）」の意。

また、傍線部の**「自」は、「①みづからラ（＝自分から）、②おのづからラ（＝自然に）、③より（＝～から）」と読む重要語。①と②の場合は副詞、③の場合は介詞（前置詞のようなもの）で返読文字である。**傍線部は、前で〈道人が来客があることを予想して、その予想どおり来客があった〉という話が述べられ、その内容を受けて「自此莫不然」と続くわけだから、「自」を返読文字でとり、「自レ此」で「此より（このことから＝このこと以来）」で自然な解釈になる。「自レ此莫レ不レ然」で「このこと以来、予想がすべて当たった」の意。

▼莫《なシ》レ不《ざル（ハ）》ニ……《（セ）》一。【二重否定】
読み ……（セ）ざルハ莫シ。……（セ）ざル莫シ。
意味 ……しないものはない。皆……する。

▼自
副詞 ❶みづからラ（＝自分から） ❷おのづからラ（＝自然に）
介詞 より（＝～から）【返読文字】

問二　空欄補充問題　レベルB

正解はロ。

返り点と送り仮名が省かれているため、まず空欄を含む一文の構造をおさえて意味をつかむ。

「才欲使人学無心」の部分だが、「才」は、注に「少しでも」の意と示されており副詞として使われていることが分かる。「欲」は「…（セ）ントほっス」と読む動詞、「使人学無心」が「欲」の目的語。よって、整理すると、

才欲(P)［使人学無心］(O)

となる。目的語の「使人学無心」は、使役形「使《しム》二Ａ《ヲシテ》Ｂ《（セ）》一」（＝ＡにＢさせる）なので、「使《メント》三人《ヲシテ》学《バ》二無心《ヲ》一」である。以上から、「才欲使人学無心」の部分は、

才欲レ使三人学二無心一（＝少しでも人に無心を学ばせようとする）

だと分かる。そして、この部分を受けて、「即［Ａ］心矣」と続くのだから、「才欲使人学無心、即［Ａ］心矣」は、

才《わづかニ》欲《スレバ》レ使《メント》三人《ヲシテ》学《バ》二無心《ヲ》一、即《チ》［Ａ］心矣。（＝少しでも人に無心を学ばせようとすれば、とりもなおさず［Ａ］（心だ）

ということである。

さて、無心を人に学ばせようとすれば、学ばせようと思った時点で無心ではなくなってしまう（何かをしようと思った時点ですでに無心ではない）。各選択肢を空欄に代入して吟味すると、空欄にロの「有」を入れると「無心」の対義語の「有心」になり、「少しでも人に無心を学ばせようとすれば、とりもなおさず心が生じてしまう」の意となり適切である。他の「安心」「善心」「常心」「疑心」だと、「安らかな心」「善い心」のように心の内容を限定しているため不適切である。

▼使《しム》㆓A《ヲシテ》B《（セ）》㆒。**【使役形】**

読み　AヲシテB（セ）しム。

意味　Aに（を）Bさせる。

※「しム」と読む字は「使」のほかに「令・遣・教・俾」がある。

問三　文脈把握問題　レベルA

正解は**ホ**。

返り点と送り仮名が省かれているため、まず傍線部の構造をおさえてから、意味をつかむ。

まずは、傍線部の後半の「不若無心」であるが、**「不若……」は比較形で「……ニしカず」と読み、「……に及ばない」の意である（「若く」は「及ぶ」の意の動詞）**。よって、

不㆑若《カ》㆓無心《ニ》㆒（＝無心に及ばない）

なので、この時点で「無心には及ばない」としている**ホ**が正解だと見当がつく。**ハ**は「無心の方がまだまし」と、無心をはっきりと肯定的にはとらえていない点が、無心を肯定的にとらえているここまでの文脈にそぐわない。

なお、傍線部の前半の「心守誠敬固善」は、「心守誠敬」が主語、**「固」が副詞で「もとヨリ」と読み「もちろん・もともと」の意の重要語**、形容詞「善」が述語である。構造を整理すると、

S　　　　　P
［心守誠敬］固善

となり、主語の「心守誠敬」は、「心」が主語、「守」が述語、「誠敬」が目的語、なので、

S P O
心守㆓誠敬㆒

となる。よって、

心守《ルハ》㆓誠敬《ヲ》㆒固《ヨリ》善《カレドモ》（＝心が誠敬を守ることはもともとよいことだが）

なので、**ホ**は前半の意味も適切であると分かる。**ハ**は「固」の解釈も不適切である。

▼A不《ハ》レ若《しカ》二B《ニ》一。【比較形】

読み　A八B二若《し》かず。

意味　AはBに及ばない。AよりBの方がよい。AよりBの方がましだ。

※「しク」と読む字は「若」のほかに「如」がある。

問四　返り点の問題　レベルA

正解はホ。

まず、傍線部の「猶」に着目する。「猶」は、再読文字として使われることがあり、その場合、「なホ……ノ（ガ）ごとシ」と読み、「ちょうど……のようだ」の意である。よって、「猶平地也」の部分は、

猶《ホ》二平地《ノ》一也《キ》　「猶ほ平地のごときなり」（＝ちょうど平地のようだ）

となる。

さらに、傍線部の直前の「人果《シテ》無心《ナラバ》（＝人がまことに無心であるならば）」とのつながりを意識すると、筆者は無心を肯定的にとらえているので、傍線部も肯定的内容になるはずである。よって、傍線部の前半の「険難在前」の部分は、「険難在レ前」でとり（「険難《けんなん》」は「困難」の意）、「険難は前に在りても（＝困難が目の前にあっても）」にすると、

険難《ハ》在《リテモ》レ前《ニ》猶《ホ》二平地《ノ》一也《キ》。（＝困難が前にあっても、ちょうど平地のようだ。）

となり、無心を肯定的にとらえており適切である。〈人が無心であると、困難に直面しても平地にいるように平然としていられる〉ということである。

▼猶《なホ》シ二……ノ・ガ一。【再読文字】

読み　なホ……ノ（ガ）ごとシ。

意味　ちょうど……のようだ。

解答

問一　ニ　問二　ロ　問三　ホ　問四　ホ

19 法学部　二〇一九年度　二

王安石『臨川先生文集』

早稲田の漢文の中では標準レベルの問題。一文一文丁寧に読んでいこう。

次の文章を読んで、あとの問いに答えよ（設問の都合上、返り点・送り仮名を省いた箇所がある）。

予少時客遊金陵、浮屠慧礼者従予遊。予既吏淮南、而慧礼得龍興仏舎、与其徒日講其師之説。嘗出而過《よぎル》焉《ここニ》。庫《ひ》屋《をく》数十椽《てん》、上破而旁《かたはラ》穿。側《かたはラニ》出而視後、則榛《しん》棘《きょく》出人、不見垣端。指以語予曰、「1吾将除此而宮之。雖然、其成也不以私吾後。必求時之能行吾道者付之。2願記以示後之人、使不得私焉」。当是時、礼方丐《こひ》食飲以卒日。視其居枵《けう》然。余特《ただ》戯曰、「3姑《しばらク》成之、吾記無難者」。後四年、来曰、「昔之所欲為、凡百二十楹《えい》、頼州人蔣氏之力、既皆成。4尽有述焉」。噫《ああ》、何其能也。蓋慧礼者、予知之。其行謹潔、学博而才敏。而又卒之以不私。5宜《むベナリ》成此不難也。

（王安石『臨川先生文集』による）

注　金陵……今の江蘇省南京。　浮屠……仏僧のこと。　慧礼……仏僧の名。
淮南……今の江蘇省揚州。　庫屋……屋根の低い粗末な建物。　数十椽……数十本のたるき。
榛棘……雑木やいばら。　枵然……がらんとして何もないさま。　百二十楹……百二十軒。

問一　傍線部1は、「私は今すぐこれらの物を取り除いて、ここに立派な寺院を築こうと思う」という意味である。この意味に沿うように、記述解答用紙の白文に**返り点のみを記入せよ**。振り仮名・送り仮名は付けないこと。

吾 将 除 此 而 宮 之

問二　傍線部2「願記以示後之人、使不得私焉」の意味として最も適切なものを次の中から一つ選び、解答欄にマークせよ。

イ　記に詳細を書いてもらうことで、私の死後も、背後で画策する者たちの好き勝手にさせないようはっきり示してください。

ロ　どうか記を書き残して私の思いをはっきり示し、後世の人々がこの寺を好き勝手に私有化できないようにさせてください。

ハ　あなたの手でこの事業の全てを記録して後世の人々に誇示し、寺の復興に私欲が少しもなかったことを知らしめてください。

ニ　名文家であるあなたに記を書いてもらい、私のこの偉業を後世に伝え、寺の歴史を好き勝手に書き換えぬようにさせてください。

ホ　事実重視の記録で事業の困難さを正確に伝えてもらい、後世この寺を訪れた人々が勝手に遊興の場に変えぬようにさせてください。

問三　傍線部3「姑成之、吾記無難者」という発言の裏に隠された心情の説明として、最も適切なものを次の中から一つ選び、解答欄にマークせよ。

イ　寺の復興を目指す慧礼のこれからの困難と比べれば、記を書くことなど造作もないことだと感じ、場を和ませるつもりで軽口をたたいた。

ロ　あきらめなさいと他人が忠告するのではなく、実現不能な難業だと自ら気づかせるため、納得するまで頑張るよう親切ごかしの言葉をかけた。

ハ　記を書くつもりはまったくなかったが、慧礼のあまりに真っ直ぐな思いに圧倒されたため、気まずいその場を取り繕おうとしてこう発言した。
ニ　慧礼の優秀さを十分に知っているため、この人ならば必ずや有言実行すると思ったが、勢い込んでいる彼の頭を少し冷やす目的であえてからかった。
ホ　寺の現状からすると、慧礼の目標はあまりに高すぎると感じたので、正直な気持ちではとうてい無理と思いながらもそれを押し隠してこう発言した。

問四　傍線部4「盍有述焉」の解釈として最も適切なものを次の中から一つ選び、解答欄にマークせよ。
イ　思うに誰かが必ず記を書くべきである。
ロ　おそらく記を書くことになるであろう。
ハ　どうして記を書かないことなどありましょうか。
ニ　はたして記を書くことなどありえたでしょうか。
ホ　いったいどのように記を書いたらよいでしょうか。

問五　傍線部5「宜成此不難也」は、四年という短期間で偉業を完成させた慧礼に対するある種の賛辞である。筆者が「宜なり」と考えた理由の説明として、本文の内容とは**合致しないもの**を次の中から一つ選び、解答欄にマークせよ。
イ　慧礼はかつて自分につき従って遊学したことがあり、彼が博学ですぐれた才覚をもつ人物であることを深く理解していたから。
ロ　慧礼は日々托鉢の行に明け暮れるなど純粋な思いで仏道修行に励んで功徳を積み、宗教者として清廉潔白な人であったから。
ハ　慧礼の日々の行いや振る舞いが周囲の人々の信頼を呼び寄せ、その結果多くの支援が集まるのは至極自然な成り行きだったから。
ニ　慧礼はただ宗教者としてすぐれていただけでなく、世俗の有力者と親密に社交するなど世故に長け理財の術をも心得ていたから。

ホ　慧礼は荒廃した寺院を見事に復興させたにもかかわらず、決しておごり高ぶらず、冷静沈着に己の死後のことまでも慮っていたから。

解説

出典　王安石『臨川先生文集』〈第八十三　揚州龍興講院記〉

重要語句（本文中の意味は網掛けで示す）

（二行目）**与（と）**　―～と

（四行目）**願（ねがハクハ）**　―どうか～してください（願望）

（五行目）**得（う）**　―❶得る　❷できる

（七行目）**何其～也（なんゾそノ〔レ〕～や）**　―なんとまあ～であろう（詠嘆）

■本文を理解しよう

読み

予《よ》少《わか》き時金陵《きんりよう》に客遊《かくいう》し、浮屠《ふと》慧礼《ゑれい》なる者予に従ひて遊ぶ。予既に淮南《わいなん》に吏《り》たり、而《しかう》して慧礼龍興仏舎《りゆうこうぶつしや》を得て、其《そ》の徒《と》と日に其の師の説を講ず。嘗《かつ》て出《い》でて焉《ここ》に過《よぎ》る。庳屋《ひをく》数十椽《てん》、上破れて旁《かたは》ら穿《うが》つ。側《かたは》らに出でて後《うしろ》を視《み》れば、則《すなは》ち榛棘《しんきよく》人を出で、垣端《ゑんたん》を見ず。指《ゆび》さして以《もつ》て予に語りて曰《いは》く、「吾将《われまさ》に此《これ》を除きて之《これ》を宮《きう》にせんとす。然《しか》りと雖《いへど》も、其の成《な》れるや以て吾《わ》が後《のち》に私《わたくし》せしめず。必ず時の能《よ》く吾が道を行ふ者を求めて之に付せん。願はくは記《き》して以て後の人に示し、焉《これ》を私するを得ざらしめよ」と。是《こ》の時に当たりて、礼方《まさ》に食飲を丐《こ》ひ以て日を卒《を》ふ。其の居《きよ》を視るに枵然《けうぜん》たり。余特《た》だ戯《たはむ》れて曰く、「姑《しばら》く之を成せ、吾が記難《かた》き者無し」と。後四年、来りて曰く、「昔の為《つく》らんと欲する所、凡《およ》そ百二十楹《えい》、州人蒋氏《しやうし》の力に頼《よ》りて、既に皆成れり。盍《なん》ぞ焉を述ぶること有らざる」と。嘻《ああ》、何ぞ其の能《よ》くするや。蓋《けだ》し慧礼なる者、予之を知る。其の行ひ謹潔《きんけつ》、学博《ひろ》くして才敏《びん》なり。而して又《また》之を卒ふるに私せざるを以てす。宜《むべ》なり此を成すこと難《かた》からざるなり。

通釈

私は若いときに金陵に遊学したが、（そのとき）仏僧の慧礼という者が私につき従って（儒教を）学んだ。私はやがて淮南で役人となり、そして慧礼は龍興寺院を得て、その門弟たちと毎日自分たちの師の説を講じた。あるとき（私は）外出してこの寺院に立ち寄った。（その寺院は）屋根が低く数十本のたるきを渡した粗末な建物で、上は破れ側面は穴が空いていた。建物の横に出て後ろ側を見ると、雑木やいばらが人の背丈より伸びていて、垣根の上端が見えない。（慧礼がそれを）指差して私に語って言うには、「私は今すぐこれらの物を取り除いて、ここに立派な寺院を築こうと思う。しかしながら、完成したら私の後継者たちに私有化させはしない。なんとしてもそのとき私の道（＝仏道）を実践できる者を探し求めてこれに（寺院を）託そうと思う。どうか記を書き残して私の思いをはっきり示し、後世の人々がこの寺を好き勝手に私有化できないようにさせてください」と。この当時、礼はまさしく飲食物を（人に）乞い求め、それによって日々を終えていた。彼の住まいを見るとがらんとして何もなかった。私はただ冗談で言うことには、「とりあえず寺院を完成させなさい、私の書く記など造作もない」と。その四年後、（慧礼が）訪ねてきて言うには、「以前建てたいと思った建物は、およそ百二十軒、この州の人である蒋氏の力のおかげでついにすべて完成しました。どうして記を書かないことなどありましょうか」と。ああ、なんとまあやり遂げられたことよ。思えば慧礼という者について、私はよく彼を知っていた。彼の行いは謹厳潔白で、学問は博学で才知は俊敏である。そのうえまたこの寺院を完成させるにあたって私有化を認めない。寺院を完成させるのが困難でなかったのは当然なのだ。

■設問解説

問一　返り点　レベルA

正解は、吾将ニ除レ此而宮レ之。

まず、傍線部の「将」と「而」に着目しよう。「将」は、「まさニ……（セ）ントす」と読み、「いまにも……

（し）「そうだ・……するつもりだ」の意の再読文字である。「而」は、置き字なので読まない。あとは、設問文で示された意味と照らし合わせて、読む順序を考える。

①「私は」＝「吾」
②「これらの物を取り除いて」＝「除ㇾ此」
③「今すぐ……ここに立派な寺院を築こうと思う」＝「将ニ……宮ㇾ之」

よって、傍線部は、「吾将ニ除ㇾ此而宮ㇾ之」（＝吾将に此を除きて之を宮にせんとす）と読む。

問二　傍線部説明問題　レベルB

正解はロ。

傍線部の後半「使ㇾ不ㇾ得ㇾ私ㇾ焉」の「私」の意味を傍線部の前の内容からつかむ。二つ前の文にも「不以私吾後」と「私」があるので、その文の「雖然……」から傍線部直前までを訳すと、「しかしながら、完成したら私の後継者たちに□させはしない。なんとしてもそのとき私の道（＝仏道）を実践できる者を探し求めてこれに（寺院を）託そうと思う」となる。

各選択肢の「私」にあたる訳語をみていくと、□に入る語としてロの「私有化」がしっくりくる。この「私」は「わたくしス」と読み、「私物化する・自分勝手にする」の意である。イは「背後で画策する者たち」が本文に書かれていない内容なので不適。ハも「誇示し」以下の内容が本文からは読み取れない。ニの「寺の歴史」、ホの「事業の困難さ」「遊興の場」も明らかに本文にそぐわない。

問三　傍線部説明問題　レベルB

正解はホ。

傍線部の「姑」は「とりあえず」の意、「之」は「立派な寺院」を指し、「難者」の「者」は上の語を体言化するので「難しいこと」の意。よって、傍線部「姑成之、吾記無難者」は、「とりあえず立派な寺院を完成させなさい、私の書く記など難しいことはない（＝造作もない・たやすいことだ）」の意である。

では、なぜ筆者が慧礼にこのようなことを言ったのか？　二つ前の文から直前までの「当是……戯日」に着目しよう。ここは「この当時、礼はまさしく飲食物を（人に）乞い求め、それによって日々を終えていた。彼の住まいを見るとがらんとして何もなかった。私はただ冗談で言うことには」の意。つまり、慧礼の生活は貧しく、とても立派な寺院を建てられるような状態ではなかったということである。すなわち、慧礼の現状から考えると、立派な寺院を建てるという慧礼の目標はあまりにも高すぎて、筆者から見ると実現不可能に感じられたということである。この点をふまえて、選択肢を検討する。

イ＝「軽口をたたいた」（＝軽率にべらべらしゃべった・ちょっと気の利いたことを話した）が不適。筆者は、軽率にべらべらしゃべっているわけでもないし、気の利いたことを言っているわけでもない。

ロ＝「実現不能な難業だと自ら気づかせる」「親切ごかし」（＝親切に見せかけて自分の利益をはかること）が解答根拠とは無関係な内容で不適。

ハ＝「記を書くつもりはまったくなかった」「気まずいその場」が明らかに本文からは読み取れない内容であり不適。

ニ＝「この人ならば必ずや有言実行すると思ったが、勢い込んでいる彼の頭を少し冷やす目的であえてからかった」が明らかに本文からは読み取れない内容であり不適。

ホ＝解答根拠の内容と合致する。

問四　傍線部説明問題　レベルA

正解は**ハ**。

まず、傍線部の「盍」に着目しよう。**「盍」は、「なんゾ……（セ）ざル」と読み、「どうして……しないのか、すればいいのに」の意の再読文字である。**また、傍線部の「焉」は、「これ」と読み、「記」を指している。よって、傍線部は「盍ぞ焉を述ぶること有らざる」と読み、「どうして記を書かないのか、書けばいいのに」の意。これに最も近い選択肢は**ハ**。他の選択肢は「盍」を正しくとらえていない。

問五　理由説明問題　レベルB

正解は**ニ**。

「宜なり」は「むべなり」と読み、「もっともだ・当然だ」の意。慧礼が立派な寺院を難なく完成させたことを、筆者がなぜ当然だと考えたのかを、本文全体から読み取る。

イ＝「慧礼はかつて自分につき従って遊学したことがあり」は一文目に合致、「彼が博学ですぐれた才覚をもつ人物であることを深く理解していた」は傍線部5の二文前の「学博而才敏」に合致する。

ロ＝「慧礼は日々托鉢の行に明け暮れるなど純粋な思いで仏道修行に励んで功徳を積み」は傍線部2の次の文に合致、「宗教者として清廉潔白な人であった」は傍線部5の二文前の「其行謹潔」に合致する。

ハ＝傍線部4の前文で「蔣氏」からの支援を得ていること、及び、傍線部5の二文前の「其行謹潔」から読み取れる内容。

ニ＝「理財の術をも心得ていた」が不適。「蔣氏」が慧礼を支援したのは、慧礼の日々の行いによるものであって、慧礼が理財に長けていたという内容は読み取れない。

ホ＝「慧礼は荒廃した寺院を見事に復興させた」は傍線部4の前文に合致、「決しておごり高ぶらず」は傍線部5の二文前の「其行謹潔」に合致、「冷静沈着に己の死後のことまでも慮っていた」は傍線部1に続く二文に合致する。

解答

問一　吾将$_{二}$除$_{レ}$此而宮$_{一}$之　問二　ロ　問三　ホ　問四　ハ　問五　ニ

20　教育（文系）学部　二〇一一年度　四

彭大翼『山堂肆考』・沈括『夢渓筆談』

早稲田の漢文の中では標準よりやや上のレベル。故事成語「梅妻鶴子（ばいさいかくし）（＝俗世を離れて気ままで風流な生活をすること）」のもととなった逸話。

次の文は、宋の隠士・林逋《りんぽ》の逸話である。林逋は杭州の市街に隣接する西湖の小島（孤山）に隠棲し、二十年間、市街に足を踏み入れなかったという人物である。これを読み、あとの問いに答えよ（返り点・送り仮名を省いた箇所がある）。

宋ノ林逋、[A]字ハ君復、銭注①唐ノ人ナリ。少クシテ善レクシ詩ヲ、不レ移二サレ栄利一ニ、結二ビ廬ヲ杭州西湖之孤山一ニ、与二漁樵一往来ス。畜二かヒ双鶴一ヲ、[B]縦レ之、入二雲霄一、帰復入二籠中一。逋常ニ泛二カベ小艇一ヲ遊二ブ西湖ノ諸寺一ニ、有三レバ客ノ至二ル逋ノ所レニ居ル、則チ一童子出デテ応レジ門ニ、延レひキテ客ヲ坐セシメ、為ニ開レキテ籠ヲ放レテバ鶴ヲ、良久シクシテ逋必ズ棹二シテ小船一ニ而帰ル。[C]蓋常以鶴飛為験也。真注②宗賜二‐号ス和靖先生一ト。元注③ノ至正ノ間、儒注④学提挙ノ余謙既ニ葺二注⑤シ処士之墓一ヲ、復タ植二ヱ梅数百本ヲ於山一ニ、構二フ梅亭ヲ於其ノ下一ニ。郡人ノ陳注⑥子安[D]以為処士無レ家、妻レ梅子レ鶴、不レ可二偏挙一、乃チ持二シテ一鶴一ヲ放二チ之ヲ孤山一ニ、構二ヘ鶴亭一ヲ、以テ配レス[E]之ニ。

（明・彭大翼『山堂肆考』。一部、宋・沈括『夢渓筆談』による）

注
① 銭唐―地名。今の浙江省杭州。
② 真宗―北宋第三代皇帝で、林逋の時代の皇帝。
③ 元至正―宋を滅ぼした元の年号で、林逋の没後約二五〇年に当たる。

④　儒学提挙余謙—儒学提挙は官職の名。余謙は人名。
⑤　葺—補修すること。
⑥　陳子安—余謙とほぼ同時代の人。

問一　傍線部A「字」の読みを、全てひらがなで記せ。

問二　傍線部Bの意味として最も適切なものを、次のア〜オの中から一つ選べ。
ア　二羽の鶴を放ち、空高く飛ばせたとしても、林逋が帰る頃にはカゴの中に戻ってくるだろう。
イ　二羽の鶴を放つと、空高く舞い上がって雲間に消えるが、ひとりでに戻ってきてカゴの中に入るのだった。
ウ　たとえ二羽の鶴を空高く飛ばせたとしても、何度か旋回すると、すぐに戻ってきてカゴの中に入るのだった。
エ　二羽の鶴を自由にさせると、すぐに雲間に消えてしまうが、林逋が帰宅すると、不思議とカゴの中に戻っている。
オ　たとえ二羽の鶴を自由にさせ、林逋が高山に入りしばらく姿を消しても、彼が庵に帰る頃には、カゴの中に戻るだろう。

問三　傍線部Cの返り点・送り仮名の付け方として最も適切なものを、次のア〜オの中から一つ選べ。
ア　蓋シ　常ニ　以テレ　鶴ヲ　飛バシメ　為スレ　験ト　也。
イ　蓋シ　常ニ　以テレ　鶴ヲ　飛バスハ　為レ　験ノ　也。
ウ　蓋シ　常ニトスル下　以テ二　鶴ノ　飛ブヲ一　為スヲ上レ　験ト　也。
エ　蓋シ　常ニ　以テスル二　鶴ノ　飛ビテ　為スヲレ　験ヲ　也。
オ　蓋シ　常ニ　以テ二　鶴ノ　飛ブヲ一　為スレ　験ト　也。

問四　傍線部Dの意味として最も適切なものを、次のア〜オの中から一つ選べ。
ア　林逋は隠者で定まった家がなく、梅や鶴を家族に見立てて、世俗への執着をきっぱりと否定したことを思い
イ　林逋は隠者で家庭をもたず、梅を妻とし鶴を子としたのであるから、片方だけしか顕彰しないのはいけない

と思い

ウ　林逋は隠者となって、決まった家はなく、梅を妻として鶴を子と見なし、ついに科挙に応じることがなかったと思い

エ　林逋は隠者で家族がおらず、梅が妻、鶴が子の代わりであって、そのどちらをより大切にしていたのかは決めがたいと思い

オ　林逋は隠者なのでりっぱな家をもたず、梅と鶴を家族同然に愛したのだから、それを手本とする以上は俗事に執着してはならないと思い

問五　傍線部Eの「之」が指すのは何か、次のア〜オの中から一つ選べ。

ア　双鶴　　イ　処士之墓　　ウ　孤山　　エ　梅亭　　オ　和靖先生

解説

出典 彭大翼《ほうたいよく》『山堂肆考《さんどうしこう》』・沈括『夢渓筆談』

重要語句（本文中の意味は網掛けで示す）

（一行目）**少**―❶【すくなシ】少ない ❷【わかシ】若い ❸【かク】欠ける

（一行目）**栄利**《えいり》―栄誉と福利。

（一行目）**廬**《いほり》―草や木などを用いて作った粗末な家。隠遁者の仮住居など。

（二行目）**与**―❶【あたフ】与える ❷【あづかル】参加する・関係する
❸【くみス】力を合わせる・仲間になる・味方する ❹【ともニス】一緒にする
❺【と】～と ❻【より】～と比べて ❼【か・や・かな】～か・～だなあ（疑問・詠嘆・反語）

（三行目）**則**―❶【（レバ）すなはチ】「A《レバ》則《チ》B」の形で条件文をつくる（AがBの条件）。
❷【（ハ）すなはチ】主語を確認する。

（四行目）**良**―❶【よシ】良い ❷【よク】～できる ❸【まことニ】実に ❹【やや】少し・しばらくして

（五行目）**処士**《しょし》―官に仕えないで民間にいる人。

（六行目）**以為**《おもへラク》―思うに。

（六行目）**乃**《すなはチ》―❶そこで ❷すなわち ❸やっと ❹それなのに・かえって ❺なんと〈驚き〉

（七行目）**以**《もつテ》…―単純接続（「以」そのものは訳さない）。

■本文を理解しよう

読み

宋の林逋《りんぽ》、字《あざな》は君復、銭唐の人なり。少《わか》くして詩を善《よ》くし、栄利に移されず、廬《いほり》を杭州西湖の孤山に結び、漁樵と往来す。双鶴を畜《か》ひ、之を縦《はな》てば、雲霄《うんせう》に入り、帰りて復《ま》た籠中に入る。逋常に小艇を泛《う》かべ西湖の諸寺に遊ぶ、客の逋の居る所に至る有れば、則《すなは》ち一童子出でて門に応じ、客を延《ひ》きて坐せしめ、為《ため》に籠を開きて鶴を放てば、良久《やや》しくして逋必ず小船に棹して帰る。蓋《けだ》し常に鶴の飛ぶを以て験《しるし》と為《な》すなり。真宗和靖先生と賜号す。元の至正の間、儒学提挙の余謙既に処士の墓を葺《しふ》し、復た梅数百本を山に植ゑ、梅亭を其の下に構ふ。郡人の陳子安以為《おもへ》らく処士家無く、梅を妻とし鶴を子とするに、偏りて挙ぐべからずと、乃《すなは》ち一鶴を持して之を孤山に放ち、鶴亭を構へ、以て之に配す。

通釈

宋の林逋は、字は君復、銭唐（＝現在の浙江省）の人である。若くして詩に長じ、名誉や利益に影響されず、庵を杭州西湖の小島に作り、漁師や樵と交際していた。二羽の鶴を飼っていて、それを放つと、（二羽の鶴は飛んで）大空に消えるが、戻ってきて再び籠の中に入る。逋はいつも小船を浮かべ、西湖のあちこちの寺を巡っていたが、客が逋のもとを訪れることがあると、童子が出て門で対応し、客を招き入れて座らせ、それに応じて籠を開いて鶴を放つと、多少時間が過ぎて逋は必ず小船を漕いで戻った。思うにいつも鶴が飛んで来るのを目印としたのである。真宗（＝北宋第三代皇帝）は（林逋に）和靖先生という称号をお与えになった。元の至正（＝年号で、林逋没の約二百五十年後）年間、儒学提挙（＝官職名）の余謙が処士（＝高い学識や立派な人格を備えていながら隠居して仕官しなかった人）の墓を補修し終え、さらに梅数百本を墳墓に植え、梅を見るあずまやをその下に作った。（その）郡の人である陳子安は、隠者（＝林逋）は家庭を持たず、梅を妻とし鶴を子としたのであるから、片方だけ採り上げるわけにはいかないと思い、一羽の鶴を連れて来て小島に放ち、鶴を見るあずまやを作り、梅のあずまやと釣り合うようにした。

■設問解説

問一　知識問題　レベルA

正解は、**あざな**。「字」は、男子は元服、女子は婚約の時に付けられる呼び名のこと。

▼人の呼び名

① **字《あざな》**―男子は元服、女子は婚約の時に付けられる呼び名。　例 孔子の字は「仲尼」。

② **諱《いみな》**―生前は呼ぶのをはばかった貴人の実名。　例 三蔵法師の諱は「玄奘《げんじょう》」。

③ **諡《おくりな》**―死後、生前の行為をたたえて贈る呼び名。　例 空海の諡は「弘法大師」。

問二　傍線部説明問題　レベルB

正解は**イ**。まず、**傍線部の「縦」に着目**。多くの受験生は「縦」を、仮定形「縦《たとヒ》…《トモ》」（＝たとえ…としても）で覚えているはずだが、今回は「縦」に返り点のレ点がついていることに注意。**返り点がついているということは副詞ではない**。よって、「縦」を「たとえ」でとっている**ウ**と**オ**は外せる。ちなみに、今回の「縦」は、動詞で「はなツ」と読み、「放つ」の意。「縦」は、他にも「ゆるス」（＝自由にする）と読むこともある。

次に、残ったア・イ・エの「入二雲霄一」の意味にあたる部分を検討する。「雲霄《うんせう》」は「雲のある空」の意。知らなくても「雲」という漢字から意味は推定できるだろう。よって、「入二雲霄一」で、「（二羽の鶴が）雲のある空に入る」の意。このことを「（二羽の鶴が）雲間に消える」と表現している**イ**と**エ**が残る。

最後に、イとエの選択肢の違いを検討すると、**イ**は傍線部の「帰」の主語を「二羽の鶴」で、**エ**は「林逋」でとっている。「畜双鶴、縦レ之」の主語は林逋なので、つなげて読んでみると「入雲霄、帰復入籠中」の主語は「二羽の鶴」でとった方が自然な訳になる（主語を「林逋」でとると、林逋の外出中、鶴がずっと空にいることになってしまう）。

※「帰」の主語が……
二羽の鶴の場合→（林逋は）二羽の鶴を飼っていて、それを放つと（**二羽の鶴は**）雲間に消えるが、**戻ってきて**再び籠の中に入る。
林逋の場合 →（林逋は）二羽の鶴を飼っていて、それを放つと（二羽の鶴は）雲間に消えるが、（**林逋が**）**戻ってくる**と再び籠の中に入る。

問三 返り点・送り仮名 レベルB

正解は**オ**。傍線部の「**以…為…**」に着目して次の句形に気づけたかどうか。

以《もつテ》二A《ヲ》一為《なス》二B《ト》一 Aを以てBと為す（AをBと思う・見なす）

この句形どおりの返り点・送り仮名になっているものは**オ**しかない。ただ、この句形は、参考書などでもそれほど大きくとりあげられているわけではないので、間違った受験生が多かったであろう。

なお、傍線部の「**蓋**」は「**けだシ**」と読み「思うに」と訳す重要副詞なので、必ず覚えておこう。「験」は、ここでは「兆候・印」の意。

問四 傍線部説明問題 レベルB

正解は**イ**。まず、**傍線部の**「**不可**」**に着目**。「**不レ可二…一**」で「**…べからず**」と読み「…できない・…してはいけない」の意。これをふまえている選択肢は、**イ**「顕彰しないのはいけない」、**エ**「決めがたい（＝決めることができにくい）」、**オ**「執着してはならない」。

あとは、傍線部の「偏挙」の解釈で決まる。「偏」は「かたよる」、「挙」は「挙げる」の意なので、「偏挙」で「偏って挙げる」。よって、「不可偏挙」で「偏って挙げてはいけない・偏って挙げることはできない」の意。**オ**の「俗事に執着してはならない」は論外。**エ**の「そのどちらをより大切にしていたのかは決めがたい」だと前後の文脈に合わない。ここは、余謙が、林逋に敬意を払って、林逋の墓を補修し、梅の木をたくさん植えて、梅亭を作った。

↓

陳子安は「傍線部D」と思った。

↓

陳子安は、林逋に敬意を払って、鶴を放って鶴亭を作った。

という文脈。ここでの焦点は、林逋が梅と鶴のどちらを大切にしていたかを考えたということではなく、林逋を讃《たた》えるには梅と梅亭だけでは不十分だから鶴を放って鶴亭を作ったということ。よって、イが正解。なお、イのなかの「顕彰」は「隠れていた功績などを広く世間に知らせること・広く知らせて表彰すること」の意。

問五　文脈把握問題　レベルB

正解はエ。問四の解説で述べたとおり、この部分は、林逋を讃えるには梅と梅亭だけでは不十分だと考えて、陳子安が鶴を放って鶴亭を作ったという文脈。この文脈から考えると、鶴亭は梅亭と並べて建てられたと考えるのが自然。

問四と問五のように、**話の焦点を意識させる設問**が早稲田では頻出する。文脈把握の問題では話の焦点を意識するようにしよう。

ポイント　文脈把握問題

話の焦点（＝ここでは結局、何の話がしたいのか）を意識する。

解答

問一　あざな　問二　イ　問三　オ　問四　イ　問五　エ

第4章

近代文語文／複数文章の問題／現古（漢）融合文

■近代文語文の学習法■

近代文語文とは……

近代文語文とは、明治時代から終戦ごろにかけて書かれた、主に論説や公用文のことである。詳しく説明すると、明治から大正にかけての言文一致運動（書き言葉を話し言葉に近づけようとする運動）の結果、一般の論説では明治時代末期には文語文はほとんど書かれなくなり、終戦以降は公用文も文語文ではなくなったのである。大学入試では、論説が出題されることがほとんどなので、近代文語文のことを明治文語文と表記している参考書もある。

▼近代文語文への取り組み方――漢文の学習と文語文ならではの学習を並行する――

まず、前提として、近代文語文は、漢文訓読体をベースにして書かれた文章であることを意識しよう。よって、漢文の学習は必須となる。たとえば、教育学部の国語国文学科（C方式）では、サンプル問題の「出題の狙い、受験生に求める力」に「明治期の漢文訓読体文語文を素材として、漢文の総合力を問う問題」と明示している。漢文の学習を疎かにしてはいけない。

そのうえで、近代文語文で高得点をとるためには次の三点に留意して学習をすすめる必要がある。

① 近代文語文特有の言い回しと用語を暗記する
② 近代に関わる論点の知識（背景知識）を理解する
③ 量をこなす

①に関しては、まず、次項からの本書の語彙リストに目を通し、知らない語彙を暗記しよう。また、過去問をすすめていくなかで知らない表現が設問に出てきたらそれも貪欲に暗記していくとよい。小さいサイズのノートを購入して、自分だけの語彙リストをつくってみてもよい。近代文語文は、漢文を学習していれば、それほど難しいとは感じないと思うが、それでも近代文語文ならではの語彙があるので油断することなく学習をすすめよう。

②に関しては、ふつうの現代文の読解でも必要なものだが、文語文を読むときにも必要になってくる。例えば、明治時代の初期は、江戸時代から続いている日本の旧習と開国によって流入した近代西欧の価値観が衝突している時期であり、当時の人々はそれらの板ばさみにあっていた。また、この時期は、日本が近代国家になっていく時期であり、福沢《ふくざわ》諭吉《ゆきち》や中江《なかえ》兆民《ちょうみん》ら多くの思想家が活躍した。難度の高い近代文語文では、そのあたりの事情や著名な思想家の思想が論点になりやすい傾向にある。これからの日本の政治はどうあるべきか、西洋の思想や学問とどのように向き合うべきか、といった話が論じられやすいわけだ。この論点の知識（背景知識）は市販の現代文の評論用語集などで学習しておくとよい。また、著名な思想家については社会科の用語集や資料集などで確認しておくとよいだろう。なかでも、**福沢諭吉・中江兆民・西周《にしあまね》・馬場辰猪《ばばたつい》・高山樗牛《たかやまちょぎゅう》・陸羯南《くがかつなん》**はとくに有名なので、知らなければ調べておこう。また、こちらは文学史で学習する内容だが、坪内逍遙《つぼうちしょうよう》・夏目漱石《なつめそうせき》・森鷗外《もりおうがい》といった文学者についても理解を深めておこう。

そして、**最も重要なことが、③の「量をこなす」である。**近代文語文の設問は、通常の現代文で学ぶ読解技術で十分に解けるものの、入試に制限時間がある以上、速く読めなければならない。そのため、最低でも週に二題は過去問を解き、近代文語文の文体に慣れる必要がある。量をこなすうえで、早稲田の過去問以外でのおすすめは、難関校過去問シリーズ『**一橋大の国語 20カ年**』（教学社）である。この本の「近代文語文篇」の本文をしっかりと読む訓練をしてみよう。通釈もついているので学習しやすいはずだ。もちろん、早稲田大学と一橋大学では設問の傾向は違うが、早稲田の近代文語文は、本文の内容を正確に把握さえすれば、高得点が期待できるので、この本で本文の内容をつかむ練習をしていけば、十分に早稲田対策にもなるだろう。

▼どのように出題されるのか？

では、実際に早稲田の入試で近代文語文はどのように出題されているのだろうか。二〇二三年度現在、近代文語文を出題しているのは、

- **文化構想学部**（大問一の複数文章の問題で出題される）
- **教育学部の国語国文学科**（C方式）

である。これらの学部・学科を受験する場合は、しっかりと対策しておこう。

▼近代文語文の頻出語彙リスト　※「読み」は現代仮名遣いで記している。

□AをしてB（セ）しむ ― AにBさせる。

【用例】聞く者をして直ちに了解せしめん。（聞く者にすぐに了解させよう。）

本心をして独立得せしめず。（本来の心に自立させない。）

（文法的には「得しめず」にしたいところだが、「得せしむ」「見せしむ」という表現もよく使われる）

＊漢文訓読の使役形。「しむ」は使役の助動詞。近代文語文では漢文訓読系の慣用表現がよく使われる。

□A（セ）ざるべからず ― Aせねばならない。Aしないわけにはいかない。

【用例】人類の大損失と云はざるべからず。（人類の大損失と言わねばならない。）

言語と文章を一致せしめざるべからず。（言語と文章を一致させねばならない。）

＊「ざる」と「ず」はともに打消の助動詞。つまり、漢文訓読の二重否定（＝ほとんどが強い肯定）の表現である。近代文語文では二重否定が多用されるので、打消の表現が出てきたら要注意。二重否定が出てきたら、まずは肯定だと意識しよう。

＊二重否定には次のようなパターンもある。

A（セ）ざる（は）なし ― Aしないものはない。

A（セ）ざるものなし ― Aしないものはない。

Aにあらざる（は）なし ― Aでないものはない。

Aにあらざるものなし ― Aでないものはない。

Aなきにあらず ― Aがないのではない。

あへてA（セ）ずんばあらず ― Aしないわけにはいかない。

いまだかつてA（セ）ずんばあらず ― 今まで一度もAしなかったことはない。

□**Aならずや／Aにあらずや** ― Aではないだろうか。
【用例】自家矛盾の論法ならずや。（それ自体矛盾している論法ではないだろうか。）
友愛の敵にあらずや。（友情の敵ではないだろうか。）
＊筆者が自分の考えを述べる際に使う表現。

□**あにA（ん）や** ― どうしてAだろうか、いやAではない。
【用例】あにまた危ふからずや。（どうして危なくないだろうか、いや危ない。）
豈見るべからずや。（どうして見ることができないだろうか、いやできる。）
＊代表的な反語表現（百パーセントではないが、ほぼ反語表現）。「あに」は漢字では「豈」と書く。

□**A（スル）あたはず／A（スル）ことあたはず** ― Aできない。
【用例】害を除くあたはず。（害を除くことができない。）
これありということ能はず。（これがあるということができない。）
＊「あたはず」は漢字で書くと「能はず」。不可能であることを示す表現。

□**アルバイト** ― ❶労働。仕事。❷研究。論文。研究成果。

□**謂**（いい）― ～についてのいわれ。～についての意味。～という意味。～のこと。

□**所謂**（いわゆる）― 俗に言う。
＊漢字の読み取りの問題で狙われやすい。

□**以為らく**（おもえらく）― 思うことには。
＊漢字の読み取りの問題で狙われやすい。

□**凡そ**（およそ）― ❶おおよそ。だいたい。❷そもそも。

□**外患**（がいかん）― 外部（外国など）からの圧迫や攻撃をうけるおそれ。外憂《がいゆう》。
＊対義語は「内患」「内憂」。

□**過日**（かじつ）― 先日。

□**究理学**（きゅうりがく）― 物理学。
＊「窮理学」とも書く。
□**彼れ**（かれ）― あちら。あれ。あの人。
＊英語の he の意味で使われることは少ない。
□**僥倖**（ぎょうこう）― 思いがけなく得た幸運。
□**具眼**（ぐがん）― 物事の本質を見抜く力を持っていること。
□**蓋し**（けだし）― 思うに。まさしく。たぶん。
□**吾人**（ごじん）― 我々。私。
□**故らに**（ことさらに）― わざわざ。わざと。
＊現代では「殊更に」と表記するのが一般的。
□**定めて**（さだめて）― 必ず。きっと。
□**加之**（しかのみならず）― そればかりでなく。そのうえ。
＊漢字の読み取りの問題で狙われやすい。
□**支那**（しな）― 中国。
□**須臾**（しゅゆ）― 少しの間。しばらく。
□**証左**（しょうさ）― 証拠。
□**人事**（じんじ）― 人間世界。人間社会。
□**人士**（じんし）― 地位や教養のある人。
＊「士」のみでも同じ意味である。
□**頗る**（すこぶる）― とても。非常に。
□**夫れ**（それ）― そもそも。いったい。
＊文頭にあって語調を整える働きをする。

□典章（てんしょう）― おきて。規則。
□天地（てんち）― 世界。世の中。
□天律（てんりつ）― 自然の法則。
□乃至（ないし）― あるいは。または。
【用例】歴史乃至伝記と……（歴史あるいは伝記と……）
□俄に（にわかに）― 急に。突然に。
＊漢字の読み取りの問題で狙われやすい。
□将た（はた）― ❶あるいは。❷まったく。いったい。
□皮相（ひそう）― ❶物事の表面。うわべ。❷うわべだけで判断して本質に至らないこと。
□畢竟（ひっきょう）― 結局。つまるところ。
□偏に（ひとえに）― いちずに。ひたすら。もっぱら。
＊漢字の読み取りの問題で狙われやすい。
□不易（ふえき）― 時がたっても変わらないこと。不変。
□邦人（ほうじん）― 自分の国の人。
□方便（ほうべん）― 目的を果たすための一時的な手段。
□者（もの）― もの。
＊漢文訓読の「者」は人以外を指すことがあるので注意。
□耶蘇教（やそきょう）― キリスト教。
□漸く（ようやく）― ❶しだいに。だんだん。❷やっとのことで。
□所以（ゆえん）― 理由。わけ。
＊漢字の読み取りの問題で狙われやすい。
□余（よ）― わたくし。われ。

□了見（りょうけん）― 考え。思慮。

最後に誤解のないように付け加えておくが、近代文語文は、あくまでふだん学習している現代文・古文・漢文の延長上にあるものだと理解してほしい。たしかに、近代文語文特有の言い回しや用語が出てくるが、それ以上に、ふだん学習している現代文・古文・漢文に出てくる用語も出題される。設問の解き方をはじめとして、現代文・古文・漢文の方法論をベースにして取り組んでいこう。

■複数文章の問題の学習法■

複数文章の問題とは……

複数文章の問題とは、一つの大問に複数の文章が示され、それらを関連付けて読解するという出題形式の問題である。複数テクストの問題ともいわれる。大学入学共通テストによって広く世に知られるようになったが、早稲田大学では、もともと文化構想学部が二〇〇七年度に設置されて以来、毎年出題していた。

▼複数文章の問題への取り組み方

複数文章の問題に取り組むうえで大切なことは、

それぞれの文章の関係を意識すること

である。【文章A】と【文章B】がある場合、この両者が、

①　対比関係
②　類似関係
③　因果関係
④　ある話題の違う角度からの説明
⑤　Aで紹介された文章がB

など、様々なパターンが考えられる。なお、早稲田で複数文章の問題を毎年出題している**文化構想学部では、④と⑤のパターンがよく出題される。**演習22をみてほしい。AとBは「翻訳のあり方」について違った角度から説明している。この場合、**AとBの相違点と類似点を意識することが大切**だ。問五はAとBの類似点を問う設問である。

早稲田の複数文章の問題への対策は、文化構想学部の過去問を演習していけば十分だろう。二〇〇七年度から毎年出

題されており分量もあるので、複数の文章を関連付けて読解することには十分に慣れることができる。ただし、後述するが、これとは別に近代文語文の対策をしておく必要がある。

▼どのように出題されるのか？

では、実際に早稲田の入試で複数文章の問題はどのように出題されているのだろうか。二〇二三年度現在、複数文章の問題を毎年出題しているのは、文化構想学部である。

その文化構想学部では、現代文分野において、【文章A】と【文章B】の二つの文章を関連付けて読解させる形式が一般的である（二〇一三年度は三つの文章を関連付けて読解させる問題であった）。また、二〇一六年度以降は**【文章B】で近代文語文が出題されているため、近代文語文の学習も必須である**（近代文語文については、**■近代文語文の学習法■**を参照）。また、古典分野においては、融合文と古典を関連付けて読解させる形式が一般的だが、こちらは、現代文分野ほどクセのある出題ではないので、融合文の学習と古典の学習をしておけば十分に対応できる（融合文については、**■現古（漢）融合文の学習法■**を参照）。

文化構想学部以外について、二〇〇九年度以降の出題（過去15年）でみると、人間科学部（二〇二三年度の大問一が二つの現代文）、文学部（二〇一五年度の大問三が二つの古文〈ただし、それぞれが実質的に独立問題なので、両者を関連付けて読む必要はない〉）、教育学部（二〇一〇年度の大問二が現代文+漢文〈ただし、それぞれが実質的に独立問題なので、両者を関連付けて読む必要はない〉）、といった状況である。

受験生としては、人間科学部の二〇二三年度の大問一が気になるかもしれないが、こちらは、たしかに【文章A】と【文章B】の二つの文章が並べられてはいるものの、問一から問六がAの文章だけで解け、問七から問十二がBの文章だけで解け、問十三がA・Bの内容合致問題といった出題であり、文化構想学部のように複数の文章を関連付けて解く設問ではなかった。よって、二〇二三年度現在の時点では、文化構想学部の対策をしておけば十分だと言える。

■現古（漢）融合文の学習法■

現古（漢）融合文とは……

一般に、**現代文の中に古文が引用されている評論文**のことを大学受験の世界では**現古融合文**という。同じく、**古文と漢文が引用されている評論文を現古漢融合文**という。これは、主に**日本や中国の古典作品について論じた評論文**のことである。この場合、筆者は古典作品を引用して、その作品の作者や特徴を解説するわけだ。特別な対策をしなくても現代文と古文・漢文をきちんと学習していればそれなりに対処できるが、融合文に特有の問題も出るので、過去問で十分な演習をしておくと有利である。

▼現古（漢）融合文への取り組み方

1　本文について

現古（漢）融合文は、基本的に、現代文の部分が、引用されている古典（古文・漢文）の説明・批評である。そのため、いきなり古典の部分を読むのではなく〝**現代文の部分を先に読んで引用されている古典の主旨を把握してから古典の部分を読む**〟という姿勢で臨むとよい。まず、現代文の部分から筆者の主張の方向性や古典の主旨をつかんで、必要に応じて古典の部分を読むようにしよう。なお、ここでの「引用されている古典」とは**大きな引用**のことである。大きな引用については次の項目で説明する。

2　引用について

さて、ここで融合文における古典の引用のパターンについて説明しておこう。

融合文における古典の引用のパターンは、大きく二つある。演習23の甲の文章を見てほしい。一つめのパターンが、冒頭の段落の『徒然草』第六十八段や第六十九段の引用だ。現代文の部分から、なかば独立したような形で引用されている。本書では、このような引用を大きな引用というようにしよう。一方で、第二段落の『世説新語』の引用（「萁《まめがら》ハ在リテ二釜ノ下ニ一燃エ、……」）を見てほしい。こちらのパターンは、現代文の一文のなかに古典が引用されていて、古典を訳さないと文の意味が分からないことがほとんどだ。このような引用を小さな引用というようにしよう。

融合文を読むときに、この大きな引用と小さな引用は区別するようにしよう。

【引用のパターン】

① 大きな引用

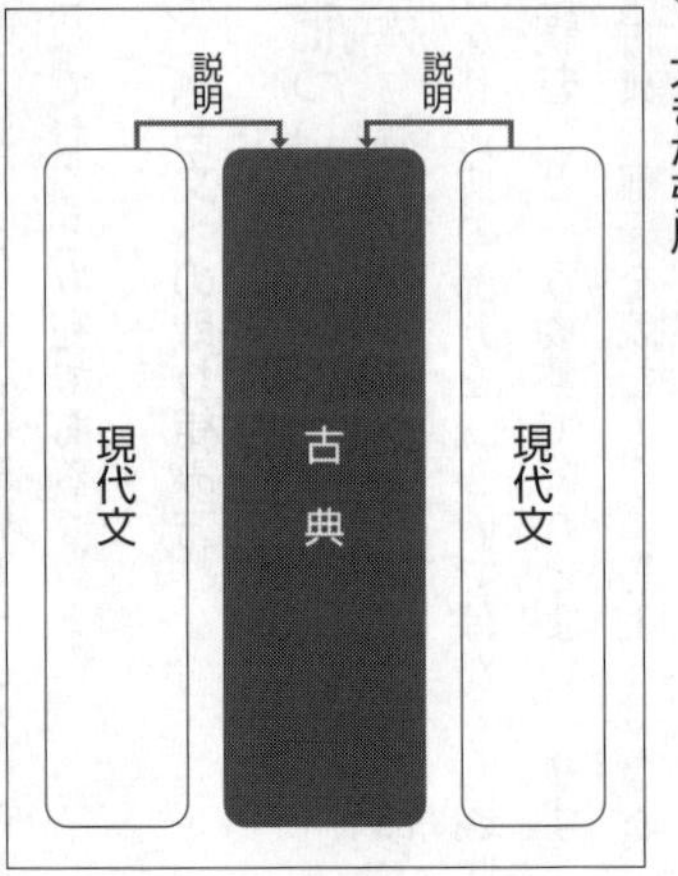

＊古典を読まなくても、文章の主旨がとれることがほとんど。
↓設問に関係しない場合は、古典はとばしてしまっても可。
＊古典を読む場合は、必ず現代文の部分で主旨を推定してから読むこと。

② 小さな引用

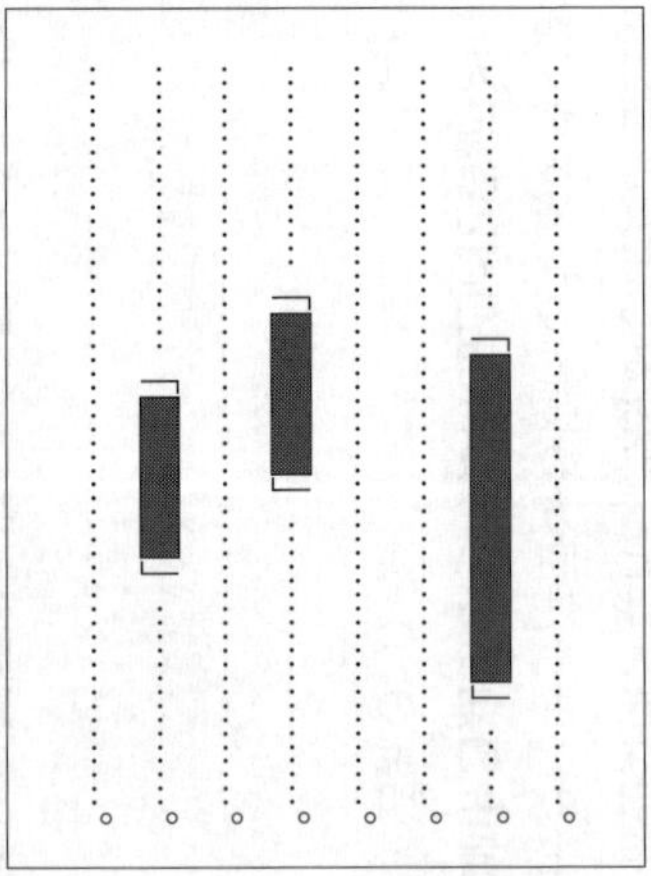

＊古典を読まないと、文章の主旨がとれないことがほとんど。

右の図のように、大きな引用は、それを読まなくても、現代文の部分の内容が分かることが多く、現代文の部分が大きな引用の解説になっているケースがほとんどである。よって、**大きな引用が出てきたらまずは読まずに、現代文から**

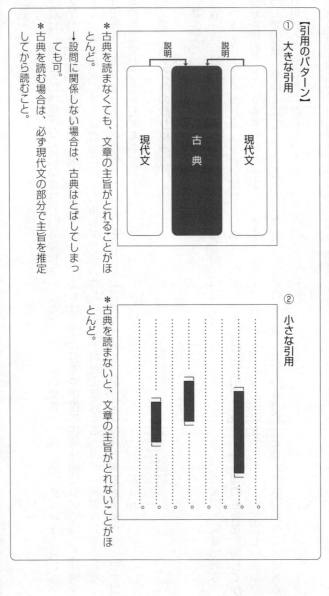

主旨をつかんでほしい。古典の部分を読む必要があれば、主旨をつかんでから読むようにしよう。

一方で、小さな引用は、訳さないと現代文の部分の内容が分からなくなることがほとんどである。よって、**小さな引用が出てきたらとばさずに訳すようにしよう。**小さな引用は短く、量も少ないので、訳すのにたいした労力はかからないから安心してほしい。

3　設問について

融合文の設問のパターンは、次の三つに大きく分けることができる。

1　**現代文の問題**＝現代文の読解方法・知識のみで解ける問題
2　**古文・漢文の問題**＝古文・漢文の読解方法・知識のみで解ける問題
3　**現代文と古文・漢文の対応をおさえる問題**＝融合文に特有の問題

この設問パターンから分かるように、融合文で高得点をとるためには、**現代文と古文・漢文の学習をバランスよくこなしておく必要がある。**どちらか片方が得意なだけでは高得点をとることはできない。もっとも、融合文は基本的に現代文の部分で古文・漢文の部分を解説する形式になっているので、古文・漢文の主旨は現代文の部分を読むとだいたい分かることが多い。よって、「文語文法や古文（漢文）単語はきちんと覚えているけど、全体の文脈がうまくつかめない……」というレベルの人には向いているといえよう。ただし、だからといって、古文・漢文の学習を疎かにしてはいけない。古文・漢文の部分だけで解く設問も出題されるのだから。

設問を解く際には、それぞれの設問が三つのパターンのうちのどれにあたるのかを意識することが大切だ。慣れるまでは、まずは**現代文の問題か古文・漢文の問題かと考え、**どちらでもなければ**現代文と古文・漢文の対応をおさえる問題**だと考えよう。

▼どのように出題されるのか？

では、実際に早稲田の入試で現古（漢）融合文はどのように出題されているのだろうか。14〜23年度に現古（漢）融合文が出題された学部の出題状況をまとめたのが次の表である。23年度現在で現古（漢）融合文を出題しているのは、

文化構想学部のみである。

本書では、文化構想学部の典型的な問題を取り上げた。学部別の大学入試シリーズ（赤本）に収載されている最新年度の問題とあわせて学習することで、早稲田の融合文の傾向を把握してもらいたい。

学部／年度	14年度	15年度	16年度	17年度	18年度	19年度	20年度	21年度	22年度	23年度
文化構想	現古	現古漢	なし	現古漢	現古	現古	現古漢	現古漢	現古	現漢

21 教育学部 二〇二三年度C方式 三

西村茂樹『日本道徳論』

難度はやや易。過去問への足がかりとしてチャレンジしてほしい。随所にでてくる二重否定に慣れよう。なお、四問のうち二問が実質的に漢文の設問である。

次の文章は、明治二十一年に出版された西村茂樹『日本道徳論』の一節である。これを読んで、あとの問いに答えよ。なお、設問の都合上、原文の表記を一部改めた箇所がある。

凡ソ天下ニ道徳ヲ説クノ教《をしへ》数多《あまた》アレドモ、合《あは》セテ之ヲ見ルトキハ二種ニ過ギズ、一ヲ世教ト云ヒ、一ヲ世外教（又之ヲ［A］トイフ）ト言フ。支那ノ儒道、欧洲ノ哲学ハ皆世教ナリ、印度ノ仏教西国ノ耶蘇教ハ皆世外教ナリ。何故ニ之ヲ世教トイフ、儒道哲学ハ共ニ現世ノ事ヲ説キ、此現身ヲ修ムルコトヲ説キ、此現在ノ邦国及ビ社会ヲ調和スルコトヲ説ケバナリ。仏教ト耶蘇教トハ何故ニ之ヲ世外教ト言フ、其《その》教タル現世ノ事ヲ言ハザルニ非ザレドモ、其帰着スル所ハ未来ノ応報ト死後魂魄ノ帰スル所ニ在ルヲ以テナリ。凡ソ世界万国既ニ国アルトキハ必ズ世教、世外教ノ一種アラザルハナシ、世教ハ道理ヲ主トシ、世外教ハ信仰ヲ主トス、皆以テ人心ヲ固結シ、1又人ヲシテ悪ヲ去リテ善ニ就カシムルニ非ザル者ナシ、即チ道徳ヲ教フルニ非ザル者ナシ。西洋諸国ハ多ク世外教ヲ以テ中等以下ノ人心ヲ固結シ、世教（哲学）ヲ以テ中等以上ノ人智ヲ開発ス。又東洋ニ於テ支那ノ如キハ古来ヨリ世教（儒道）ヲ以テ上下共通ノ教ト為シ、世外教（仏教）ハ中葉ヨリ其国ニ入リ来レドモ、其勢力大ニ儒道ニ及バズ、以テ今日ニ至レリ。日本ノ如キハ、世教世外教相継《あひつい》デ他国ヨリ入リ来リ、其中仏教ハ上下共ニ一般ニ行ハレ、儒道ハ独リ上等社会ニノミ行ハレタレドモ、其初メハ勢力大ニ仏教ニ及バズ、三百年以前ヨリ儒道大ニ武門ノ家ニ行ハレ、全国ノ大名士族ハ皆儒道ノ教育ニ依ラザルハナシ。此大名士族ト云フ者他ノ三民ノ上ニ立チ、全国ノ威権ハ皆此種族ノ手ニ帰セシヲ以テ、儒道ノ流行実ニ其盛ヲ極メ、何レノ大名モ大抵儒道ノ学校ヲ其国ニ建テ、政治法律共ニ儒道ニ根拠シテ其制ヲ定メ、仏教ノ如キハ独リ下等人民ノ信仰スルニ止マリテ、其勢力大ニ儒道ニ及バズ、以テ徳川幕府ノ末ニ及ベリ。

王政維新ノ初メ、旧物ヲ一洗シテ尽ク其面目ヲ改ム。是ニ由リ従来士人ガ尊奉シテ道徳ノ標準トスル所ノ儒道ヲモ廃棄シ、別ニ神儒混淆ノ教ヲ立テ以テ之ニ代《かへ》ントセリ。然ルニ2此教遂不能成立シテ、一旦廃棄セル儒道ハ復タ起スベカラズ、是ニ依リ日本ノ中等以上ノ人士ハ道徳ノ根拠ヲ失ヒ、封建ノ時ニ比スレバ人心其固結力ヲ弛緩シ、民ノ道徳漸ク頽敗《たいはい》ノ兆ヲ萌《きざ》セリ、神道ト云フ者ハ一時政府ニテ大ニ之ニ助力シ、頗ル隆盛ニ向ハントスルノ勢アリシカドモ、到底其説ク所ハ当時人智開達ノ度ニ不能伴。仏教ハ久シク下等ノ民ノ間ニ行ハレ、中等以上ノ人士ハ之ヲ信仰スルコト極メテ罕ナルヲ以テ、共ニ人心固結ノ功力ヲ不能現、是ニ於テ道徳ノ一事ニ至リテハ、3我邦ハ世界中一種特別ノ国トナレリ。何《なんとなればすなはち》則世界何レノ国ニ於テモ、或ハ世教或ハ世外教ヲ以テ道徳ヲ維持セザル者ナキニ、我国独リ道徳ノ標準トナル者ヲ亡失シタレバナリ。

（西村茂樹『日本道徳論』による）

問一　空欄 A に相応しい漢字二字の語を、あなた自身が考えて記述解答欄に記せ。

問二　傍線部１「人ヲシテ悪ヲ去リテ善ニ就カシムルニ非ザル者ナシ」を白文に改めた場合、最も適切な語順のものを次の中から一つ選び、解答欄にマークせよ。

イ　令人非無去悪而就善者

ロ　令人無去悪而非就善者

ハ　非無令人去悪而就善者

ニ　無非令人去悪而就善者

ホ　無令人非去悪而就善者

問三　傍線部**2**は、設問の都合上、白文「此教遂不能成立」に改めている。この白文を**すべて平仮名による**書き下し文に改め記述解答欄に記せ。

問四　傍線部**3**「我国独リ道徳ノ標準トナル者ヲ亡失シタレバナリ」とあるが、なぜ日本だけが「亡失」したのか。その説明として本文の内容に**合致しないもの**を次の中から一つ選び解答欄にマークせよ。

イ　世外教として長らく日本社会の道徳的規範でもあった仏教は、儒道全盛の江戸時代を経て、明治に入ると下層の民のみが信仰する対象となり、そのためかつての求心力は完全に失われ、全国民の道徳的規範とはなり得なくなったから。

ロ　幕末まで大名士族に圧倒的に支持されていた世教としての儒道であったが、明治に入り政府は新たに神道と儒道を混淆した世外教を起こしそれを強化したため、儒道は廃れてかつてのような求心力も失われ、世教としての道徳的規範力を失ったから。

ハ　明治に入り政府の肝いりで勢力も大いに隆盛に向かった神道であったが、その道徳的所説は文明開化によって新時代を切り拓こうとする中等以上の人士の心をつかむことはできず、世外教としての確たる尊崇を向けられることもなく、国民的な道徳の規範とはなり得なかったから。

ニ　他国では、世教と世外教の少なくとも一つが道徳の規範として尊崇されているのが常だが、日本では維新政府が江戸時代とは相異なる規範を打ち立てようとして成功しなかったために、世教と世外教のいずれにおいても国民の道徳的規範として相応しい教えが存在しなくなったから。

ホ　儒道の一部を取り入れた国家神道と政府の圧力によって、儒道は独自性と求心力を失った一方、神道は政府の後押しもあって隆盛し、明治時代、世外教の代表として君臨して、新たな道徳規範を打ち立てるかに見えたが、仏教界の強力な反対にあい、結局、江戸時代の大名士族における世教としての儒道と同じ役割を果たせなかったから。

解説

出典 西村茂樹「日本道徳論」（大久保利謙編『明治文學全集3 明治啓蒙思想集』筑摩書房）

重要語句

（第一段落）**凡《およ》そ**—❶おおよそ。だいたい。❷そもそも。
支那《しな》—中国。
耶蘇《やそ》教—キリスト教。
者《もの》—もの。＊漢文訓読の「者」は人以外を指すことがあるので注意。
（第二段落）**頗《すこぶ》る**—とても。非常に。

■本文を理解しよう

通釈

そもそも天下に道徳を説く教えは多くあるが、総合的にこれを見ると二種類に過ぎない、一つを「世教」と言い、もう一つを「世外教」（またこれを宗教という）と言う。中国の儒教、ヨーロッパの哲学はみな世教であり、インドの仏教や西洋のキリスト教はみな世外教である。なぜこれ（前者）を世教というのか、儒教や哲学はともに現世のことを説き、この身の修養を説き、この現在の国家および社会を調和することを説くからだ。仏教とキリスト教はどうして世外教というのか、その教えは現世のことを言わないわけではないが、その最後に行き着くところは未来の応報と死後の魂の落ち着くところにあるからだ。一般に世界万国すでに国がある場合は必ず世教、世外教の一種がないところはない、世教は人として行うべき正しい道を主とし、世外教は信仰を主としている、どちらもそれによって人々の心を固く結びつけ、また人を悪から離れて善に向くようにさせる以外のものはない、つまり道徳を教えるのではないものはない。西洋諸国は多く世外教によって中流以下の人々の心を固め、世教（哲学）によって中流以上の人々の知恵を啓き導く。また東洋では中国のようなところは古くから世教（儒教）を上層と下層との共通の教えとし、世外教（仏教）は途中からこの国に入ってきたものの、その勢力はまったく儒教に及ばず、今日に至っている。日本のようなところは、世教と世外教とが相次いで他国から入ってきて、その中で仏教は上層下層両方で一般に実践され、儒教のみは上層の社会にだけ実践されたが、初めは勢力がまったく仏教に及ばず、三百年前から儒教は大いに武家において実践され、全国の大名士族はすべて儒教の教育に従わないものはなかった。この大名士族というものは他の三民（農工商）の上に立ち、全国のあらゆる権威はすべてこの人々に握られたので、儒教の流行はまことに隆盛を極め、どの大名もおおかた儒教の学校をその領地に設立し、政治法律とともに儒教を根拠にしてその制度を定め、仏教のようなものはただ下層の人々だけが信仰するにとどまって、その勢力はとても儒教に及ばず、そのままの状態が徳川幕府の末期に及んだ。

王政復古となった明治維新の初め、旧来のものを一掃してすべての様相を一変させた。これによって従来武士が尊び奉って道徳の標準としてきた儒教をも廃し、別に神道と儒教とを混交した教えを立ち上げてこれに代えようとした。しかしこの教えは結局成立しなくて、（かといって）いったん廃棄した儒教は復帰させることができず、こうして日本の中流以上の人々は道徳の根拠を失い、封建の時代に比較すると人々の心を固く結びつける力を緩ませ、人民の道徳が次第に健全な精神を失う兆候が芽生えはじめた、神道というものは一時的に政府が大いに助勢し、たいへん隆盛に向かおうとする勢いがあったが、とうていその説くところは当時の人間の知恵の伸展の度合いにはついていけなかった。仏教は久しく下層の人々の間で実践され、中流以上の人々は信仰することがきわめてまれだったので、ともに（神道も仏教も）人々の心を固く結ぶ力を発揮することができず、そこで道徳という一つのことになると、我が国は世界中で一種特別な国となっている。なぜなら世界のどの国においても、あるところでは世教あるところでは世外教によって道徳を維持していないものはないのに、我が国だけが道徳の標準となるものを失ってしまったからである。

■設問解説

問一　空欄補充問題　レベルA

正解は、**宗教**。まず、空欄を含む一文をしっかり読もう。「一ヲ世外教（又之ヲ[A]トイフ）」とあるのだから、空欄には「世外教」の言い換えが入ると分かる（空欄の直前の「之《これ》」は「世外教」を指している）。

次に、「世外教」が何なのかをおさえる。次文に「印度ノ仏教西国ノ耶蘇教ハ皆世外教ナリ」とあり、世外教の例として、仏教と耶蘇教（＝キリスト教）が挙げられている。さらに、傍線部1の前に「世外教ハ信仰ヲ主トス」（＝世外教は信仰を主としている）とある。

例として仏教とキリスト教が挙げられ、信仰を主とするもので、かつ、漢字二字のものといえば、**「宗教」**である。

問二　書き下し文を白文に書き換える問題　レベルA

正解は**ニ**。まず、傍線部の「……ヲシテ……シムル」、および、「……非《あら》ザル者《もの》ナシ」の二点に着目しよう。前者が使役形で後者が二重否定。いずれも漢文で学習する重要句形である。

次に、前者の使役形の箇所「人ヲシテ悪ヲ去リテ善ニ就カシムル」の箇所を白文に書き換えてみよう。使役形は「使ム二AヲシテB（セ）一」（使＝令＝遣＝教＝俾）で「AをしてB（せ）しむ」と読み、「AにBさせる」の意。ここでは、Aにあたるのが「人」、Bにあたるのが「悪ヲ去リテ善ニ就カ」である。Bの部分であるが、漢文では「述語＋目的語」「述語＋補語」の語順になるので（**■漢文の学習法■**を参照）、「悪ヲ去リテ善ニ就カ」＝「去悪（而）就善」となる（「而」は置き字。「去リテ」と「テ」が送られているので「而」があった方がよいだろう）。よって、「人ヲシテ悪ヲ去リテ善ニ就カシムル」＝「令人去悪而就善」（使＝令）となり、この時点で**ハ**と**ニ**にしぼれる。

最後に、後者の二重否定の箇所であるが、「無シレ非ザルモノ二Aニ一」で「Aに非ざるもの無し」と読み、「Aでないものはない（＝みなAである）」の意の二重否定の句形である。**ハ**は「非無」になっているので語順が違う。よって、正解は**ニ**である。

問三　白文を書き下し文に書き換える問題　レベルA

正解は、**このをしへつひにせいりつするあたはず**、または、**このをしへつひにせいりつすることあたはず**。

まず、傍線部の「不能」に着目しよう。「不能」は、「不ㇾ能ハ二A（スル）一」または「不ㇾ能ハ二A（スル）コト一」で「A（スル）能《あた》はず」「A（スル）こと能《あた》はず」と読み、「Aできない」の意。漢文の基本表現である。よって、「不能成立」の箇所は「せいりつするあたはず」または「せいりつすることあたはず」と読む。

次に、「此教遂」の箇所だが、「此教」が主部、「遂」が副詞、である。「此教」は「このをしへ」、「遂」は「つひに」と読む。漢文では主部（主語）に送り仮名をつけることは少ないので、「此教遂」で「このをしへつひに」と読むのが一般的である。

なお、書き下し文は、設問文に現代仮名遣いで書けとの指定のない限りは、歴史的仮名遣いで書くので、「**をしへ**」「**つひに**」と書く必要がある。ここでは古文の学力が試されている。

問四　理由説明問題　レベルB

正解は**ホ**。

傍線部は「我が国だけが道徳の標準となるものを失ってしまったからである」の意。設問では、日本だけが道徳の標準となるものを失ってしまった理由として合致しないものが問われているのだから、第二段落に書かれている明治以降の日本の状況をおさえればよい（第一段落は、前半で世教と世外教の説明と西洋諸国と中国の説明がされ、後半では〈日本では儒教が武士の道徳の標準だった〉という内容が中心に述べられているので、日本が道徳の標準を失ったことの理由にはならない）。

イは、第二段落の四文目「仏教ハ久シク下等ノ民ノ……」に合致する。

ロは、第二段落の二・三文目「是ニ由リ従来士人ガ……」に合致する。

ハは、**ロ**と同じく、第二段落の二・三文目に合致する。

ニは、第二段落の二文目と最終文「何則世界何レノ……」に合致する。「日本では維新政府が江戸時代とは相異なる規範を打ち立てようとして成功しなかった」は第二段落の二文目をふまえた言い回しである。

ホは、「仏教界の強力な反対にあい」が本文に明らかに書かれていない内容である。仏教の話は第二段落の四文目「仏教ハ久シク下等ノ民ノ……」に書かれているが、仏教界が神道に強力に反対したとは書かれていない。

解答

問一　宗教　　問二　ニ　　問三　このをしへつひにせいりつする（こと）あたはず　　問四　ホ

22　文化構想学部　二〇一七年度　一

井上健『文豪の翻訳力』
二葉亭四迷「余が翻訳の標準」

「翻訳のあり方」についての評論文。このような内容の関連した複数の文章を並べるパターンは文化構想学部が毎年出題している。特殊な出題形式に慣れていこう。

次のA・Bの文章を読んで、あとの問いに答えよ。

A

ドイツ文学者でゲーテ、リルケなどの翻訳者でもあった大山定一（一九〇四～七四）と中国文学者、吉川幸次郎（一九〇四～八〇）との間で行われた、翻訳をめぐる書簡形式の論争『洛中書問』（秋田屋、一九四六）は、文学の翻訳は文学であるべきだと主張した「翻訳文学」派の大山に対して、翻訳はあくまでも「方便」にすぎないという「翻訳方便」派の吉川が、より多からずより少なからず原文の観念を伝える「逐語訳」的翻訳姿勢を、是として掲げたものとして知られる。戦況厳しき一九四四年に雑誌『学海』（秋田屋）に連載された、このいかにも京都学派らしい高踏的な翻訳論争については、これまでその議論のズレやすれ違いが、大山定一の主張の文学青年然とした主観性が、様々に指摘されてきた。両者の議論がすれ違うのは、同じ用語や概念を用いていながら、その意味するところがずれてしまっているからであるし、そこにはまた、両者の専門とする外国文学——独文学と中国文学——と日本文学との間に横たわる距離感の微妙な相違も反映しているだろう。ところで、大山の物言いの青臭さの例証として引かれるのは、たとえばこんなところである。

要するに僕は、翻訳文学というものは今日当然書かれていなければならぬ文学作品を、言わば翻訳という形で示したものを考えたいのです。単なる文学の翻訳ではありませぬ。僕は僕の所謂翻訳文学がなくなってしまって安易な文学の翻訳にかわったことが、今日の外国文学翻訳書のつまらなさではないかという気がいたします。（一

六頁）

僕が翻訳の問題を考えたい要の中心を一言で申せば、詩の翻訳は『詩』でなければならぬ、戯曲の翻訳は『戯曲』でなければならぬ、同様に小説の翻訳は『小説』でなければならぬ、ということに尽きるのであります。ところが世上行われる翻訳には、詩でない詩、小説でない小説が随分おおいように思われます。（八七〜八八頁）

最初の引用で、「単なる文学の翻訳」、「安易な文学の翻訳」ではない、それ自体が立派な文学作品であるような「翻訳文学」の出現を待望する大山の口調には、川村二郎『日本語の世界15　翻訳の日本語』（中央公論社、一九八一）の言を借りれば、たしかに「いささか気恥ずかしい文学青年的熱弁」（五三頁）と言いたくなるだけのものがあるだろう。だが、翻訳文学とは「今日当然書かれていなければならぬ文学作品を、言わば翻訳という形で示したもの」であるという主張は、熱弁調に惑わされずに、その説くところにのみ耳を傾けてみれば、周辺文化圏、後発文化圏において翻訳文学が果たす役割に、然るべき意義と位置を与えたものとして読めるのである。

事実、近代日本において、時代や社会の要請からして、当然書かれていてもいいような、だが、社会や文化の成熟度からして、書かれるには若干時期尚早な、そんな作品をもっぱら提供し、ジャンルの空白をしばし埋めてきたのは翻訳もの、翻訳文学なのである。そのようにして翻訳文学は、新ジャンル確立への道を切り開くための、地ならしの役割を果たしてきた。このことはむしろ、大衆文学の領域に例を取った方がわかりやすいだろう。わが国で本格的探偵小説が執筆されるには、それ以前に、ポーやドイルが翻訳で提供されている必要があった。ヴェルヌやH・G・ウェルズの翻訳紹介を抜きにして、近代日本の空想科学・冒険小説の成立と展開を考えることはできない。戦後日本に目を転じても、ホラー（文学）、モダンホラーというジャンルを導入し、和製ホラー作家を育む土壌を形成したのは、スティーヴン・キングを筆頭とするアメリカ・ホラー小説の翻訳紹介であった。このように翻訳文学はしばしば、「今日当然書かれていなければならぬ文学作品を、言わば翻訳という形で示したもの」として読まれ続けてきたのである。

では、詩の翻訳は詩で、小説の翻訳は小説であるべきだ、という主張のほうについてはどうか。吉川幸次郎はこれにまず、詩とは何か、小説とは何なのか、結局そうした概念を成立させているのは、一つ一つの具体的作品であり、一つ一つの作品を成立させるのは、一つ一つの言葉ではないのか、と至極もっともな反論をする。そして、言葉の集積としての作品が統一した方向をもつからこそ詩、戯曲、小説という概念が成立するわけだが、大山の意見は、その統一の方向性のために、一つ一つの言葉を犠牲にするのもやむを得ない、と言っているように聞こえる、と前置きした上で、こう続けるのである。

　しかし一々の作品を度外にしては、『詩』『戯曲』『小説』というものはなく、一々の言葉がなければ、作品は存在しません。しからば、『詩』は、『戯曲』は、『小説』は、実に一々の言葉の中にあるという見方も可能であります。従って一々の言葉を丹念に追跡し、翻訳し、かくして丹念に移された一々の国語によって、再び『詩』を、『戯曲』を、『小説』を、1リコンストラクトするという態度も可能でありましょう。私はこの態度を固持するものであります。（一二二頁）

　文学の翻訳は文学であるべきだと言いながら、ではどう翻訳したらその文学になるのかということを大山は語っているわけではない。それを具体的な翻訳の手順にそって考えていけば、結局は、吉川の指摘するように、「丹念に移された一々の国語」によって文学を「リコンストラクト」していくほかはないはずである。この点については、吉川の反論はまさに正鵠を射たものと言わなければならない。

（井上健『文豪の翻訳力』による）

B

　翻訳はいかようにすべきものか、その標準は人によって、各《おのおの》異なろうから、もとより一概にいうことはできぬ。されば、自分は、自分が従来やって来た方法《しかた》について述べることとする。一体、欧文はただ読むと何でもないが、よく味おうて見ると、自ら一種の音調があって、声を出して読むとよく抑揚が整うている。すなわち音楽的《ミュージカル》である。だから、人が読むのを聞いていてもなかなかに面白い。実際文章の意味は、黙読した方がよくわかるけれど、自分のおぼつかない知識で充分にわからぬ所も、声を出して読むと面白く感ぜられる。これは確かに欧文の一特質である。ところが、日本の文章にはこの調子がない、一体にだらだらして、黙読するには差しつかえないが、声を出して読むとすこぶる単調《モノトナス》だ。ただに抑揚などが明らかでないのみか、元来読み方が出来ていないのだから、声を出して読むには不適当である。

けれども、いやしくも外国文を翻訳しようとするからには、必ずやその文調をも移さねばならぬと、これが自分が翻訳するについて、まず形の上の標準とした一つであった。

そこで、コンマやピリオドの切り方などを研究すると、早速目に着いたのは、句を重ねて同じことをいうことである。一例を挙ぐれば、マコーレーの文章などによくある in spite of のごときはそれだ。意味からいえば、二つとか三つとか、もしくは四つとかで十分であるものを、音調の関係からもう一つ言い添えるということがある。しかし意味はすでに言い尽くしてあるし、もとより意味の違ったことを書くわけには行かぬから、仕方なしに重複した余計のことをいう。

これは語《ことば》の上にもあることで、日本語の「やたらむしょう」などはその一例である。あるいは「強くきびしく彼を責めた」とか、あるいは、「優しく角立たぬように説得した」とかいう類は、しばしば欧文に見る同一例である。これらはすべて文章の意味を明らかにする以外、音調の関係からして、副詞を入れたいから入れたり、二つで充分に足りている形容詞をも、一つ加えて三つとしたりするのである。コンマの切り方なども、単に意味の上から切るばかりでなく、文調の関係から切る場合が少なくない。

されば、外国文を翻訳する場合に、意味ばかりを考えて、これに重きを置くと原文をこわすおそれがある。すべからく原文の音調をのみ込んで、それを移すようにせねばならぬと、こう自分は信じたので、コンマ、ピリオドの一つをもみだりに棄てず、原文にコンマが三つ、ピリオドが一つあれば、訳文にもまたピリオドが一つ、コンマが三つというふうにして、原文の調子を移そうとした。ことに翻訳をし始めた頃は、語数も原文と同じくし、形をもくずすことなく、ひとえに原文の　a　を移すのを目的として、形の上に大変苦労したのだが、さて実際はなかなか思うように行かぬ、中にはどうしても自分の標準に合わすことのできぬものもあった。で、自分は自分の標準によって訳するだけの手腕《うで》がないものとあきらめても見たが、しかしそれは決して本意ではなかったので、その後とても長く形の上には、2この方針を取っておった。

ところで、でき上がった結果はどうか、自分の訳文を取って見ると、いや実に読みづらい、佶倔聱牙《きっくつごうが》だ、ぎくしゃくしていかにとも出来栄えが悪い。従って世間の評判も悪い、たまたま賞美してくれた者もあったけれど、おしなべて非難の声が多かった。しかし、私が苦心をした結果、できそこなったという心持ちをのみ込んで、ここが失敗していると指摘した者はなく、また、ここはどのくらいまで成功したと見てくれた者もなかった。だから、誉められても標準に無交渉なのでうれしくもなければ、譏《そし》られても見当違いだから、何の啓発される所もなかった。いわば、自分でひとり角力を取っていたので、実際毀誉褒貶以外に超然として、ただある点に目を着けて苦労をしているのである。というのは、文学に対する尊敬の念が強かったので、例えばツルゲーネフがその作をする時の心持ちは、非常に神聖なものであるから、これを翻訳するにも同様に神聖でなければならぬ、ついては、一字一句といえども、大切にせなければならぬように信じたのである。

　しかしながら、元来文章の形は自らその人の詩想によって異なるので、ツルゲーネフにはツルゲーネフの文体があり、トルストイにはトルストイの文体がある。その他およそ一家をなせる者には各独特の文体がある。この事は日本でも支那でも同じことで、文体はその人の詩想と密着の関係を有し、［b］は各自に異っている。従ってこれを翻訳するにあたっても、ある一種の文体をもって何人《なんぴと》にでも当てはめるわけには行かぬ。ツルゲーネフはツルゲーネフ、ゴルキーはゴルキーと、各別《おのおの》にその詩想を会得して、きびしくいえば、行住座臥、心身を原作者のままにして、忠実にその詩想を移すくらいでなければならぬ。これ実に翻訳における根本的必要条件である。

　今、実例をツルゲーネフに取ってこれをいえば、彼の詩想は秋や冬の相ではない、春の相である、春も初春でもなければ中春でもない、晩春の相である、ちょうど桜花《さくら》が爛漫と咲き乱れて、やや散り初《そ》めようという所だ、遠く霞んだ中空《なかぞら》に、美しくおぼろおぼろとした春の月が照っている晩を、両側に桜の植えられた細い長い路をたどるような趣がある。約言すれば、艶麗の中《うち》にどっか寂しい所のあるのが、ツルゲーネフの詩想である。そして、その当然の結果として、彼の小説には全体にその気が行き渡っているのだから、これを翻訳するにはその心持ちを失わないように、常にその人になって書いて行かぬと、往々にして文調にそぐわなくなる。この際にあっては、いたずらにコンマやピリオド、またはその他の形にばかり拘泥していてはいけない、まず根本たる［　C　］をよく呑み込んで、しかる後、詩形を崩さずに翻訳するようにせなければならぬ。

実際自分がツルゲーネフを翻訳する時は、力《つと》めてその詩想を忘れず、真に自分自身その詩想に同化してやる心算《つもり》であったのだが、どうもうまく成功しなかった。成功しなかったとはいえ、標準はやはりそこにあったのである。ただ、自分がその間に種々《いろいろ》と考えて見ると、一体、自分の立てた標準に法《のっと》って翻訳することは、必ずしもできぬと断言はされぬかもしれぬが、少なくとも自分にとってはむずかしいやり方であると思った。なぜというに、第一自分には日本の文章がよく書けない、日本の文章よりはロシアの文章の方がよくわかるような気がするくらいで、すなわち原文を味わいうる力はあるが、これを[3]リプロデュースする力が伴うておらないのだ。

で、ほかに翻訳の方法はないものかと種々研究して見ると、ジュコーフスキー一流のやり方が面白いと思われた。ジュコーフスキーはロシアの詩人であるが、むしろ翻訳家として名を成している。バイロンを多く訳しているが、それが妙にうまい。もっとも当時のロシアは、その社会状態が小バイロンを盛んに生んだ時代で、ことにジュコーフスキーのごときは、鉄中錚々《そうそう》たるものであったから、求めずしてバイロンの詩想と合致するを得て、大いに成功したのかもしれぬが、とにかくその訳文は立派なロシア文となっている。

けれども、これをバイロンの原詩と比べて見ると、その言い方が大変違う、原文の仄起《そっき》を平起《ひょうき》としたり、平起を仄起としたり、原文の韻のあるのを無韻にしたり、あるいは原文にない形容詞や副詞を付けて、勝手に剪裁《せんさい》している。原文を全くくずして、自分勝手の詩形とし、ただ意味だけを訳している。ところがその両者を読み比べて見るとどうであろう。英文は元来自分には少しおかったるい方だから、あまり大口をきくわけには行かぬが、とにかく原詩よりも訳の方が、趣味も詩想もよくわかる、原文では十ぺん読んでもわからぬのが、訳の方では一度で種々の美所がわかって来る、しかもそのインプレッションを考えて見ると、いかにもバイロン的だ。すなわちこれを要するに、おぼつかない英語でバイロンを味わうよりは、ジュコーフスキーの訳を読む方が労少なくして得る所が多いのである。

そこで自分は考えた、翻訳はこうせねば成功せまい、自分のやり方では、形に拘泥するの結果、筆力が形に縛られるから、読みづらく窮屈になる。これはよろしくジュコーフスキーのごとく、形は全く別にして、ただ原作に含まれたる［ｄ］を発揮する方がよい。とこうは思ったものの、さて自分は臆病だ、そんならというてこれを決行する事ができなかった。なぜかというに、ジュコーフスキー流にやるには、自分に充分の筆力があって、よしや原詩をくずしても、その詩想に新詩形を付することができなくてはならぬのだが、自分には、この筆力がおぼつかないと思われたからだ。[4]従来やり来たった翻訳法で見ると、よし成功はしないながらも、形は原文に捉《つかま》っているのだから、非常にやりそこなうことがない。けれども、ジュコーフスキー流にやると、成功すれば光彩燦然《さんぜん》たる者であるが、もし失敗したが最後、これほどみじめなものはないのだから、よほど自分の手腕を信ずる念がないとやりきれぬ。自分はさすがにそれほど大胆ではなかったので、どうも険呑《けんのん》に思われて断行し得なかった。で、依然旧翻訳法でやっていたが

……

しかしそれは以前自分がまじめな頭で、翻訳に従事したころのことである、近頃のは、いやもうお話しにならない。

（二葉亭四迷「余が翻訳の標準」による）

注　佶倔聱牙……文章が難しくて読みにくいさま。
　　鉄中錚々……凡人の中で少し優れている者。

問一　Ａの文章にある大山の「翻訳文学」について説明した文として最も適切なものを次の中から一つ選び、解答欄にマークせよ。

イ　「翻訳文学」とは、作家の文学的精神によって成立していた文学の翻訳でなければならないが、今日の外国文学翻訳では、その点がないがしろにされている。

ロ　「翻訳文学」とは、翻訳されたとはいえ、あくまでもそれ自体が文学でなければならず、逐語訳的に言葉を置き換えただけでは必ずしも「翻訳文学」とは言えない。

ハ　「翻訳文学」とは、文化的にまだ進んでいない国において当然書かれてもいいような作品になるだけでなく、必ず新しいジャンルを開拓するものである。

ニ　「翻訳文学」とは、翻訳上の理想であると同時に、詩の翻訳は詩、戯曲の翻訳は戯曲、小説の翻訳は小説、というように、具体的翻訳方法を内包するものである。

ホ　「翻訳文学」とは、新しい翻訳上の概念であり、翻訳論的には青臭さがあると批判されることがあるが、時代や社会に求められる文学だとも言える。

問二　Bの文章中の空欄 a ・ b ・ c ・ d に入る語の組み合わせとして最も適切なものを次の中から一つ選び、解答欄にマークせよ。

イ　a　音調　b　詩想　c　文体　d　文体

ロ　a　文調　b　音調　c　文体　d　詩想

ハ　a　文体　b　文体　c　詩想　d　音調

ニ　a　文体　b　文調　c　詩想　d　文体

ホ　a　音調　b　文調　c　詩想　d　詩想

問三　Aの文章中の傍線部1「リコンストラクト」とBの文章中の傍線部3「リプロデュース」について説明した文として最も適切なものを次の中から一つ選び、解答欄にマークせよ。

イ　リコンストラクトとは、一つ一つの言葉を丹念に置き換えることを前提にして使われているが、リプロデュースとは、原文を崩して意味をしっかり訳すということを目指す概念として使われている。

ロ　リコンストラクトとは、置き換えた言葉をもとに、詩、戯曲、小説などを再構成するという現実的プロセスであるが、リプロデュースとは、翻訳されたものが文学としても成立するように表現することに力点を置いた概念である。

ハ　リコンストラクトとは、翻訳されたものが文学としても成立するように丹念に言葉を移したものであるのに対し、リプロデュースとは、詩、戯曲、小説などを翻訳された言語で味わえるように再生産するというものである。

ニ　リコンストラクトとリプロデュースとは、いずれも翻訳によって、丹念に言葉を置き換えて、翻訳文学を作り出すということを表す概念であり、用語は異なるものの、概念としては、全く同じものであると言える。

問四　Bの文章中の傍線部2「この方針」と対立する翻訳の仕方を述べた最も適切な文を、Bの文章中から三十五字以内で求め、そのはじめと終わりの三字を抜き出して、記述解答用紙の所定の欄に記せ（句読点等が含まれる場合は、それらも一字とする）。

問五　Bの文章中の傍線部4「従来やり来たった翻訳法」とあるが、これとほぼ同じ意味で使用されているAの文章中の語句として最も適切なものを一つ選び、解答欄にマークせよ。

イ　高踏的な翻訳　ロ　「逐語訳」的翻訳　ハ　安易な文学の翻訳

ニ　具体的な翻訳　ホ　世上行われる翻訳

問六　AおよびBの文章の趣旨と合致するものを次の中から一つ選び、解答欄にマークせよ。

イ　Bの文章では、前半で翻訳において「その外国文の文調をも移さねばならぬ」と主張する。これは翻訳文学における文学性を主張する点で、Aの文章での「翻訳方便」派である吉川の主張とは反対の主張となっている。

ロ　Bの文章では、「詩想を移す」という概念が後半に出てくる。これは、後発文化圏での翻訳文学の役割に注目するものである点で、Aの文章における、「翻訳文学」派の大山の主張に近い。

ハ　Bの文章では、終始一貫して、翻訳において「原文の音調」を移すことの重要性が説かれている。これは、翻訳における具体的手順を考えているという点で、Aの文章における「翻訳方便」派の吉川の主張に近い。

ニ　Bの文章では、後半で「筆力が形に縛られる」ということを述べる。これは、形にこだわることを絶対視しない点で、Aの文章における「翻訳文学」派の大山の主張に近いものとして位置づけることができる。

ホ　Bの文章では、西洋の言語の翻訳を取り上げている。それに対して、Aの文章では中国文学者とドイツ文学者の翻訳論争を取り上げている。この点で、「翻訳」という概念の内実は全く違うと言える。

解説

出典

A：井上健『文豪の翻訳力』〈2　翻訳文学を先導するものとしての作家翻訳―再読『洛中書問』論争―〉（武田ランダムハウスジャパン）

B：二葉亭四迷「余が翻訳の標準」（『二葉亭四迷全集第五巻《感想》』岩波書店　所収）

重要語句

▼A

（第一段落）**方便**―ある目的を達成するための便宜的な手段。

高踏的―世俗を超越して自らを高潔に保つさま。

所謂《いわゆる》―世間一般に言われている。▼漢字の読み仮名の問題で頻出。

（第五段落）**正鵠**《せいこく》**を射る**―物事の核心をつく。

▼B

（第一段落）**一体**―そもそも。

（第六段落）**すべからく**―当然なすべきこととして。

（第七段落）**毀誉褒貶**《きよほうへん》―悪口を言うこととほめること。ほめたりけなしたりの世評。

（第八段落）**行住座臥**《ぎょうじゅうざが》―日常。ふだん。

（第十二段落）**おかったるい**―十分でない。

（第十三段落）**拘泥する**―こだわる。

険呑《けんのん》―あやういこと。あやぶむこと。

■本文を理解しよう

A：井上健『文豪の翻訳力』

❶ 大山定一と吉川幸次郎の翻訳論争（第一段落）

まず、冒頭部分、

ドイツ文学者でゲーテ、リルケなどの翻訳者でもあった大山定一（一九〇四〜七四）と中国文学者、吉川幸次郎（一九〇四〜八〇）との間で行われた、翻訳をめぐる書簡形式の論争『洛中書問』（秋田屋、一九四六）は、文学の翻訳は文学であるべきだと主張した「翻訳文学」派の大山に対して、翻訳はあくまでも「方便」にすぎないという「翻訳方便」派の吉川が、より多からずより少なからず原文の観念を伝える「逐語訳」的翻訳姿勢を、是として掲げたものとして知られる。

に着目しよう。**冒頭部分は論の起点なので精読すること。**今回は冒頭部分に話題と方向性が書かれている。この文章は翻訳についての文章で、翻訳についての大山と吉川の主張の違いが述べられる。内容を整理すると、

> 大山定一＝「翻訳文学」派
> ・文学の翻訳は文学であるべきだと主張する
> ↔
> 吉川幸次郎＝「翻訳方便」派
> ・翻訳はあくまでも「方便」にすぎないと主張する
> ・より多からずより少なからず原文の観念を伝える「逐語訳」的翻訳姿勢を、是として掲げる

となる。そして、第一段落の後半では、大山の文章が引用されている。

2 **大山定一の主張の意義**（第二・三段落）→問一・問六

さて、第二段落では、第一段落で紹介された「翻訳文学」派の大山の主張の意義が述べられる。第二段落一・二文目の「たしかに……。だが、……」の**譲歩構文**に着目しよう（譲歩構文については演習1問2のポイントを参照のこと）。譲歩構文では、逆接の後に大事な内容がくるので、

だが、翻訳文学とは「今日当然書かれていなければならぬ文学作品を、言わば翻訳という形で示したもの」であるという主張は、熱弁調に惑わされずに、その説くところにのみ耳を傾けてみれば、周辺文化圏、後発文化圏において翻訳文学が果たす役割に、然るべき意義と位置を与えたものとして読めるのである。

の部分をしっかり読むこと。大山の主張は「周辺文化圏、後発文化圏において翻訳文学が果たす役割に、然るべき意義と位置を与えた」といえるとある。では、その「周辺文化圏、後発文化圏において翻訳文学が果たす役割」とは何か？　第三段落の二文目に、

そのようにして翻訳文学は、新ジャンル確立への道を切り開くための、地ならしの役割を果たしてきた。

とある。ここから、「周辺文化圏、後発文化圏において翻訳文学が果たす役割」とは、「新ジャンル確立への道を切り開くための、地ならしの役割」のことだと分かる。このことが段落末で、

このように翻訳文学はしばしば、「今日当然書かれていなければならぬ文学作品を、言わば翻訳という形で示したもの」として読まれ続けてきたのである。

とまとめられている。

> 大山定一の主張の意義＝翻訳文学は、周辺文化圏、後発文化圏において、新ジャンル確立への道を切り開くための、地ならしの役割を果たした

3 **吉川幸次郎からの反論**（第四・五段落）→問三・問六

さて、第四段落からは「翻訳方便」派の吉川から大山への反論について説明される。第四段落の二文目の、

> 吉川幸次郎はこれにまず、詩とは何か、小説とは何なのか、結局そうした概念を成立させているのは、一つ一つの具体的作品であり、一つ一つの作品を成立させるのは、一つ一つの言葉ではないのか、と至極もっともな反論をする。

に着目しよう。「逐語訳」的翻訳姿勢を是として掲げる吉川は、一つ一つの言葉を丹念に追跡し、翻訳し、そこから「詩」「戯曲」「小説」を再構成すべきだと主張する。そのことが、第四段落の引用文で、

> 従って一々の言葉を丹念に追跡し、翻訳し、かくして丹念に移された一々の国語によって、再び『詩』を、『戯曲』を、『小説』を、[1]リコンストラクトするという態度も可能でありましょう。

と示されている。そして、筆者は第五段落で、

> 文学の翻訳は文学であるべきだと言いながら、ではどう翻訳したらその文学になるのかということを大山は語っているわけではない。それを具体的な翻訳の手順にそって考えていけば、結局は、吉川の指摘するように、「丹念に移された一々の国語」によって文学を「リコンストラクト」していくほかはないはずである。この点については、吉川の反論はまさに正鵠を射たものと言わなければならない。

と述べ、吉川の主張を高く評価している。

なお、**第五段落の読解で注意しなければならないのは、大山も吉川もともに「文学」を成立させようとしていることだ。**大山は「文学」を成立させるために、逐語訳を否定するものの具体的な方法は語っていない。一方、吉川は「文学」を成立させるためには逐語訳によるリコンストラクトが必要だと主張している。第五段落の二文目の「それ」が前文の「どう翻訳したらその文学になるのかということ」（＝文学の成立のための方法）を指していることに注意。「それ」に「文学の成立のための方法」を代入して読んでみよう。**このように、指示語に敏感に反応し、指示内容をおさえて、それを代入して読んでいけば、読みの精度がぐっと上がる。**頑張ろう。

吉川幸次郎の主張＝一つ一つの言葉を丹念に追跡し、翻訳し、そこから「詩」「戯曲」「小説」を

再構成すべきだ

B：二葉亭四迷「余が翻訳の標準」

❶ 二葉亭四迷の翻訳における形の上の標準 （第一～七段落）→問二a

Aを読み終わったあとにBを見ると、あまりの長さにゾッとするが、心配はいらない。文化構想学部は、内容の関連する複数の文章を並べて出題するので、**AとBは内容が関連している。だから、Aをしっかり読めていれば、Bの内容は比較的楽につかむことができる。**

今回であれば、Aをしっかり読めた人は、Bの二葉亭四迷の「形の上の標準」は、Aの吉川の主張に類似していることに気付けて、速く読めただろう。

第三段落の、

> けれども、いやしくも外国文を翻訳しようとするからには、必ずやその文調をも移さねばならぬと、これが自分が翻訳するについて、まず形の上の標準とした一つであった。

や、第七段落の最終文の、

> というのは、文学に対する尊敬の念が強かったので、例えばツルゲーネフがその作をする時の心持ちは、非常に神聖なものであるから、これを翻訳するにも同様に神聖でなければならぬ、ついては、一字一句といえども、大切にせなければならぬように信じたのである。

などから、二葉亭四迷の翻訳における形の上の標準は、文調や音調を含めて、一字一句正確に訳すことであったと読みとれる。

二葉亭四迷の翻訳における形の上の標準＝文調や音調を含めて、一字一句正確に訳すこと

❷ 二葉亭四迷の翻訳における根本的必要条件 （第八～十段落）→問二b・c

さて、第八段落から「詩想」「文体」という新たなキーワードが登場する。第八段落の一文目に、

しかしながら、元来文章の形は自らその人の詩想によって異なるので、ツルゲーネフにはツルゲーネフの文体があり、トルストイにはトルストイの文体がある。

とあることから分かるように、簡単に言うと、「詩想」とは作者の思想、「文体」とは作者の思想があらわれたもの、といった意味だろう。**つまり、第一段落から第七段落にかけて翻訳における形の上の標準の説明をしていたが、ここからは翻訳における内面の話がはじまるわけだ。**この文章では、「詩想」（＝作者の思想）、「文体」（＝作者の思想のあらわれ）、「文調」（＝文の調子）、「音調」（＝音の調子）である。「詩想」と「文体」が内面的なもので、「文調」と「音調」が形式的なものであることが理解できただろうか。だから、「詩想」が異なれば「文体」も異なり、「文体」が異なれば「文調」も異なってくるわけである（問二のb）。第八段落の末の、

きびしくいえば、行住座臥、心身を原作者のままにして、忠実にその詩想を移すくらいでなければならぬ。

これ実に翻訳における根本的必要条件である。

に着目しよう。二葉亭四迷にとって、原作者の詩想を忠実に移すことが翻訳における根本的必要条件である。しかし、詩想を忠実に移すことが難しかったことが第十段落で述べられている。

> 二葉亭四迷の翻訳における根本的必要条件＝原作者の詩想を忠実に移すこと
> ↓だが、これがなかなかうまくいかない

3 **ジュコーフスキーの方法**（第十一・十二段落）→問四

原作者の詩想を忠実に移すことをなかなかうまくできなかった二葉亭四迷は、ジュコーフスキーの方法に惹かれる。ジュコーフスキーの方法とは、第十二段落で述べられている、

原文を全くくずして、自分勝手の詩形とし、ただ意味だけを訳している。

という方法である。原文を全くくずすのは、文調や音調を含めて一字一句正確に訳してきた二葉亭四迷とは正反対

の方法だが、ジュコーフスキーはこの方法で詩想を忠実に移すことに成功しているのだ。なお、このジュコーフスキーの方法はAの大山の主張に類似する。

ジュコーフスキーの方法＝原文を全くくずして、自分勝手の詩形とし、ただ意味だけを訳すことで、原作者の詩想を忠実に移す

4 **二葉亭四迷の考え**（第十三・十四段落）→問二d・問三・問五・問六

第十三段落と第十四段落で二葉亭四迷は、ジュコーフスキーの方法には惹かれたものの、自分にはできそうにないので旧来の方法で翻訳してきた。だが、近頃は違う、と述べて本文をしめくくっている。

■設問解説

問一　文脈把握問題　レベルB

正解はロ。〔■本文を理解しよう〕で説明したとおり、大山の主張は、第一段落でその趣旨が述べられ、第二段落と第三段落でさらに詳しく説明されている。よって、第一段落から第三段落の内容をふまえて選択肢を検討していけばよい。

イ＝「作家の文学的精神によって成立していた文学の翻訳でなければならない」が不適。第一段落の一文目に「文学の翻訳は文学であるべきだと主張した『翻訳文学』派の大山」とあることから分かるように、大山は、文学の翻訳を単なる文学の翻訳のまま終わらせるのではなく、文学にしようとしているのである。そのことが第二段落の一文目でも「『単なる文学の翻訳』、『安易な文学の翻訳』ではない、それ自体が立派な文学作品であるような『翻訳文学』」と言い換えられている。大山にとっての文学の翻訳とは、文学の翻訳で終わるものではなく、それ自体で立派な文学作品を創造することである。

ロ＝前半の『翻訳文学』とは、翻訳されたとはいえ、あくまでもそれ自体が文学でなければならず」は、イの解説で述べた大山の主張に合致する。後半の「逐語訳的に言葉を置き換えた」は、第一段落の一文目で述べられている吉川の主張。大山と吉川の主張は対比関係なので、「逐語訳的に言葉を置き換えただけでは必ずしも『翻訳文学』とは言えない」は大山の主張の説明として適切である。

ハ＝「必ず新しいジャンルを開拓するものである」の「必ず」が言い過ぎ。第三段落の最終文の「しばしば」に反する。**「必ず」「すべて」「だけ」のような極論表現を含む選択肢は言い過ぎの可能性が高い。選択肢に極論表現があれば、本文と慎重に照合するようにしよう。**

ニ＝「具体的翻訳方法を内包する」が解答根拠に述べられていない内容であり、第五段落の一文目「ではどう翻訳したらその文学になるのかということを大山は語っているわけではない」にも反する。

ホ＝「新しい翻訳上の概念」が本文に書かれていない。

問二　空欄補充問題　レベルB

正解はホ。今回のように、**空欄に入る語の組み合わせが問われる場合は、すべての空欄を検討しなくても正解を出せることがほとんど。**今回であれば、空欄cとdが比較的易しいので、最初の方の空欄で迷ったら後回しにして先に進めばよい。入試は時間との戦いでもあるので、効率的に解いていこう。

a＝第三段落以降、〈翻訳の際は、文調と音調を正確に移す〉という二葉亭四迷の考えが述べられる。空欄を含む第六段落は、二文目で「すべからく原文の音調をのみ込んで、それを移すようにせねばならぬと、こう自分は信じた」とあることから分かるように、音調を移すことについて論じた段落である。よって、空欄には「音調」を入れるのが最適だと判断できる。もし、「文調」と迷った人がいれば、ここは後回しにしてもよい。

b＝〈■本文を理解しよう〉で説明したとおり、詩想が異なれば文体も異なり、文体が異なれば文調も異なってくる。このことをふまえると、空欄には「詩想」「文体」「文調」のどれを入れても意味が通じる。よって、この空欄は後回しにして先に進もう。

c＝「根本たる［c］」とあるのだから、空欄には作品の根本にあたるものが入る。〈■本文を理解しよう〉で説明したとおり、「詩想」（＝作者の思想）、「文体」（＝作者の思想のあらわれ）、「文調」（＝文の調子）、「音調」（＝音の調子）である。このなかで、根本にあたるものは「詩想」である。各キーワードの意味をつかめていれば難しくはないだろう。第八段落末の「きびしくいえば、行住座臥、心身を原作者のままにして、忠実にその詩想を移すくらいでなければならぬ。これ実に翻訳における根本的必要条件である」もヒントになる。

d＝「ジュコーフスキーのごとく、形は全く別にして、ただ原作に含まれたる［d］を発揮する方がよい」とあるのだから、「形は全く別にして、ただ原作に含まれたる［d］を発揮する」はジュコーフスキーの方法である。（■本文を理解しよう）で説明したとおり、ジュコーフスキーは、原文を全くくずして自分勝手の詩形とし、ただ意味だけを訳すことで原作者の詩想を忠実に移すわけだから、空欄には「詩想」が入る。第十二段落の「原文を全くくずして、自分勝手の詩形とし、ただ意味だけを訳している。ところがその両者を読み比べて見るとどうであろう。英文は元来自分には少しおかったるい方だから、あまり大口をきくわけには行かぬが、とにかく原詩よりも訳の方が、趣味も詩想もよくわかる」が解答根拠。

問三　傍線部説明問題　レベルB

正解はハ。文化構想学部ならではの設問である。**このタイプの設問は、Aを読み終わった時点でいったん選択肢をしぼりこむ。そして、Bを読み終わった時点で残りの選択肢を検討すればよい。**本文をすべて読み終わってからまとめて解こうとすると、Aを再度読み直すはめになり、時間がかかってしまうので要注意。

まず、Aから「リコンストラクト」の内容をつかみ、選択肢をしぼりこもう。「リコンストラクト」は「再構成する」の意だが、その具体的内容は傍線部1の直前と第五段落の二文目に書かれている。

- 一々の言葉を丹念に追跡し、翻訳し、かくして丹念に移された一々の国語によって、再び『詩』を、『戯曲』を、『小説』を、リコンストラクトする
- それ（＝文学の成立のための方法）を具体的な翻訳の手順にそって考えていけば、結局は、吉川の指摘するように、「丹念に移された一々の国語」によって文学を「リコンストラクト」していくほかはない

以上の点をふまえて各選択肢の「リコンストラクト」の説明箇所を検討すると、**イ**の「一つ一つの言葉を丹念に

置き換えることを前提にして使われている」、ロの「置き換えた言葉をもとに……現実的プロセス」、ハの「翻訳されたものが……丹念に言葉を移したもの」は、それぞれ解答根拠に合致する（ハが合致しないと思った人は第五段落を読み間違えている可能性大。〔■本文を理解しよう〕を参照してほしい）。ニは「翻訳文学を作り出す」が不適。「リコンストラクト」は吉川の主張で、「翻訳文学」は大山の主張である。吉川は「文学」を成立させようとはしているが、「翻訳文学」を成立させようとしているわけではない。

次に、Bから「リプロデュース」の内容をつかみ、選択肢の残りの部分を検討しよう。「リプロデュース」は「再生産する」の意。第十段落の最終文に「第一自分には……これをリプロデュースする力が伴うておらない」とあるので、「リプロデュース」とは〈二葉亭四迷にはうまくできないこと〉だと分かる。では、二葉亭四迷がうまくできないこととは何か？

第十段落の一文目の、

> 実際自分がツルゲーネフを翻訳する時は、力《つと》めてその詩想を忘れず、真に自分自身その詩想に同化してやる心算《つもり》であったのだが、どうもうまく成功しなかった。

や、第十三段落の傍線部4の直前の、

> ジュコーフスキー流にやるには、自分に充分の筆力があって、よしや原詩をくずしても、その詩想に新詩形を付することができなくてはならぬのだが、自分には、この筆力がおぼつかないと思われた

に着目しよう。二葉亭四迷がうまくできなかったこととは、〈原作者の詩想に同化し、それを忠実にあらわすこと〉だと分かる。以上の点をふまえて選択肢を検討しよう。

イは「原文を崩して……目指す概念」が不適。これは第十二段落の二文目に書かれているとおり、ジュコーフスキーの方法であって、リプロデュースはジュコーフスキーに限ったことではない。リプロデュースとは、原作者の詩想に同化し、それを忠実に言語であらわすこと。ジュコーフスキーの方法は原作者の詩想を忠実に移す方法の一例として挙げられているので、リプロデュースをするうえでの方法の一つにすぎない。ロは「翻訳されたものが……力点を置いた概念」が不適。これはAの大山の主張である。よって、正解はハ。原作者の詩想を忠実に移せば、

作品を作品として翻訳された言語で味わえることになる。ニはAの時点で外せるが、リプロデュースを「丹念に言葉を置き換え」ることととらえている点も不適。リプロデュースは原作者の詩想を忠実に移すことなので、必ずしも丹念に言葉を置き換える必要はない。二葉亭四迷は一字一句正確に訳すことはできていたが、リプロデュースする力に乏しかったという内容に反する。

問四　文脈把握問題 レベルB

正解は、**原文を…いる。**

「その後とても長く形の上には、この方針を取っておった」とあるのだから、「この方針」とは、二葉亭四迷の翻訳における形の上での方針、すなわち、第三段落から第六段落にかけて述べられている〈文調や音調を含めて、一字一句正確に訳すという方針〉のことだと分かる。それと対立する翻訳の仕方は、第十一・十二段落で述べられているジュコーフスキーの方法である（■本文を理解しよう〕を参照のこと）。ジュコーフスキーの方法は、第十二段落の二文目で「原文を全くくずして、自分勝手の詩形とし、ただ意味だけを訳している」とまとめられている。

問五　文脈把握問題 レベルA

正解は**ロ**。二葉亭四迷が従来してきた翻訳法とは、Bの第一段落から第七段落にかけて述べられている〈文調や音調を含めて、一字一句正確に訳すこと〉である。これはAの吉川の主張に類似するので、**ロ**が正解。

イの「高踏的」という語はAの第一段落の二文目にあるが「高踏的な翻訳論争」とあることから分かるように、大山と吉川の論争の性質をあらわしているのであって、翻訳の説明ではない。**ロ**は第一段落の一文目にある、吉川の翻訳のことである。**ハ**と**ホ**は第一段落の末の引用文にあるが、いずれも大山が否定している、当時蔓延していた翻訳である。**ニ**は第五段落の二文目にあるが、ここは翻訳の手順の説明箇所なので何の関係もない。

問六　内容合致問題 レベルB

正解は**ニ**。

イ＝後半の「これは翻訳文学……主張となっている」が不適。二葉亭四迷は翻訳文学を主張していないし、二葉亭四迷の形の上の標準と吉川の主張は類似する。

ロ＝「後発文化圏での翻訳文学の役割に注目するものである」が不適。二葉亭四迷が「後発文化圏での翻訳文学の役割に注目」していたという内容は本文に書かれていない。

ハ＝「終始一貫して、翻訳において『原文の音調』を移すことの重要性が説かれている」が不適。音調を移す以外にも、文調・文体・詩想を移すことも説かれている。

ニ＝形にとらわれずに詩想を移すというのは、二葉亭四迷がうまくできなかったことであり、ジュコーフスキーと大山の類似点でもある。

ホ＝「この点で、『翻訳』という概念の内実は全く違うと言える」が不適。二葉亭四迷の主張は吉川に類似するし、ジュコーフスキーと大山にも類似点がある。

解答

問一　ロ　問二　ホ　問三　ハ　問四　原文を…いる。　問五　ロ　問六　ニ

23 文化構想学部　二〇二一年度 三

永積安明『徒然草を読む』
李世民『帝範』

『徒然草』についての現古漢融合文。大きな引用をうまく処理して三〇分以内に解くことができたか。

次の甲・乙の文章を読んで、あとの問いに答えよ。

甲 ［次の文章は、永積安明『徒然草を読む』（一九八二年刊）の一節による。］

兼好には、「合理」の世界を超える宗教的奇跡が、必ずしも否定しがたい世界として見えていたのであって、たとえば第六十八段には、

　筑紫に、なにがしの押領使《あふりやうし》などいふやうなる者のありけるが、土大根《つちおほね》を万《よろづ》にいみじき薬とて、X朝ごとに二つづつ焼きて食ひける事、年久しくなりぬ。或時、館《たち》の内に人もなかりける暇《ひま》をはかりて、敵《かたき》襲ひ来りて囲み攻めけるに、館のうちに兵《つはもの》二人出で来て、命を惜《を》しまず戦ひて、皆追ひかへしてげり。いとY不思議に覚えて、「日《ひ》比《ごろ》ここにものし給ふとも見ぬ人々の、かく戦ひし給ふは、いかなる人ぞ」と問ひければ、「年来《としごろ》たのみて、朝な朝な召しつるZ土大根らにさうらふ」といひて失せにけり。

という、筑紫の国に伝わる、大根の精霊についての奇跡的な説話をとりあげているだけでなく、この辺境地帯における素朴な庶民信仰の説話を、

　深く信を致しぬれば、かかる徳もありけるにこそ。

と肯定的に受けとめており、またつづく第六十九段にも、

　書写の上人は、法華《ほつけ》読誦《どくじゆ》の功積《つも》りて、六根《ろつこん》浄《じやう》にかなへる人なりけり。旅の仮屋に立ち入られけるに、豆の殻を焚きて豆を煮ける音の、つぶつぶと鳴るを聞き給ひければ、「疎《うと》からぬおのれらしも、恨めしく我をば煮て、辛《から》き目を見するものかな」と言ひけり。焚かるる豆殻の、はらはらと鳴る音は、「我が心よりすることかは。焼かるるはいかばかり堪へがたけれども、力なき事なり。かくな恨み給ひそ」とぞ聞こえける。

という、法華読誦の聖人たる書写上人の功徳譚《たん》を採りあげている。

この説話は、もともと中国は魏の文帝に、七歩のうちに作詩せよとの難題を課せられて、弟の曹植《そうち》が作った詩の、「萁《まめがら》ハ在リテ㆓釜ノ下ニ㆒燃エ、豆ハ在リテ㆓釜ノ中ニ㆒泣ク。本《もと》ハ是レ同根ヨリ生ズ。相煎ルコト何ゾ太《はなは》ダ急ナル」（『世説新語』「文学」・『蒙求』「陳思七歩」等）にもとづくことは、古注以来指摘されているが、七歩の詩は国内でも、『懐風藻』その他に採りあげられるなど、早くから知られており、その後、この説話が土着しつつ一般に流布したであろうことは、『徒然草』に先立つ[2]『十訓抄』（巻六）などにも、骨肉間の争いを述べて、この詩を引用しているとおりで、兼好の時代には[3]書写の上人の六根清浄説話に転形していたらしい、この奇跡譚をも、『徒然草』はそのまま敬虔《けいけん》に記しとどめているのである。

限りある人間の智恵には、当然及びがたい世界のあることを知っていた兼好は、また凡慮には測りがたい宗教的な奇跡をはじめとする非合理の世界を、有限の「合理」によって安易に否定し、あるいは逆に何の保留もなく、これを全面的に信仰してしまうことが、いかに人間の可能性を阻害するかを見とおすこともできたのであって、こうした観点に立てば、仏神の世界の奇跡だけでなく、人間の世界にしばしば現前する不可思議についても、一概にこれを否定せず、現象世界の一つの相として、その存在を認める道がひらけ、そこに測りがたい人間生活の実像を見届けようとする意識も芽生えるであろう。だから『徒然草』の中には、古注以来その真意を捕捉しかねてきた諸段、たとえば、

因幡国に、何の入道とかやいふ者の娘、かたちよしと聞きて、人あまたいひわたりけれども、この娘、ただ栗をのみ食ひて、更に米《よね》のたぐひを食はざりければ、「かかる異様《ことやう》のもの、人に見ゆべきにあらず」とて、親ゆるさざりけり（第四十段）。

という、五穀の類を全く口にせず、栗だけ食べて生きていた不思議な美女と、その女に言い寄ってくる求婚者たちを拒否しつづけた親についての［A］が、作者の何の限定もなく記されていたり、また第四十二段の、

唐橋中将といふ人の子に、行雅僧都とて、教相《けうさう》の人の師とする僧ありけり。気《け》の上《あが》る病ありて、年のやうやうたくるほどに、鼻の中ふたがりて、息も出でがたかりければ、さまざまにつくろひけれど、わづらはしくなりて、目・眉・額なども腫《は》れまどひて、うちおほひければ、物も見えず、二《に》の舞《まい》の面《おもて》のやうに見えけるが、ただ恐ろしく、鬼の顔になりて、目は頂《いただき》の方《かた》につき、額のほど鼻に成りなどして、後は坊の内の人にも見えずこもりゐ

て、年久しくありて、なほわづらはしくなりて死ににけり。かかる病もある事にこそありけれ。

と記しているような、世にも不思議な奇病にとりつかれた行雅僧都についての［A］なども収められている。この、「かかる病もある事にこそありけれ」という表現には、常人の理解を超える奇怪な事態を、眼を見張るような驚きの心でもって記し留めながら、しかもそれなりに現世の犯しがたい事実として、そのままこれを受けとめようとする兼好の態度が見えるのである。

およそ不可思議な現実の諸相を視野に入れながら、しかも多様な現象世界の海に流されることなく、しだいに理性的に実像を把《とら》えるようになった兼好は、現世の生きかたにおいても、第一期時代のそれを超えてしまうのであって、かつて第一段では、人間として望ましく願わしいことどもを、あれこれと掲げ示して、

ありたき事は、まことしき文の道、作文、和歌、管絃の道、また有職《いうそく》に公事《くじ》の方、人の鏡ならんこそいみじかるべけれ。手など拙《つたな》からず走りがき……。

などと記していた彼が、第百二十二段では、それらの道みちが、貴族社会に生きて行こうとする者にとって、必須の教養であることを説くところまでは、第一段の主旨と、さして変るところはないが、つづいて、

次に、食は人の天なり。よく味《あぢはひ》を調へ知れる人、大きなる徳とすべし。次に細工、万《よろづ》に要おほし。

と、『帝範』の「務農」篇や『史記』の「酈食其《れきいき》伝」等に見える典拠をふまえて、民にとって、食物は天のごとく至高のもの、生活の基本であることを述べただけでなく、そこから一転して、とまで説き進んでいるのは、もはや原典の抽象的な政治論から、具体的な日常世界へと下降し、調理やはかない手細工に象徴されるような世俗的な実利の生活を積極的に評価し、4かつては否定した現世的な生活に役立つ有用性を率直に認めはじめているからにほかならない。

こうした現実を確認しながら兼好はさらに、

この外の事ども、多能は君子の恥づる処なり。詩歌《しいか》に巧みに、糸竹《しちく》に妙《たへ》なるは、幽玄の道、君臣これを重くすといへども、今の世にはこれをもちて世を治むる事、［B］。金《こがね》はすぐれたれども、鉄《くろがね》の益《やく》多きに及《し》かざるが

ごとし。

と説いて、この一章を結んでいるのであるが、ここでは古代王朝社会において、君臣ともに尊重してきた「幽玄」の道も、「今の世」では、「［B］」と断言するようになっている。

本来、「幽玄の道」は王朝貴族社会の価値の象徴であり、『徒然草』の世界をも貫通する基本的な精神であった。しかし、この価値を至上のものとしてきた兼好も、いまでは、「幽玄の道」が時代の要求に適応できなくなり、「鉄の道」つまり、実益を優先する現実的な政治に及ばなくなってきたことを、ついに確認するにいたったのである。これこそ王朝文化の、そうしてまた、かつての兼好自身が存立の拠りどころとしてきたところの、ほかならぬ貴族的な価値の基本に対する、根源的な批判の地点にまで兼好の眼が届きはじめたことにほかなるまい。

従来、この段に見られるような現実的な思想の展開は、まだ元弘の乱に突入していない時期に、兼好が新しい時代を予感し、早くも貴族政治の没落を先取りしていたのによるかのように考えられてきたのであったが、これも『徒然草』の執筆年代を元徳・元弘間の一年たらずの間に限定した橘学説に緊縛されたためで、この学説から解放されて本文の語るところを読み返してみれば、『徒然草』の表現は、兼好がすでに貴族世界の崩壊する諸相をまのあたり見ていたことを語っており、そこには南北朝の内乱という未曾有の変革に遭遇しつつあった貴族社会の、切迫した危機に当面しての飛躍的な思想の展開が見えてくるはずである。

注　六根浄にかなへる人……修行により心身ともに仏に近い能力を身につけた人。

第一期時代……筆者は『徒然草』は第三十段あたりまでが最初に書かれたと考えている。その時期のこと。

元徳・元弘……元徳（一三二九〜一三三一年）・元弘（一三三一〜一三三四年）。

橘学説……『徒然草』は元徳二年から翌元弘元年までの約一年の間に成立したとする橘純一の学説。

乙［次の文章は、甲に言及される『帝範』「務農篇」の一節による。文中には、返り点・送り仮名を省いた箇所がある。］

夫レ食ハ為《たり》二人ノ天一。農ハ為リ二政ノ本一。倉《さう》廩《りん》実《みツレバ》、則チ知リ二［C］ヲ一、衣食乏シケレバ、則チ忘ル二廉恥ヲ一。故ニ躬《みづから》耕シ二東郊ニ一、敬《つつしミテ》授ク二民ニ時ヲ一。国ニ無キトキハ二九歳之儲《たくはへ》一、不レ足ラレ備フルニ二水旱ニ一。家ニ無キトキハ二一年之服一、不レ足ラレ禦《ふせグニ》二［D］ヲ一。然而莫シレ不ルハ下帯ビレ犢《とくヲ》佩《おビ》レ牛ヲ、棄テレ堅ヲ就キレ偽ニ、求メ二伎巧之利ヲ一、廃《すテ》中［E］之基《もとゐヲ》上。以テ二一人ノ耕ヲ一、而百人食《はムトキハ》、其ノ為スレ害ヲ也、甚ダシ二於秋《しう》螟《めいヨリモ》一。莫シレ若クハ下禁二絶シ浮華ヲ一、勧中課スルニ耕織ヲ上、使ムレバ下民ヲシテ還リ二其ノ本ニ一、俗ヲシテ反《かへラ》中其ノ真ニ上、則チ競ヒテ懐キ二仁義之心ヲ一、永ク絶タン二貪残之路ヲ一。此レ務ムルレ農ヲ之本也。


注　倉廩……穀物の貯蔵庫。　水旱……大水とひでり。

授民時……人々に農業の種まき、取り入れを示す暦を授ける。

帯犢佩牛……子牛や牛を腰の刀剣として帯びる。『漢書』循吏伝に基づく、人々に農耕を勧めるたとえ。

螟……稲の茎を食う害虫。　浮華……上辺だけ華やかで実質の乏しいこと。

耕織……田を耕し、機を織ること。

問一　甲の文章の傍線部1「兼好には、「合理」の世界を超える宗教的奇跡が、必ずしも否定しがたい世界として見えていた」とあるが、兼好にはなぜそのように「見えていた」のか、最も適切なものを次の中から一つ選び、解答欄にマークせよ。

イ　兼好は、出家していたので、たとえ非合理的な話であったとしても、仏教に関する話は否定できなかったから。

ロ　兼好は、仏道修行を通して、人間世界では非合理とされる事象も切り捨てられないと考えるようになったから。

ハ　兼好は、人間生活の実像を合理的に考えるためには、限りある人間の知恵だけでは不足すると考えていたから。

ニ　兼好は、人間の知恵は絶対ではないので、常識的な論理や道理では捉えきれない世界もあると考えていたから。

ホ　兼好は、不可思議な現象や物語も好きだったので、宗教的奇跡も否定するわけにはいかないと考えていたから。

ヘ　兼好は、人間の知恵は有限だと知っていたので、宗教的奇跡を排除したら悟りをひらけないと考えていたから。

問二　甲の文章の二重傍線部X「朝ごとに」・Y「不思議に」・Z「土大根らに」の「に」の説明の組み合わせとして最も適切なものを次の中から一つ選び、解答欄にマークせよ。

イ　X：形容動詞の活用語尾　Y：副詞の一部　Z：格助詞
ロ　X：格助詞　Y：形容動詞の活用語尾　Z：断定の助動詞
ハ　X：副詞の一部　Y：格助詞　Z：完了の助動詞
ニ　X：完了の助動詞　Y：副詞の一部　Z：完了の助動詞
ホ　X：格助詞　Y：完了の助動詞　Z：断定の助動詞
ヘ　X：副詞の一部　Y：形容動詞の活用語尾　Z：格助詞

問三　甲の文章の傍線部2『十訓抄』と最も**近い時期**に成立した作品の説明として最も適切なものを次の中から一つ選び、解答欄にマークせよ。

イ　因果応報を説く説話を数多く収めた景戒編の説話集。
ロ　主人公世之介の一代記の体裁をとっている浮世草子。
ハ　「鏡物」の先駆作品として位置付けられる歴史物語。
ニ　約五十年間にも及ぶ南北朝の動乱を描いた軍記物語。
ホ　真名序と仮名序を持つ源通具らが撰者の勅撰和歌集。

へ　天竺・震旦・本朝の説話を収めた日本最大の説話集。

問四　甲の文章の傍線部3「書写の上人の六根清浄説話に転形」とあるが、その変化した内容について説明した文として最も適切なものを次の中から一つ選び、解答欄にマークせよ。

イ　「七歩の詩」では豆の豆殻への恨み言だけが語られているが、『徒然草』では豆殻の弁明までも語られている。
ロ　「七歩の詩」では豆は恨みを述べているだけだが、『徒然草』では法華経の教えを取り込みながら怒っている。
ハ　「七歩の詩」では豆と豆殻は肉親の関係とされているが、『徒然草』では仲の良い友人関係に変えられている。
ニ　「七歩の詩」では豆と豆殻は対立する兄弟を象徴しているが、『徒然草』ではいがみ合う親子を象徴している。
ホ　「七歩の詩」では豆が強火であっという間に煎られているが、『徒然草』では弱火でじっくりと煮られている。
へ　「七歩の詩」では豆と豆殻は同じ釜で煎られているが、『徒然草』では豆殻が豆を煮る物語に変えられている。

問五　甲の文章の空欄 A に入る語として最も適切なものを次の中から一つ選び、解答欄にマークせよ。

イ　寓話　　ロ　実録　　ハ　武勇伝　　ニ　聞き書き　　ホ　暴露話　　へ　書き付け

問六　甲の文章の傍線部4「かつては否定した現世的な生活に役立つ有用性を率直に認めはじめている」とあるが、なぜ兼好は「認めはじめ」たのか、最も適切なものを次の中から一つ選び、解答欄にマークせよ。

イ　鋭い知性に基づいて時代状況を分析し、新しい時代が来ることを兼好が予見することができたから。
ロ　それまで支配し続けていた貴族的な考え方に対して、仏教界に身を置く兼好が批判的になったから。
ハ　社会が大きく変わり、伝統的な貴族の世界が崩れた元弘の乱後の現実を兼好が実際に目にしたから。
ニ　『徒然草』を執筆していた数年の間に、多様な生活を送る人々に出会い兼好が考え方を改めたから。
ホ　世俗的な実利を重んじる生活を送る人々を見て、時代が変わるであろうことを兼好が予見したから。
へ　社会制度が変わり貴族政治が崩壊することとなった南北朝の乱が起こることを兼好が予測したから。

問七　甲の文章の空欄 B に入る文として最も適切なものを次の中から一つ選び、解答欄にマークせよ。

イ　すべて美しきこととなりにけり
ロ　暫くはあたにならずと覚ゆ

ハ　ゆかしきことになりたり
ニ　さはいたづらにならむや
ホ　かくゆゆしくなりぬべし
ヘ　漸くおろかなるに似たり

問八　乙の文章における空欄 C ・ D ・ E に入る語として、a～fを組み合わせた場合に、最も適切なものを次の中から一つ選び、解答欄にマークせよ。

a　農桑　b　豊厚　c　剛柔　d　寒温　e　賞罰　f　礼節

イ　a・b・e　ロ　b・e・f　ハ　c・f・d
ニ　d・a・c　ホ　e・c・b　ヘ　f・d・a

問九　乙の文章における傍線部5「此務㆑農之本也」は、この部分の結論であるが、そう述べる理由として最も適切なものを次の中から一つ選び、解答欄にマークせよ。

イ　食糧は人を支配する天のようなものであり、国家には常時一年分の蓄えがそなわっていなければならないから。
ロ　天子は郊外で農耕の儀式を厳密に行い、率先して農事に携わることによって、暦を作成することができるから。
ハ　農業の発展のためには、家畜を養うだけでなく、農民が自ら外敵に向かうために武装しなければならないから。
ニ　農業は一人が耕せば、それだけで百人分の食料を確保することができるため、農民の数は多くなくてよいから。
ホ　害虫や干ばつの発生により大きな打撃を受けても、畜産に励んでいればなんとか生き延びることができるから。
ヘ　華美な生活を抑えることによって、競って愛情や正義の心を伸ばして、むさぼりの心を絶つことができるから。

ら。

問十　甲・乙のいずれかの文章の趣旨と合致するものを次の中から二つ選び、解答欄にマークせよ。

イ　毎朝大根を食べていた筑紫の国の押領使は、敵に襲われた際、命がけで戦ってくれた大根の精霊に助けられた。

ロ　因幡国の入道の娘は栗しか食べない変わり者だったが、気だての良い女性だったので多くの人から求婚された。

ハ　病気で鬼のように恐ろしい顔になった行雅僧正を恐れ、人々は上人と会わないために部屋に籠もってしまった。

ニ　兼好が現実世界を合理的に捉えられた理由は、貴族の有職故実を体得し物事を論理的に考えられたからである。

ホ　しっかりとした農業ができる環境を作る政治を行い、食料が満ち足りれば、人は儀法をわきまえるようになる。

ヘ　人間にとって最も重要な食料を作る農業を守れる政治を行うよう、帝王と人は協力しあっていかねばならない。

解説

出典　甲：永積安明『徒然草を読む』（岩波書店）
乙：李世民『帝範』

■本文を理解しよう

1 **奇跡の世界**（……見えるのである。）→問一～問五

前半部分、『徒然草』が四カ所大きく引用されている。**まずは、この大きな引用部分はとばして、現代文の部分を読んで引用の主旨を理解しよう。**一方で、「深く信を致しぬれば、かかる徳もありけるにこそ」や「萁《まめがらハ》在《リテ》㆓釜《ノ》下《ニ》㆒燃《エ》、豆在《リテ》㆓釜中《ニ》㆒泣《ク》。本《もとハ》是《レ》同根《ヨリ》生《ズ》。相煎《いルコト》何《ゾ》太《はなはダ》急《ナル》」は、**小さな引用なので訳しながら読み進めよう。**

この部分の主旨は、

> 兼好には「合理」の世界を超える宗教的奇跡が、必ずしも否定しがたい世界として見えていた。

ということであり、その奇跡の世界が引用文で紹介されている。

2 **実利の世界へ**（およそ不可思議な現実の……）→問六～問十

後半は、不可思議な現実の諸相を視野に入れながら、兼好が不可思議な現実をも含めた人間生活の実像を理性的にとらえるようになったことが述べられている。兼好は、世俗的な実利の世界を積極的に評価するようになり、かつて否定した現世的な生活での有用性を認めはじめるようになったのである。この部分の主旨は、

> 人間生活の実像を理性的にとらえられるようになった兼好は、実利の世界を評価するようになった。

である。
なお、『徒然草』に関して、次のことは理解しておこう。

『徒然草《つれづれぐさ》』

ポイント

【ジャンル】随筆（『枕草子』『方丈記』『徒然草』を三大随筆という）
【作者】兼好法師（吉田兼好）
【成立】鎌倉末期
【特色】＊仏教的無常観を基調としつつ、多彩な内容が描かれている。
＊兼好は、和歌にもすぐれていた。

通釈（甲は引用部分のみ。漢文は**読み**も示す）

甲：

▼筑紫に……（『徒然草』〈第六十八段〉）
筑紫国に、なんとかの押領使などというような者がいたのが、大根をすべてによく効く薬と思って、毎朝二つずつ焼いて食べたことが、長年になっていた。あるとき、館の中に誰もいなかった隙を狙って、敵が襲来して囲んで攻めてきたところ、館の中に武士が二人出現して、命を惜しまず戦って、（敵を）みな追い返してしまった。とても不思議に思えて、（押領使が）「ふだんここにいらっしゃるようにも見えない人々が、このように戦ってくださるのは、どういうお方か」と尋ねたところ、（武士は）「（あなたが）長年頼みにして、毎朝召し上がっていた大根でございます」と言って消え失せてしまった。

▼深く信を……（『徒然草』〈第六十八段〉）
深く信じきっていたから、このような功徳もあったのであろう。

▼書写の上人は、……（『徒然草』〈第六十九段〉）

書写の上人は、法華経を読誦した功徳が積もって、心身ともに仏に近い能力を身につけた人であった。旅の途中仮小屋に立ち入りなさったとき、豆殻を燃やして豆を煮た音が、ぐつぐつと鳴るのをお聞きになったところ、「疎遠ではないおまえたちが、恨めしくも私を煮て、つらい目にあわせることだなあ」と（豆が豆殻に）言っていた。（そして）燃やされる豆殻の、ぱちぱちと鳴る音は、「自分の心からすることであるものか、いやそうではない。焼かれるのはどんなにか堪えがたいが、どうしようもないことだ。このように恨みなさらないでくれ」と（豆殻が豆に言っているように）聞こえた。

▼萁《まめがら》ハ在リテ二釜ノ下ニ一燃エ、……（曹植「七歩詩」）

読み　萁《まめがら》は釜《かま》の下《した》に在《あ》りて燃《も》え、豆《まめ》は釜《かま》の中《なか》に在《あ》りて泣《な》く。本《もと》は是《こ》れ同根《どうこん》より生《しやう》ず。相煎《あひい》ること何《なん》ぞ太《はなは》だ急《きふ》なる

豆殻は釜の下にあって燃え、豆は釜の中にあって泣いている。（豆殻と豆とは）もともとは同じ根から生じたものだ。（それなのに）どうして（豆殻は豆を）ひどくはげしく煮るのか

▼因幡国に、……（『徒然草』〈第四十段〉）

因幡国に（いた）、なんとか入道とかいう者の娘が、容貌がよいと聞いて、人がおおぜい言い寄りつづけたが、この娘は、ただ栗だけを食べて、まったく米類を食べなかったので、「このような異様な者は、人に嫁ぐべきではない」と言って、親が（結婚を）許さなかった。

▼唐橋中将といふ人……（『徒然草』〈第四十二段〉）

唐橋中将という人の子で、行雅僧都といって、真言宗の教理の師範をする僧がいた。頭に血がのぼる病気をもっていて、年齢がしだいに高くなるうちに、鼻の中がふさがって、息も出にくかったので、いろいろ治療したが、病気がひどくなって、目・眉・額などもひどく腫れて、（顔を）覆ったので、物も見えず、舞楽の安摩の二の舞の面のように見えたのが、（その後）ただ恐ろしく、鬼の顔になって、目は頭頂部の方につき、額のあたりが鼻になりなどして、その後は僧房の中の人にも会わず引きこもっていて、年が長くたって、さらに病気が重くなって死んでしまった。このような病気もあることであるのだなあ。

▼ありたき事は……（『徒然草』〈第一段〉）
望ましいことは、本格的な学問の道、漢詩、和歌、音楽の道、また朝廷の儀礼や政務の方面で、人の手本となるようなのがすばらしいにちがいない。文字なども拙くはなくすらすらと書き……。
▼次に……（『徒然草』〈第百二十二段〉）
次に、食物は人にとって天のように最も大切なものである。
▼よく味を……（『徒然草』〈第百二十二段〉）
うまく調味することを心得ている人は、大きな長所があると考えるべきである。次に手細工は、いろいろと役立つことが多い。
▼この外の事ども、……（『徒然草』〈第百二十二段〉）
これら以外のさまざまなことについては、多能は君子が恥じることである。詩歌に巧みで、管絃にすぐれていることは、幽玄の道で、君も臣もこれを重んじるけれども、今の世ではこれでもって世を治めることは、しだいに愚かなことになってきたようにみえる。金は上等だが、鉄の実益が多いのに及ばないのと同じである。

乙：

読み 夫《そ》れ食《しよく》は人《ひと》の天《てん》たり。農《のう》は政《まつりごと》の本《ほん》たり。倉廩《さうりん》実《み》つれば、則《すなは》ち礼節《れいせつ》を知《し》り、衣食《いしよく》乏《とぼ》しければ、則《すなは》ち廉《れん》恥《ち》を忘《わす》る。故《ゆゑ》に躬《みづか》ら東郊《とうかう》に耕《たがや》し、敬《つつし》みて民《たみ》に時《とき》を授《さづ》く。国《くに》に九歳《きうさい》の儲《たくは》へ無《な》きときは、水旱《すいかん》に備《そな》ふるに足《た》らず。家《いへ》に一年《いちねん》の服《ふく》無《な》きときは、寒温《かんをん》を禦《ふせ》ぐに足《た》らず。然《しか》れども犢《とく》を帯《お》び牛《うし》を佩《お》び、堅《けん》を棄《す》て偽《ぎ》に就《つ》き、伎巧《ぎかう》の利《り》を求《もと》め、農桑《のうさう》の基《もとゐ》を廃《す》てざるは莫《な》し。一人《いちにん》の耕《かう》を以《もつ》て、百人《ひやくにん》食《は》むときは、其《そ》の害《がい》を為《な》すや、秋螟《しうめい》よりも甚《はなは》だし。浮華《ふくわ》を禁絶《きんぜつ》し、耕織《かうしよく》を勧課《くわんくわ》するに若《し》くは莫《な》し、民《たみ》をして其本《そのもと》に還《かへ》り、俗《ぞく》をして其真《そのしん》に反《かへ》らしむれば、則《すなは》ち競《きそ》ひて仁義《じんぎ》の心《こころ》を懐《いだ》き、永《なが》く貪残《たんざん》の路《みち》を絶《た》たん。此農《これのう》を務《つと》むるの本《ほん》なり。

そもそも食物は人にとって天のように最も重要なものである。農業は政治の根本となるものである。（人々は）穀物の貯蔵庫がいっぱいになっていれば、礼節をわきまえるし、衣食が欠乏していれば、恥を忘れる。だから（君主が）自ら東の郊外で農作業をし、つつしんで人々に農業の種まき・取り入れを示す暦を授けるのだ。国に九年分のたくわえがないときは、大水やひでりに備えるのに不足である。家に一年分の服がないときは、暑さ寒さをふせぐのに不足である。しかし民は、子牛や牛のための銭を刀剣に使って武装し、見た目は美しくないが堅い器物を捨てて見た目だけ美しくてもろい器物に近づき、細工の美しさを求めて、農業と養蚕業という基盤を捨てない者はいない。一人の耕作によって百人が食べることになったら、それが害をなすことは、秋の害虫よりもひどい。実質の乏しいうわべだけの美しさを禁絶し、耕作と機織りに従事するよう指示するにこしたことはない。民をその基本に立ち戻らせ、風俗をその正しい姿に戻らせれば、民は競って仁義の心を身につけ、永く利をむさぼり人を傷つけることをやめるだろう。これが農業を勧める政治の本来の姿である。

■設問解説

問一　理由説明問題　レベルB

正解は二。兼好に宗教的奇跡が否定しがたい世界として見えていたことの理由が問われている。大きな引用をとばしながら読み進めると、傍線部3のある段落の次段落に、

> 限りある人間の智恵には、当然及びがたい世界のあることを知っていた兼好は、また凡慮には測りがたい宗教的な奇跡をはじめとする非合理の世界を、有限の「合理」によって安易に否定し、あるいは逆に何の保留もなく、これを全面的に信仰してしまうことが、いかに人間の可能性を阻害するかを見とおすこともできたのであって、こうした観点に立てば、仏神の世界の奇跡だけでなく、人間の世界にしばしば現前する不可思議についても、一概にこれを否定せず、現象世界の一つの相として、その存在を認める道がひらけ、そこに測りがたい人間生活の実像を見届けようとする意識も芽生えるであろう。
>
> ハが不適切であることの根拠

とある。

兼好は、〈人間の智恵には限りがある。人間の思慮は凡慮である〉と考えており、だからこそ、〈その凡慮ではと

らえられない奇跡の世界がある〉と考えていたのである。

〈人間の智恵には限りがある。人間の思慮は凡慮である〉にふれているのは、**ハ**の「限りある人間の知恵」、**ニ**の「人間の知恵は絶対ではない」、**ヘ**の「人間の知恵は有限だと知っていた」である。

ハ・ニ・ヘの残りの部分を吟味すると、**ハ**は「人間生活の実像を合理的に考えるためには」が論外。解答根拠の「有限の『合理』……阻害するか」に反する。兼好は合理的な考えを否定的にとらえている。また、その点で「常識的な論理や道理では捉えきれない」としている**ニ**は適切といえる。**ヘ**は「宗教的奇跡を排除したら悟りをひらけないと考えていた」が本文に書かれていない内容である。

問二　文法問題　レベルA

正解は**ロ**。「に」の識別の問題である。

X＝「朝ごとに」と、「…に」と訳せるので格助詞である。**「…に」と訳せる「に」は、格助詞。**

Y＝性質・状態をあらわす「不思議」に付いているので、形容動詞の活用語尾である。**《物事の性質・状態＋に》の「に」は、形容動詞の活用語尾。**

Z＝直後に「あり」の丁寧語の「さうらふ（さぶらふ）」があって「大根であります」と「…である」と訳せるので、断定の助動詞である。**《に＋(助詞)＋あり系の動詞》の形で「…である」と訳せる「に」は断定の助動詞「なり」の連用形。**あり系の動詞とは、「あり・おはす・おはします・はべり・さぶらふ」等である。

問三　文学史の問題　レベルA

正解は**ホ**。早稲田の受験生であれば、必ず得点したい設問である。

『十訓抄《じっきんしょう》』は、六波羅《ろくはら》二臈左衛門《じろうざえもん》による鎌倉中期の世俗説話集。十条の徳目を挙げて、それにふさわしい説話が収められている。

イ＝『日《に》本《ほん》霊《りょう》異《い》記《き》』。平安初期。日本最古の説話集。

ロ＝『好色一代男』。江戸時代。井原西鶴による。

ハ＝「鏡物」に先駆けて成立した歴史物語と解釈するならば、平安後期の『栄花物語』であり、「鏡物」のなかでの先駆作品と解釈するならば、平安末期の『大鏡』である。『大鏡』については演習12■本文を理解しようを参照のこと。

ニ＝『太平記』。室町時代。軍記物語。小島法師によるとされる。

ホ＝『新古今和歌集』。鎌倉初期。勅撰和歌集。撰者は、藤原定家《ふじわらのさだいえ（ていか）》・藤原《ふじわらの》（飛鳥井《あすかい》）雅経《まさつね》・藤原家隆《ふじわらのいえたか》・藤《ふじ》原有家《わらのありいえ》・源通具《みなもとのみちとも》・寂蓮《じゃくれん》。

ヘ＝『今昔物語集』。平安末期。日本最大の説話集。

問四　文脈把握の問題　レベルB

正解はイ。

変化の内容が問われているわけだから、まず、変化する前の「七歩の詩」の内容をおさえる。「七歩の詩」は小さな引用なので、本文を読み進めるなかで訳しておこう。

■　其《まめがらハ》在《リテ》㆓釜下《ノニ》㆒燃《エ》、豆《ハ》在《リテ》㆓釜中《ノニ》㆒泣《ク》。本《もとハ》是《レ》同根《ヨリ》生《ズ》。相煎《いルコト》何《ゾ》太《はなはダ》急《ナル》

※読みと口語訳は〔通釈〕を参照。

ここで注意してほしいことは、「本《もとハ》是《レ》同根《ヨリ》生《ズ》。相煎《いルコト》何《ゾ》太《はなはダ》急《ナル》」が豆の発言であるということだ。豆殻に煮られている豆が「わたしたちは、もともとは同じ根から生じたものだ。（それなのに）どうして（あなたはわたしを）はげしく煮るのか」と言っている。つまり、豆が豆殻に対して恨み言を言っているわけだ。この時点で、イ・ロ・ニにしぼれる。

次に、変化した後の『徒然草』の内容をおさえる。「書写の上人は」からはじまる大きな引用を読むわけだが、つかむべきポイントは、

イ＝「『徒然草』では豆殻の弁明までも語られている」

ロ＝「『徒然草』では法華経の教えを取り込みながら怒っている」

ニ＝「『徒然草』ではいがみ合う親子を象徴している」

すなわち、豆殻が弁明をするか、豆が法華経の教えを取り込みながら怒るのか、豆と豆殻が親子なのか、である。

選択肢からつかむべきポイントを把握してから読んだ方が時間の節約になるはずだ。引用文中の豆殻の「我が心よりすることかは。焼かるるはいかばかり堪へがたけれども、力なき事なり。かくな恨み給ひそ」（＝自分の心からすることであるものか。焼かれるのはどんなにか堪えがたいが、どうしようもないことだ。このように恨みなさらないでくれ）という発言は、豆への弁明である。よって、イが正解。

問五　空欄補充問題　レベルA

正解はニ。

ニつの空欄Aは、それぞれ前の大きな引用の説明箇所にある。どちらの大きな引用も目を通せば、助動詞「けり」が多用されていることに気付くだろう。**「けり」は間接経験の過去で、過去のことを伝え聞いて回想するときに用いられることが多い。**ちなみに、**「き」は直接経験の過去で、過去に自ら体験したことや、過去に確実に存在した事柄を述べるときに用いられることが多い。**「けり」が多用されていることから、ニの「聞き書き」が正解だと分かる。

なお、イの「寓話」とは『イソップ物語』のような「教訓や風刺を含めたたとえ話」のことである。大きな引用の『徒然草』第四十段と第四十二段は、兼好が伝え聞いたことをそのまま書いているだけで、何かにたとえているわけではないので、「寓話」とは言わない。

問六　理由説明問題　レベルB

正解はハ。兼好が現世的な生活に役立つ有用性を認めはじめた原因が問われている。

甲の文の最終段落冒頭文に、

■この段に見られるような現実的な思想の展開は、

とあることに着目しよう。ここでの「現実的な思想の展開」とは、兼好の考えが変化したことによる思想の展開のことなので、この段落に兼好の考えの変化の原因が書かれている可能性が高い。

そして、最終段落の最終文に、

■『徒然草』の表現は、兼好がすでに貴族世界の崩壊する諸相をまのあたり見ていたことを語っており、そこには南北朝の内乱という未曾有の変革に遭遇しつつあった貴族社会の、切迫した危機に当面しての飛躍的な思想の展開が見えてくるはずである。

とある。ここから「飛躍的な思想の展開」の原因は、「南北朝の内乱という未曾有の変革に遭遇しつつあった貴族社会の、切迫した危機に当面し」たことだと分かる。この点をふまえている選択肢はハ。ヘは「兼好が予測したから」が不適。

問七　空欄補充問題　レベルB

正解はヘ。

空欄Bは「幽玄」の説明部分である。では、兼好は幽玄をどうとらえるようになったのかというと、二つ目の空欄Bの後ろに、

本来、「幽玄の道」は王朝貴族社会の価値の象徴であり、『徒然草』の世界をも貫通する基本的な精神であった。しかし、この価値を至上のものとしてきた兼好も、いまでは、「幽玄の道」が時代の要求に適応できなくなり、「鉄の道」つまり、実益を優先する現実的な政治に及ばなくなってきたことを、ついに確認するにいたったのである。

とあり、〈幽玄が時代の要求に適応できなくなった〉と、幽玄を否定的にとらえるようになったのである。よって、空欄Bには否定的表現が入る。選択肢を直訳すると、

イ＝すべて立派なこととなってしまった（「美し」には「立派だ」の意味がある）
ロ＝しばらくは恨みの種にならないと思われる
ハ＝心ひかれることになった
ニ＝それでは無駄になるだろうか、いやならないだろう
ホ＝このようにきっとひとどおりでなくなるはずだ
ヘ＝しだいに愚かなものに似てきている

となり、**イ**〜**ニ**は肯定的表現、**ホ**は「ゆゆし」が「ひととおりではない」の意で良いときにも悪いときにも使うの

で肯定的表現か否定的表現か分からず、ヘは否定的表現である。この時点でホかヘにしぼれる。

あとは、二つ目の空欄Bの直後の「断言する」とのつながりを考えれば、推量系の助動詞の「べし」を用いているホは不適切だと分かるだろう（推量的表現だと断言にならない）。よって、ヘが正解。

問八　空欄補充問題　レベルA

正解はヘ。

Eはかなり難しい（口語訳を参照）が、CとDが分かれば、正解を出せる。

C＝「倉廩《さうりん》実《みツレバ》、則《チ》知《リ》二［C］《ヲ》一」と直後の「衣食乏《シケレバ》、則《チ》忘《ル》二廉恥《ヲ》一」が対になっていることに着目する。「［C］を知る」と「廉恥（＝心が清らかで恥を知る心があること）を忘れる」が対なのだから、空欄には「廉恥」に意味の近い「礼節」（＝礼儀と節度）が入ると分かる。なお、慣用表現「**衣食足りて礼節を知る**」（＝人は生活が豊かになってはじめて礼儀に心を向けることができる）は覚えておこう。

D＝直前の「家《ニ》無《キトキハ》二一年之服一」（＝家に一年分の服がないときは）とのつながりから考える。服がないと「寒温」を防ぐことができない。

E＝「廃《すテ》中［E］之基《もとゐヲ》上」は上の「棄《テ》レ堅」と同じように、本来捨ててはいけない根本的なものを捨てているということを意味する。この文章は「務農篇」という題が示すように「農」を重視する立場であることから、空欄にはaの「農桑」が入る。「桑」は桑の葉で蚕を養い生糸を作る養蚕業のことである。

問九　理由説明問題　レベルA

正解はヘ。

全文に返り点と送り仮名が付されているので、早稲田大の漢文の設問の中では、さほど難しくはない。

傍線部に指示語「此」があるので、指示内容である直前文をおさえる。

「莫《シ》レ若《クハ》下禁《シ》二絶浮華《ヲ》一、勧中‐課《スルニ》耕織《ヲ》上、使《ムレバ》下民《ヲシテ》還《リ》二其本《ニ》一、俗《ヲシテ》反《かへラ》中其真《ニ》上、則《チ》競《ヒテ》懐《キ》二仁義之心《ヲ》一、永《ク》絶《タン》二貪残之路《ヲ》一。」（＝実質の乏しいうわべだけの美しさを禁絶し、耕作と機織りに従事するように指示するにこしたことはない。民をその基本に立ち戻らせ、風俗をその正しい姿に戻らせれば、民は競って仁義の心を身につけ、永く利をむさぼり人を傷つけることをやめるだろう）。この点をふまえている選択肢はへしかない。

問十　趣旨合致問題　レベルA

正解はイ・ホ。

ニは問一でおさえた内容から判断でき、ホとへは乙の内容から判断できる。イ・ロ・ハは、甲の大きな引用文を訳して判断するしかないが、問四で学習したように、**選択肢からつかむべきポイントを把握してから引用文を読んだ方が時間の節約になる。**

イ＝甲の最初に引用されている『徒然草』第六十八段の内容に合致する。

ロ＝「気だての良い女性だった」が不適。甲の中盤で引用されている『徒然草』第四十段に「かたちよし」とある。気立てではなく見た目がよかったのである。

ハ＝甲の中盤で引用されている『徒然草』第四十二段の内容に反する。また、そもそも第四十二段には「上人」は登場していない。

ニ＝「兼好が現実世界を合理的に捉えられた」が不適。問一でおさえたとおり、兼好は「合理」だけで現実世界をとらえようとはしていない。

ホ＝乙の最初と最後の内容に合致する。

へ＝「帝王と人は協力しあっていかねばならない」が不適。乙に書かれていない内容である。

解答

問一　ニ　問二　ロ　問三　ホ　問四　イ　問五　ニ　問六　ハ　問七　へ

問八　へ　問九　へ　問十　イ・ホ

巻末付録

■出典一覧表（二〇二三～二〇二一年度）

▼二〇二三年度

学部	試験時間	大問番号	種類	類別	出典
法	90分	1	古文	説話	「閑居友」　慶政
		2	漢文	文章	「李氏山房蔵書記」　蘇軾
		3	現代文	評論	「他者と沈黙」　﨑川修
		4	現代文	評論	「可能なるアナキズム」　山田広昭
文化構想	90分	1A	現代文	評論	「『国語』という思想」　イ＝ヨンスク
		1B	近代文語文	評論	「漢字御廃止之議」　前島密
		2	現代文	評論	「てんてこまい」　マイケル＝エメリック
		3甲	現・漢融合	評論	「仏教の聖者」船山徹 ※引用：「華厳経内章門等雑孔目章」智儼／「宋高僧伝」賛寧／「続高僧伝」道宣／「高僧伝」慧皎
		3乙	古文	歴史物語	「栄花物語」
文	90分	1	現代文	評論	「AIにおける可謬性と可傷性」　大屋雄裕
		2	現代文	評論	「ジェンダー」　西條玲奈
		3	古文	日記	「和泉式部日記」
		4	漢文	文章	「木屑録」　夏目漱石
教育（文系）A方式	90分	1	現代文	評論	「漂泊のアーレント 戦場のヨナス」　戸谷洋志・百木漠
		2	現代文	評論	「自己と他者」　田中彰吾
		3	古文	軍記物語	延慶本「平家物語」
		4	漢文	説話	「夷堅志」　洪邁

教育（文系）C方式	90分	1	現代文	小説	「横浜なんかに住んでてすみません」	姫野カオルコ
		2	古文	歌物語	「今物語」	藤原信実
		3	近代文語文	評論	「日本道徳論」	西村茂樹
商	60分	1	現代文	評論	「経済社会の学び方」	猪木武徳
		2	古文	随筆	「積翠閑話」	松亭金水
		3	漢文	文章（詩）	「航西日記」	森鷗外
人間科学	60分	1	現代文	評論	A.「〈自然な科学〉としての進化論」 B.「考古学と進化論」	吉川浩満 中尾央
		2	古文	物語	「無名抄」	鴨長明
		3	漢文	思想	「貞観政要」	呉兢

▼二〇二二年度

学部	試験時間	大問番号	種類	類別	出典
法	90分	1	古文	随筆	「春湊浪話」 土肥経平
		2	漢文	詩話	「唐詩紀事」 計有功
		3	現代文	評論	「つかふ」 鷲田清一
		4	現代文	評論	「グローバル市民社会」 田辺明生
文化構想	90分	1A	現代文	評論	「坪内逍遙研究」 石田忠彦
		1B	近代文語文	評論	「梅花詩集を読みて」 坪内逍遙
		2	現代文	評論	「『暮し』のファシズム」 大塚英志
		3甲	現·古融合	評論	「龍蛇と菩薩 伝承文学論」森正人 ※引用：「今昔物語集」
		3乙	古文	軍記物語	「太平記」
		3丙	漢文	説話	「捜神後記」
文	90分	1	現代文	評論	「カレル・チャペック『ロボット』」 加藤尚武
		2	現代文	評論	「音楽の危機」 岡田暁生
		3	古文	物語	「住吉物語」
		4	漢文	文章	「朱子文集」 朱熹
教育（文系）	90分	1	現代文	評論	「フーコーの風向き」 重田園江
		2	現代文	評論	「日本人と神」 佐藤弘夫
		3	古文	物語	「夜の寝覚」
		4	漢文	文章	「稼説送張琥」 蘇軾

商	60分	1	現代文	評論	「死にかた論」	佐伯啓思
		2	古文	歴史物語	「今鏡」	
		3	漢文	文章	「黄州快哉亭記」	蘇轍
人間科学	60分	1	現代文	評論	「ヨーロッパ認識論における『パラダイムの変更』」	竹田青嗣
		2	古文	説話	「宇治拾遺物語」	
		3	漢文	説話	「桑華蒙求」	木下公定

▼二〇二一年度

学部	試験時間	大問番号	種類	類別	出典	
法	90分	1	古文	歴史物語	「増鏡」	
		2	漢文	説話	「開元天宝遺事」	王仁裕
		3	現代文	評論	「宮沢賢治 デクノボーの叡智」	今福龍太
		4	現代文	評論	「精神史的考察」	藤田省三
文化構想	90分	1A	現代文	評論	「近代知と中国認識」	子安宣邦
		1B	近代文語文	評論	「老子原始」	武内義雄
		2	現代文	随筆	「断崖にゆらめく白い掌の群」	日野啓三
		3甲	現・古・漢融合	評論	「徒然草を読む」永積安明 ※引用：「徒然草」兼好法師／「七歩詩」曹植	
		3乙	漢文	訓話	「帝範」	李世民
文	90分	1	現代文	評論	「恋愛の社会学」	谷本奈穂
		2	現代文	評論	「ホモ・オルナートゥス」	鶴岡真弓
		3	古文	物語	「別本八重葎」	
		4	漢文	随筆	「陸九淵集」	陸九淵
教育（文系）	90分	1	現代文	評論	「この明るい場所」	五十嵐沙千子
		2	現代文	評論	「識字の社会言語学」	かどやひでのり
		3甲	古文	説話	「沙石集」	無住
		3乙	漢文	史伝	「史記」	司馬遷

商	60分	1	現代文	評論	「経済学の哲学」	伊藤邦武
		2	古文	物語	「堤中納言物語」	
		3	漢文	思想	「巣林筆談」	龔煒
人間科学	60分	1	現代文	評論	「データ、情報、人間」	北野圭介
		2	古文	随筆	「北越雪譜」	鈴木牧之
		3	漢文	史伝	「列仙伝」	劉向